COMMENT

J'AI TRAVERSÉ L'AFRIQUE

LE MAJOR SERPA PINTO.

COMMENT
J'AI TRAVERSÉ L'AFRIQUE

DEPUIS L'ATLANTIQUE JUSQU'A L'OCÉAN INDIEN
A TRAVERS DES RÉGIONS INCONNUES

PAR

LE MAJOR SERPA PINTO

OUVRAGE
TRADUIT D'APRÈS L'ÉDITION ANGLAISE COLLATIONNÉE SUR LE TEXTE PORTUGAIS
AVEC L'AUTORISATION DE L'AUTEUR

PAR J. BELIN DE LAUNAY

Contenant 15 cartes et fac-simile et 160 gravures

PREMIÈRE PARTIE
LA CARABINE DU ROI

DEUXIÈME PARTIE
LA FAMILLE COILLARD

TOME PREMIER

PARIS
LIBRAIRIE HACHETTE ET Cie
79, BOULEVARD SAINT-GERMAIN, 79

1881
Tous droits réservés.

Ce livre est dédié

avec permission préalable

A SA MAJESTÉ

LE ROI D. LUIZ IER

par l'auteur

SENHOR,

Je n'ai pas été poussé à demander à Votre Majesté la permission de lui dédier ce livre par un sentiment d'adulation servile, mais par la pensée de ce que je lui devais au double point de vue de la justice et de la gratitude : ce n'était que justice envers le monarque éclairé, intelligent, qui avait signé un décret pour créer des ressources à la première expédition scientifique qu'aient faite les Portugais durant le XIXe siècle dans l'Afrique centrale ; c'était de la gratitude envers le prince qui, par les dons du cœur et de l'esprit, autant que par l'élévation de ses qualités, se place au premier rang des rois constitutionnels de l'Europe contemporaine.

Votre Majesté m'a fourni l'occasion d'unir indissolublement mon nom obscur de soldat portugais à l'une des tentatives les plus heureuses et les plus propices qu'ait de nos jours faites le Portugal ; voilà pourquoi ce livre appartient à Votre Majesté, comme une preuve légitime de ma gratitude immense. J'ose donc prier respectueusement Votre Majesté de daigner recevoir mon humble offrande, avec la bonté qu'elle a mise à m'exciter à une entreprise dont elle a consenti à couronner le succès par des faveurs qui en ont été la récompense la plus sincère et la plus appréciée.

Votre aide-de-camp
et le plus dévoué de
Vos sujets,

ALEXANDRE DE SERPA PINTO.

Londres, 61 Gower street,
8 décembre 1880.

A

SON EXCELLENCE LE CONSEILLER

JOÃO D'ANDRADE CORVO

Très illustre et excellent senhor,

Lorsqu'elle proposa mon nom, en 1877, à la Commission centrale et permanente de géographie, pour qu'il fût compris parmi ceux des membres de l'Expédition portugaise à l'intérieur de l'Afrique, Votre Excellence assuma la responsabilité de ma nomination.

Depuis, j'ai toujours pensé à donner à Votre Excellence pleine satisfaction au sujet de cette garantie dont elle s'était chargée en me désignant pour une tâche si difficile.

Ce livre contient, outre le récit de mes aventures, les résultats de mes travaux et de mes études.

J'ignore s'il répondra aux espérances que Votre Excellence avait conçues à mon égard, et je ne sais pas davantage si j'ai rempli les devoirs qui m'ont été imposés au nom du Portugal.

J'ai la conscience d'avoir travaillé autant que je l'ai pu et d'avoir suivi, dans la mesure de mes forces, la pensée et les instructions de Votre Excellence.

La lecture de mon récit fera connaître à Votre Excellence

la grandeur des difficultés contre lesquelles j'ai eu à lutter et la faiblesse des ressources dont j'ai disposé.

Si pourtant mes travaux répondaient à la confiance dont Votre Excellence a bien voulu m'honorer, ce serait la plus grande récompense à laquelle pouvait aspirer le très respectueux admirateur du talent, du vaste savoir et des qualités élevées de Votre Excellence.

ALEXANDRE DE SERPA PINTO.

Londres, 61 Gower street,
28 novembre 1880.

TÉMOIGNAGES DE RECONNAISSANCE

Je veux citer des noms propres. Tâche difficile et périlleuse. On y risque toujours de froisser des modesties ou de blesser des susceptibilités. N'importe, je le ferai.

La liste sera longue parce que celle des services que j'ai reçus est longue aussi. Pourtant j'y puis commettre des péchés d'omission, faute de mémoire.

Veuillent me pardonner ceux qui désiraient cacher sous une modestie plus voilée leurs bons offices et ceux qu'un manque de souvenir a laissés dans l'oubli.

C'est en suivant l'ordre chronologique des faits que je tâcherai de rappeler, dans le profond sentiment de ma reconnaissance, les services et les faveurs dont j'ai été comblé.

La Commission centrale de géographie y occupe la première place, parce qu'elle m'a distingué en me choisissant comme l'instrument de l'exploration qu'elle voulait faire en Afrique.

Sur la proposition du senhor conseiller Andrade Corvo, elle m'a accepté à l'unanimité et a tenu compte des vues que je présentais pour l'organisation de cette entreprise. En parlant de la Commission centrale de géographie, il m'est impossible de ne pas citer certains noms, car, si j'y ai rencontré une bienveillance générale, beaucoup de personnes m'y ont donné une assistance toute particulière.

Les pierres sépulcrales qui les recouvrent aujourd'hui ne peuvent pas dérober à ma mémoire les noms du docteur Bernardino Antonio Gomes, du marquis de Souza-Hollstein, ni d'Antonio Augusto Teixeira de Vasconcellos.

Le docteur Julio Rodriguez, Luciano Cordeiro, le docteur Bocage, le comte de Ficalho, Carlos Testa, Pereira da Silva, Jorge Figaniere et Francisco da Costa é Silva m'ont, au sein de la Commission, comblé de bons offices.

Un autre, qui était absent lorsqu'on organisait l'expédition, mais dont j'ai plus tard fait la connaissance personnelle, a donné à la partie scientifique tout le concours de sa haute expérience ; je veux indiquer ici le senhor Brito Limpo.

Hors de la Commission, ceux qui m'ont apporté l'assistance la plus efficace sont mes bons amis Marrecas Ferreira et João Botto.

A la suite de la Commission centrale, je citerai la Société de géographie de Lisbonne et surtout ses présidents, le docteur Bocage et le vicomte de S. Januario, ainsi que ses secrétaires Luciano Cordeiro et Rodrigo Pequito.

Je puis maintenant nommer la presse quotidienne du Portugal. Pour les grâces qu'elle m'a accordées, pour la façon dont elle a accueilli ma nomination, je lui dois mes remerciments les plus sincères.

Hors du Portugal, j'ai reçu l'assistance inappréciable de MM. Mendès Leal, Antoine d'Abbadie et Ferdinand de Lesseps, à Paris; le vicomte de Duprat et le lieutenant Pinto de Fonseca Vaz, à Londres: grâce à eux, et à eux seuls, nous avons pu, Capello et moi, achever en un mois, comme nous nous y étions engagés, l'organisation matérielle de l'expédition.

Mais, avant de quitter l'Europe, il faut que je nomme encore deux personnages qui ont puissamment concouru à la réalisation de notre entreprise.

Ce sont le conseiller José de Mello é Gouvea, alors ministre d'Outre-mer, et Francisco Costa, directeur général du ministère des Colonies.

Pedro d'Almeida Tito et Avelino Fernandes ont eu durant le voyage tant de bontés pour moi que je ne puis pas éviter de les nommer ici.

Je citerai ensuite le gouverneur du Cap-Vert, Vasco Guedes, et le gouverneur d'Angola, Caetano d'Albuquerque. Tous les deux ont eu pour moi la plus grande obligeance.

A Loanda, José Maria do Prado, Urbano de Castro, le consul Newton, l'Association commerciale, et principalement les officiers et le commandant de la canonnière *Tâmega*, ont des titres à ma gratitude la plus profonde.

Maintenant voici un nom que se renvoyaient à ce moment tous les échos, celui d'un homme dont l'univers entier admirait les hauts faits :

Henry Moreland Stanley.

Le grand explorateur, l'audacieux voyageur, qui achevait alors l'entreprise la plus prodigieuse des temps modernes, a été mon ami, mon conseiller, et m'a donné les enseignements les plus profitables. Je ne pouvais pas avoir un meilleur maître. Qu'il reçoive dans ces courtes lignes l'hommage très sincère de la grande admiration que j'ai pour lui, avec la très franche expression de mon estime et de la reconnaissance que je lui dévoue.

A Benguêla, Pereira de Mello et Silva Porto sont au premier rang de mes souvenirs. Je n'en parlerai même pas ici; leurs actes rapportés dans ce livre parlent plus haut pour eux. Antonio Ferreira Marquez, le lieutenant Seraphim, le pharmacien Monteiro et Vieira da Silva ne peuvent pas être oubliés.

Santo Reis, mon hôte du Dombé-Grandé, et le lieutenant Roza, de Quilenguès, ont aussi des droits à ma reconnaissance.

A présent, sans m'arrêter à parler du docteur Bradshaw ni de la famille Coillard, je vais, d'un saut énorme, arriver au Bamangouato, à Chochon, où les bonnes grâces du roi Kama et surtout les bienfaits de Mr. et de Mrs. Taylor ont imprimé dans ma mémoire une trace ineffaçable.

Je vais me trouver dans un grand embarras. Me voici à Prétoria, dans le premier endroit du monde civilisé que j'aie rencontré à partir de Benguéla. On m'y a prodigué si bien les services que je ne sais comment sortir de l'embarras causé par leur nombre.

Mr. Swart, trésorier du Gouvernement, fut le premier à me rendre service; c'est pourquoi je le nomme d'abord.

Ensuite je citerai Frederick Jeppe, le secrétaire Osborne, le docteur Risseck, Mr. Kisch, le major Tyler, le capitaine Saunders avec tous les officiers du 80ᵉ régiment.

La baronne van Levetzow, Mrs. Imink, Mrs. Kisch, et enfin le colonel Lanyon.

Sir Bartle Frere vint immédiatement à mon aide et fut bientôt suivi de notre consul portugais au Cap, senhor Carvalho.

J'ai contracté une forte dette de gratitude envers le gouverneur anglais; mais je n'en ai pas une moindre à l'égard du consul portugais, dont les télégrammes immédiats m'ont procuré la plus grande assistance.

Mgr Jolivet, le savant évêque de Natal, résidant alors à Prétoria, ne fut pas le dernier à me combler de politesses.

En route pour Durban, Mr. Goodliffe m'a rendu un grand service; à Pietermaritzburg, ç'a été le tour du colonel Baker, du capitaine Whalley, de Mrs. Saunders et de Mr. Furs.

A Durban, Mr. Snell, le consul portugais, M. et Mme B.-H. de Vaal, le chef de la compagnie *Handels* dans l'Afrique orientale, ont eu pour moi beaucoup de bienveillance.

Décidément la tâche que je me suis imposée devient fort embarrassante. Pendant mon voyage de retour en Europe, les attentions et les politesses que je recevais augmentaient à chaque pas.

A Lourenço Marquez, je dois nommer Castilho, Machado, Maïa et Fonseca; à Moçambique, le gouverneur Cunha, Torrezão et tout le monde.

A Zanzibar, le docteur et Mrs. Kirk, Widmar, et surtout le capitaine Draper, du *Danubio*, navire de la compagnie à vapeur *l'Union*, qui m'y a transporté de Durban.

Au Caire, Widmar m'a soigné avec dévouement. A Alexandrie, je dois nommer, avant tous, le comte et la comtesse de Caprara.

Même avant d'arriver à Lisbonne, j'ai reçu à Bordeaux un important service du baron de Mendonça.

A Lisbonne, le Gouvernement, d'abord, puis mes vieux amis et mes nouvelles connaissances, ont rivalisé d'empressement et d'attention.

J'y suis resté dix jours à peine; ils ne me suffirent guère à recevoir toutes les politesses et ne me laissèrent pas une minute pour en rendre grâces.

On voulait que j'y fisse une conférence, bien que je ne fusse pas encore reposé des fatigues du voyage. Sans le puissant concours de Pequito, de Sarrea Prado, de Batalha Reis et du docteur Bocage, je n'en serais jamais venu à bout.

Maintenant, comme je ne désire pas, ou même comme je ne peux plus citer des noms, tant la liste en serait considérable, je me bornerai à remercier, du fond du cœur, la Société de géographie, pour tout ce qu'elle a fait en ma faveur.

De même, l'Association commerciale et son digne président, le senhor Chamisso, qui ont toujours pris le plus vif intérêt à l'expédition à laquelle j'appartenais.

A Lisbonne, un fait a eu lieu que je ne peux point passer sous silence et auquel je joindrai un nom.

Je dois des remercîments au senhor Thomas Ribeiro pour avoir, en sa qualité de ministre de la Marine, donné l'ordre qu'on m'envoyât des secours de Moçambique dans l'intérieur de l'Afrique.

Au Corps diplomatique résidant à Lisbonne, j'exprime tous mes sentiments de gratitude, et particulièrement à MM. Morier, baron de P. Hegeurt, Laboulaye, marquis d'Oldoini et Ruata.

A la Société commerciale de Porto, aux Pompiers volontaires de cette cité, à la Société Euterpe et à la Société d'instruction, comme aux municipalités et aux autres institutions du pays qui m'ont obligé, j'adresse ici un témoignage de reconnaissance.

Aux associations portugaises du Brésil, à mes compatriotes qui, loin de notre pays, m'ont salué; à tous ceux qui n'ont rien épargné pour me combler d'honneurs et de distinction, j'envoie l'expression fraternelle de mon immense gratitude.

Surtout à ceux qui ont formé une société portant mon nom, et qui, de Pernambuco, m'ont adressé un présent charmant, d'une distinction telle que je ne l'oublierai jamais.

D'après l'ordre des faits, j'ai maintenant à remercier les souverains étrangers des hauts honneurs qu'ils m'ont conférés, surtout le roi des Belges, l'illustre et savant roi Léopold, qui a donné une telle impulsion aux découvertes géographiques en Afrique : non seulement il m'a ennobli de la plus haute distinction dont il disposait, mais encore il m'a gratifié de son estime très cordiale et m'a témoigné l'intérêt le plus affectueux.

Les Sociétés françaises de géographie, principalement celle de Paris, où l'amiral de La Roncière Le Noury, MM. Ferdinand de Lesseps, Daubrée, Maunoir, d'Abbadie, de Quatrefages et Duveyrier m'ont comblé de leur bienveillance; celle de Marseille, qui m'a conféré une distinction éminente et dont le président, M. Rabaud, s'est montré plein d'attention envers moi; la Société de géographie commerciale de Paris et son digne secrétaire général, M. Gauthiot, je les remercie.

Je ne dois pas quitter Paris sans mentionner la colonie portugaise, où les señhores Mendès Leal, comte de S. Miguel, Camillo de Moraes, Pereira Leite, Garrido et le docteur Aguiar m'ont accueilli si favorablement que je ne l'oublierai jamais.

Il en est ainsi de la Société belge de géographie et de celle d'Anvers, et nommément de leurs présidents, le général Liagne et le colonel Wauvermans; après eux, dans un pays où chacun a rivalisé de bonté envers moi, je dois nommer MM. du Fief, Bamps, le colonel Strauch et surtout le comte de Thomar. La répétition de ses bontés et la cordialité de nos relations ont changé en une amitié véritable l'estime sincère qu'avaient produite nos premiers rapports.

L'ordre des faits a mis en dernier lieu l'Angleterre. Le nombre des services et des politesses que j'y ai reçus aurait pu la placer en première ligne.

Dès les colonies anglaises de l'Afrique australe, j'ai contracté envers ce pays une dette qui n'a fait que s'accroître.

Je consigne ici par écrit l'expression de ma vive reconnaissance envers la Société géographique de Londres, son président l'earl de Northbrook, ses secrétaires Clements R.

b

Markham et Bates; plusieurs de ses membres, comme sir Rutherford Alcock, lord Arthur Russell, le vicomte de Duprat et tant d'autres que leur nombre empêche de nommer.

Mr. Frederick Youle, le docteur Peacock, Messrs. M. d'Antas, Sampaio, Fonseca Vaz, Quillinan, Duprat et Ribeiro Saraiva, ont été pour moi, non seulement des relations précieuses, mais, durant ma grave maladie, m'ont rendu des services tels que le moins que je puisse faire c'est de leur donner un témoignage public de ma reconnaissance.

J'ai encore à mentionner Mr. David Ward, maire de Sheffield, et mon intime ami Verney Lovett Cameron, le grand explorateur, le voyageur éminent. Avec leurs noms, je fermerai cette liste qui, sans ma résolution de la finir ici, pourrait être interminable.

Aux Sociétés savantes des autres pays et à tous ceux qui m'ont accordé leur bienveillance et que je ne puis pas citer, j'adresse autant qu'il est en mon pouvoir mes remercîments avec une sincérité d'autant plus grande qu'il m'en coûte davantage d'être obligé de renoncer à les nommer.

MAJOR ALEXANDRE DE SERPA PINTO.

Londres, 5 décembre 1880.

LE LIVRE

Cet ouvrage n'a aucunement la prétention d'être un livre de littérature.

Écrit sans préoccupation de la forme, il reproduit avec fidélité mon journal de voyage.

J'en ai retranché beaucoup d'épisodes de chasse et d'autres aventures qui, un jour, si j'en ai le loisir, pourront former un volume d'un caractère spécial. Avant tout, j'ai cherché à donner du relief à ce qui me paraissait intéresser principalement les études de géographie et d'ethnographie. Si je me suis laissé aller à conter l'un ou l'autre des épisodes dramatiques, dont le nombre a été grand pendant ma pénible entreprise, c'est surtout lorsque des faits subséquents, ayant de l'importance, se rattachaient à ces épisodes, qui faisaient tantôt changer un itinéraire projeté, tantôt décider une halte ou une marche précipitée; modifications difficiles à comprendre sans l'explication des causes qui les ont déterminées.

En Europe, ou plutôt pour l'homme qui n'a jamais voyagé dans l'intérieur sauvage de l'Afrique, il est impossible de comprendre ce qu'on souffre dans le noir continent, les difficultés qu'on y rencontre à chaque pas, la résistance de fer et le labeur ininterrompu auxquels l'explorateur y est exposé.

Les narrations de Livingstone, de Cameron, de Stanley, de Burton, de Grant, de Savorgnan de Brazza, de d'Abbadie, d'Ed. Mohr et de tant d'autres ne donnent qu'une faible idée des souffrances inséparables d'un voyage en Afrique. Si l'on n'en a pas l'expérience, on ne peut guère se les figurer, et, quand on les a ressenties, il est difficile de les décrire.

Je n'essaye pas même de montrer ce que j'ai souffert, ni d'exposer tout ce que j'ai eu à faire. Ceux qui examineront mes travaux me rendront la justice que je crois mériter, ou ne me la rendront pas. Peu m'importe à présent, parce que j'ai la conviction de ne pouvoir être bien apprécié que par ceux qui ont aussi foulé, de leurs pieds, les parties sauvages du noir continent et qui ont enduré les terribles épreuves par lesquelles j'ai passé.

Comme il faut être père pour comprendre la poignante douleur causée par la perte d'un fils, de même il faut avoir été voyageur pour apprécier les tribulations qu'on peut endurer dans une exploration. Je suis convaincu que personne ne doit s'en rendre compte qu'après les avoir éprouvées.

Les faits racontés dans ce livre sont l'expression de la vérité.

Vérité triste en bien des cas, mais qu'il serait criminel de dissimuler.

Je me suis efforcé d'y présenter les résultats d'études continuées pendant bien des mois. Je me porte garant de ce que je dis sur la géographie de l'Afrique, parce que seul j'ai autorité pour parler des pays que j'ai traversés, aucun autre n'y ayant suivi mes pas et n'étant en mesure de contredire ce que j'affirme.

Quant à mes opinions générales sur un ou deux problèmes, on peut les contester; elles sont sujettes à la critique, exposées à être détruites par une démonstration que produira peut-être un voyage futur, comme il est advenu des assertions avancées par plusieurs de mes prédécesseurs, même des plus illustres; mais ce que personne n'a le pouvoir de contester, ce sont les faits que j'ai vus, ceux qui se rapportent aux régions que j'ai parcourues, ceux que je décris dans ce livre, avec la conscience qui doit toujours être le guide d'un explorateur.

Ce n'est pas pour gagner de l'argent que j'ai été en Afrique. Je n'y ai reçu que la maigre solde d'un officier et rien de plus.

J'ai quitté une famille tendrement aimée; j'ai quitté ma patrie et tout, pour travailler, uniquement pour travailler, en collaboration avec mes contemporains, à la grande œuvre d'étudier un continent inconnu. J'ai la certitude de n'y avoir rien épargné.

C'est aux hommes de science, à ceux qui font autorité en ces questions, d'apprécier ce que j'ai fait.

J'arrête ici une argumentation qui paraîtrait née d'un orgueil que je n'ai pas. Des faits extraordinaires se sont produits durant les premiers mois qui ont suivi mon retour en Europe, après l'achèvement de mon fatigant voyage d'Afrique, et ont rendu nécessaire ce que je viens d'écrire.

Il y a un an que j'entreprenais de donner la forme d'un livre aux résultats de mes travaux africains; mais une maladie obstinée est venue à plusieurs reprises s'opposer à ma volonté de les publier.

Commencé à Londres en septembre 1879, mon livre a été écrit presque tout entier en septembre et en octobre 1880, à Figueira da Foz, en Portugal.

La rapidité avec laquelle il a été rédigé a contribué sans doute beaucoup à l'incorrection du style.

C'est à Londres qu'il a été publié. Là, j'ai rencontré, dans la grande maison des éditeurs Sampson Low, Marston, Searle and Rivington, toutes les facilités que je n'aurais pu trouver ailleurs.

Ces messieurs n'ont pas reculé devant l'énorme dépense qu'exigeait une publication si difficile et si dispendieuse; de plus, ils ont consenti à me faire imprimer en Angleterre une édition portugaise : entreprise fort malaisée, puisque la différence des langues des deux pays obligeait même les éditeurs à faire fondre un type particulier, à cause des accents et des signes propres à notre idiome.

Je leur dois d'autant plus de reconnaissance pour l'intérêt qu'ils ont pris à cette publication que, si elle a quelque mérite, c'est à eux qu'elle le doit en grande partie [1].

Mr. Alfred Elwes, philologue et écrivain anglais bien connu, a eu la complaisance de se charger de la traduction de ce livre écrit d'abord en portugais. Je désire lui exprimer ici mes plus vifs remercîments pour la façon fidèle dont il a rendu mes idées et mes phrases. La tâche était difficile parce que la langue portugaise est à la fois riche et embarrassée. En parcourant cette traduction, j'ai bien souvent admiré l'exactitude avec laquelle mon style était exprimé: mes phrases laconiques ont une inflexibilité qui les rend difficiles à reproduire dans une langue étrangère. La valeur de mon livre n'a pourtant rien perdu à la traduction anglaise, et c'est à M. Elwes que revient l'honneur de l'avoir faite avec un soin si consciencieux.

Je dois encore remercier le senhor Antonio Ribeira Saraiva qui, malgré ses propres occupations et son âge avancé, a bien voulu me faire la faveur spéciale de revoir les épreuves de l'édition portugaise; Mr. E. Weller, cartographe, qui s'est

---

1. L'alinéa qui suit ne se trouve que dans l'édition anglaise. — J. B.

chargé de graver mes cartes de géographie, et Mr. Cooper qui a magnifiquement rendu mes croquis de voyageur dans les gravures destinées à l'illustration de mon livre. Ils ont concouru d'autant, et certes pour beaucoup, à ses mérites.

Le voici donc. Tout ce que je désire, c'est qu'il satisfasse la curiosité des uns et qu'il soit utile à l'étude des autres, en sorte qu'il donne une nouvelle impulsion à la croisade, aussi grande que sublime, du dix-neuvième siècle ; à celle dont l'objet est la civilisation du Continent noir.

Londres, 61 Gower street.
5 décembre 1880.

LE TITRE DU LIVRE

Ce soir, en rentrant de me promener après dîner, je trouve sur mon bureau un petit morceau de papier coupé de je ne sais quel journal et piqué avec une épingle. J'y lis ce qui suit :

« L'*Athenæum* dit que le major Serpa Pinto, rétabli de sa longue maladie, est arrivé à Londres pour achever la publication du livre où il raconte son voyage à travers l'Afrique. Nous apprenons avec plaisir qu'il en a changé le titre, de *la Carabine du Roi* en celui de *Comment j'ai traversé l'Afrique*. Le premier pouvait être un titre magnifique pour un livre d'aventures destiné aux jeunes gens, comme en ont écrit Mayne Reid et Gustave Aimard; mais il avait l'air un peu déplacé en tête d'un ouvrage sérieux d'exploration africaine. »

Il est minuit, j'éprouve le besoin de me reposer; mais je ne le ferai qu'après avoir écrit quelques mots sur ce sujet.

Cette observation a et n'a pas sa raison d'être.

Les voyages en Afrique produisent toujours un roman, même quand parfois le livre est scientifique.

Le mien, comme tous les autres, est en réalité un roman,

qui néanmoins rend compte de travaux géographiques ayant leur importance.

Mon dessein était d'y mêler, comme je l'ai fait, le récit de mes travaux à celui de mes aventures, attendu que ce mélange a eu lieu dans les contrées intérieures de l'Afrique.

Quant au titre, je ne m'en suis pas préoccupé.

L'expédition, et par conséquent tous les travaux qui s'y rattachent, ayant dû son salut à la carabine du Roi, j'en ai conclu que celle-ci fournirait le titre de mon ouvrage. Je ne croyais pas donner ainsi prise à la sévérité des critiques. Ma justification se trouverait dans le cours de mon récit.

Une considération cependant modifia ce projet.

Un homme, un seul au monde, tout incapable qu'il est de me blâmer publiquement de ce que mon titre fût exclusif, ne manquerait pas de penser que j'avais été injuste à son égard en faisant ressortir, dans mon livre, le fait du salut de l'expédition dû à la carabine du Roi, lorsqu'il avait un droit égal à ma reconnaissance, puisqu'il m'avait sauvé à son tour.

Ainsi le premier titre choisi pesait sur moi comme une iniquité à l'égard de François Coillard, bien qu'il ne m'eût été dicté que par un sentiment de justice, vu que je n'ai guère de penchant aux adulations.

Immédiatement, j'ai décidé que je conserverais, à la première partie de ma narration, le titre de la Carabine du Roi et que je donnerais à la seconde le nom de François Coillard, l'homme qui, en me sauvant, a préservé tous les travaux de l'expédition que je dirigeais. C'était remplir mon devoir.

Mais, dès lors, il devenait nécessaire de trouver un titre général à l'ouvrage; cela était assez aisé, puisque j'avais traversé un continent d'une mer à l'autre.

Voilà pourquoi mon livre s'intitule aujourd'hui : « *Comment j'ai traversé l'Afrique.* »

Je sais bien que le public ne peut guère s'intéresser au titre d'un livre de cette espèce. On doit lui en donner un, et je lui ai donné celui qu'il porte.

S'il déplaît à quelqu'un, j'en serai contrarié ; mais pourtant pas au point de ne pas me mettre au lit, où j'espère dormir d'un profond sommeil jusqu'à demain matin.

Londres, 61 Gower street.
12 décembre 1880, à minuit.

AVIS

Le traducteur français de ce livre demande au lecteur la permission de donner ici quelques explications.

Les différences qui existent entre la traduction anglaise et la traduction française ont pour origine la comparaison qui a été faite, à la demande expresse de M. le major A. de Serpa Pinto, entre les deux textes anglais et portugais, ainsi que le soin qu'on a pris de se rapprocher le plus possible de l'original.

Le traducteur aurait bien voulu rendre exactement par l'orthographe française la prononciation des noms topographiques qu'a écrits l'auteur; mais il a dû y renoncer. L'orthographe portugaise ne rend pas comme l'espagnole les sons qu'elle exprime. Le portugais fourmille de sons nasaux et chuintants, au point que, si l'on cherchait parmi les dialectes parlés en France des analogies, on pourrait dire que l'idiome parlé sur notre plateau central est à celui de notre littoral méditerranéen ce que le portugais est au castillan. Plutôt étouffée que sonore, la prononciation portugaise rend *an*, *in* et *om* comme dans nos mots *plan*, *pain* et *bon;* *es* y fait *ich ;* *as*, *ach;* *o*, *ou;* *os*, *ouch;* *uns*, *ounch*. Les diphthongues *ai*, *ei*, *oi*, reviennent à *ail*, *eil* (réveil), *oie* (qu'il *croie*). Nos sons mouillés y sont indiqués par l'*h* mis après *n* (senhor) ou *l* (melhor); mais on doit désespérer d'exprimer le son des diphthongues nasales, telles que *ães*, *ão*, *ões*. Du reste, loin de prétendre faire ici un cours de prononciation de la langue portugaise, on doit se borner à répéter qu'il n'a pas été possible au traducteur de reproduire avec l'orthographe française les sons des noms topographiques écrits en portugais.

Le traducteur a voulu aussi conserver l'espèce de hiérarchie qui est indiquée par différentes expressions soit pour les situations sociales, soit pour les habitations. Il n'a pas rendu par le mot « chef » des positions différentes : ainsi, *chéfé*, un fonctionnaire chargé par le gouvernement portugais de l'administration d'un district provincial ; *sova* ou *soba*, un chef indigène qui peut dépendre d'un chéfé, mais qui n'a pas de suzerain indigène ; *sovéta*, un chef vassal d'un sova ; *sécoulo*, un noble relevant d'un sova ou d'un sovéta (ch. VI). Le Mouéné Pouto est le roi de Portugal. Les *quimbares* sont des nègres à demi civilisés ; et les *quimboundos*, des nègres sauvages de l'intérieur et surtout du Bihé (ch. IX). Un village n'est pas fortifié ; une *libata* est une enceinte fortifiée ; une *lombé* en est une seconde à l'intérieur d'une libata (ch. VI). Enfin deux espèces de boissons, fréquemment nommées dans ce livre, sont la *capata* (ch. VI) et le *bingoundo* (ch. VII).

A ces renseignements, le traducteur n'en ajoutera que deux : d'abord les anciens compagnons du major Serpa Pinto, MM. Capello et Yvens, sont de leur côté revenus au Portugal et ont fait une conférence publique à Lisbonne le 15 mars 1880 ; enfin M. le pasteur Coillard a adressé à la Société de géographie de Paris, dans sa séance générale du 16 avril 1880, sur son *Voyage au pays des Banyais*, une communication dont voici un extrait : « Depuis « notre retour en Europe, le major Serpa Pinto a été l'objet de « nombreux soupçons et de vives attaques. Comme tous les « hommes éminents, il a rencontré des envieux et des ennemis. « Ses magnifiques travaux lui assureront une place dans le monde « scientifique, et il n'a besoin de personne pour le défendre. « Quant à moi, je tiens à lui rendre publiquement l'hommage « qui lui est dû. Nous avons, en toute circonstance, pendant notre « vie en commun de trois mois, trouvé en lui un parfait gentil- « homme. Son urbanité, sa conversation si spirituelle et si ins- « tructive, pendant que nous cheminions ensemble dans le désert, « n'ont pas peu ajouté au privilège que nous avons eu de lui offrir « l'hospitalité. » (*Bulletin de la Soc. de géographie*, nov. 1880, p. 399 et s.)

Ces renseignements et ces témoignages étant donnés, nous n'avons plus qu'à présenter le livre au lecteur.

Paris, 24 octobre 1881.

J. B.

PREMIÈRE PARTIE

LA CARABINE DU ROI

COMMENT
J'AI TRAVERSÉ L'AFRIQUE

PREMIÈRE PARTIE
LA CARABINE RAYÉE DU ROI.

AVANT-PROPOS

I. — COMMENT JE SUIS DEVENU EXPLORATEUR.

En 1869, j'avais fait partie d'une colonne d'expédition qui eut à livrer un assez grand nombre de combats aux naturels de Massangano [1], vers l'embouchure du Zambési. Le ministre de la marine était alors, en Portugal, senhor José Maria Latino Coelho [2]. Il envoya au gouverneur de Mozambique l'ordre de me procurer, à la fin des hostilités, tous les

---

1. Il y a en Afrique plusieurs endroits appelés Massangano. L'un est une ville de l'Angola, située entre le Coanza et la Lucalla et chef-lieu de district. L'autre est l'endroit où le Pamalombé rejoint le prolongement sud-oriental du Nyassa. Le troisième est un petit port, situé au sud de Quilimané. Celui dont il est ici question est la forteresse du Bonga près de Tété. — J. B.

2. Dans l'orthographe portugaise, la lettre h qui suit n ou l rend nos sons mouillés; Senhor pour Ségnor, Coelho pour Coeillo. La prononciation de cette langue offre beaucoup d'autres difficultés dont nous reparlons ailleurs. — J. B.

moyens possibles de remonter le Zambési, pour me faciliter une étude détaillée de cette région aussi loin qu'il me serait possible d'y pénétrer.

L'ordre ne fut jamais exécuté. Après des réclamations réitérées, mais inutiles, après avoir rapidement parcouru les possessions portugaises dans l'Afrique orientale, je revins en Europe, animé plus que jamais du désir d'examiner l'intérieur de ce continent que je n'avais pu qu'entrevoir à peine.

Des affaires de famille vinrent ensuite retarder, et même annuler, mes projets de voyage.

Officier de l'armée, toujours envoyé en garnison dans de petites villes de province, j'avais pris l'habitude de convertir mes heures de loisir en heures de travail, et, bien que l'occasion d'explorer une partie de l'Afrique me parût problématique, j'avais fait de l'examen des questions qui la concernent mon passe-temps ordinaire.

Il ne s'ensuivait pas que je ne m'occupasse point des questions sublimes de l'astronomie, et les longs loisirs que me laissait la vie de caserne étaient partagés entre l'étude du ciel et celle de l'Afrique.

En 1875, j'avais pour camarade au 12ᵉ chasseurs le capitaine Daniel Simões Soarès, un des hommes les plus intelligents qu'il m'ait été donné de rencontrer. Nous étions devenus amis intimes peu après nous être connus.

La mauvaise petite chambre que cet illustre officier occupait dans les casernes de l'île de Madère nous abritait l'un et l'autre durant les heures que le règlement nous forçait de passer au quartier.

Bien souvent même, quand l'un était de service, l'autre lui tenait compagnie.

L'Afrique, toujours l'Afrique, était le sujet de nos conversations. C'est avec plaisir que je me rappelle ce temps, ces heures d'un vol si rapide, où nous causions de questions dont j'étais bien loin de m'imaginer alors qu'on me chargerait un jour de chercher la solution.

AVANT-PROPOS.

Vers la fin de 1875, j'écrivis un mémoire qui résumait nos interminables causeries sur l'Afrique et que je soumis à l'appréciation de Simões Soarès et d'un autre camarade, le capitaine Camacho. J'y avais dressé le plan d'une inspection partielle des colonies portugaises dans l'Afrique orientale, de façon à ce qu'elle fût le moins dispendieuse à l'État. Je l'adressai au gouvernement de Sa Majesté après que la question eut été longtemps débattue entre nous trois. Plus tard, j'ai su que mon mémoire n'était jamais parvenu entre les mains du ministre de la marine.

Vers cette époque, bien que je fusse chef de famille ou que des intérêts d'une haute importance me rattachassent au Portugal, je recommençai à vouloir voyager en Afrique.

En rentrant à Lisbonne vers la fin de 1876, je sus que ce qui concernait nos possessions en Afrique avait repris un vif intérêt depuis la création d'une Commission centrale et permanente de géographie et l'établissement de la Société géographique de Lisbonne. On parlait beaucoup d'une grande expédition qu'on projetait d'envoyer au centre de l'Afrique méridionale.

Je me décidai immédiatement à faire toutes les démarches nécessaires pour voir le ministre des colonies, senhor João[1] d'Andrade Corvo. L'exploration de l'Afrique n'est pas aisée; mais parvenir auprès du ministre, surtout auprès du senhor João d'Andrade, ne l'était pas davantage. Son Excellence occupait les deux portefeuilles de la marine et des affaires extérieures, et conséquemment n'avait guère de temps à donner aux importuns. Après m'être présenté en vain chez lui huit jours successivement, j'allais quitter Lisbonne, lorsque je reçus une lettre d'audience au ministère des affaires étrangères.

Au début, Son Excellence me traita froidement et, me

1. L'õ devant e et l'ã devant o, dans l'orthographe portugaise, donnent à peu près la prononciation oen et aon. — J. B.

prévenant qu'elle avait fort peu de temps à me donner, me demanda : « Que me voulez-vous ? — J'ai entendu dire, répondis-je, que Votre Excellence a l'intention d'envoyer en Afrique une expédition géographique ; c'est là ce qui m'amène ici. »

A ces mots, le ministre, changeant de ton, m'engagea poliment à m'asseoir.

« Avez-vous été en Afrique ? demanda-t-il. — J'y suis allé, répliquai-je. Je connais un peu la façon de voyager en ces pays-là et j'ai étudié avec soin toutes les questions qui les concernent. — Vous sentez-vous disposé à entreprendre un long voyage dans l'Afrique méridionale ? »

J'avoue que j'hésitai un instant à répondre à cette demande positive, enfin je me déclarai prêt à partir.

« C'est bien, reprit le ministre. J'ai en effet le dessein d'envoyer en Afrique une grande expédition, bien pourvue de tout ce qui pourra lui être nécessaire, et, lorsqu'il sera question d'en organiser le personnel, je me rappellerai votre nom. » Puis, comme je me retirais : « A propos, continua-t-il, quelles seraient vos conditions pour un service de ce genre ? — Je n'en ferais aucune, » répondis-je, et je le quittai.

En sortant du ministère des affaires étrangères, je me rendis à la Calçada (chaussée) da Gloria, n° 3, chez le docteur Bernardino Antonio Gomès, vice-président de la Commission centrale et permanente de géographie. J'eus avec lui une longue conversation, où ce savant distingué, dont les études étaient complètement dirigées vers les questions géographiques, m'apprit qu'il avait déjà pensé pour cette expédition à un officier de notre marine royale, Hermenigildo Capello.

Le lendemain je partais pour le nord du Portugal.

Au grand air de la campagne et aux distractions du chemin, se calma peu à peu l'enthousiasme fébrile que j'avais éprouvé à Lisbonne et même, après mûre réflexion, je résolus de renoncer à mon voyage en Afrique. Les liens qui m'attachaient à ma femme et à ma fille n'étaient pas aisés à rompre, et, chaque fois que l'idée de me priver des caresses de mon enfant se présentait à mon esprit, je sentais s'éteindre en moi l'ardeur des explorations.

D'un côté, ma famille ; de l'autre, l'Afrique : ces deux influences contraires me tenaient dans une perplexité alternative. Enfin j'en arrivai à un projet qui semblait tout concilier. Si, par exemple, on me donnait le gouvernement d'un district, ne pourrais-je pas, sans me séparer de ma famille, visiter une partie l'Afrique?

Je fus nommé à cette époque au 4ᵉ chasseurs. Pour me rendre dans les Algarves, je pouvais passer quelques jours à Lisbonne. On n'y parlait plus de l'exploration projetée, et il n'y avait guère que l'enthousiaste Luciano Cordeiro pour croire qu'elle pût avoir lieu. A la Société de géographie dont il était secrétaire, il avait soulevé de pressantes réclamations en faveur de l'entreprise. Quant au docteur Bernardino Antonio Gomès, déjà courbé sous le poids de ses années, il s'était affaissé sous celui de ses travaux incessants et ressentait les premières atteintes de la maladie qui ne devait pas tarder à le priver de la vie et à enlever au Portugal et au monde même un de ses plus illustres représentants au dix-neuvième siècle.

Je n'avais pas encore fait la connaissance de Luciano Cordeiro, ce brillant jeune homme, si plein de feu et pour lequel je nourris aujourd'hui l'amitié la plus vive.

Tous ceux avec lesquels je causais de l'exploration projetée la considéraient comme ajournée indéfiniment. Cet abandon me causait un vif regret. Ainsi s'éteignait la lumière qui avait été sur le point de jeter de l'éclat sur les explorations faites systématiquement par les Portugais en Afrique! D'autre part, j'éprouvais une certaine satisfaction à me voir, par le cours des événements, délivré d'un engagement qui m'aurait séparé des personnes que j'aimais le plus.

En même temps je sentais que l'idée de partir en qualité

de gouverneur, de pouvoir m'établir dans cette Afrique que je désirais étudier, avec ma famille, s'emparait de moi chaque jour davantage. Je me décidai à m'en entretenir avec le ministre.

Cette fois, je fus immédiatement reçu et même avec cordialité. J'exprimai d'abord ma surprise à ne plus entendre parler d'exploration. « Et c'est là ce qui vous amène? demanda le ministre. — Pas tout à fait, répondis-je. Je viens prier Votre Excellence de me confier le gouvernement de Quilimané, poste actuellement vacant. »

Senhor Corvo se mit à sourire. « J'ai mieux que cela à vous offrir, dit-il. J'ai besoin de vous pour une chose plus importante que l'administration d'un district africain; voilà pourquoi je ne puis pas vous donner le gouvernement de Quilimané.

— Votre Excellence penserait-elle donc encore à une exploration en Afrique? demandai-je. Franchement, je croyais ce projet tout à fait abandonné.

— Je vous donne ma parole d'honneur, répliqua le ministre, que j'aurai cessé d'être João d'Andrade Corvo, si, au printemps prochain, une expédition conçue sur une base plus large que les autres expéditions organisées jusqu'ici en Europe, n'est point partie de Lisbonne pour le midi de l'Afrique.

— Et vous avez compté sur moi?

— Sans aucun doute et vous entendrez parler de moi d'ici à peu de temps. »

J'étais profondément troublé en sortant du ministère.

A peine arrivé à l'hôtel Central, j'écrivis le billet que voici : « Je n'ai pas l'honneur d'être connu de vous, mais je désire vous parler et je vous prie de m'accorder un rendez-vous. » Ce billet était adressé à Hermenigildo Carlos de Brito Capello, officier, à bord de la frégate cuirassée *Vasco de Gama*.

Le lendemain, j'avais cette réponse :

« Vous me trouverez aujourd'hui à trois heures au café Martinho. » Signé, CAPELLO.

A trois heures sonnantes, j'entrais au café Martinho. Il était complètement désert, si ce n'est qu'à une table je vis assis, en uniforme, un jeune lieutenant en premier de la marine, dont la figure m'était tout à fait inconnue. Ce devait être celui que je cherchais. Il sirotait un verre de grog, et sa coiffure était posée près de lui.

Sa taille était moyenne autant que j'en pouvais juger; son teint basané, son œil calme, la rareté de ses cheveux en train de se décolorer et une moustache grisonnante lui donnaient, au premier coup d'œil, l'apparence d'un âge que démentaient l'absence de rides et l'éclat de la jeunesse.

« Senhor Capello, sans doute? — Je me nomme ainsi; et vous, je suppose, vous êtes senhor Serpa Pinto. Je vous attendais et je suis à peu près sûr que c'est de l'Afrique que vous désirez me parler. — Parfaitement. Vous êtes donc décidé à faire partie de l'expédition? — Oui, et j'en ai même déjà causé avec le docteur Bernardino Antonio Gomès. — C'est lui en effet qui m'a donné votre nom. Avez-vous donc pris quelque engagement à cet égard? — Aucun. A vous dire vrai, je ne sais pas au juste ce que veut le gouvernement. J'ai parlé deux fois de ce projet avec le docteur Gomès; quant au ministre, je ne l'ai pas encore vu. Quand je le verrai, j'ai l'intention de lui dire que, si je partais pour l'Afrique, je désirerais avoir pour compagnon mon camarade et ami Roberto Ivens. Le connaissez-vous? — Pas du tout. J'ai parlé au ministre, moi; et il m'a dit qu'il compte sur moi pour cette expédition. — C'est différent; puisque vous êtes engagé avec le ministre, je me retire. — Mais, pourquoi cela? Je me retirerais plutôt. — Il y a plus : je ne crois pas que l'affaire aboutisse. — Je n'y crois guère non plus. Cependant, admettons qu'elle aboutisse, pourquoi ne partirions-nous pas ensemble? Nous ne nous connaissons pas, il est vrai; mais nous pouvons, en peu de temps, nous connaître mieux et, je l'espère, devenir d'intimes amis. — Je ne vois pas de raisons pour vous contredire. Eh bien, si l'expédition a lieu, nous irons ensemble et nous choisirons pour compagnon mon ami Roberto Ivens. — Cela va sans dire. Mais, sérieusement, est-ce que vous croyez que le gouvernement votera la somme nécessaire pour une entreprise telle que celle qu'on projette ? — Je n'en sais rien, j'en doute ; et, de fait, maintenant on parle beaucoup moins de ce dessein qu'on ne le faisait auparavant. »

Notre entretien fut long, et, en nous séparant, nous étions fermement convaincus que le projet ne se réaliserait jamais.

Les jours suivants je rencontrai Capello plusieurs fois, puis nous partîmes, chacun de notre côté. Capello rejoignit son vaisseau, le *Vasco de Gama* qui allait en Angleterre, et moi je me rendis au 4ᵉ chasseurs, dans les Algarves, pour y prendre le commandement de ma compagnie.

Avec les loisirs que me procurait la vie de garnison, je me remis à l'étude. Dans mon nouveau poste, j'eus la bonne chance de trouver un ami dans la personne de Marrecas Ferreira, officier distingué du génie, qui était toujours prêt à m'aider dans la solution des problèmes de mathématique, où il était passé maître. Ce fut par son entremise que je pus entrer en correspondance réglée avec Luciano Cordeiro, devenu aussi dans la suite un de mes plus fidèles amis.

A cette époque, je rédigeai deux notes où je discutais le mode d'organiser une exploration dans l'Afrique méridionale, et, grâce à Luciano Cordeiro, je réussis cette fois à les faire parvenir jusqu'au ministre de la marine.

Cependant les mois s'écoulaient, et on n'entendait plus parler du projet d'expédition.

Capello, dans deux lettres qu'il m'écrivit, me marqua qu'il n'avait aucune foi dans la réalisation de l'entreprise. Je partageais son opinion. Il est vrai qu'au sein de la Commission permanente de géographie, on agita plusieurs fois des

Lisbonne. Place du Commerce et statue de José I.

Reliure serrée

projets d'exploration ; mais on se bornait à les discuter.

Un matin, les journaux m'apprirent que le ministre Sñr. João d'Andrade Corvo venait de présenter au parlement la demande d'un crédit de trente contos (environ 165,000 fr.) pour les frais d'une expédition en Afrique. Par malheur, le ministère tomba avant le vote de la loi, et le portefeuille des colonies passa entre les mains de Sñr. José de Mello Gouvéa.

Pourtant le projet d'exploration était redevenu un sujet intéressant pour le public ; mais les noms que les journaux mettaient en avant m'étaient complètement inconnus et, seulement de temps à autre, je lisais parmi eux celui de Capello.

Je résidais alors à Faro. Tout en continuant mes études sur l'Afrique et sur l'astronomie avec l'assistance de João Botto, professeur éminent de l'école des pilotes à Faro, je ne me livrais plus à mes idées de voyage. Mon temps se partageait entre les plaisirs du foyer domestique et le travail ; je me trouvais ainsi trop heureux pour penser à échanger la douce régularité de mon existence contre les aventures et les hasards des voyages.

Je n'en continuais pas moins à suivre avec intérêt les nouvelles que les journaux nous apportaient de Lisbonne. J'y lus un jour que le nouveau ministre, José de Mello Gouvéa avait rapporté au parlement le projet de loi présenté par son prédécesseur et avait réussi à faire voter un crédit de trente contos, destinés à défrayer l'expédition géographique.

C'est vers cette époque que mourut Bernardino Antonio Gomès, victime de l'intérêt qu'il prenait à l'étude des questions africaines, dans un âge où les fatigues précédentes auraient dû l'engager à se reposer complètement l'esprit. Sa mort causa un vide considérable dans la Commission centrale de géographie. Celle-ci comprenait d'autres membres qui, s'intéressant aussi beaucoup à ces questions palpitantes, élevaient la voix dans les séances, mais leurs discussions réitérées n'aboutissaient pas à un résultat.

Malgré le vote du parlement, je ne pouvais pas arriver à prendre au sérieux la possibilité de voir cette expédition entreprise en 1877; et, d'ailleurs, me rappelant les renseignements donnés par les journaux, je ne supposais pas que j'en dusse faire partie, et cette circonstance, à dire vrai, me causait un certain plaisir.

Les Algarves sont un délicieux pays où règne une atmosphère orientale. A la vue des cimes élégantes des palmiers gracieusement penchés sur les terrasses des maisons, on se sent porté à oublier qu'on habite le littoral prosaïque de l'Europe. Je remplissais là les fonctions de commandant militaire; mon existence y était donc peu tourmentée.

Les relations d'une société de choix, les affections de famille, mes livres d'étude et mes instruments scientifiques me procuraient des heures de félicité, de ce bonheur paisible dont il est donné de jouir à si peu de personnes. Ma bergère, ma robe de chambre et mes pantoufles n'auraient pas tardé à devenir pour moi l'idéal du bien-être.

Avril venait de finir et le commencement de mai nous amenait une chaleur qu'on supportait avec peine à Faro. Je me mettais à faire des projets pour mon été lorsqu'un jour je reçus un télégramme qui m'enjoignait de me rendre immédiatement chez le général qui commandait la division. A mon arrivée, je trouvai l'ordre de me présenter sans perdre de temps chez le ministre des colonies.

Adieu au foyer domestique, adieu aux robes de chambre, adieu aux pantoufles, à la vie calme et paisible que je menais au milieu d'êtres chéris! Il fallait me remettre à courir le monde.

Quatre jours plus tard, étaient assis, dans une grande salle du ministère de la marine, autour d'une large table, une douzaine de graves personnages, aux nez garnis ou privés de lunettes, les uns vieux, d'autres jeunes, mais tous bien connus dans le monde des sciences et des lettres, ou dans le service de l'État. L'assemblée discutait les questions relatives à l'Afrique. Elle avait pour président le ministre en personne, José de Mello Gouvéa. Les secrétaires étaient le docteur José Julio Rodriguès et Luciano Cordeiro. Parmi les membres présents, je me rappelle le comte de Ficalho, le marquis de Souza, le docteur Bocage, Carlos Testa, Jorge Figaniere, Francisco Costa, le conseiller Silva et Antonio Teixeira de Vasconcellos.

Au bout de la table et à l'un des coins, se tenait, enfoncé dans un large fauteuil, un homme à la tête encore bien fournie de cheveux et garnie d'une grosse moustache grise ; il ne me quittait pas des yeux qu'il fixait sur moi à travers des verres entourés d'écaille. C'était l'ancien ministre, João d'Andrade Corvo; son air signifiait clairement : « Ne vous avais-je pas dit que cette affaire finirait par aboutir ? »

Capello était assis près de moi. Au bout d'une conférence qui dura bien deux heures, nous quittâmes ensemble la salle, emportant des instructions précises pour notre voyage. Comme troisième associé nous avions choisi le lieutenant Roberto Ivens, l'ami de Capello. Je ne le connaissais pas encore et il était alors à Loanda, servant à bord d'un des vaisseaux de Sa Majesté. L'assemblée avait eu lieu le 25 mai et nous nous étions engagés à partir le 5 juillet. C'était une promesse risquée, car nous n'avions qu'un mois pour faire nos préparatifs, dont une partie devait être tirée de France et d'Angleterre.

L'assistance la plus efficace nous fut accordée par Francisco Costa, directeur général au ministère. Il employa toute son influence à balayer les obstacles que le formalisme routinier des bureaux aurait pu nous susciter. En fait, les choses allèrent d'un train tel que, le 28 mai, nous partions, Capello et moi, pour Paris et pour Londres. Le crédit qu'on avait affecté aux achats que nous devions faire montait à huit contos ou 44,000 francs.

II. — PRÉPARATIFS DE L'EXPÉDITION.

En arrivant à Paris, nous nous rendîmes chez M. d'Abbadie, le grand explorateur de l'Abyssinie, et chez M. Ferdinand de Lesseps. L'un et l'autre nous reçurent avec l'attention la plus polie et nous donnèrent les conseils que nous leur demandions.

Malheureusement nous ne pûmes pas trouver sur la place les instruments, les armes ni les équipements de voyage tels que nous les désirions et nous fûmes obligés de les faire faire de commande.

Munis d'une recommandation spéciale de M. d'Abbadie, nous nous présentâmes chez divers fabricants d'instruments, et, durant une douzaine de jours, Lorieux, Baudin et Radiguet furent occupés à travailler pour nous. Walker se chargea de nous fournir tout l'équipement ; Lepage (Fauré), les armes ; Tissier, les bottes et les souliers ; et Ducet jeune, les vêtements.

Laissant nos commandes en train d'exécution, nous partîmes pour Londres, où nous achetâmes les chronomètres dans les magasins de Dent, et divers instruments chez Casella; nous fîmes une bonne provision de sulfate de quinine, et Mackintosh nous procura les articles de caoutchouc, entre autres deux bateaux et des baignoires qui se plient.

Mais ce fut en vain que nous cherchâmes à Londres, aussi bien qu'à Paris, un théodolite réunissant toutes les conditions nécessaires à un voyage comme celui que nous allions entreprendre. Les uns, excellents pour les observations terrestres, manquaient des qualités requises pour les observations astronomiques ; les autres, qui répondaient parfaitement à ces deux services, étaient trop lourds ou trop encombrants pour être transportés. Nous n'avions pas le temps d'en faire faire un exprès à notre usage ; en sorte que, quand nous revînmes à Paris, nous fûmes très heureux d'accepter celui que M. d'Abbadie avait commencé par nous offrir.

Nous rassemblâmes à Paris les divers objets que nous y avions commandés et qu'on avait exécutés pendant notre courte absence ; aussi, le 1er juillet, nous revenions à Lisbonne, Capello et moi, tout équipés pour notre voyage, et conséquemment prêts à tenir l'engagement que nous avions pris de partir pour Loanda par le paquebot du 5. Nos préparatifs avaient été achevés dans l'espace de dix-neuf jours.

En étudiant les moyens de me préparer à une longue expédition en Afrique, j'avais en vain cherché, dans les livres de voyages, la façon dont s'y étaient pris mes devanciers. Tous ces récits m'avaient paru fort incomplets dans leurs renseignements sur ce sujet et, comme leur omission m'avait causé un excès d'embarras, je résolus, pour le cas où je voyagerais en Afrique et où j'écrirais mes aventures, de ne pas tomber dans le même défaut, mais d'indiquer soigneusement, en faisant l'énumération de ce que j'aurais emporté, les objets dont l'utilité m'aurait été démontrée, et ceux que j'aurais reconnus ne constituer qu'une charge inutile.

L'histoire de l'exploration de l'Afrique n'en est encore qu'à ses débuts. Comme j'ai succédé à d'autres, beaucoup de voyageurs me succéderont en Afrique. Je pense donc que c'est rendre service à ceux qui s'aventureront après moi dans ce continent inhospitalier que de leur fournir la liste des objets dont je me suis pourvu ; quant à l'utilité ou à l'inconvénient de leur emploi, le cours de mon récit l'exposera évidemment.

Les instructions que j'avais reçues de mon gouvernement me permettaient de consacrer trois ans à mon exploration ; c'est d'après cette donnée qu'avaient été faits mes préparatifs.

L'expérience m'avait appris déjà qu'il y a de graves inconvénients à se surcharger de bagages. Aussi, quand je vis à Lisbonne l'énorme entassement des objets que nous avions achetés à Paris et à Londres, j'avoue que j'en fus effrayé. Il n'y avait pas moins de dix-sept malles, toutes d'égales dimensions : 0^m,3 × 0^m,3 × 0^m,6.

L'une contenait un service complet de toilette : grand miroir, cuvette, pot à l'eau, boîtes à savons et à brosses, etc. ; une autre renfermait un service de dîner et de thé pour trois personnes ; une troisième, les ustensiles de cuisine, etc.

Trois autres de plus grande force devaient emporter chacune quatre bouteilles de quinine, une petite pharmacie, un sextant, un horizon artificiel, un chronomètre, plusieurs tables de logarithmes, quelques éphémérides, un baromètre anéroïde, un hypsomètre, un thermomètre, un compas d'épaisseur, un compas ordinaire, un registre de papier blanc, du papier en feuilles, des crayons, des plumes et de l'encre ; cinquante cartouches par arme à feu, un habillement complet, du linge suffisant pour en changer trois fois, de l'amadou avec sa pierre et son briquet, et d'autres articles d'usage personnel. Chacune de ces malles avait dans sa partie supérieure un étui de couture, un pupitre et une papeterie. Ce bagage était personnel, car chacun de nous trois devait avoir sa caisse à lui.

Dans les dix autres, on avait emballé pêle-mêle vêtements, instruments et autres objets de réserve. D'ailleurs leurs serrures étaient pareilles, de façon qu'une seule clef pût les ouvrir toutes.

Notre tente était de celles qu'on nomme *tentes-marquises*. Elle avait 3 mètres de côté sur 2^m,3 de hauteur. Les lits étaient de fer, solides et commodes ; les tables et les sièges étaient de toile et se pliaient. Ces articles venaient de chez Walker.

Chacun de nous trois était armé d'une magnifique carabine rayée, du calibre de seize, dont les canons, fabriqués par Léopold Bernard, avaient été montés avec soin par Fauré-Lepage. Un fusil de chasse du même calibre, fait par Devismé ; un winchester à huit coups, un revolver et un couteau de chasse complétaient notre armement.

J'avais commandé à la *Confeitaria ultramarina* (Confiserie d'outre-mer) de Lisbonne vingt-quatre caisses, ayant la dimension de nos malles, remplies de thé, de café, de sucre et de conserves végétales ou farineuses, que contenaient des boîtes soigneusement soudées. Je saisis l'occasion de remercier ici Sñr. Oliveira, propriétaire de cet établissement, pour le soin scrupuleux qu'il a mis au choix des articles fournis ; nous en avons fait un bon et fréquent usage au début de l'exploration.

Quant aux instruments que nous emportions, en voici la liste : trois sextants, l'un fait par Casella de Londres, l'autre par Secretan, et le troisième par Lorieux, un chef-d'œuvre ; deux cercles de Pistor, fabriqués par Lorieux, avec deux horizons artificiels à glace et leurs niveaux respectifs ; un horizon à mercure, de Secretan ; trois télescopes astronomiques de grande puissance, dont deux par Bardou et un par Casella ; trois petits baromètres anéroïdes, deux de Secretan et un de Casella ; quatre podomètres, deux de Secretan et deux de Casella ; six compas de proportion, une boussole Bournier, fournie par Secretan ; trois boussoles azimutales, deux venant de Berlin et une vendue par Casella ; deux boussoles marines de Duchemin ; six hypsomètres de Baudin, un de Casella, trois de Celsius de Berlin, deux beaucoup plus sensibles, de Baudin ; douze thermomètres, fournis par Baudin, Celsius et Casella ; un baromètre de Marioti-Casella ; un anémomètre de Casella ; deux jumelles de Bardou ; une boussole d'inclinaison ; et un appareil pour mesurer les forces magnétiques, qui nous fut prêté fort obligeamment par le capitaine Evans, grâce à l'intervention de M. d'Abbadie. Enfin le théodolite universel de d'Abbadie, auquel on a donné le nom d'*Aba*, et que son inventeur a mis à notre disposition si généreusement.

Armes, instruments, bagages, en un mot tous les objets que nous emportions avaient l'inscription suivante : « Expédition portugaise à l'intérieur de l'Afrique centrale, 1877. »

Le docteur Bocage et le comte de Ficalho nous envoyèrent en outre deux caisses garnies de tout ce qui est nécessaire pour la conservation des échantillons de botanique et de zoologie.

Des outils de plusieurs espèces accroissaient encore cette masse énorme d'*impedimenta*, avec laquelle nous allions partir de Lisbonne pour nous enfoncer dans les contrées inconnues de l'Afrique méridionale.

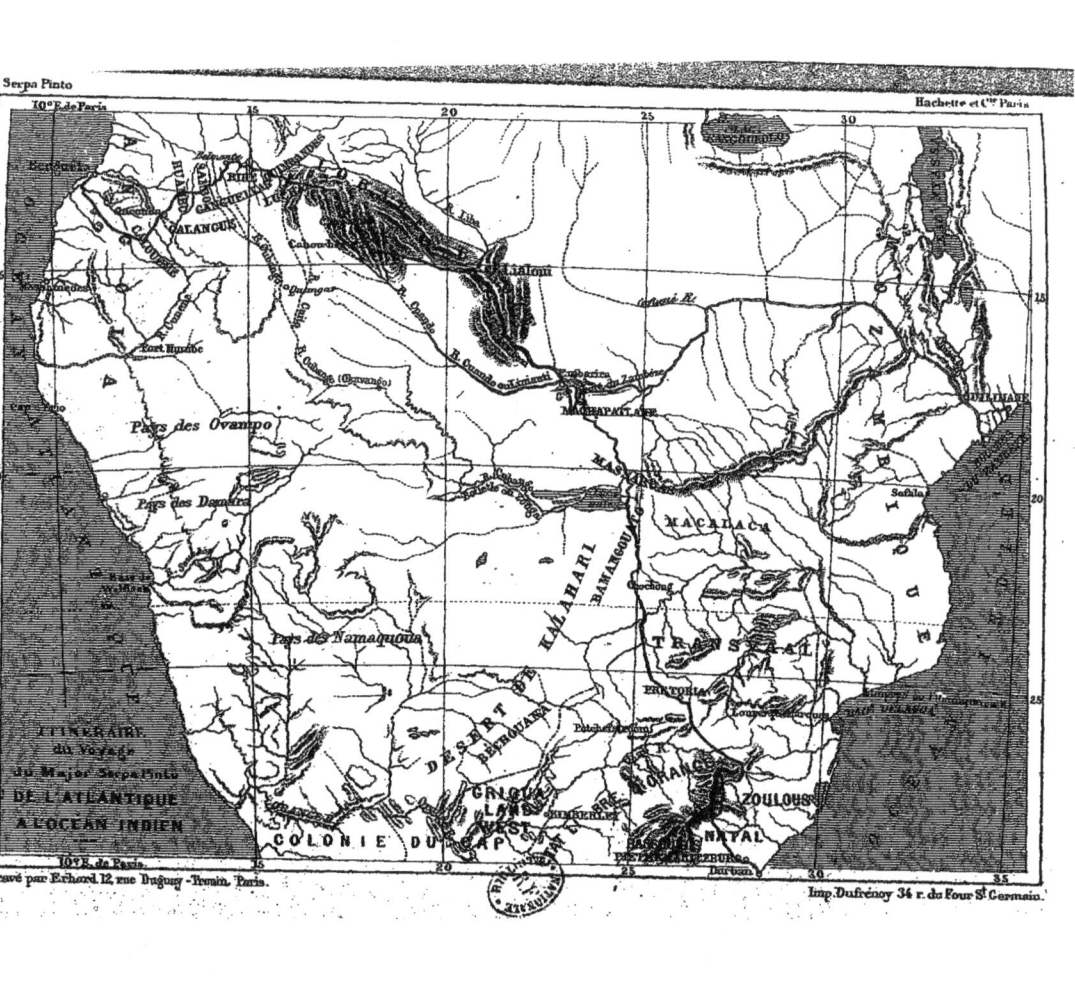

CHAPITRE PREMIER

EN QUÊTE DE PORTEFAIX.

Arrivée à Loanda. — Le gouverneur Albuquerque. — Pas de portefaix. — Je vais au Zaïre. — Ambriz. — Porto da Lenha. — Esclaves rachetés. — J'apprends l'arrivée de Stanley. — Cabinda. — Je prends Stanley à bord de la *Tamega*. — Officiers de la canonnière. — Stanley est mon hôte. — Notre itinéraire. — Ivens nous rejoint.

Nous arrivions le 6 août 1877 à Loanda, sur le vapeur *le Zaïre*, commandé par Pedro d'Almeida Tito, que je prie de vouloir bien agréer l'expression de ma reconnaissance pour la faveur avec laquelle il m'a traité.

Depuis le départ de Lisbonne, une seule inquiétude me préoccupait constamment. Notre bagage était énorme déjà et nous allions encore l'augmenter considérablement par la quantité de marchandises, de verroteries et d'autres articles que nous serions obligés d'emporter pour nous servir de monnaie à l'intérieur.

Tous les livres de voyages faits dans cette partie du continent africain m'avaient montré les difficultés que la plupart des explorateurs avaient rencontrées à réunir un nombre de portefaix suffisant pour le transport indispensable de leurs bagages. Comment m'y prendrais-je ? Au Cap-Vert, j'avais acquis la certitude qu'une lettre écrite par Capello et par moi à Ivens n'était jamais parvenue à son adresse, puisque j'y avais trouvé un télégramme où nous apprenions qu'Ivens était encore à Lisbonne et n'avait pas pu conséquemment suivre nos instructions pour étudier cette question et s'informer de l'assistance que nous trouverions à Loanda.

Nous fîmes au cap des Palmes une tentative qui ne réussit pas mieux ; car, malgré l'intervention du capitaine

Tito, nous n'y pûmes pas engager un seul Croumane.

A Loanda, Sñr. José Maria de Prado, un des principaux capitalistes et propriétaires terriens de la province d'Angola, nous accorda l'hospitalité et mit de suite à notre disposition une des nombreuses maisons qu'il avait dans la ville, avec toutes les facilités nécessaires pour abriter l'énorme matériel de notre expédition. Du reste, il nous a rendu une foule de services.

Dans la soirée même du 6 août, nous eûmes la visite d'un des aides de camp de Son Excellence Sñr. Albuquerque, gouverneur général, qui nous envoyait ses meilleurs compliments.

Le lendemain, le 7, nous nous présentions chez Son Excellence, qui nous reçut de la façon la plus amicale. Le gouverneur eut l'indulgence d'excuser la tenue peu convenable dans laquelle je me rendais chez lui. Les vêtements que je portais étaient sans doute fort appropriés à la vie de forêt; mais ils ne l'étaient guère à une visite de cérémonie.

Sñr. Albuquerque, après nous avoir affirmé que nous pouvions compter sur son assistance dans l'étendue de son gouvernement, conclut en assurant qu'il lui était impossible de nous procurer aucun moyen de transport.

Je ne crois pas qu'il y ait beaucoup de renseignements plus désagréables à recevoir, pour un voyageur dont tout le désir est de commencer son exploration de l'Afrique, que d'apprendre, ayant quatre cents charges à emporter avec lui, qu'on ne peut pas trouver un seul portefaix.

Je me résolus de suite à me rendre dans le nord de la province pour voir si je ne serais pas plus heureux, et je demandai à Sñr. Albuquerque de me procurer un passage au Zaïre. Le seul vaisseau de guerre dont on pût disposer était alors en croisière à l'embouchure de ce fleuve. Je voulus le rejoindre, et, le 8, je partis sur une embarcation du pays, qui me fut fournie par le capitaine du port et que manœuvraient huit nègres. Le gouverneur m'avait remis ses

Saint-Paul de Loanda.

ordres pour le commandant de la canonnière. Faire près de deux cents kilomètres dans une barque, c'est un voyage fort peu agréable. De plus, entre Loanda et Ambriz, je n'eus guère d'autre nourriture que du biscuit et des sardines, parce que, m'étant mis en route dès que la barque avait été prête, je n'avais pas eu une minute pour y mettre des provisions.

Le 9, à la nuit tombante, j'arrivais à Ambriz, charmante petite ville, assise sur le sommet d'une éminence dont les falaises descendent d'aplomb jusqu'à l'Océan par un escarpement de 25 mètres.

Le principal fonctionnaire y était un employé du Trésor, un Sñr. Tavarès, qui eut pour moi toute espèce d'attentions, ainsi, d'ailleurs, que tous les habitants de la ville, et surtout Sñr. Cordeiro, qui me logea chez lui.

Je rencontrai à Ambriz Avelino Fernandès, dont j'avais eu le bonheur de faire la connaissance à bord du vapeur *le Zaïre*, et avec lequel je me liai d'amitié. Né sur les rives du Zaïre, il porte un attachement passionné à cette riche contrée, dont les arbres gigantesques, rejetons d'une antique forêt vierge, avaient ombragé son berceau. Il est âgé de vingt-quatre ans. La couleur de son teint et les boucles crépues de sa chevelure prouvent que les sangs de l'Europe et de l'Afrique sont mêlés dans ses veines. Riche, doué d'un esprit intelligent et même supérieur, ayant fait son éducation dans les principales capitales de l'Europe, il est le vrai type du gentilhomme accompli. Le connaître, c'est l'estimer et l'aimer. J'espérais que, grâce aux nombreuses relations qu'il a conservées sur les bords du Zaïre, il pourrait m'aider beaucoup à résoudre la question difficile du transport.

J'appris à Ambriz qu'on y attendait sous peu de jours la canonnière *Tamega* et je me décidai à y rester jusqu'à son arrivée. La traversée en barque depuis Loanda m'avait laissé, aussi bien dans l'esprit que sur le corps, de trop désagréables souvenirs pour que je songeasse à la continuer vers le nord.

Le 10 fut employé à me promener çà et là dans la ville et les faubourgs : voici quelles impressions j'en ai conservées.

Du plateau où s'est installée la population européenne on descend à la mer par un chemin tortueux, que des forçats étaient en train de réparer. Sur le rivage, entre deux superbes édifices qui sont les magasins de deux factoreries, l'une française et l'autre hollandaise, s'élève une construction, dont le temps a fait à peu près une ruine et qu'on s'occupe de réparer, mais où les travaux sont abandonnés. C'est la douane, une douane sans négoce, où les marchandises, entassées à la porte, sur le sable, payent un absurde droit d'emmagasinage. Vers le nord-nord-est de la ville, plusieurs hectares sont couverts par un marais, inférieur de 3^m,12 à la grande marée. C'est sur le versant conduisant du plateau à ce bourbier que sont parsemées les huttes des naturels, dans les plus mauvaises conditions au point de vue hygiénique. Vers le sud de la ville, au milieu de bosquets de clématite, est situé le cimetière, où les hyènes se repaissent la nuit des cadavres qu'on y a enterrés le jour.

L'embarcadère, construit en poutres et en fer, tombe complètement en ruines. En effet, comme il n'a jamais reçu une seule couche de peinture, qu'aucun crédit n'est destiné à son entretien, et que personne n'est chargé de s'en occuper, il s'ensuit naturellement que le fer, rouillé au contact de l'air et de l'eau, se détruit ainsi que les charpentes.

La résidence du fonctionnaire principal est une masure ruinée, qu'on n'habite pas sans péril.

La poudrière est dans un état analogue ou peu s'en faut, et je ne laissai pas que d'en être surpris, car elle contient la poudre des traitants, sur laquelle l'État perçoit un impôt qui monte par mois à deux cents mille reis (1,118 fr. environ).

Il est à souhaiter vivement que, durant les deux années écoulées depuis la visite que j'ai faite à Ambriz, on se soit un peu plus occupé de cette jolie ville, dont l'importance

Environs d'Ambriz.

comme centre de commerce est évidente pour l'observateur le plus superficiel.

A 1 kilomètre à peu près au nord du débarcadère, tombe dans l'Atlantique la rivière Logé. Son embouchure est obstruée par un banc de sable qui en rend l'accès difficile ; mais, plus haut, la rivière est navigable pendant une trentaine de kilomètres.

Le 11, j'allai à une importante exploitation agricole dont le fondateur a été le célèbre Jacintho do Ambriz et qui maintenant appartient à son fils Nicolao. Ce domaine est un des plus remarquables qui soient dans la province d'Angola, pour le développement de l'agriculture.

Jacintho do Ambriz partit pour l'Afrique à la suite d'un grand malheur. Fils du peuple, dénué de toute espèce d'instruction, ne sachant même ni lire ni écrire, mais doué d'une intelligence nette et d'un esprit avisé, ayant de la chance, il réussit à faire une grande fortune. Il a épousé, à Ambriz, une femme de sa condition, qu'on appelait la Tia Leonarda (la tante Léonarde) ou plus ordinairement Tia Lina. Elle était née dans la province de la Haute-Beira. Je me rappelle l'avoir vue en 1877 portant le costume et parlant le patois des paysannes de cette province, comme si elle venait de la quitter. Je me souviens encore d'un dîner tout à fait *beirien* dont elle me régala et qui un instant me transporta en imagination parmi les laboureurs de nos pays du nord. Tia Lina entrait pour une bonne part dans la chance qu'avait eue Jacintho de faire fortune.

Jacintho faisait le commerce et naturellement ce commerce avait deux spécialités : d'un côté, il fallait acheter aux blancs les marchandises qu'ils apportaient et leur vendre les produits de la contrée ; de l'autre, acheter aux noirs les denrées africaines et leur vendre les marchandises européennes. Jacintho était chargé de traiter avec les blancs et Tia Lina avec les noirs.

La générosité de Jacintho le portait souvent à être victime

et de sa propre honnêteté et des extorsions de certains chefs : « Ah ! Jacintho, lui disait alors Tia Lina, ainsi que je le lui ai entendu répéter plusieurs fois, vous vous laissez entortiller par les blancs ; mais, moi, j'entortille les noirs. »

Le verbe *entortiller* n'est pas précisément celui qu'employait Tia Lina ; mais, s'il est moins énergique, il rend suffisamment sa pensée.

Un jour Jacintho résolut de se livrer à l'agriculture. C'était l'instinct des habitudes de sa première jeunesse qui se réveillait en lui. Il acheta de la terre et se mit à fonder cette vaste propriété si digne d'être visitée et à laquelle il ne cessa plus de donner son travail et ses soins jusqu'à la fin de sa vie.

Tout le monde savait l'étrange emploi que faisait Jacintho de sa langue, et il courait beaucoup de curieuses histoires sur les plaisantes erreurs où le faisait tomber l'emploi de tel ou tel de ces mots dont il lardait ses discours, évidemment sans en connaître le sens ; mais, comme il avait beaucoup d'esprit naturel, les rieurs n'étaient pas toujours contre lui. Une anecdote nous servira ici d'exemple.

Quelque temps après qu'il se fut installé dans sa terre de la Logé, il monta encore à bord d'un navire de guerre portugais qui venait d'arriver à Ambriz, pour offrir suivant sa vieille coutume aux officiers des objets à vendre. Le commandant, le voyant à son bord, lui demanda un singe. « Combien en voulez-vous ? répliqua Jacintho. Demain matin, vous pouvez envoyer à ma maison de la Logé un bateau, en prendre autant qu'il vous plaira. »

On le prit au mot. Le lendemain une barque montée par une demi-douzaine de marins accostait le mur du jardin de Jacintho. Le bonhomme fit remonter la barque un ou deux kilomètres plus loin jusqu'au penchant d'une colline que couvraient de gigantesques baobabs dont les branches horizontales fourmillaient de singes par centaines. Alors, se tournant vers les matelots, Jacintho s'écria : « Les voilà, ces singes ! Ils sont tous à moi, car ils vivent au centre de mes

Los singes dans le jardin de Jacintho d'Ambriz.

possessions. Prenez-en autant que vous en voudrez et portez-les au commandant. »

Les hommes regardèrent de travers les cimes élevées de ces énormes arbres, dont les troncs étaient de taille à ne pas permettre l'escalade ; puis, quand ils furent las de leurs vaines tentatives, ils se retirèrent découragés et poursuivis par les criailleries et les grimaces de la gent simienne.

« Eh ! s'écria Jacintho ; n'allez pas dire que je ne vous les ai pas livrés ! Si vous ne les emmenez point, ce n'est pas ma faute ! » Chacune de ses exclamations était accompagnée de bruyants éclats de rire.

Je visitai son domaine et fus frappé de ce fait que les machines, les appareils, les outils, tout était de fabrique portugaise. Jacintho n'admettait que ce qui venait de son pays ; à quelque prix que ce fût, il se procurait à Lisbonne ses articles, soit pour l'agriculture, soit pour la manufacture.

La mémoire de cet homme obscur, mieux connu pour les absurdités qui lui échappaient que pour ses excellentes actions, doit être respectée de tous ceux qui s'intéressent à la civilisation de l'Afrique : il est l'homme qui, de notre temps, a rendu le plus de services en développant l'agriculture dans cette colonie portugaise, où il dépensait son immense fortune et où il a travaillé de ses mains jusqu'à la fin de son existence utile.

Sur la rive gauche de la Logé, on trouve une autre propriété agricole, qui a aussi de l'importance et qui appartient au Sñr. Aogousto Garrido. Je n'ai pas eu le temps d'y aller, attendu que le jour que j'ai passé de ce côté fut entièrement occupé par les politesses de Tia Lina et de Nicolao, auxquels je ne pus pas me dérober. D'ailleurs les quelques heures qui s'y sont écoulées m'ont à peine suffi pour admirer ce que la volonté d'un seul homme y avait produit.

Le lendemain arriva la canonnière *Tamega*. M'étant rendu à bord, je la trouvai dénuée de provisions et ayant une grande portion de son équipage malade. En conséquence, je convins avec le commandant, M. le marquis da Silva, que je l'attendrais à Ambriz tandis qu'il irait se refaire à Loanda.

Trois jours plus tard la *Tamega* était de retour. Je m'y embarquai avec Avelino Fernandès, et nous nous dirigeâmes vers le Zaïre.

Depuis quelque temps je souffrais d'une bronchite aiguë qui heureusement parut se guérir aussitôt que je fus à bord.

Nous remontâmes le fleuve jusqu'à Porto da Lenha, où je débarquai en compagnie d'Avelino Fernandès qui me présenta à tous ses amis. Immédiatement je m'informai des moyens de transport. On me dit que sans doute je pourrais trouver des porteurs, pourvu que les chefs indigènes consentissent à m'y aider ; mais le mieux serait encore de racheter des esclaves et de les engager pour le service qui m'était nécessaire.

Il me répugnait d'acheter de la chair humaine même avec le dessein de remettre ces esclaves en liberté. D'ailleurs qui pourrait me répondre qu'une fois affranchis, ils me seraient fidèles ?

Je me déterminai donc à ne pas suivre ce conseil, même si je ne devais pas réussir autrement à trouver un seul porteur sur la place.

A la maison où je m'étais arrêté, j'appris que le grand explorateur Stanley venait d'arriver le 9 à Boma, après avoir descendu tout le cours du Zaïre. Il y était venu par la route de Cabinda.

Je remontai à bord et je convins avec le commandant que nous irions à Cabinda, offrir nos services à l'intrépide voyageur. Nous partîmes, et, dès que nous eûmes abordé, nous descendîmes à terre, Avelino Fernandès, quelques officiers de la canonnière et moi.

Quand je serrai la main de Stanley, j'étais sous le coup d'une vive émotion. Ce n'est pas un homme grand ; mais il me faisait l'effet d'un géant.

Je lui offris mes services au nom du gouvernement portu-

Porto da Lenha.

gais et lui dis que, s'il désirait se rendre à Loanda, où il trouverait plus facilement des passages pour l'Europe, le marquis da Silva se ferait un plaisir de le transporter lui et ses hommes à bord de la canonnière. De plus, et toujours au nom du gouvernement portugais, je mis à sa disposition l'argent dont il pouvait avoir besoin.

Stanley me répondit par une poignée de main chaleureuse.

Mes offres furent confirmées au nom de leur commandant par les officiers de la *Tamega*.

Stanley accepta et, dès ce moment, la canonnière se tint à sa disposition.

Avelino ni moi, comme on peut aisément se le figurer, nous ne quittions plus des yeux Stanley, et, dans notre hâte d'apprendre les détails de son voyage, nous employions tout le temps où il était occupé à questionner ses hommes.

Le 19, les officiers de la *Tamega* offrirent au grand explorateur un festin splendide où ils invitèrent le marquis commandant, Fernandès et moi.

Le 20, eut lieu le départ pour Loanda. Nous emmenions toute la troupe de Stanley, au nombre de cent quatorze personnes, y compris douze femmes et quelques enfants.

Stanley, à Loanda, se logea chez moi ; c'était une distinction à laquelle je fus très sensible, car il avait refusé bien d'autres invitations, dont quelques-unes lui venaient de personnes chez lesquelles il se serait trouvé beaucoup plus à son aise, vu que ma demeure ne pouvait lui offrir d'autre mobilier que mes ustensiles de voyageur.

Le gouverneur envoya de suite faire ses compliments à l'illustre Américain, et l'invita à un banquet auquel j'assistai. En revenant chez moi, comme je demandai à Stanley quelle impression lui avait faite Snr. Albuquerque, il me répondit seulement : « C'est un monsieur qui a l'air bien froid. »

Le consul américain, M. Newton, nous donna ensuite à déjeuner et se montra plein de courtoisie à notre égard.

Au milieu des réceptions et des banquets qui suivirent, le temps s'écoulait ; nous étions parvenus au 23 août et nous n'avions pas encore engagé un seul porteur. Le soir même du dîner donné à Stanley par le gouverneur, Son Excellence m'avait répété qu'il me serait impossible de m'en procurer surtout à Loanda et, pour confirmer son dire, il me cita l'exemple du major Gorjão, qui n'avait pas pu trouver la moitié des hommes dont il avait besoin pour ses études du chemin de fer du Couanza.

Il faut maintenant que nous parlions des projets que nous avions formés en rapport avec la loi votée et les instructions du gouvernement.

Nous avons déjà dit que le parlement avait voté la somme de trente contos de reis (165,000 fr.) pour les frais d'étudier les rapports hydrographiques existant entre les bassins du Congo et du Zambési, ainsi que les régions comprises entre les colonies portugaises sur l'un et l'autre rivage de l'Afrique méridionale.

Des instructions subséquentes recommandaient particulièrement d'examiner la rivière Couango dans ses relations avec le Zaïre ; les contrées où prennent leurs sources, le Couanza, le Counéné et la Coubango, jusqu'au Zambési supérieur ; et, s'il était possible, plus spécialement, le cours du Counéné.

Le plan qu'avait esquissé l'acte du parlement et qui était dû au Snr. Corvo, devait, à première vue, sembler beaucoup trop vaste pour une seule expédition et pour un vote de trente contos de reis ; mais ce n'était pas sans réflexion qu'il avait été ainsi dressé. En effet, Snr. Corvo était parfaitement instruit qu'un voyageur en Afrique non seulement n'est pas toujours maître de ses actions, mais encore peut rencontrer sur sa route quelque problème imprévu, dont la solution lui paraisse plus importante à chercher que celle du projet qui lui a été indiqué. Voilà pourquoi il laissait aux explorateurs la plus grande latitude.

Quant aux instructions, elles étaient sans doute plus précises ; mais cependant elles laissaient encore une liberté suffisante aux mouvements de l'expédition.

Le point de départ était resté à notre discrétion, avec d'autant plus de raison qu'il dépendrait nécessairement du lieu où nous pourrions recruter des porteurs.

Capello et moi nous avions pensé partir de Loanda, en marchant à l'est jusqu'à la Couango ; puis descendre la rivière pendant deux degrés ; passer à la Cassibi, que nous suivrions jusqu'au Zaïre, et enfin reconnaître ce fleuve jusqu'à son embouchure.

L'arrivée de Stanley, qui avait rempli en partie la tâche que nous nous étions proposée, et surtout l'impossibilité de nous procurer des porteurs à Loanda, nous firent complètement changer nos projets.

Nous nous décidâmes à descendre vers le sud pour chercher des hommes dans le Benguéla ; si nous pouvions en trouver, nous entrerions par l'embouchure du Counéné que nous remonterions jusqu'à sa source ; puis, descendant vers le sud-est, nous gagnerions le Zambési.

Cependant, comme notre confiance dans les hommes que nous louerions était fort bornée, nous crûmes qu'il serait prudent de demander au gouverneur un certain nombre de soldats qui nous accompagneraient à titre d'escorte. Son Excellence nous accorda notre requête et fit demander au rapport s'il y avait des soldats qui voulussent se présenter pour ce service, qui ne pouvait être que volontaire, et auquel on ne pouvait pas obliger les soldats.

Alors il fut décidé que j'allais partir pour le Benguéla par le vapeur qui arriverait de Lisbonne vers le commencement de septembre.

Ce fut à bord de ce navire que pour la première fois je rencontrai notre compagnon Ivens. Son caractère sympathique et ardent, la facilité de sa parole et l'enthousiasme que lui inspirait notre futur voyage, nous eurent bientôt liés étroitement. Nous lui fîmes connaître et nos décisions et tous les obstacles que nous avions déjà rencontrés. Ivens partagea complètement notre façon de voir, et mon départ pour le Benguéla fut fixé définitivement au 6 septembre.

Je ne perdis pas une minute pour faire mes préparatifs et je me rendis chez le gouverneur afin de lui faire part de nos desseins. Mes compagnons devaient profiter de mon absence pour mettre de l'ordre dans nos bagages, qui en avaient grandement besoin par suite de notre fuite précipitée de l'Europe.

Je prendrai la liberté de rapporter ici un épisode qui me fut très désagréable, parce qu'il aurait pu conduire Stanley à se former de mon caractère et de celui de mes compagnons une idée absolument fausse.

Le 5 de ce mois, à déjeuner, Capello, Ivens, Stanley, Avelino Fernandès et moi, nous étions tous à parler de l'esclavage, et nous expliquions à notre hôte l'esprit des lois portugaises au sujet de cet infâme trafic, en cherchant à lui faire bien comprendre l'injustice des affirmations faites à ce sujet sur notre pays par les étrangers et l'impossibilité qu'on rencontrât des esclaves dans les lieux où s'étendait l'autorité du gouvernement, lorsqu'au milieu de la conversation Capello dut nous quitter pour se rendre au palais où l'attendait le gouverneur.

Une heure plus tard, il nous revenait; mais peu après Stanley recevait de Snr. Albuquerque une lettre officielle où on lui demandait de certifier par écrit « que l'esclavage était interdit dans l'étendue entière du territoire qu'il administrait ». Stanley, fort étonné de la démarche, me passa la lettre qui, véritablement, nous surprit moi et mes compagnons autant que lui-même. Il faut avouer que l'incident avait un air fort étrange. Notre conversation à déjeuner, la visite de l'un de nous au palais, suivie si promptement de la lettre officielle, tout cela a pu sembler à l'illustre voyageur devoir être une comédie habilement préparée.

Sans doute Stanley pouvait donner à Son Excellence le certificat que, ni à bord de la *Tamega*, ni chez moi, ni à la résidence du gouverneur ou à celle du consul Newton, il n'avait vu aucune trace d'esclavage. Mais, hors de ces limites, Stanley ne pouvait pas avoir d'autre information que celle que nous lui aurions fournie; le gouverneur devait bien le savoir. Stanley, excepté la ville où il résidait momentanément, n'avait visité aucune partie du territoire que gouvernait Snr. Albuquerque. Donc, exiger de lui un document tel que celui qu'on lui demandait, c'était lui faire payer trop cher le dîner et les autres attentions qu'on lui avait accordés.

J'aime à croire que Stanley nous a rendu la justice de penser que nous n'avions pas eu la moindre part dans la conception ni dans l'envoi de cette lettre.

Le 6, je partis pour Benguêla chargé de lettres que m'avait remises Snr. José Maria do Prado pour plusieurs particuliers, mais sans recommandation d'aucune espèce pour le gouverneur de ce district, qui m'était absolument inconnu.

Ainsi j'allais encore me mettre à la recherche des porteurs que moi, Portugais, je n'avais pas pu obtenir à Loanda et que, quatre mois plus tard, un étranger, l'explorateur Schutt, se procura sans difficulté aucune, pour prendre la première route que nous nous étions d'abord proposé de suivre.

Durant le passage, je fis connaissance avec quelqu'un qui me donna à entendre qu'il se pourrait que j'engageasse un certain nombre de porteurs à Novo Redondo et que, quant à lui, il se promettait d'en engager là une vingtaine ou une trentaine.

Cette assurance me rendit du courage et j'arrivai de bonne humeur à Benguêla le 7 au soir. Malgré les lettres de recommandation qu'on m'avait remises pour plusieurs négociants je me rendis directement chez le gouverneur pour lui demander l'hospitalité.

CHAPITRE II

TOUJOURS EN QUÊTE DE PORTEURS.

Le gouverneur Alfredo Pereira de Mello. — Sa demeure. — Ce dont n'est pas responsable le gouvernement de la métropole. — Esquisse de Benguéla. — Son commerce. — On me vole. — Second larcin. — La Catoumbéla. — Je trouve des portefaix. — Arrivée de Capello et d'Ivens. — Nouveau changement de route et autre difficulté. — Silva Porto, le vieux négociant à l'intérieur. — Encore des obstacles. — Capello va au Dombé. — Départ. — Le Dombé. — Nouvelles difficultés. — Départ définitif.

Alfredo Pereira de Mello [1], gouverneur de Benguêla, se montra d'abord embarrassé quand je lui demandai l'hospitalité. Après un moment de silence, il me répondit qu'il n'était pas logé de façon à me recevoir. J'en fus d'autant plus surpris que je le connaissais pour un homme d'un caractère poli et généreux. A peine débarqué, j'avais bien reçu des invitations de la part d'Antonio Ferreira Marquès et de Cauchois; mais je m'étais mis dans la tête que je me logerais dans la maison du gouverneur.

Il continua en m'assurant qu'il n'avait pas de lit à m'offrir; sur quoi, je lui montrai mon lit de camp, car j'avais amené mon bagage. Mais, ajouta-t-il, je n'ai pas de chambre où le mettre. Je répondis que je me contenterais fort bien d'un coin de la chambre où nous nous trouvions.

Voyant ses objections levées, il finit par consentir et je m'installai. Pourtant je voulais savoir pourquoi le gouverneur m'avait ainsi refusé l'hospitalité. Ce fut bientôt fait.

Alfredo Pereira de Mello était un parvenu, bien qu'il eût

---

1. Capitaine dans l'armée et gouverneur de Benguêla, Alfredo Pereira de Mello était le lieutenant que mentionne Cameron dans son livre *A travers l'Afrique* et qui, à cette époque, était aide de camp du gouverneur de la province, Snr. Andrado. (*Note de l'auteur.*)

atteint un rang honorable dans la marine. D'une nature sympathique et intelligente, il était estimé de tous ceux qui le connaissaient intimement. A une bonne éducation, il joignait une singulière rectitude de jugement et l'énergie dont est doué tout bon marin. Ayant servi dans la marine anglaise, il avait beaucoup d'expérience de la mer.

Deux fois il était allé en Amérique ; il avait été aux Indes, en Chine et au Japon, avant de passer en Afrique comme aide de camp du gouverneur Andrade.

Son Excellence, à qui mon nom était familier, avait oublié, en entendant ma demande, qu'il avait sous les yeux l'explorateur et non l'homme accoutumé à ses aises et même au luxe. Ainsi, la vérité, c'était que Pereira de Mello avait honte de m'offrir un abri sous son toit.

Un gouverneur de Benguêla, s'il a de la probité et s'il est réduit à sa solde, est obligé de vivre de la façon la plus mesquine.

Sa résidence officielle est une maison louée. Ses meubles, qui sont de quelques degrés inférieurs à ce qu'on désigne comme simples, suffisent à peine à garnir un salon et une chambre à coucher.

Le premier contenait un portrait du roi, le meilleur que j'aie jamais vu, dans un cadre richement doré, et contrastait avec la pauvreté du mobilier.

Le port reçoit fréquemment des navires de guerre étrangers. En descendant à terre, les officiers nécessairement font leur visite au gouverneur et l'invitent à leur bord ; mais ils ne reçoivent jamais de lui un verre d'eau. Pourquoi cela ? Parce que la négresse ou le mulâtre ne pourrait pas l'offrir autrement que sur une vieille assiette ébréchée.

Je ne doute guère que ce service de table ne fût une espèce d'épée de Damoclès menaçant la tête de Pereira de Mello, quand il me vit insister avec obstination pour me loger chez lui. Certes ! il avait bien tort. En vérité, l'usage avait terni sa vaisselle, mais elle était d'une éclatante propreté. Les mets simples mais bien apprêtés, aiguisaient l'appétit déjà ouvert par l'air de l'Afrique. Je ne voudrais pas faire injure au cuisinier de l'Hôtel Central à Lisbonne, mais je dois reconnaître que ses repas les plus savoureux ne m'ont pas fait aussi bien dîner qu'à la maison du gouverneur de Benguêla ; et cependant, je parierais un contre mille que la négresse Conceiçaon n'avait jamais entendu nommer le héros des casseroles, le célèbre Brillat-Savarin.

Après que j'eus forcé mon entrée dans son foyer, dès le premier jour, Pereira de Mello m'ouvrit son cœur et me dévoila les détails de sa vie intime. Il avait trois fois envoyé au gouvernement de la province des demandes pour obtenir l'autorisation de faire certaines réparations dans sa maison, sans jamais recevoir un mot de réponse.

Pourquoi s'en étonner ? N'en a-t-il pas toujours été de même ?

En feuilletant un registre où étaient copiées des lettres, et que j'avais trouvé dans les archives du gouvernement de Benguêla, je tombai par hasard sur certaines notes officielles dont la date remontait à 1790. Le gouverneur de cette époque s'y adressait au roi dans des termes à peu près identiques, établissant entre autres choses qu'il avait envoyé vainement au gouverneur général de la province ses plaintes de l'état où se trouvaient deux canons de bronze, qui exigeaient des réparations immédiates. Ces deux pièces les attendent encore.

Ce sont les deux mêmes canons dont parle Cameron. Il aura peut-être quelque plaisir à apprendre que les réparations ont été commandées et ne peuvent plus guère tarder à se faire ; car, la commande ayant eu lieu dans le cours de l'année 1790, les affuts doivent être finis à présent.

Benguêla est une ville pittoresque, qui monte du littoral de l'Atlantique jusqu'au pied des montagnes qui sont les premiers degrés du haut plateau de l'Afrique tropicale. Elle est entourée d'une épaisse forêt, la *Mata do Cavaco*, peuplée encore maintenant d'animaux sauvages. C'est un fait dont il ne faut pas beaucoup s'étonner, attendu que les Portugais, en général, ont peu de goût pour la chasse. Les demeures des Européens couvrent une vaste étendue, toutes les maisons ayant des jardins et des dépendances considérables.

Les jardins sont bien soignés et produisent beaucoup de fruits des tropiques, outre tous les végétaux qu'on connaît en Europe.

De larges *patéos* ou cours entourées de hangars peuvent recevoir les grandes caravanes qui, de l'intérieur, descendent à la côte faire du trafic et restent trois jours dans ces abris, où elles s'occupent de leurs trocs.

Une rivière, qui, dans l'été, n'a guère l'air que d'un large ruban de sable blanc déroulé des montagnes à la mer, traverse la forêt *do Cavaco*, et constitue encore ainsi la grande fontaine de Benguéla, car les puits qu'on y a creusés donnent une eau excellente et clarifiée par son passage à travers les sables calcaires.

Les rues larges et droites de la ville sont plantées de deux rangées d'arbres, ordinairement des figuiers sycomores, qui sont peu enracinés et conséquemment peu élevés. Les places ont de grandes dimensions et le jardin public est rempli de belles plantes et des fleurs les plus agréables aux yeux.

Les maisons n'ont que le rez-de-chaussée et sont bâties en briques séchées au soleil. Leur plancher est de briques ou de bois.

La douane est un bon édifice, récemment construit et muni de magasins spacieux où l'on serre les marchandises. Cet établissement, le jardin public et d'autres améliorations faites à Benguéla sont dues à un précédent gouverneur, nommé Leite Mendès, qui a laissé ces marques de son passage. Je crois que c'est aussi lui qui a fait jeter les fondements d'un magnifique embarcadère, avec des architraves en fer, dont l'achèvement fut, longtemps après, l'œuvre du gouverneur Teixeira da Silva. On l'a pourvu de deux grues et de rails au moyen desquels les marchandises sont transportées en wagons des navires à la douane. Cependant, au point de vue grammatical, j'ai tort d'employer le temps présent en parlant de ce transport; je devrais me servir du mode conditionnel et dire que les marchandises seraient transportées si on avait des hommes pour faire la besogne; malheureusement on n'en a pas, de sorte que les marchandises ne sont pas transportées du tout.

La ville peut aussi se féliciter de posséder une église convenable, avec un cimetière bien placé et entouré de murs.

Les *senzalas* ou huttes des nègres environnent de tous côtés la population européenne ; et même ces huttes apparaissent de temps à autre au beau milieu des maisons des blancs dans les endroits inoccupés. En somme, on peut dire que l'aspect général de Benguêla est agréable et pittoresque.

Pourtant sa réputation n'est pas des meilleures parmi les possessions qu'a le Portugal en Afrique. Bien des gens considèrent le pays comme infecté et comme exhalant des miasmes marécageux qui apportent la peste et la mort. En fait cette opinion est fausse. J'avoue que le Benguêla du passé m'est inconnu, mais j'affirme que la ville d'aujourd'hui n'est ni pire ni meilleure que la plupart des autres en Afrique.

La propreté, la plantation des arbres, y ont nécessairement modifié considérablement les premières conditions de son hygiène ; et même il ne faudrait qu'un peu de bonne volonté pour la rendre encore, au point de vue sanitaire, meilleure qu'elle ne l'est. Cela se fera certainement avec le temps, car il n'est pas possible qu'on néglige une place dont l'importance a si bien grandi et dont les relations sont si faciles avec les riches terres de l'intérieur.

Les principales denrées qui alimentent le trafic de Benguêla sont la cire, l'ivoire, le caoutchouc et l'orseille, que des caravanes apportent de l'intérieur à la ville. Ces caravanes sont de deux sortes. Les unes sont conduites par les agents des comptoirs européens et rapportent aux maisons qui les ont formées les produits de leur négoce à l'intérieur;

La douane à Benguéla (page 48).

les autres, composées exclusivement de naturels, descendent commercer pour leur propre compte, afin d'en retirer un plus gros profit.

Avec les indigènes, le négoce se fait en troquant leurs produits contre des cotonnades blanches, rayées ou imprimées. D'autres denrées européennes font l'objet d'un second troc contre les étoffes déjà reçues. Par conséquent, après le premier échange de l'ivoire ou de la cire pour des cotonnades, celles-ci sont rendues pour des armes, de la poudre, du rhum, des verroteries, etc., au désir de l'acheteur, parce que les cotonnades sont, à vrai dire, la monnaie courante du trafic dans ces régions.

Le commerce est entre les mains des Européens et des créoles, et nous eûmes le plaisir de rencontrer à Benguéla un bon nombre de jeunes gens aventureux qui avaient quitté leurs foyers et la patrie pour venir chercher fortune dans ces lointains climats.

Il y a même quelques déportés pour des délits peu graves qui font le commerce, soit pour leur compte ou pour celui d'autrui.

Les plus grands criminels de la métropole, par exemple les déportés à vie, sont envoyés à Benguéla, d'où il suit naturellement qu'on y rencontre une certaine quantité de coquins, dont il faut se garer avec soin, mais en se gardant de les confondre avec la foule d'honnêtes gens qui sont employés sur la place.

Une force militaire tirée d'un régiment est chargée de faire la police à Benguéla ; de plus les soldats fournissent des détachements qui se rendent dans les communes de l'intérieur ; ainsi la ville voit diminuée d'autant sa garnison, qui a déjà un bien faible effectif.

Le Portugal a deux armées : celle de la métropole et celle des colonies ; elles n'ont aucun rapport l'une avec l'autre.

Notre armée d'Europe est bonne, parce que les Portugais font de bons soldats. La coloniale est mauvaise, parce que les noirs qui la composent sont de mauvais soldats et que le petit nombre de blancs qui sont mêlés aux nègres valent moins encore que ces derniers. Transportés pour des délits qui en Europe les excluent de la société et les privent de leurs droits de citoyens, ils suivent en Afrique la noble carrière des armes ; de cette sorte, notre puissance et la sécurité publique et privée en Afrique sont sous la garde de gens qui n'offrent d'autre garantie qu'une existence antérieurement souillée de vices et de crimes.

Telle est la source de ces scènes perpétuellement renouvelées et qui doivent nous faire rougir. Pendant que j'étais à Benguéla, un vol considérable fut commis avec effraction de la caisse militaire. Le gouverneur déploya pour découvrir les voleurs la plus grande énergie et trouva un ardent coopérateur dans son secrétaire, le capitaine Barata. A la fin ils mirent la main à la fois sur les voleurs et sur l'argent. C'était à ne pas le croire. Le coup avait été monté par le propre sergent de l'escorte ; il avait enlevé la somme avec l'aide de quelques-uns des soldats !

Si notre armée d'Europe n'a pas à craindre l'examen des critiques militaires, nos troupes coloniales méritent d'être flagellées comme elles le sont pour tous les étrangers qui daignent leur donner quelque attention.

Plus je considère ce sujet et moins je me trouve à même d'expliquer la *raison d'être* d'une armée pareille à celle que nous avons dans nos colonies. Elle n'est propre ni à la police ni à la guerre. Quant à la dernière, je puis affirmer avoir vu de bien meilleure besogne faite par des corps de volontaires levés dans le royaume, et qui vont au delà des mers servir pour un temps déterminé. Même à présent, on tient à Lisbonne trois bataillons toujours prêts à partir pour les colonies ; c'est une preuve, à mon sens, que le maintien au dehors d'une armée comme celle qui y existe, n'est que la continuation d'un vieil usage qu'on devrait abandonner.

Le soir de mon arrivée à Benguéla, je fis la connaissance

du juge Snr. Caldeira, qui eut la bonté de s'unir au gouverneur pour m'assurer que toute l'influence dont il disposait tendrait à empêcher que ma visite fût sans utilité. Il a tenu parole.

Le gouverneur assembla chez lui les principaux habitants de la ville, leur expliqua le motif de mon voyage, la direction que nous pensions lui donner et les pria de m'accorder toute leur assistance pour me procurer des portefaix et me mettre en mesure d'accomplir ma mission. Ils s'engagèrent tous à m'aider.

Dès lors le gouverneur Pereira de Mello et le juge Caldeira s'occupèrent sans relâche de mon affaire, si bien que, le 17 du mois, jour où le dernier partit pour Lisbonne, je me trouvais à la tête des cinquante hommes que j'avais demandés. J'en attendais trente de Novo Redondo; ce qui faisait en tout quatre-vingts, nombre qui me semblait indispensable pour aller de l'embouchure du Counéné au Bihé.

Le vieux colon Silva Porto se chargeait de transporter au Bihé la plus lourde portion de nos bagages; c'est là que nous les reprendrions et que nous aurions à nous procurer de nouveaux engagés pour la suite du voyage.

Dès ce jour, j'allai m'installer dans la maison que le juge venait de quitter, mais je continuais de dîner ordinairement chez le gouverneur. Quelquefois je mangeais aussi avec Antonio Ferreira Marquès, de la maison Ferreira et Gonçalvès. Tous deux rivalisaient de politesse à mon endroit.

Le lendemain matin, un nègre qui me servait me déroba soixante-quinze milreis (environ 420 fr.) et s'en alla sans laisser de trace derrière lui.

Le 19, la *Tameya* amena mes compagnons. Il fut alors résolu qu'au lieu de nous rendre à l'embouchure du Counéné nous irions tout droit au Bihé.

Cette nouvelle décision avait un double inconvénient. D'abord elle modifiait les termes des engagements passés avec les portefaix; ensuite elle nous exposait à la désertion des gens de Benguêla. Effectivement, quand on les mène dans un pays éloigné, ils vous suivent ; mais si, au début, ils ont à traverser des terres où les coutumes et la langue sont les mêmes que chez eux, ils peuvent être bien tentés de vous abandonner.

Il nous fallait donc encore changer notre plan de campagne. J'avais toujours présents à la mémoire les ennuis qu'avaient fait éprouver à Cameron et à Stanley les désertions ; elles n'avaient pas manqué à Livingstone lui-même, puisque, dans son voyage à Têté avec le Dr Kirk [1], trente de ses hommes l'avaient délaissé.

Aussitôt après l'arrivée de mes compagnons, il avait été convenu entre nous qu'Ivens s'occuperait des études géographiques ; Capello se dévouerait à la météorologie et aux sciences naturelles, et moi je veillerais sur le personnel auxiliaire de l'expédition ; bien entendu que chacun de nous donnerait aux autres son assistance et ses avis. Comme mes attributions me chargeaient de mettre tout en état de marche, je commençai par aller prendre les conseils de Silva Porto.

Je lui exposai la nouvelle détermination que nous venions de prendre, d'aller directement au Bihé, et lui exposai dans quel embarras je me trouvais. Silva Porto, dont la demeure, Bemposta, était à plus de six kilomètres de la ville, revint avec moi à Benguêla et nous nous abouchâmes avec les diverses maisons où nous pouvions espérer rencontrer des caravanes de Baïloundos ; mais nulle part on ne nous fit d'offre pour le transport de notre bagage au Bihé. Cependant une grande caravane venait d'arriver chez M. Cauchoix. Ce négociant alla jusqu'à offrir une importante gratification au chef, et une double paie aux porteurs, s'ils voulaient se charger de nos affaires. Tout fut inutile.

---

1. Et, dans son dernier voyage, lorsque, cherchant les sources du Nil, il découvrit celles du Congo, Livingstone fut à plusieurs reprises abandonné par ses hommes dans la Mégnouéma. — J. B.

C'est ici la place de mentionner un fait curieux [1]. Les Bihénos ou hommes du Bihé voyagent uniquement, comme engagés, de leur pays à l'intérieur. Ce sont les plus beaux marcheurs de l'Afrique et personne ne les égale pour le courage à supporter les fatigues. Quand parfois ils arrivent au littoral, c'est pour leur compte. Au contraire, les Baïloundos ne louent leurs services que de la côte au Bihé, refusant de s'avancer dans l'intérieur vers l'est; mais, vers le nord, ils ne font pas d'objection à pousser jusqu'à Dondo et à Loanda.

En conséquence les négociants établis dans ce pays font porter leurs marchandises de Benguêla au Bihé par les Baïloundos, et du Bihé aux places plus éloignées de l'intérieur par les Bihénos; ceux-ci reviennent avec les denrées procurées par l'échange et ce sont les Baïloundos qui les rapportent à la côte.

D'après ces renseignements, il ne me restait plus qu'à louer des Baïloundos pour venir prendre notre bagage à Benguêla. Silva Porto s'en chargea et, dans ce dessein, envoya immédiatement cinq nègres à Baïloundo. En même temps, ce vieux commerçant ne manqua pas de m'avertir qu'un long temps s'écoulerait avant le retour d'une réponse, car ses messagers mettraient une quinzaine de jours pour atteindre au but de leur voyage et au moins autant pour embaucher les portefaix; en ajoutant à ces trente, quinze autres journées pour le retour, nous devions en compter quarante-cinq avant d'en entendre parler. Il ne pouvait guère en être autrement; et comme nous étions à la fin de septembre, il était clair que nous ne serions pas en mesure de partir avant le milieu de novembre. (Le fait est que les deux cents premiers de ces

---

[1]. Ce fait a de nombreuses analogies, non seulement en Afrique, sur le cours de l'Ogôoué notamment, mais même dans l'Europe du moyen âge, et par exemple chez la hanse parisienne, dont les matelots ne faisaient les transports sur la Seine que dans le duché de France. L'histoire ancienne n'en manquerait pas non plus. Quant aux Bihénos de l'Afrique occidentale, leur genre de service est reproduit dans l'Afrique orientale par les hommes du Pays de Mouôzi (Ounyamouézi). — J. B.

porteurs n'arrivèrent à Benguêla que le 27 décembre et les deux cents derniers qu'à la fin de février suivant.)

Mes amis et moi nous tînmes conseil sur cette nouvelle phase de notre situation et nous résolûmes de ne pas perdre à Benguêla un temps si long. Nous remettrions notre lourd bagage à Silva Porto, qui nous le ferait parvenir par l'entremise des Baïloundos, et nous partirions de suite avec ce qui nous était le plus indispensable, quittes à attendre le reste au Bihé. Le temps que nous passerions là pourrait du moins être employé à chercher des porteurs pour continuer notre expédition.

Parmi les hommes engagés à Benguêla, c'est à peine s'il y en avait une trentaine sur lesquels nous pussions compter pour faire cette route. Avec les trente-six que nous avions obtenus de Novo Redondo, cela faisait soixante-six hommes. En outre, nous avions quatorze soldats, les jeunes négrillons à mon service personnel, quelques hommes de Cabinda au service de Capello et d'Ivens, et deux chefs nègres. L'un, Barros, je l'avais engagé à Catoumbéla, et l'autre, Cataon, c'était Capello qui se l'était procuré à Novo Redondo.

Entre eux tous, nous ne voyions pas un seul homme en qui nous pussions avoir absolument confiance.

Nous nous mîmes à séparer ceux des fardeaux que nous jugerions indispensables. Il s'en trouva quatre-vingt-sept; c'étaient vingt et une charges de plus qu'il n'y avait de porteurs. Tous mes efforts pour combler ce déficit furent inutiles, je ne trouvai pas un porteur de plus.

Les nègres qui ne comprenaient pas ce que nous allions faire à l'intérieur devinrent inquiets et, avec leur caractère naturellement soupçonneux, ils s'imaginaient des sottises et refusaient nos propositions.

La fin d'octobre nous trouva tout à fait dans la même situation.

Sur l'avis de Silva Porto, je pris le parti d'aller au Dombé voir si les Moundombés seraient aussi difficiles à engager que les gens de Benguéla ; mais, comme je me trouvais indisposé, je priai Capello de s'y rendre.

Il partit le 29 octobre et revint le 3 novembre, après un voyage inutile. Les Moundombés iraient assez volontiers à Quilenguès par un chemin qui leur est connu, mais ils ne vont pas plus loin; aussi ont-ils refusé la fort belle somme que nous leur offrions pour nous suivre au Bihé.

Il devenait absolument nécessaire d'en arriver à une résolution définitive. Nous nous décidâmes donc à partir pour le Bihé, mais en passant par Quilenguès et Caconda.

Le gouverneur Pereira de Mello envoya de suite ses ordres au *chéfé*, ou chef officiel, du Dombé, afin qu'il tînt prêts cinquante portefaix pour nous accompagner jusqu'à Quilenguès. Silva Porto, suivant nos conventions, se chargeait de notre bagage qu'il nous enverrait au Bihé. Cela montait à quatre cents ballots.

Le gouverneur mettait à notre disposition une grande barque pour envoyer par mer au Couio, dans le grand Dombé, les charges que nous nous proposions de faire porter ensuite à Quilenguès, avec quelques-uns des portefaix de Benguéla qui étaient malades.

Le 11 novembre tout était prêt; nous fixâmes le départ au lendemain ; mais, dès le 11, quatre des porteurs de Novo Redondo et, le 12, cinq de ceux de Benguéla, prirent la fuite.

Ce jour-là, nous reçûmes les adieux pleins de cordialité et les souhaits les plus sympathiques pour notre voyage de la part de nos amis qui s'étaient rassemblés en nombre, et nous quittâmes enfin la ville. Un peu auparavant, j'étais descendu sur la grève et j'avais promené mes yeux sur la vaste étendue de l'Atlantique, sur cet énorme Océan que je contemplais peut-être pour la dernière fois. En fait, deux années allaient s'écouler avant que j'eusse le plaisir de le revoir, et alors ce serait en France, aux environs de Bordeaux.

J'ignore si les autres ont éprouvé ce que je ressentais. Au moment de partir, je fus pris d'un chagrin poignant, d'une tristesse indéfinissable, d'une profonde douleur; on aurait dit une sorte d'enivrement : le fait est que c'est à peine si je sais comment je suis sorti de Benguêla.

Le drapeau national flottait au vent et s'éloignait de la ville au pas cadencé de la caravane; je le suivis.

Le 13, nous étions au Dombé après avoir fait soixante-quatre kilomètres. Les soixante-neuf hommes et les six ânes que nous emmenions avec nous furent tous logés dans la forteresse. Quant à nous trois, plus nos serviteurs personnels, nous fûmes reçus avec affabilité dans la maison de Manuel Antonio de Santos Reis, homme distingué, qui fit tous ses efforts pour nous être agréable.

Deux jours après, arriva la portion du bagage qu'on avait envoyé par mer. En l'examinant, j'acquis la conviction qu'il nous faudrait pour le transporter une centaine d'hommes de plus que nous n'en avions.

Cela venait de ce que, trompés par la facilité qu'offrait la chaloupe, nous avions embarqué plus de ballots qu'il n'en fallait.

Nous avions décidé que nous partirions de Dombé le 18, après avoir eu notre correspondance d'Europe, puisqu'ordinairement le paquebot touche le 14 à Benguêla; cependant, le 18, non seulement le vapeur n'était pas arrivé, mais de plus le *chéfé* ne nous avait pas embauché un seul portefaix.

La malle arriva le 21 ; mais nous n'avions pas encore d'autres hommes que ceux qui avaient été amenés de Benguêla. Tout serait prêt pour le 26, nous disait le *chéfé;* il en fut bien autrement, car, au lieu de cent dont nous avions besoin il ne s'en présenta ce jour-là que dix-neuf. Le lendemain matin nous nous en étions procuré vingt-sept de plus. Alors j'eus peur qu'à la suite d'un délai plus long, ceux que nous avions réunis maintenant ne nous quittassent et je les mis immédiatement en route pour Quilenguès, sous la conduite de deux de nos soldats.

Le *chêfé* nous affirmait qu'il lui serait impossible d'engager plus de porteurs. Sur ce, j'invitai à venir à la forteresse pour le 28 les trois *sovas*, princes ou chefs indigènes, du Dombé. Je voulais m'arranger personnellement avec eux. Ils vinrent et j'eus sous les yeux trois magnifiques échantillons de nègres.

L'un s'appelait Brito, c'était un nom qu'il avait emprunté à un précédent gouverneur de Benguêla, dont l'intervention l'avait remis au pouvoir. Le second se nommait Bahita, et le troisième, Batara. Par malheur mes compagnons qui, depuis le 24, souffraient de la fièvre ne purent pas assister à ce palabre sério-comique.

Le sova Brito avait pour vêtements trois jupons faits d'une perse à grands ramages, très fripés et crasseux; plus un habit de capitaine d'infanterie, non boutonné et laissant voir sa poitrine par défaut de chemise; sur sa tête, au-dessus d'un bonnet de laine rouge, il avait crânement posé le tricorne d'un officier d'état-major.

Bahita portait aussi des jupons; mais ils étaient d'une étoffe de laine aux couleurs brillantes; avec cela, un riche uniforme de pair portugais presque neuf, et, sur l'inévitable bonnet, un képi du 5ᵉ chasseurs.

Quant à Batara, qui n'avait que des haillons, il s'était attaché à la ceinture un sabre énorme.

Ces personnages aussi graves qu'illustres s'étaient fait accompagner des *sécoulos* et des hauts dignitaires de leurs cours; ceux-ci se mirent par terre au pied des chaises où étaient assis leurs souverains respectifs, et en outre un ménestrel de la suite de Bahita tirait de sa *marimba* des sons monotones.

La marimba est un instrument fait de deux bâtons qui ont un mètre de long et sont légèrement courbés. D'un bout à l'autre, on y a tendu des cordes à boyau sur lesquelles sont fixés de minces morceaux de bois dont chacun forme une note de la gamme. Une rangée de gourdes est placée à la partie inférieure de façon à ce qu'une gourde pouvant contenir trois ou quatre litres réponde à la note la plus basse tandis que la plus haute se rapporte à une gourde dont la capacité n'est pas de quatorze centilitres. Cet arrangement accroît l'intensité des sons.

L'attitude des *sovas* avait une gravité si extraordinaire que je m'avisai moi-même de les prendre au sérieux.

Après qu'ils m'eurent promis des porteurs, ils m'accompagnèrent jusqu'à ma résidence momentanée, qui était à trois kilomètres de la forteresse. Là, quand je leur eus offert

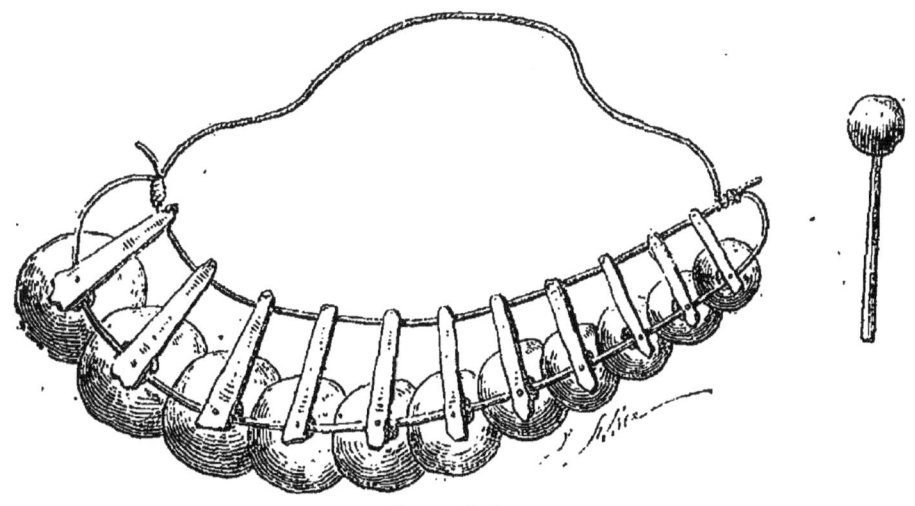

Le marimba.

à chacun d'eux une bouteille d'*aguardente* (eau-de-vie de troque ou rhum), ils ordonnèrent à leurs officiers de me faire l'honneur d'une danse, à laquelle se joignirent, sur l'injonction de Bahita, plusieurs jeunes filles qui avaient jusqu'alors été tenues à l'écart.

J'invitai les *sovas* à danser en personne. Ils me répondirent que leur dignité s'y opposait et qu'un tel procédé était contraire à toutes les règles établies. Cependant j'avais une folle envie de voir Bahita cabrioler avec ses jupons et son uniforme de pair de Portugal, et, sachant bien quelle est

Les trois *sovas* du Dombé.

l'influence des liqueurs sur le nègre, je fis apporter à leurs majestés une nouvelle bouteille de rhum.

L'argument était irrésistible ; lois et règles établies furent jetées par-dessus les moulins. J'eus la joie vive de voir les trois *sovas* se mêler à une danse grotesque au milieu de leurs gens, qui enthousiasmés par un tel honneur accomplirent des contorsions si violentes qu'on les eut tous crus atteints d'épilepsie ou pris d'un accès de folie. Bañita fut tout simplement magnifique et je m'imagine que *le roi Bobêche* n'a pu être créé que d'après un modèle de son genre. Il ne parlait plus que de faire couper la tête à tout son peuple. Ses gens l'écoutaient avec l'air de la plus entière soumission, mais au dedans ils s'en moquaient, sachant bien que le gouvernement portugais ne souffrirait pas de pareils délassements.

Le Dombé Grandé forme une vallée très fertile, qui s'étend du sud au nord, et tourne ensuite vers l'ouest presque à angle droit, jusqu'à l'Océan. Cette vallée a pour ceinture deux chaînes de montagnes, dont l'une, vers l'ouest, longe la côte et dont l'autre s'élève à l'est. A leur pied, coule une rivière qui porte quatre noms : Dombé, Coporolo, Quiporolo et Santo Francisco.

Cette rivière, très pleine d'eau en hiver, est généralement desséchée en été, quoique, même aux époques de la plus grande sécheresse, on puisse toujours se procurer de l'eau en y creusant des puits. D'ailleurs c'est ce qui se fait dans toute la vallée, où l'on n'a jamais besoin de dépasser trois mètres pour avoir l'eau qu'on désire. Près des monts de l'ouest, dans la portion qui se dirige du sud au nord, se trouve un petit lac en forme d'S et qui peut avoir cinquante mètres de large sur mille de long. Il est remarquable en ce qu'il n'est pas produit par les eaux de la pluie, mais par celles d'une puissante source souterraine. Le niveau n'en change jamais. Le trop-plein s'échappe par des infiltrations qui, un kilomètre plus bas, donnent lieu à des sources dont on se sert pour l'irrigation d'une propriété. Ce lac contient, dit-on, des silures et beaucoup de crocodiles.

Cependant j'y suis allé souvent sans apercevoir ni poisson ni crocodile ; mais je suis bien forcé de croire qu'ils existent puisque mon hôte me l'a affirmé, en ajoutant même qu'ils sont des plus voraces. De plus il corroborait cette assertion par le fait que voici : en 1876, son domaine fut attaqué par une bande de brigands venus de Quilenguès. Ses noirs

Hommes du Dombé.

défirent les voleurs qui, pour s'échapper, se jetèrent à la nage dans le lac. Aucun d'entre eux n'en sortit : tous avaient été dévorés.

Dans ces monts de l'ouest, qui sont formés de carbonate et de sulfate de chaux, on rencontre, près du lac, certaines cavernes immenses. Jamais, suivant notre hôte, on ne les avait explorées, mais elles avaient bien l'air, autant qu'on pouvait le voir au dehors, de se prolonger en galeries étendues.

Capello et moi, nous allâmes, en compagnie de notre hôte, Snr. Reïs, en visiter une ; elle n'en valait certes pas la peine.

Elle formait une espèce de salle, à peu près circulaire, ayant quatorze mètres de diamètre, et creusée naturellement dans l'immense masse de pierre calcaire dont la montagne est composée. Elle paraissait servir ordinairement

Cases de Moundombós (des habitants du Dombé).

de tanière aux bêtes fauves, à en juger par les odeurs d'animaux dont l'air était saturé et par les traces qu'un lion avait laissées empreintes sur la poudre impalpable dont le sol y était couvert. Nous y trouvâmes aussi quelques piquants du porc-épic africain.

La vallée du Dombé contient plusieurs domaines agricoles qui ont de l'importance. Les principaux appartiennent à Loaché, à Paula Barboza et à notre hôte Santos Reïs. Ce dernier date à peine de trois années, et produit assez de cannes à sucre pour en tirer plus de quarante mille litres de rhum ; cela, dans une terre qui vient d'être défrichée et qui auparavant était en pleine forêt. Effectivement, le domaine commence, tout y est encore en construction ; mais, d'après les résultats obtenus, on peut estimer sans crainte

Femmes du Dombé.

d'erreur la richesse du terrain dans cette partie du monde.

Les indigènes cultivent le manioc dans toute la vallée, dont la fertilité est telle que, même après trois ans de sécheresse, la récolte reste parfaitement régulière. On en exporte chaque année plus de sept mille hectolitres de farine. C'est en fait le grenier de Benguêla. Les naturels de cette contrée ne pratiquent pas le troc ; ils cèdent leurs produits contre de l'argent et se rendent parfaitement compte de la valeur de la monnaie.

L'ordre et la discipline de nos gens furent beaucoup détériorés par le séjour forcé que nous fîmes dans cette vallée.

Chaque jour ils m'adressaient une nouvelle réclamation et chaque jour ils se querellaient entre eux. Je n'osais pas me montrer trop sévère de peur qu'ils ne m'abandonnassent tous ensemble.

Pour avoir du rhum, avec lequel ils s'abrutissaient, ils

Femmes du Dombé, vendeuses de charbon.

vendirent d'abord leurs vêtements, puis leur ration de nourriture.

C'étaient même les soldats qui se conduisaient le plus mal. Quant aux sovas, ils ne nous envoyèrent personne. Je finis par craindre de voir se répéter les scènes de Benguêla et d'être privé de tout moyen de partir.

Le 1er décembre, arrivèrent au Dombé une trentaine

d'hommes que le *chéfé* militaire de Quilenguès avait envoyés chercher du bagage qui lui appartenait. Je mis immédiatement ces porteurs en réquisition pour notre service, et, d'accord avec mes compagnons, le départ fut fixé au 4.

Nous avions eu trois nouvelles désertions; savoir deux hommes de Novo Redondo et un de Benguêla.

Nos ânes devenaient de plus en plus vicieux, personne ne pouvait les dresser; nous décidâmes cependant que nous les garderions.

CHAPITRE III

HISTOIRE D'UN MOUTON.

Neuf journées au désert. — Manque d'eau. — L'ex-chéfé de Quilenguès. — Je me perds dans la lande. — D'une pierre deux coups. — Un négrillon et une négresse s'égarent. — Un âne aussi. — Arrivée à Quilenguès. — Mort du mouton.

Le 4 décembre, j'abandonnai le Dombé à huit heures du matin, me dirigeant sur Quilenguès. Capello et Ivens restaient en arrière afin de veiller à l'envoi d'une partie du bagage. Ils comptaient me rejoindre le soir. Suivant les conseils des guides, nous prîmes une autre route que celle des caravanes, un chemin de traverse qu'ils connaissaient, et par lequel nous éviterions les gués ordinaires du Coporolo, que l'abondance des eaux rendait déjà difficiles.

Une marche de deux heures à travers la plaine nous conduisit au pied des monts Cangemba ; c'est le nom que porte la chaîne élevée à l'est de la vallée du Dombé. Nous nous y reposâmes. A onze heures nous repartions avec le projet de passer la montagne par le lit d'un torrent desséché. Ce ne fut pas aisé. Les fardeaux de nos hommes étaient lourds ; car, au paquet ordinaire de l'expédition, dont le poids montait à trente kilos, on avait ajouté les rations de neuf jours, consistant en farine de manioc et en poisson sec. La différence de niveau était à peine de cinq cents mètres ; mais le lit que le torrent s'était creusé dans une roche calcaire opposait à notre marche de terribles obstacles. En bien des endroits, nous fûmes obligés de nous servir autant de nos mains que de nos pieds pour avancer et l'on comprend qu'il fut extrêmement difficile de faire passer nos six ânes par un tel chemin.

Au Dombé nous avions acheté une couple de moutons que

nous nous proposions de manger en route. L'un d'eux nous suivait assez volontiers; mais l'autre nous tracassait fort par ses refus d'avancer et surtout par son obstination à vouloir retourner d'où il venait.

Cette route fut très fatigante : il nous fallut trois heures pour faire un peu plus de neuf cents mètres. Le soleil nous brûlait et nos efforts nous épuisaient. Enfin, nous campâmes auprès d'un puits creusé dans le lit sableux d'un ruisseau desséché et que les Moundombés (gens du Dombé) appellent Cabindondo. L'endroit était aride. L'on n'y voyait çà et là que quelques blanches broussailles, rachitiques et desséchées par l'ardeur du soleil, qui brûle à cette époque de l'année. Les sommets des montagnes qui courent du nord au sud fermaient notre horizon.

Vers le soir, Capello et Ivens firent leur apparition et nous nous mîmes de suite à manger ; ce n'était pas trop tôt, pour moi qui étais encore à jeun.

Le 5, de bon matin, nous reprîmes notre marche vers le sud-est, et au bout de quatre heures, où nous fîmes une vingtaine de kilomètres, nous plantâmes nos tentes dans un lieu que les guides appelaient Taramanjamba. C'était une grande vallée entourée de collines. Nous nous trouvions à six cents mètres d'altitude et par conséquent à une centaine de mètres à peu près plus haut que notre campement de la veille.

La végétation était toujours misérable, et nous manquions d'eau. Des dépôts de pluie conservée dans les cavités des rochers nous en fournissaient à peine pour boire et pour faire cuire nos aliments. La caravane altérée ne tardait pas à les épuiser, si bien qu'à la nuit tombante nous souffrions de la soif.

Chemin faisant, nos jeunes ânes et le mouton déjà mentionné rivalisèrent à qui nous donnerait le plus d'embarras. Le mouton était extraordinairement sauvage et même plus obstiné que les ânes. Je résolus d'en finir avec lui ; mes compagnons y consentirent ; je donnai l'ordre aux nègres de le tuer et j'allai faire un tour dans les environs.

Départ de la caravane.

Quand je revins, je vis que ces brutes avaient mal compris mes ordres : au lieu du mouton enragé, c'était le paisible qu'ils avaient sacrifié.

Le lendemain matin, nous partîmes à l'aube. Après une étape de cinq heures, nous campions dans un endroit nommé Tioué. Nos guides avaient affirmé que nous y trouverions de l'eau.

Contre toute attente, ce mouton, dont la vie avait été accidentellement sauvée, non seulement renonçait à ses tours de sauvage, mais encore s'était mis dans la tête de me suivre comme un chien et de se tenir constamment à mes côtés, soit durant la marche, soit au campement.

Le voyage avait été difficile ce jour-là : nos gens se mouraient de soif, et nous avions eu à suivre pendant plus d'une heure le lit desséché de la rivière Canga, pierres et trous partout nécessairement, et nous nous étions beaucoup fatigués.

Le sol est devenu granitique et la végétation des arbres luxuriante.

L'eau, comme le soir précédent, était pluviale, amassée dans les creux des rochers; mais elle était plus claire à la vue et plus agréable au goût.

Déjà quelques-uns de nos gens qui avaient leurs pieds blessés ne purent pas, étant obligés de se traîner péniblement, rejoindre le camp avant la nuit; plusieurs suivirent leur exemple par suite de leurs fatigues et beaucoup d'autres par fainéantise pure.

Malheureusement, au nombre des traînards de ce jour, étaient les porteurs de vivres, en sorte qu'il se fit tard avant que nous pussions manger. Capello, toujours calme et réservé, ne se plaignait d'aucun des inconvénients auxquels il était exposé; mais, Ivens, plein de verve, nous tenait en bonne humeur par son bavardage et par sa gaîté; ses traits d'esprit nous faisaient souvent rire. Son appétit était grand ce soir-là. Quand arrivèrent les porteurs, Ivens était tout yeux en contemplant un gigot de mouton qu'un nègre faisait tourner devant le feu sur une broche en bois : « Ah ! s'écria-t-il enfin, si mon pauvre père pouvait me voir suivre des yeux ce gigot, je suis sûr qu'il en serait ému jusqu'aux larmes ! »

Depuis notre départ du Dombé nous avions à peine fait un repas chaque jour. Il en était de même de nos gens. Cependant il y avait quelque différence entre eux et nous : du moment où ils étaient campés jusqu'à celui où ils s'endormaient, ils mangeaient sans s'arrêter. Cela ne laissait pas de m'inquiéter, car naturellement j'avais peur que les provisions, qui devaient durer neuf jours, ne fussent plus promptement épuisées et que la faim ne nous attaquât dans un pays où nous ne pourrions plus nous procurer de la nourriture.

Le lendemain, nous marchâmes durant vingt-cinq kilomètres vers le sud-est, et plantâmes nos tentes dans une forêt nommée Chaloussinga. Le terrain, encore d'une nature granitique, était un peu plus favorable à la marche, et la végétation avait plus de vigueur qu'auparavant.

C'est dans cette forêt que nous vîmes les premiers baobabs depuis que nous avions quitté la côte.

L'eau, très rare, était toujours amassée dans des flaques pluviales.

Vers trois heures de l'après-midi, on nous annonça l'arrivée d'une caravane qui venait de l'intérieur et se dirigeait sur notre campement. Étant sortis à sa rencontre, nous reconnûmes que c'était l'ex-chéfé de Quilenguès, le capitaine Roza, qui retournait malade à Benguéla. Nous l'invitâmes à venir dans notre tente, où il dîna, et lorsqu'il partit nous pûmes lui donner quelques médicaments dont il avait grand besoin.

Les jeunes nègres, après son départ, m'informèrent qu'aux environs du camp on avait vu des traces fraîches de gibier. Je sortis pour les voir, et je suivis la piste de plusieurs grandes antilopes. Elle me mena si loin que la nuit survint, et avec une obscurité telle que je ne pus pas retrouver le chemin du camp. Une haute montagne s'élevait en sombre relief sur un ciel brumeux où ne brillait pas une seule étoile. Je m'imaginai de l'escalader pour voir si, d'une grande élévation, je ne pourrais pas découvrir les feux du camp, vers lesquels je dirigerais mes pas. En effet, du haut de la montagne, je distinguai dans le lointain la lueur d'un feu dont je marquai la direction à l'aide de ma boussole de poche et vers laquelle je me mis en marche.

Aucun de ceux qui n'en ont pas fait l'expérience ne saurait s'imaginer ce que c'est que d'errer pendant une nuit sombre à travers les broussailles d'une forêt vierge; ni combien de temps on y met à faire peu de chemin, en laissant, par ci par là, un morceau de ses vêtements ou même de sa peau.

Enfin, guidé pendant la dernière partie de la marche par le son des voix humaines, j'arrivai; mais, qu'on juge de ma surprise et de mon désappointement, j'avais pris pour le mien le camp du capitaine Roza, qui en était éloigné d'au moins six kilomètres. Cependant la route, ou plutôt le sentier ouvert par la caravane, allant d'un camp à l'autre, je me résolus à la suivre, et au bout d'une nouvelle heure de marche j'eus le plaisir d'entendre les cornes dont sonnaient mes gens, et les coups de feu qu'ils tiraient de temps en temps pour diriger mes pas de leur côté.

Quand j'entrai dans ma tente, j'étais excédé de fatigue et déchiré par les épines; l'inquiétude d'Ivens et de Capello avait été grande. Néanmoins il ne me fut pas permis de prendre le repos qui m'était si nécessaire, car j'appris, ce qui me chagrinait beaucoup, mais ne m'étonnait guère, que nous étions à court de provisions. Les soldats, notamment, avaient, en cinq jours, consommé les rations de neuf.

Le lendemain, il fallut faire une marche forcée, de trente kilomètres en six heures, à l'est-sud-est.

La route se trouvait bonne parce que nous avions pris le sentier fait par la caravane de Roza. Les forêts que nous traversions nous montraient une suite de baobabs gigantesques.

Nous ne campâmes, dans un emplacement choisi sur sa rive droite, qu'après avoir passé la Caloucoula.

Cette rivière ne pouvait pas se vanter d'avoir beaucoup d'eau ; mais ce qu'elle en contenait était bon et limpide.

Nous continuions à ne faire qu'un repas par jour, entre une et trois heures après midi, suivant les nécessités du voyage. D'ailleurs il devenait obligatoire d'économiser nos vivres. Je me ressentais trop des fatigues de la nuit précédente pour aller à la chasse, et je me tins coi dans le camp. Ivens, comme à l'ordinaire, s'occupait à dessiner et Capello à former ses collections d'insectes et de reptiles.

Quand les soldats eurent avalé leurs rations, ils se mirent à crier famine et allèrent jusqu'à proposer de tuer le mouton ; mais j'avais pris en affection cette pauvre bête qui, d'un animal fantasque, s'était si brusquement métamorphosée en créature douce et soumise ; qui me suivait à présent partout et ne me quittait plus des yeux. Conséquemment, l'idée de la tuer ne me revenait pas du tout. Ivens réussit à distraire momentanément les soldats en leur distribuant un peu de riz, pris sur notre approvisionnement particulier.

Le 9, nous levions le camp à cinq heures du matin.

Nous marchâmes d'une traite jusqu'à une heure, où nous nous arrêtâmes sur le penchant de la chaîne de la Tama. De huit à neuf, nous avions été au sud en longeant la rive gauche de la Chicouli Diengui. Ce cours d'eau va au nord, probablement au Coporolo. La végétation devenait de plus en plus luxuriante et ce jour-là nous passâmes par une épaisse forêt.

Aussitôt que les tentes furent plantées, les soldats affamés firent entendre leurs plaintes très haut et revinrent sur leur projet de sacrifier mon mouton. Ivens les apaisa de nouveau en leur distribuant une autre ration de riz ; mais évidemment ce n'était qu'un palliatif, bon tout au plus à retarder la mort de la pauvre bête.

Tout fatigué que j'étais, je pris le parti d'essayer de la sauver en allant à la chasse.

Il y avait déjà plus d'une heure que j'errais dans la forêt sans rien trouver et je revenais vers le camp lorsque, dans une petite clairière, j'aperçus deux antilopes qui paissaient.

Je me rapprochai; mais, à plus de cent mètres, ma présence était découverte. Le mâle sautait sur un rocher d'où il scrutait attentivement la forêt, et la femelle, l'oreille en alerte, flairait autour d'elle.

La distance était grande; cependant il n'y avait pas à hésiter. Je visai au mâle et j'eus la satisfaction de le voir tomber à bas. L'autre, sur le bruit du coup de fusil, s'élança vers les rochers; je lui tirai mon second coup; mais d'un bond elle disparut sous bois.

Mon jeune nègre courut chercher l'antilope morte; cependant, au lieu de s'arrêter au rocher où j'avais vu l'animal, il prit de côté et continua sa course. J'arrivai à mon tour, le cœur assez serré, car je commençais à craindre de m'être trompé en pensant avoir vu tomber la première antilope. Aussi ma joie fut-elle vive lorsque, de l'autre côté de la roche, je découvris tout à fait mort ce gracieux animal (*cervicapra bohor*). J'avais à peine eu le temps de m'en assurer, lorsque mon nègre sortit du bois pliant sous une lourde charge. C'était la seconde antilope. Il l'avait ramassée morte à peu de distance de la clairière. Les deux animaux avaient été frappés à la poitrine; mais, tandis que le mâle tombait sous le coup, la femelle avait pu faire quelques bonds avant sa chute dernière.

Ainsi le mouton était encore une fois sauvé et, comme nous devions atteindre Quilenguès en deux jours et que nous y trouverions sans doute des provisions, il y avait apparence que cette pauvre bête serait définitivement épargnée.

Le lendemain une étape de trente-cinq kilomètres, durant laquelle nous passâmes à gué des rivières nommées Oumpouro, Coumbambi et Comoolouéna, nous conduisit à la rive droite de la Vambo. Ces quatre courants vont, au nord, joindre leurs eaux, quand ils en ont, à celles du Coporolo, qu'on appelle déjà ici, et en remontant jusqu'à sa source, la Calounga.

Pour la première fois, cette étape nous fit rencontrer des herbes énormes, qui remplissaient les clairières des bois. Elles étaient si hautes qu'il était parfaitement impossible de voir par-dessus et si épaisses qu'on pouvait à peine passer à travers. Ce fut cette journée-là qu'un de mes jeunes nègres disparut ainsi qu'une négresse qui était la femme de Catraïo, serviteur de Capello. J'eus beau envoyer courir partout après eux ; on ne les trouva nulle part.

Les vivres devenaient toujours plus rares et les soldats n'étaient plus les seuls à crier famine ; toute la bande se plaignait ; le raisonnement était sans pouvoir, mais qu'y faire ? si ce n'est pousser en avant.

Le 11, nous traversâmes deux ruisseaux, le Quitaqui et le Massongé, que les pluies avaient considérablement grossis ; puis nous campâmes sur la rive droite de la Toui, fort près de Quilenguès. Nous étions toujours sans nouvelles du jeune homme et de la femme perdus, et, depuis la veille au soir, un de nos ânes avait disparu. Tandis que nos hommes s'occupaient du campement, je me rendis à la forteresse de Quilenguès, chercher des provisions, que je ramenai à huit heures du soir. Décidément mon mouton était sauvé.

Durant la nuit, le jeune nègre et la négresse que nous considérions comme égarés, rentrèrent au camp, ce qui me fit grand plaisir ; car, avec la famine qui nous pressait d'avancer, nous n'avions à perdre aucun instant à faire des recherches.

L'emplacement que nous occupions était bas, marécageux, isolé, et n'offrait aucune facilité de ravitaillement ; nous décampâmes donc pour gagner le village du chêfé de Quilenguès, où nous arrivâmes le 12 décembre à onze heures du matin.

Aussitôt je renvoyai, après les avoir payés, les porteurs qui s'étaient engagés au Dombé pour nous suivre jusqu'à

Coup double.

Quilenguès, puis je priai le chêfé, lieutenant Roza, de m'en procurer d'autres pour aller à Caconda. Ce ne serait pas difficile, disait-il ; mais il ajouta que les ruisseaux de Quilenguès à Caconda étaient trop gonflés pour être franchis, et que nous serions obligés d'attendre un peu de temps avant de partir.

Ce jour-là nous ne manquâmes de rien et nous fîmes nos deux repas, déjeuner et dîner.

Quelques jours plus tard, un naturel nous ramena l'âne qui s'était égaré dans les bois et qu'il avait trouvé courant le pays. Je récompensai le nègre afin de l'affermir dans son honnêteté ; d'autant plus que j'avais perdu tout espoir de revoir notre pauvre bête, car, si elle avait la chance d'échapper aux fauves, je ne m'imaginais pas qu'elle en eût d'éviter les voleurs.

Quilenguès est une vallée qu'arrose la Calounga, c'est-à-dire probablement la partie supérieure du Coporolo ; elle est extrêmement fertile et peuplée.

L'établissement portugais occupe une surface d'environ quarante-six kilomètres carrés, formant un rectangle de 250 mètres sur 182. Il a une palissade défendue par quatre bastions de maçonnerie, chacun construit au milieu d'un côté ; et il renferme les casernes où logent le chêfé militaire et la garnison.

Des baobabs et des figuiers sycomores donnent l'ombre de leurs branches gigantesques et de leur épais feuillage à la terre, que recouvre l'herbe énorme du pays et où paissent les troupeaux du chêfé.

Quilenguès a une grande importance comme centre de production et comme lieu facile à coloniser ; mais sa valeur stratégique est plus considérable encore puisqu'on peut considérer cette place, par rapport à Benguêla, comme une des portes de l'intérieur.

Les *sovétas* des environs reconnaissent l'autorité du Portugal ; mais leur caractère de pillards les porte à attaquer sans cesse les tribus voisines et à dérober leur bétail.

Les indigènes sont moins agriculteurs que pasteurs, cependant ils cultivent, et la terre récompense le peu de travail qu'ils lui donnent par d'abondantes récoltes de maïs, de massambala et de manioc ou mandioca.

Ils ont pour demeures des huttes circulaires dont le diamètre est de trois à quatre mètres, construites de troncs d'arbres et plâtrées de boue. Les portes ont assez de hauteur pour qu'on y passe sans se baisser.

La taille des habitants de Quilenguès est élevée et robuste ; leur caractère, hardi et batailleur ; leur industrie, peu développée, ne s'élève guère au-dessus de l'art de fabriquer des assagaies, des pointes de flèches et des hachettes, qui servent à couper le bois ou à combattre. Ils ne forgent pas leurs houes, mais se les procurent au Dombé ou à Benguéla.

Leurs bercails et leurs villages sont entourés d'une palissade forte, que protège en outre, à l'extérieur, un abattis épineux, afin de les mettre à l'abri des attaques nocturnes des bêtes féroces.

Les champs de manioc sont également défendus par des enceintes d'épines, car le pays est plein de petits daims (*cephalophus mergens*), qui sont très friands des feuilles de manioc et ravageraient les plantations.

Les gens de Quilenguès ont un goût très prononcé pour l'*aguardente* et sont si portés à l'ivrognerie que, durant trois mois de l'année, c'est-à-dire aussi longtemps qu'ils peuvent extraire du fruit du *gongo* une liqueur fermentée, ils ne cessent pas d'être ivres ; cela empêche d'obtenir d'eux aucun service.

Si un homme désire se marier, il envoie au père de la dame de ses pensées un présent qui doit être au moins de quatre mètres d'étoffe venue de la côte, et accompagné d'une couple de bouteilles d'eau-de-vie. En échange, la fiancée arrive avec le porteur du cadeau, en société de ses parents ; alors on fait un grand festin où un bœuf, offert par le fiancé, forme la pièce de résistance.

Forteresse de Quilenguès.

Les maris, dans cette partie du monde, ont beaucoup d'estime pour l'adultère, parce qu'il leur donne l'occasion d'exiger de l'amant une lourde amende sous forme de bétail ou d'eau-de-vie. Aussi une femme, qui ne fait pas de faute et qui conséquemment ne rapporte rien à son mari, n'en est-elle pas plus aimée. Celle qui vient d'être adultère va de suite se plaindre à son mari d'avoir été débauchée, et c'est sur son accusation que son complice est condamné.

Dans le peuple, les cadavres sont enveloppés d'étoffe blanche qu'on recouvre d'une peau de bœuf, et on les porte à la tombe qu'on a creusée dans un endroit choisi d'avance. Les jours qui suivent l'enterrement se passent à festoyer dans la hutte du défunt. Quant aux sovétas, leur lieu de sépulture est à part; on les y dépose, revêtus de leurs plus beaux habits, et enveloppés dans une peau apprêtée. Ce sont des occasions de ripailles considérables et d'un sacrifice énorme de bestiaux, attendu que le noble héritier est tenu à immoler son troupeau tout entier, dans la double intention de régaler son peuple et de donner la paix à l'âme du défunt.

Un accident désastreux eut lieu dans notre camp le 22. Un de mes négrillons avait volé une balle explosible du système Pertuisset. Lui et deux de ses compagnons résolurent de la partager, afin que chacun pût avoir son morceau de plomb. Il mit donc la balle sur une pierre; un autre posa dessus un couteau qu'il frappa d'un coup violent et tous s'accroupirent pour mieux surveiller le partage. La balle fit explosion et tous les trois furent blessés; mais surtout Calomo, le nègre de Silva Porto, qui reçut treize fragments de plomb, dont quelques-uns le blessèrent profondément.

Plusieurs de nos gens envoyés en reconnaissance revinrent nous apprendre que les rivières n'étaient pas encore guéables, ce qui n'avait rien de bien surprenant puisqu'il n'avait pas cessé de pleuvoir depuis que nous étions campés. En conséquence, il fut résolu que nous prendrions une autre route. Elle était plus longue, mais nous y serions moins gênés par les eaux. Nous priâmes donc le chêfé de nous procurer des porteurs. Le 23, je distribuai aux hommes leurs paquets ; mais je me sentais si mal à mon aise que, bien que j'eusse fait partir les porteurs en avant, je fus obligé de demeurer au camp. Mes amis m'y tenaient compagnie. Une fièvre violente m'abattit durant trois journées, et je passai dans le délire le 25, jour de Noël, qui, se trouvant l'anniversaire de la naissance de ma fille, était doublement une fête pour moi.

Capello et Ivens me donnaient tous leurs soins, ainsi que le chêfé Roza et sa femme ; le 28, je pus quitter mon lit et sortir un peu. On convint alors que le départ aurait lieu le 1ᵉʳ janvier 1878, c'est-à-dire trois jours après.

La femme du lieutenant Roza me fit présent de deux choses qui (je ne m'en doutais guère alors) devaient jouer dans mon voyage un rôle important. C'était un service à thé en porcelaine de Sèvres et une chèvre de petite espèce, remarquablement apprivoisée et que j'appelai Cora.

Un événement vint dans ce temps me faire un vrai chagrin. Ce pauvre mouton, que je m'étais donné tant de peine à sauver malgré les murmures de notre troupe famélique, mourut en fuyant un chien courant que j'avais amené du Portugal et dont j'avais fait cadeau à Capello. Pour lui échapper, mon mouton voulut rentrer à travers un trou de la palissade, s'y brisa une jambe et s'y abîma au point de mourir peu après. Ce fut la première grande peine que j'éprouvai dans ce voyage, qui m'en gardait bien d'autres.

La balle explosible (page 81).

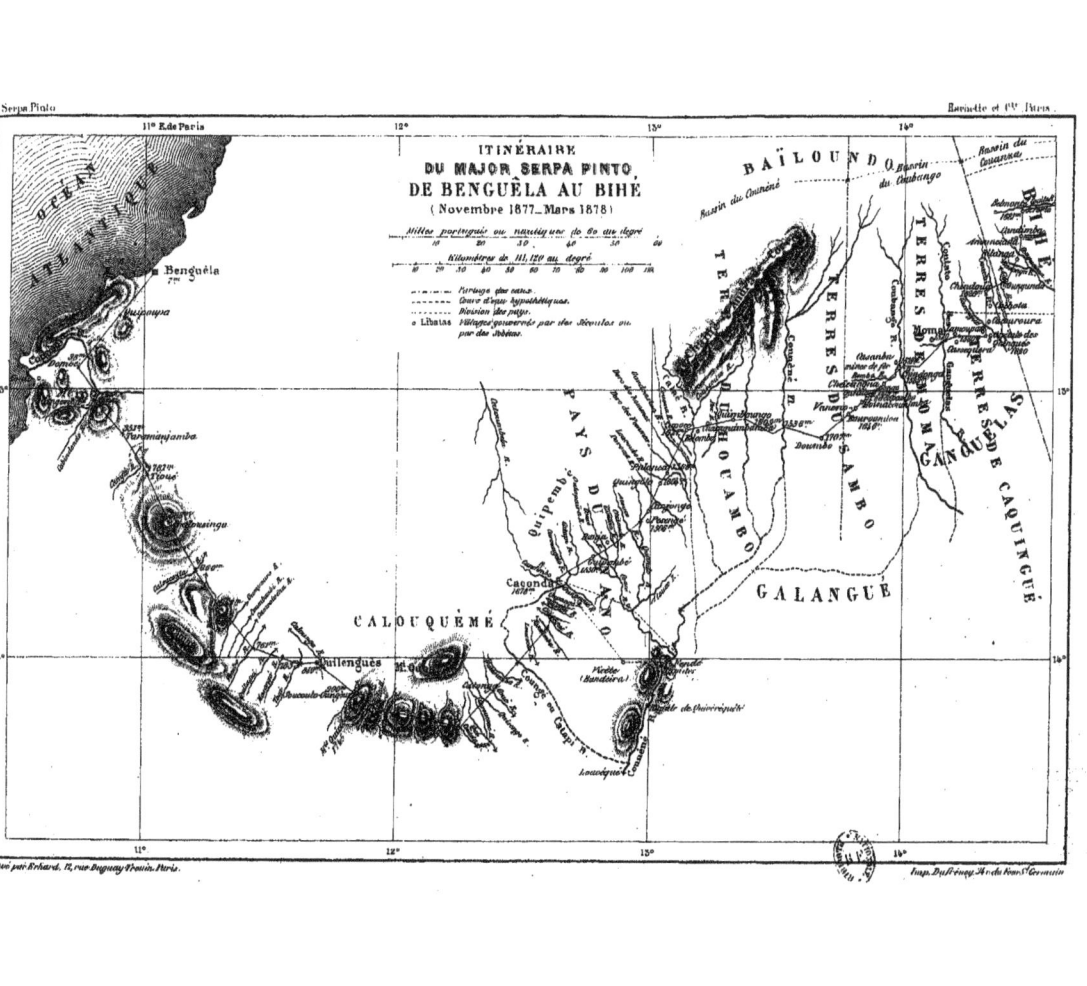

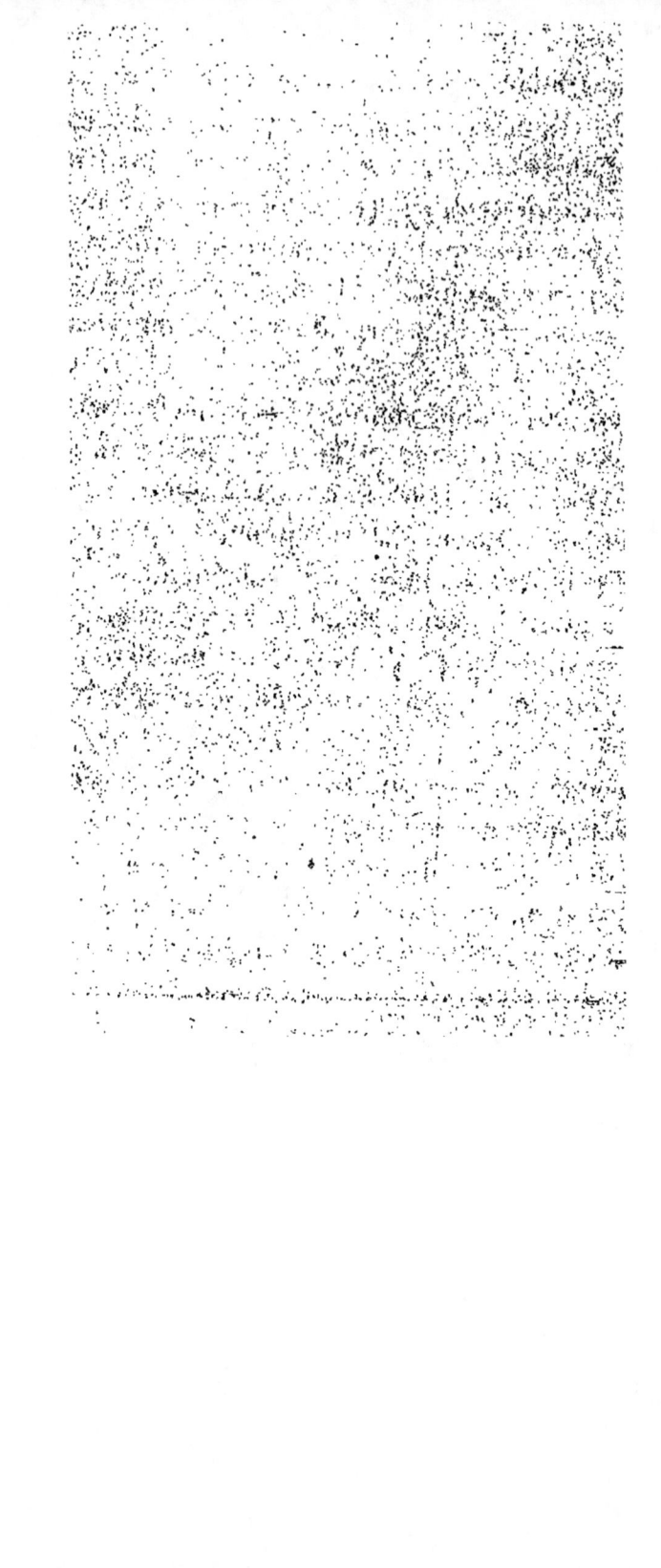

CHAPITRE IV

DANS LA RÉGION SOUMISE.

Nous allons à Ngola. — Le sova Chimbarandongo. — Beauté du pays. — Arrivée à Caconda. — José d'Anchiéta. — Correspondance. — Arrivée du *chéfé*. — En quête de porteurs. — Nous allons au Counéné, Ivens vers le nord et moi vers le sud. — Retour de la demeure de Bandeira. — Les porteurs rompent leur engagement. — Mon opinion.

Nous quittâmes Quilenguès le 1ᵉʳ janvier 1878, après avoir fait une bonne provision de vivres et l'acquisition de bœufs et de moutons à tuer pendant le voyage. Le chêfé, lieutenant Roza, nous fit la conduite durant sept kilomètres, puis retourna chez lui, et nous continuâmes notre chemin dans la direction du S.-E., jusqu'au pied de la chaîne de Quilenguès, où nous dressâmes notre camp près du village du sécoulou Oungouri.

Un compagnon de route, nommé Vérissimo Gonsalvès, s'était joint à nous pour aller jusqu'au Bihé. Fils d'un commerçant de ce pays, qui était mort récemment, il avait rempli à Quilenguès, jusque là, les fonctions de commis chez un serviteur de feu son père. C'était un jeune mulâtre, assez mal élevé, petit de corps, plein des vices propres à sa race; mais qui avait quelques qualités et de l'intelligence.

J'insiste un peu sur lui parce que j'aurai souvent l'occasion d'en parler.

Sans manquer de bravoure, il était ombrageux et timide. Sous une frêle apparence de faiblesse, il avait une forte constitution et des muscles de fer. Il savait à peine lire ou écrire, mais il était un chasseur rusé et tirait assez bien.

Pendant mon séjour à Quilenguès, j'étais parvenu à dresser deux des ânes; ils me furent d'un bon usage comme montures pendant cette nouvelle partie du voyage.

Le lendemain, la journée commença par l'ascension de la chaîne de Quilenguès, qu'on appelle ici les monts Quicécoua.

Elle fut extrêmement fatigante. Trois longues heures durant, nous eûmes à lutter contre les aspérités du penchant de la montagne; après quoi, nous nous trouvâmes à 1,740 mètres d'altitude et à 836 plus haut que le plateau qui se termine à Quilenguès.

Dans un défilé, nous passâmes un petit ruisseau que les naturels appellent Obada Tenda, ce qui signifie « Eau froide ». Notre camp fut dressé sur la rive d'un autre courant nommé Couveraï et qui rejoint la Coué. Ces deux rivières sont permanentes et leurs eaux tombent dans le Counéné.

Le sol continuait d'être granitique, mais la végétation avait tout à fait changé d'aspect, sans doute à cause de l'élévation où nous étions parvenus. Le baobab avait disparu et les fougères poussaient à l'ombre des acacias de toutes sortes qui composaient les bois. La flore était plus riche en plantes herbacées et, dans les graminées surtout, montrait la plus grande vigueur.

Nous remarquions que les endroits par lesquels nous passions, tantôt étaient absolument dénués d'oiseaux, et tantôt en nourrissaient de si grandes quantités que leurs chants et leurs cris nous assourdissaient. On ne voyait guère de gibier plus gros, mais des traces prouvaient qu'il n'en manquait pas.

Pendant la nuit du lendemain, nous eûmes une aventure assez curieuse. Nous étions campés auprès de la Quicoué, qui courait au sud-est sur son lit de granit pour aller sans doute se mêler aux eaux de la Coué, lorsque le chien de Capello se mit à aboyer avec fureur contre quelque chose qui s'approchait de la hutte. En même temps, un bruit voisin, semblable à celui d'un gros animal qui ruminait, nous donna lieu de croire que les ânes s'étaient détachés et pâturaient dans le camp, à l'intérieur de l'enceinte d'épines. Nous fîmes donc taire le chien et nous nous mîmes au lit. Cependant, au point du jour, une grande rumeur qui s'élevait nous attira dehors et nos nègres nous apprirent qu'après avoir cru, comme nous, que les ânes avaient rompu leurs liens, ils venaient de reconnaître leur erreur et de constater qu'un animal étranger s'était introduit dans notre camp. Effectivement un buffle énorme nous avait fait l'honneur, cette nuit-là, de nous tenir compagnie.

L'occurrence était bizarre et semblait d'abord difficile à expliquer. Cependant, comme on avait entendu fréquemment les lions rugir aux alentours, on pouvait raisonnablement supposer que c'était contre eux que le buffle avait cherché un asile chez nous.

Le lendemain nous allâmes camper auprès du village de Ngola et je fis immédiatement porter au *sova* l'annonce de ma visite.

Après déjeuner, j'allai le voir dans sa *libata*. Mes deux négrillons m'accompagnaient portant un siège pour moi et deux parasols.

Le chef se montra immédiatement, armé de deux casse-têtes et d'une assagaie. Il portait un pagne d'étoffe de la côte et par-dessus une peau de léopard. Sa poitrine était nue et, de son cou, pendait une foule d'amulettes. Il me reçut sous un soleil brûlant, hors de sa hutte. Je lui offris un des parasols que j'avais apportés et qui était fait d'une grosse percale écarlate. Mon attention parut lui plaire beaucoup.

Je lui appris l'objet de mon voyage, ce qui ne l'intéressa que médiocrement, mais il comprit parfaitement la valeur de mes cadeaux : outre le parasol, je lui donnai un petit baril de poudre à canon, cinquante pierres à fusil et une douzaine de grelots. Ce qui l'étonnait le plus c'est qu'en échange je ne lui demandais rien.

Je l'invitai à venir au camp voir mes compagnons. Il y consentit et m'accompagna, ce qui est remarquable, vu le caractère méfiant des chefs indigènes.

Quand je lui eus dit qu'il pouvait apporter un vase pour y

mettre de l'aguardente, il alla chercher une bouteille qui pouvait contenir un litre environ. Je lui témoignai la surprise que me causait la modération d'un chef de son rang et l'engageai à prendre un vaisseau plus grand. Sur ce il envoya chercher une gourde où entreraient deux bouteilles. Mais, quand je l'eus invité à en apporter une seconde pareille, il ne put plus dissimuler l'admiration que lui causait ma générosité.

Nous partîmes à pied, en compagnie de trois de ses femmes, de ses filles et d'une foule de son peuple, tous désarmés, afin de me montrer la confiance que je leur avais inspirée.

Quand nous arrivâmes au camp, Capello s'occupait à faire des observations météorologiques. Nos thermomètres et nos baromètres jetèrent notre hôte dans une admiration qui devint de la stupéfaction dès que Ivens, après un échange de compliments, lui eut fait voir nos fusils de Snider et de Winchester [1].

Chimbarandongo, c'est le nom du sova de Ngola, ne manque pas d'intelligence et se rend compte de la façon dont il doit vivre avec son peuple.

Il nous offrit un bœuf et consentit volontiers à ce qu'on le tuât immédiatement, puisque nous étions à court de provisions; mais à la condition que je le tuerais moi-même.

Cependant le bœuf s'était échappé et courait dans la direction du bois; déjà il était à quatre-vingts mètres de nous. Je dis au chef où mon coup frapperait; je fis feu et la bête s'abattit.

Chimbarandongo courut l'examiner, vit, juste entre les deux yeux, à la place que je lui avais annoncée, la blessure d'où le sang coulait; son étonnement devenant de l'en-

---

[1] Les fusils snider et winchester, inventés en Amérique, sont construits à double fin : on peut s'en servir comme d'un fusil à *répétition* ou à *magasin*, ou bien comme d'un fusil ordinaire se chargeant par la culasse. Le premier s'est fait une triste réputation en France sous le nom de *fusil à tabatière* en 1870.

J. B.

thousiasme, il ne put pas s'empêcher de m'embrasser à plusieurs reprises.

Vers quatre heures, éclata une tempête violente, entremêlée de pluie, de tonnerre et d'éclairs; cela dura deux heures.

Le chef se réfugia dans notre hutte avec ses femmes et plusieurs des principaux de son peuple. Alors il se mit à leur faire un discours. C'était nous, leur disait-il, qui faisions tomber cette pluie, grand bienfait pour leur pays, où l'on souffrait tant de l'extrême sécheresse de l'été.

Nous entreprîmes de lui expliquer que nous étions loin d'avoir une telle puissance, et qu'à Dieu seul appartenait l'influence sur les grands phénomènes de la nature. Ivens essaya même de lui démontrer comment et pourquoi il pleuvait.

Cette leçon de météorologie était à peine à la moitié, que le roi fit sortir de la hutte ceux qui l'y avaient suivi; puis, à la fin de la démonstration d'Ivens, il les rassembla de nouveau pour leur déclarer que, s'il cessait de pleuvoir, il se saisirait du malheureux qui en serait la cause et le mettrait à mort.

Nous nous efforçâmes de lui représenter l'inutilité d'un châtiment capital; aussitôt il ordonna de nouveau à sa suite de sortir, car, bien qu'il fût à moitié ivre, il s'apercevait que nos théories étaient fort peu en harmonie avec son système de gouvernement.

A la tombée de la nuit, Sa Majesté se retira de la manière la plus comique. Il grimpa sur le dos d'un de ses conseillers; celui-ci tenait ses mains sur les hanches d'un autre qui le précédait ; et, tous étant plus ou moins gris, ils se mirent à tituber le plus plaisamment du monde, manquant à chaque pas de tomber l'un sur l'autre, au risque de casser la tête sacrée de leur souverain.

Pourtant ce roi Chimbarandongo ne manquait de sens ni de jugement. Il ne croyait pas plus aux fétiches qu'à notre pouvoir de faire tomber la pluie ; mais il lui convenait d'avoir l'air d'y croire afin de ne pas laisser diminuer son prestige aux yeux de son peuple, qui était parfaitement satisfait de la façon dont on le gouvernait.

Le lendemain, en prenant congé de nous, il m'expliqua que sa politique était de rester en bons termes avec les blancs ; car ses relations amicales avec eux lui procuraient le vêtement dont il s'habillait, avec les armes et la poudre qui le mettaient en état de se faire respecter de ses ennemis.

« Sans les blancs, ajoutait-il, nous sommes plus pauvres que les bêtes, car celles-ci possèdent les peaux dont nous sommes obligés de les dépouiller pour nous couvrir ; ainsi les noirs qui ne recherchent pas l'amitié des fils du *Pouto* (roi de Portugal) sont de grands fous. »

La *libata* ou le village de Ngola est fortement défendu par une double palissade, construite avec assez d'art pour qu'un de ses côtés permette aux habitants de faire un feu croisé. L'enclos est suffisant pour contenir toute la population du pays avec ses troupeaux. C'est donc un refuge pour le district entier en cas de guerre. Il est arrosé par la Coutota, et peut conséquemment soutenir un long siège sans crainte de manquer d'eau.

A notre départ, nous nous dirigeâmes pendant une couple d'heures vers le nord-est, et nous arrivâmes au bord de la Coué, la plus grande des rivières qui coulent entre Quilenguès et Caconda. A cet endroit, elle avait au moins 15 mètres de large sur 3 ou 4 de profondeur et ne présentait aucun gué. De fait, la tempête de la veille l'avait tellement grossie qu'elle formait alors un torrent impétueux.

Nous construisîmes avec de faibles troncs d'arbustes un pont qui n'offrait à nos hommes, encombrés de leur bagage, qu'un passage assez périlleux ; mais il était impraticable absolument pour nos bœufs et nos ânes qu'il fallut se résoudre à mettre à la nage. L'opération fut très pénible pour les bœufs, mais ils finirent par arriver à l'autre rive. Quant aux ânes,

Départ du roi Chimbarandongo (page 89).

ils s'y refusaient tout à fait. Cependant le nègre Barros, avec l'aide de deux de ses compagnons, réussit enfin en nageant à côté d'eux, à leur faire prendre pied sur l'autre bord ; mais on comprendra tout le danger que présentait cette manœuvre, en sachant que la rivière fourmillait de crocodiles.

La traversée nous occupa plus d'une heure. Ensuite, nous marchâmes vers le N.-E. jusqu'au ruisseau Ousserem, d'où nous aperçûmes, courant au N.-N.-O., le mont Ouba autour duquel sont dispersés les hameaux de Calouqueïmé. Nous passâmes ensuite la rivière Cacourocaé, qui va vers le S.-S.-E. rejoindre la Coué, et, une demi-heure plus tard, la Quissengo coulant au S.-E., aussi vers la Coué. C'est sur le bord de cette dernière que nous tendîmes notre camp, à quatre heures de l'après-midi, près du village de Catonga, où un nommé Roqué Teicheira possédait un établissement.

Nous avions, dans la journée, fait nos trente kilomètres et nous étions tous extrêmement fatigués.

Il est vrai de dire que généralement notre route avait été de plain-pied, puisque l'altitude n'avait varié qu'entre 1,450 et 1,500 mètres.

Les arbres devenaient certainement rachitiques ; mais l'herbe continuait à être aussi riche que variée.

Le 6, nous nous remîmes en route, vers le nord-est. Peu après, nous traversions la Coué sur un pont bâti par les naturels. Ici elle avait 5 mètres de large sur 1 de profondeur et s'écoulait au S.-E. vers la Catapi. Cette rivière-ci, plus bas, porte le nom de Caungé. Nous y étions arrivés à onze heures et demie du matin. Le campement fut établi sur la rive gauche. L'eau coulait au S.-E. vers le Counéné, où elle tombe près de Loucéqué ; et elle était, devant le camp, large de 10 mètres et profonde de 1^m,20, avec un courant rapide.

Ce jour-là, je tuai une grande gazelle (*cervicapra bohor*), la plus grande de son espèce que j'aie vue dans tout mon voyage. Il fallut quatre hommes pour la transporter à nos tentes.

Comme la nuit tombait, notre chien se prit à hurler continuellement dans la direction du bois, ce qui nous prouvait que des hyènes rôdaient autour de nos huttes. Lorsqu'elle fut close, nous eûmes une autre symphonie formée par un duo de basse et de contre-basse : c'étaient un lion qui rugissait dans le fourré et un hippopotame qui renâclait dans la rivière.

L'aspect du pays restait le même. Les flancs des hauteurs portaient des bois rabougris où il n'y avait guère de grands arbres ; les fonds étaient couverts de légumineuses ou tapissés de vastes champs de graminées diverses et de verdoyantes prairies, arrosées par les détours de paisibles ruisseaux. Le sol continuait d'être granitique avec des affleurements de roches d'aspects divers, parmi lesquelles on ne distinguait presque pas de mica.

En poursuivant notre marche vers le N.-E., nous passâmes près de la *libata* de Couasséquéra. Ses fortifications au milieu d'énormes rochers de granit et de sycomores gigantesques formaient un paysage singulièrement pittoresque. Quand nous eûmes traversé la Lossola, petite rivière qui coule au sud vers la Catapi, nous campâmes au bord de la Nondoumba, encore un affluent de la Catapi, mais qui coule au nord.

Le plateau sur lequel nous étions est fort élevé ; son altitude mesurée est de 1,600 mètres.

C'est de là que nous nous rendîmes à Caconda en traversant, chemin faisant, trois ruisseaux, affluents de la Catapi et coulant au N.-N.-O., sous les noms de Chitéqui, Jamba et Oupanga. Plus tard, nous rencontrâmes la Catapi elle-même se dirigeant à l'O.-S.-O. ; nous l'avions déjà traversée le 6, on se le rappellera, dans un endroit où on l'appelait la Caungé.

Cette fois-ci, nous ne lui trouvâmes qu'un faible courant avec une largeur de dix mètres et une profondeur d'un mètre à peine.

Plusieurs des espaces découverts où nous passâmes en cette journée étaient pleins de gros joncs et roseaux que nourrissait un fond marécageux, où il était malaisé de se frayer un chemin.

Pendant que je surveillais le passage de la rivière, mes compagnons me précédèrent à Caconda.

Je n'y arrivai qu'une ou deux heures après eux. Le chéfé provisoire m'attendait à l'entrée de la forteresse. C'était un mulâtre, riche possesseur terrien dans le district et sergent-major des troupes noires. Il m'expliqua que le chéfé permanent était parti pour Benguéla lui laissant, selon ses propres termes, l'embarras de nous recevoir.

Après ces aimables expressions, Snr. Mathéos me pria d'entrer dans la forteresse. A peine en avais-je franchi le seuil que j'aperçus mes compagnons en train de causer avec un personnage dont la taille était au-dessus de la moyenne, l'aspect grêle, la tête large et bien conformée et les yeux remuants ; il portait une redingote avec une cravate blanche. Capello me le présenta. C'était José d'Anchiéta. Je me trouvais donc en présence du premier explorateur zoologique de l'Afrique, d'un homme qui avait passé onze années de sa vie dans les forêts d'Angola, de Benguéla et de Mossamédès, à enrichir des échantillons les plus précieux les rayons du musée de Lisbonne. Par la suite, j'eus l'occasion de connaître sa manière de vivre ; elle vaut la peine d'être décrite.

L'établissement d'Anchiéta occupait les ruines d'une église située à deux cents mètres de la forteresse.

L'intérieur de sa demeure avait la forme de la lettre T ; tout autour étaient de larges tablettes qui soutenaient un confus entassement : livres, instruments de mathématiques, appareils photographiques, télescopes, microscopes, cornues, oiseaux empaillés de tous les plumages, flacons de tailles diverses, faïences, pains, bouteilles pleines de liquides multicolores, boîtes de chirurgie, bottes de plantes, produits médicinaux, boîtes de cartouches, vêtements, objets indéfinissables : tout y était pêle-mêle. Dans un coin s'élevait un faisceau de mousquets et de carabines de systèmes différents. Le long de la maison, un enclos enfermait des vaches et des cochons. A la porte, des nègres et des négresses s'occupaient à écorcher des oiseaux ou à préparer des mammifères. Au milieu, José d'Anchiéta se tenait assis dans un vieux fauteuil, dont les services remontaient loin évidemment, et devant une table immense.

Il est impossible d'essayer la description des objets qu'elle portait, et je me contenterai de dire qu'il n'y manquait pas de pinces, de scalpels, ni de microscopes.

Sur un coin, un tas de fragments d'oiseaux indiquait que le savant était en train d'étudier l'anatomie comparée. En face de lui, une fleur soigneusement disséquée montrait qu'il venait de chercher les noms de la famille, du genre et de l'espèce où il fallait la ranger, d'après la disposition des pétales, le nombre des étamines, la forme du calice et l'arrangement des graines et du pistil. Le scalpel à la main et l'œil au microscope, il passe les heures qu'il peut dérober à ses travaux de collectionneur. Tantôt c'est une fleur et tantôt un oiseau qui forme le sujet de ses études.

De temps à autre, la plainte d'un malade interrompt ses recherches ; alors il donne les soins du médecin ainsi que les remèdes propres à diminuer les souffrances. S'il en manque, il offre une poule au patient.

Anchiéta professe un respect illimité pour le Dr Bocage directeur du musée zoologique de Lisbonne ; il parle de lui avec un degré d'affection et d'estime qu'on ne rencontre ordinairement que parmi ceux que les liens du sang unissent le plus étroitement.

Mais cela se comprend : Anchiéta, qui a pleinement conscience des services rendus par lui à la science zoologique, sait aussi qu'il a, dans le Dr Bocage, un juste appréciateur de ses mérites, un savant qui complète en Europe les travaux commencés par lui en Afrique ; un homme enfin qui sait

Intérieur de la demeure d'Anchieta.

combien de fatigues, de fièvres et d'ennuis a coûté au collectionneur chacun des échantillons qu'il vient de recevoir.

José d'Anchiéta est un de ceux qui sont dignes du respect de tous les hommes de science, mais surtout des Portugais ses compatriotes. Non seulement l'infatigable travailleur a fait honneur à son pays, mais encore cet homme demeure respecté malgré son indigence, au milieu des vices et de la démoralisation qui l'environnent, et dont il pourrait si aisément tirer profit, s'il avait l'esprit moins haut et la conscience moins grande.

Parler de lui c'est faire son éloge; mais ses œuvres et son nom, lié pour toujours à ses travaux impérissables, parlent plus haut pour lui que je ne saurais le faire.

En arrivant, nous avions appris que le chêfé Castro était remplacé et qu'on avait nommé à sa place un autre officier de l'armée d'Afrique. Celui-ci parvint à Caconda deux jours après nous, accompagné du sous-lieutenant Castro qui apportait la poste d'Europe. On peut s'imaginer l'avidité que nous mîmes à dévorer nos correspondances.

Il fut immédiatement question de nos porteurs. Castro s'offrit à m'accompagner chez José Douarte Bandeira, l'homme le plus puissant de Caconda. Là, me disait-on, tout s'arrangerait aisément grâce à l'influence dont il dispose.

Ce fut le matin du 13 que nous partîmes pour Vicété. Ivens se dirigeait sur la résidence de Mathéos, où il se proposait d'examiner le Counéné à son confluent avec la Couando. Moi, je devais aussi étudier cette rivière, mais plus bas, vers le sud.

Quant à Capello, qui souffrait d'une légère attaque de fièvre, nous le laissions derrière nous, aux soins d'Anchiéta.

Ma route vers le S.-S.-E. me fit bientôt traverser les rivières Secoula-Binza, Catapi et Oussongué, qui coulent à l'O.-N.-O. Ayant trois mètres de large sur un de profondeur, elles jettent dans le courant principal une quantité d'eau considérable.

A la tombée de la nuit, j'étais à Vicété après avoir marché environ 48 kilomètres au S.-E. C'est une libata fortifiée, parmi les rochers, au sommet d'une hauteur qui domine une vaste plaine.

J'y fus reçu par José Douarte Bandeïra. Après un souper amical, il me conduisit à un excellent lit, dont j'avais grand besoin.

Dès le commencement de la matinée suivante, le sous-lieutenant Castro entama la question des portefaix; Bandeïra s'engagea promptement à en procurer cent vingt, nombre nécessaire pour aller au Bihé.

Quand j'eus exprimé mon désir d'aller voir le Counéné, on convint que nous nous y rendrions le lendemain.

Après une traite de seize kilomètres, vers l'est, nous rencontrâmes le fleuve au Porto do Fendé.

Dès mon arrivée, je tuai un grand hippopotame qui avait eu l'imprudence de venir à la surface de l'eau respirer à portée de ma carabine. Je restai là deux jours. Le Counéné y fait plus de 1,800 mètres à l'heure et a une largeur de 113 mètres sur une profondeur de 6 à 7. Son axe, au Porto do Fendé, est N.-O. et S.-E. pour un espace de près de 4 kilomètres. En amont, il va du N.-E. au S.-O.; plus haut encore, il est E. et O.; en aval, il incline au S.-S.-O. pendant 48 kilomètres, jusqu'à Loucéqué. De temps en temps, sa largeur atteint 200 mètres et plus.

Il abonde en crocodiles et en hippopotames.

A près de deux kilomètres au-dessous du Porto do Fendé, à un endroit nommé Libata Grande, on rencontre quelques rapides. Neuf cents mètres plus bas encore, il y en a d'autres appelés Moupas de Cagnacouto, et, 18 ou 19 kilomètres au-dessous, on trouve les cataractes de Quivéréquété, les dernières de son cours supérieur, car, à partir de là, il est navigable jusqu'au Houmbé.

La rive droite, aux points que j'ai visités, est montagneuse et couverte d'une forêt vierge; sur la gauche, se déploie une vaste plaine, large de quatre à cinq kilomètres, jusqu'au pied de montagnes qui forment un système peu élevé, courant du nord au sud et parsemé, sur ses pentes occidentales, des villages du Fendé.

Le 15, à onze heures du soir, éclata sur nos têtes une terrible tempête, avec des éclairs éblouissants et de tels torrents de pluie que nous en fûmes trempés.

Nous revînmes le 17 vers Caconda où l'on promettait qu'avant une semaine nous serions rejoints par les porteurs, tandis que nous nous engagions en retour à envoyer le lendemain un petit baril d'aguardente pour inaugurer la convocation. Dans cette région de l'Afrique, le rhum a le même effet à l'égard des hommes que l'huile en Europe sur les machines. Il les fait marcher.

Notre hôte, qui nous avait fort bien régalés chez lui, oublia que nous devions faire une longue journée de route et que, même en partant au point du jour, nous ne pourrions pas atteindre Caconda avant la nuit. Le fait est que nous nous mîmes en route les besaces vides et que, vers midi, nous sentions, d'une façon déplorable, les atteintes de la faim.

Nous fîmes halte dans une clairière, où j'informai le sous-lieutenant Castro que je devais avant tout chercher à tuer quelque gibier pour manger. Toutefois je ne pus abattre qu'une caille dont nous dûmes, tous les deux, après l'avoir cuite dans le pot d'un soldat, nous contenter pour le déjeûner et pour le dîner. J'avoue franchement avoir souvent déjeuné et dîné plus copieusement que je ne le fis ce jour-là.

Nos noirs, voyant avec quelle avidité je ramassais les os de cette caille, tandis que le chien se léchait les lèvres en suivant avec anxiété tous mes mouvements, me firent cadeau d'une racine de manioc que je partageai avec Castro.

Rentré vers la nuit à Caconda, je commençai par bien souper, puis je pris note qu'Ivens n'était pas encore revenu et que Capello avait déjà commencé sa convalescence.

Ivens fut de retour le 19. Immédiatement, nous envoyâmes

à Bandeïra le baril de liqueur promis, en le priant d'employer toute la diligence possible pour réunir nos porteurs.

Le 23, quelques articles que nous avions demandés nous arrivèrent de Benguéla; entre autres, six caisses de biscuits, présent bienvenu d'Antonio Ferreira Marquès.

Je dépêchai à Vicété un second messager pour presser Bandeïra de nous adresser immédiatement nos porteurs, car ils se faisaient attendre.

Cependant les hommes n'arrivaient point. Je dus donc prier le chêfé d'aller en personne à Vicété employer son influence et son autorité sur Bandeïra pour presser l'envoi des hommes nécessaires.

Le chêfé partit. Peu après, il m'écrivit qu'il y avait soixante et un hommes tout prêts et qu'il y en aurait bientôt davantage. Il avait emporté de quoi payer; mais, comme dans ces régions le calicot blanc est la seule monnaie acceptable, il lui en fallait cinquante pièces de plus. Nous ne les avions pas ; mais Bandeïra nous les avancerait.

Le lendemain, nous recevions du chêfé une autre missive, disant que les porteurs allaient être payés et partir immédiatement. Deux jours après, une troisième lettre annonçait que déjà quatre-vingt-quatorze hommes étaient réunis. Finalement, le 5 février, nous apprenions qu'il n'y avait pas un seul porteur de prêt et que, suivant toute vraisemblance, nous n'en aurions aucun.

On peut s'imaginer notre désappointement.

J'étais alors à mes débuts ; je n'avais pas encore un principe que me suggéra l'expérience et auquel j'ai dû, autant qu'à la carabine rayée du Roi, la réussite de mon voyage.

Ce principe qui s'est fortement enraciné dans ma tête peut être résumé en quelques mots :

« Dans le cœur de l'Afrique, il ne faut avoir confiance en rien ni en personne, tant que des preuves irréfutables et réitérées ne vous ont pas démontré qu'elle peut être accordée à quelqu'un ou à quelque chose. »

Ces preuves sont, à mon sens, d'une appréciation aussi difficile que celles d'un amour éternel ou de la solidité d'une maison de commerce engagée dans des affaires considérables.

En recevant la lettre du chêfé, chacun de nous proposa d'abord des expédients plus insensés l'un que l'autre.

Quand nous nous fûmes un peu calmés, nous prîmes le parti de chercher des porteurs près ou loin, n'importe où nous pourrions en trouver. Au pis aller, nous partirions seuls pour le Bihé, d'où nous enverrions reprendre nos bagages. Voilà ce qui nous parut le plus praticable.

Le chêfé revint de Vicété, mais jamais nous ne pûmes obtenir de lui une explication raisonnable de ce qui s'était passé.

Il fut donc convenu que je me rendrais dans le Houambo; j'essayerais d'y obtenir quelques hommes du sova, d'autant plus que chacun s'accordait, même Anchiéta, pour affirmer qu'il était impossible d'en trouver plus près.

Anchiéta ajoutait que, peu auparavant, il n'avait réussi qu'avec la plus grande difficulté à faire parvenir à Benguéla un envoi d'échantillons zoologiques, certainement plus aisés à transporter que nos bagages.

Ce qui nous arrivait semblait pourtant fort extraordinaire. Je savais que, non seulement Bandeïra lui-même, mais encore un certain Mathias, le sergent Mathéos et d'autres dirigeaient régulièrement de grandes caravanes fort loin dans l'intérieur. Et tous ces gens-là ne pouvaient pas nous faire avoir un seul portefaix!

Je commençais à soupçonner qu'il existait un parti pris d'empêcher notre voyage; mais je ne me figurais guère qu'il allât aussi loin que j'ai eu l'occasion de le constater.

La suite de mon récit fera voir avec quelle malice on a opposé à mes progrès des obstacles prémédités, que je n'ai pu surmonter qu'avec l'aide évidente de la Providence.

Laissons de côté maintenant ce sujet et, avant de continuer à raconter mes aventures qui, à partir de cette époque, deviennent plus intéressantes, occupons-nous un instant de Caconda.

Ce poste fortifié qui, dans l'intérieur de la province de Benguêla, est le point le plus avancé de ceux sur lesquels flotte le drapeau du Portugal, forme un carré de cent mètres qu'entourent un fossé profond et un parapet. Aux environs, on remarque, çà et là, des lignes assez visibles appartenant à une fortification passagère, qui jadis n'a pas été construite sans art. Une palissade intérieure constitue une seconde ligne de défense et protège quelques maisons à demi ruinées mais qui servent de résidence au chêfé, de casernes et de poudrière.

Plusieurs bonnes pièces de canon en bronze, montées en barbette et plus usées par le temps que par le tir, menacent le voyageur qui s'approche de leurs bouches vertes et rouillées.

A deux cents mètres vers le sud, s'élèvent les ruines d'une église.

Au nord, un groupe de huttes misérables est habité par les soldats.

Le pays environnant a un aspect agréable, et, sans être exempt de fièvres, comme on l'assure, a du moins l'avantage de ne les causer que sous une forme moins grave qu'ailleurs. La population est des plus clair-semées et s'est beaucoup éloignée du voisinage du fort.

Le sol est très fertile; beaucoup de plantes européennes y prospèrent et donnent des produits abondants. Cela est remarquable surtout dans de petits champs de blé, de patates et de haricots.

Un ruisseau, la Sécoula-Binza, offre à tous ses eaux de cristal qui gazouillent dans leur lit de granit.

Il reste peu d'arbres auprès de la forteresse. On ne peut pas douter que les habitants n'aient abattu ceux dont ils avaient besoin, car évidemment il y en avait beaucoup jadis, et, à quelque distance, ils forment encore des bosquets et des bois.

Caconda.

On ne doit guère parler du commerce de l'endroit; le peu qui existe n'a lieu qu'avec des lieux très enfoncés dans l'intérieur.

La décadence qu'on observe déjà à Quilenguès est bien moins contestable ici ; cependant Caconda a autant, sinon plus, d'importance que l'autre établissement; mais il offre moins de sécurité aux opérations mercantiles, puisque la route de Benguêla est infestée de brigands.

CHAPITRE V

VINGT JOURS D'AGONIE.

Départ de Caconda. — Le sova Quipembé. — Quingolo et le sova Caïmbo. — Quarante porteurs. — Fièvres. — Le Houambo. — Le sova Bilombo et son fils Capôco. — Lettres et nouvelles. — Tout est-il perdu ? — J'irai en avant. — Difficultés à Chacaquimbamba. — Les rivières Calaé, Cagnoungamoua et Counéné. — Nouvel et sérieux embarras dans le pays de Sambo. — La Coubango. — Pluies et tempêtes. — Maladie grave. — Aventure terrible. — Enfin, le Bihé !

Je partais de Caconda le 8 février 1878, emmenant dix hommes de Benguêla, mon négrillon Pépéca et Vérissimo Gonsalvès, dont il a déjà été question. Le chèfe de Caconda, lieutenant Aguiar, avait absolument voulu m'accompagner aussi dans cette expédition, dont l'unique objet était de nous procurer des porteurs. Suivant toute apparence, il entendait par cette démarche me prouver sa bonne volonté à notre égard et combien il était étranger à tout ce qui s'était passé à Caconda.

Je dois reconnaître que je n'avais pas un instant douté de la sincérité du lieutenant Aguiar, parce qu'alors je n'étais pas encore si profondément convaincu de la vérité du principe que j'ai formulé au chapitre précédent. Aujourd'hui même, je crois que, malgré sa longue expérience de tout ce qui se rapporte à ces régions soumises, il fut tout autant joué que moi.

Une étape d'environ 17 kilomètres vers le N.-E., durant laquelle on passa, près de Caconda, un ruisseau nommé Caroungolo, puis plus loin la Catapi, coulant au S.-O., nous conduisit à la libata de Quipembé, où le sova Quimboundo me reçut avec hospitalité.

Il m'envoya de suite un petit porc et, de plus, une volaille, parce que je n'en pouvais pas acheter.

Pendant la soirée, il vint me voir à ma hutte et, après une longue conversation, il saisit cette occasion pour m'informer que, bien que ses ancêtres eussent toujours été fidèles vassaux du roi de Portugal, lui ne l'était pas, attendu que les nombreux actes d'arbitraire commis par différents chêfés contre sa personne et son peuple avaient réduit à néant tous les engagements anciens ; le *mouénépouto* (roi de Portugal) ne lui rendait plus justice ; et ce fut dans des termes choisis, même élégants, qu'il me raconta plusieurs des incidents sur lesquels se fondaient les accusations qu'il portait contre les chêfés.

Le lieutenant Aguiar assistait à l'entrevue ; il n'eut pas un mot à répondre aux accusations qui atteignaient ses prédécesseurs, tant elles étaient clairement énoncées.

Mon hôte était un homme de bon sens et causait de la politique des Portugais à Caconda avec un degré de jugement assez inattendu chez un nègre de province.

Je n'épargnai rien pour effacer de son esprit la mauvaise impression qu'y avaient laissée les chêfés de Caconda, mais j'ai bien peur de n'y avoir aucunement réussi. Ses plaintes confirmaient d'ailleurs l'opinion que je m'étais faite des tristes résultats que devaient avoir les misérables salaires attribués aux chêfés des districts de l'intérieur : ils sont une des causes principales du déclin de notre pouvoir et de notre influence dans le pays.

Le sova de Quipembé est d'un âge avancé ; de plus, il souffre de la goutte, ce qui le gêne en marchant.

Sa libata est grande, bien fortifiée, admirablement située. Depuis mon arrivée, des bandes de négrillons et de négrillones s'attachaient à mes pas, mais s'enfuyaient à la débandade aussitôt que je bougeais. Pour calmer la frayeur que causait évidemment ma présence, j'offris à ces enfants des grelots et des grains de corail ; il n'y eut que les plus audacieux qui approchèrent assez pour s'en saisir, quittes à se sauver ensuite.

Mes lunettes et surtout ma couverture où, sur un fond rouge, était représenté un énorme lion, excitaient chez eux la plus grande admiration.

Le 9, je quittai ce village, poussant toujours au N.-E.; je traversai l'Outapaïra et, une heure plus tard, j'arrivai à la Coucé, arrière-affluent de la Qouando. En cet endroit, la Coucé avait 3 mètres de largeur sur 2 de profondeur; mais le passage en était difficile à cause de l'escarpement de ses berges et de la nature vaseuse de son lit.

Sur sa droite, le terrain s'élevait mollement, pas très haut, et, sur sa gauche, il était plat dans la largeur d'un kilomètre. Je marchai au sud de la libata de Banja, magnifiquement perchée au sommet d'une colline, et, après trois ruisseaux, la Canata et la Chitando, affluents de la Coucé, et l'Atomo, qui tombe dans la Qouando, je me trouvai près de cette rivière, que je considère comme un des grands affluents du Counéné.

La Qouando coule au sud; elle est ici large d'une vingtaine de mètres et profonde de deux ou trois.

Nous campions près du village de Passengé, où la rivière se perd sous d'énormes masses de granit pour reparaître un kilomètre plus bas.

C'est un des paysages les plus charmants que j'aie jamais vus. Les bords de la rivière étaient assez élevés, et couverts d'une luxuriante végétation d'où les palmiers élégants s'échappaient tranchant sur le vert sombre des gigantesques plantes épineuses. Çà et là, parmi les touffes de bois, émergeaient des roches noirâtres, dont la surface avait été polie par l'action des tempêtes.

D'innombrables oiseaux gazouillaient sur les branches; les tourterelles jouaient dans les broussailles; et de temps à autre, s'élevaient des bas-fonds de la rivière les ronflements des hippopotames.

C'était la beauté sauvage dans toute son expression. Un détail cependant la gâtait horriblement : l'existence des serpents les plus venimeux qui, presque à chaque pas, rampaient à nos pieds.

J'en tuai quelques-uns dont, à entendre les nègres, la morsure eût été mortelle.

Deux ou trois porcs-épics que j'entrevis me firent entrer dans les bois de la rive gauche pour les chasser, et tout à coup

Cobra.

je me trouvai en face d'un mur de pierres, en ruines, mais assez étendu pour avoir été jadis l'enceinte de quelque ville.

Cette nuit fut la première de mon voyage que je passai à la belle étoile, sans aucune protection ; je n'en dormis pas moins profondément. Au point du jour, je me réveillai à temps pour assister à la destruction d'une venimeuse cobra, qu'on avait découverte entre la couche du lieutenant Aguiar et la mienne.

Au départ, nous continuâmes à tirer vers le N.-E. ; bientôt nous atteignîmes un village appelé Canjongo, dont le *sécoulo* nous offrit de la *capata* et nous vendit quelques poules en échange d'un morceau de cotonnade commune. Ensuite nous passâmes la Droma, affluent de la Calaé, coulant au S.-E. Nous prîmes sur la rive gauche un repos de quelques heures, puis, recommençant à marcher vers le N.-N.-E., nous arrivâmes, à cinq heures du soir, à la grande libata de Quingolo.

Le sova me donna l'hospitalité et m'envoya de suite des vivres pour mes gens.

Lorsqu'il sut le motif de mon voyage, il me dit que, si l'on s'était adressé à lui, il m'aurait procuré des porteurs ; mais les chéfes de Caconda ne tenaient aucun compte de lui, souvent à leur détriment. Quoi qu'il en fût, même dans les circonstances présentes, il me fournirait quarante hommes qu'il dirigerait sur Caconda ; le surplus, je l'obtiendrais peut-être dans le Houambo.

J'eus ici une légère attaque de fièvre. Le 11, de bonne heure, le sova vint me voir et me renouvela son offre de quarante porteurs, qui, m'assurait-il, partiraient dès le lendemain pour Caconda.

J'avais envie d'acheter des vivres ; malheureusement je ne trouvais pas de vendeur. En l'apprenant, le sova Caïmbo m'envoya un beau porc ; en échange, je lui fis cadeau de trois pièces de toile rayée et d'une couple de bouteilles d'eau-de-vie.

Le lieutenant Aguiar m'annonça qu'il allait retourner à Caconda, ce qui me causa un véritable plaisir.

A midi, les conducteurs des portefaix qui avaient l'ordre de départ, vinrent recevoir leur solde.

Cette grande libata de Quingolo s'élève sur un mont de granit qui domine une plaine considérable. Au milieu des rochers poussent d'énormes sycomores qui entretiennent une fraîcheur perpétuelle. Ces roches, se combinant avec des palissades, constituent une défense formidable, dont la solidité est

Quingolo.

encore accrue par un fossé qui l'entoure, mais qui est à moitié comblé. Au sommet du mont, surgissent deux rocs gigantesques, pouvant servir d'observatoire et du haut desquels je vis, étendu sous mes yeux, un des plus surprenants panoramas que je connaisse.

Il ressemblerait à celui qu'on découvre de la haute croix de Bussaco [1], en admettant que la forêt, au lieu d'y être resserrée par une enceinte de murailles, s'étendrait des caps Carvoeïro et Mondego jusqu'à l'Océan, n'étant interrompue que çà et là par quelque clairière verdoyante. Le paysage vu du sommet de Quingolo est plus vaste, plus grandiose, et n'a pour limites que l'esquisse azurée de montagnes trop éloignées pour être bien distinctement perceptibles.

Le 12, quoique ma fièvre augmentât, je me décidai à partir et, après de cordiaux adieux échangés avec le sova ainsi qu'avec le chêfé Aguiar, je repris ma route à huit heures et demie du matin, en compagnie de trois guides que m'avait fournis le sova Caïmbo. Je quittai ce brave homme dans les meilleurs termes.

Peu après, nous franchissions la Louvoubo, qui court vers la Calaé. A dix heures, j'arrivais à la libata du sécoulo Palanca ; je demandai à y être reçu, car il m'était impossible d'aller plus loin avec ma fièvre dont l'intensité augmentait toujours.

Malgré cet état de santé, je fis quelques observations astronomiques pour déterminer ma situation. J'en parle ici, parce que ce fut le premier de la série des points dont je devais fixer la position à travers l'Afrique.

Le hameau de Palanca fut donc le premier point déterminé par moi sur cette ligne que trace ma route, de l'Atlantique à l'océan Indien.

---

[1]. Ou Boussaco, montagne située à 25 kil. environ N. de Coïmbre, surmontée par un couvent fameux, et dont les habitants de Lisbonne font un but de villégiature très fréquenté. Voy. *Dictionnaire géographique de Vivien de Saint-Martin*. — J. B.

Pendant un intervalle des accès, je pris 3 grammes de quinine, ce qui me procura une amélioration telle que, le lendemain, je pus continuer de suite mon chemin.

Je montais à califourchon un bœuf vigoureux et j'en avais un autre en réserve. Ces animaux étaient fort bien dressés et facilitaient mon voyage; je pouvais obtenir d'eux un trot convenable et même un temps de galop.

Sur un bœuf.

Le départ eut lieu vers huit heures. Peu après je traversais le Dôro das Mulheres, ou Dôro des Femmes, dont le fond vaseux rendit le passage difficile à mes bœufs.

L'intensité de la chaleur ajoutant beaucoup à mes souffrances, j'ordonnai une halte pour me reposer un peu.

Il n'y avait aucun arbre aux environs et je tombai endormi sur la terre qu'échauffait un brûlant soleil. Mon sommeil fut de courte durée; mais, à mon réveil, j'éprouvais une sensation de fraîcheur et je m'apercevais que j'étais à l'ombre. Je le devais à l'attention de mes nègres : ils avaient imaginé de se mettre debout autour de moi pour tenir un morceau d'étoffe qui protégeait mon corps des rayons d'un soleil vertical. Cette marque d'attention me toucha beaucoup.

Je repartis. Je passai la petite rivière, Dôro dos Homens, ou Dôro des Hommes qui, s'unissant à la précédente, coule avec elle jusqu'à la Calaé, sous un nom que j'ignore. Deux heures après, je rencontrais la Gandoassiva qui a cinq mètres en largeur et un en profondeur. Je me reposai un peu sur ses bords. C'est un affluent de la Calaé; elle abonde en petits poissons, dont nous prîmes une grande quantité. Mon indisposition me pesait fort; une faiblesse extrême s'était jointe à la fièvre qui était revenue; elle avait pour cause le manque de nourriture puisque, depuis deux jours, je n'avais pu avaler qu'un peu de bouillon de poulet.

Je profitai de la halte pour m'en faire faire un bon ; malheureusement on ne put pas le saler, car la petite provision de sel que j'avais pu emporter de Caconda était épuisée.

Au bout d'un repos de deux heures, nous nous remîmes en marche, toujours vers le N.-E. Une demi-heure après, nous passions la Couéna, dont la largeur à cette place était de six mètres et la profondeur d'un environ. Elle va se jeter dans la Calaé.

La Couéna coule entre les penchants mollement inclinés des collines; mais elle s'y est creusé un lit profond, à berges perpendiculaires, ayant deux mètres au-dessus de l'eau. Les bœufs eurent donc de la peine à la passer sans accident.

Cela nous coûta deux heures d'un rude travail. Deux heures plus tard, à la nuit tombante, nous atteignîmes la libata de Capôco, le puissant fils du sova du Houambo.

Capôco me reçut avec une grande politesse, me logea dans sa propre maison, me donna d'abord un gros pourceau et, dès qu'il sut que j'étais malade, m'envoya une couple de volailles.

Je l'entretins un peu de mon affaire de porteurs et il me promit de l'arranger.

Je lui remis en cadeau deux pièces de toile rayée et deux bouteilles d'eau-de-vie. Bientôt une grosse troupe de vierges, distinguées par les nombreux anneaux de bois tourné qu'elles avaient aux chevilles, apportèrent à mes nègres, dans des corbeilles, une nourriture abondante. Je pris quelques altitudes lunaires, puis je me couchai d'assez bonne humeur, nonobstant mon indisposition, car je croyais que mon entreprise était en voie de succès.

Je reverrais le lendemain mes compagnons, et je retrouverais en même temps, non seulement l'amitié et la compagnie de mes compatriotes, mais encore toutes les ressources qui me faisaient absolument défaut aujourd'hui.

Je m'endormis donc en souriant. Combien j'étais loin de penser que je me trouvais à la veille d'une rude épreuve, d'une véritable agonie que j'aurais à supporter pendant vingt journées!

Le 14, je me transportai à la résidence de Bilombo, père de Capôco, et sova du territoire du Houambo. Sa libata est à 3 kilomètres de celle de son fils, sur la rive gauche de la Calaé.

Bilombo m'attendait. Il me reçut entouré de son peuple, superbement vêtu d'une tunique écarlate, la tête gracieusement coiffée d'un képi de chasseur. Je lui offris mes présents : c'étaient trois pièces de calicot ordinaire rayé et deux bouteilles d'eau-de-vie. Il eut l'air d'en être fort satisfait, exprima un vif étonnement à la vue de ma carabine Winchester et me pria d'en faire usage devant lui. Quand il m'eut vu toucher une cible étroite à 200 mètres, il en fut très surpris, et bien plus encore après que j'eus cassé un œuf à cinquante.

Il y eut un temps où ce sova gouvernait tout le Houambo, mais à présent sa puissance est fort diminuée. Du reste je puis conter ici son histoire, courte et assez commune.

Jeunes filles du Houambo.

Il avait épousé une fille du sova du Bihé; mais la dame avait contracté avec un de ses sécoulos des relations criminelles. Pendant quelque temps les coupables avaient réussi à tenir secrètes leurs amours. Cependant un différend survenu entre Bilombo et un roitelet voisin amena la guerre entre eux. Bilombo, ayant pris le commandement de ses troupes, partit en confiant le gouvernement durant son absence à l'amant de sa femme. Ces deux personnages conspirèrent contre lui, et Capoussocousso, c'était le nom du traître, se fit proclamer sova. Bilombo se retira dans la contrée où je l'avais trouvé, par delà la Calaé, où le peuple lui était demeuré fidèle; mais, comme il m'en fit la confidence, il se préparait alors à tirer une vengeance terrible de la femme adultère et de son amant.

En rentrant chez Capôco, je renvoyai les trois guides qui m'avaient accompagné depuis Quingolo, en les chargeant pour Capello et Ivens d'une lettre où j'avertissais mes amis que j'attendais leur arrivée et qu'ils ne devaient point abandonner les bagages, vu que l'état du pays était loin d'être rassurant.

Dans la soirée, j'allai faire une promenade au bord de la Calaé; la quantité de gibier que j'y rencontrai m'étonna beaucoup; en fait, jamais je n'en avais tant vu; cependant je ne tuai rien parce que je ne m'étais pas attendu à une si belle occasion.

Le sova Bilombo m'envoya en présent de la farine de maïs et un grand bœuf; ce cadeau avait d'autant plus de valeur que les bœufs étaient rares dans le pays.

Les porteurs s'occupaient activement de rassembler les provisions de bouche afin de partir le lendemain pour Caconda; quant à moi, j'étais en train d'écrire à mes amis, lorsque trois hommes se présentèrent de la part du sova de Quingolo. Ils me remirent, avec des lettres, un petit sac de riz et un panier de sel.

J'ouvris les lettres en toute hâte. Il y en avait trois, toutes signées de Capello et d'Ivens. Deux étaient officielles, la troisième confidentielle. J'y étais informé qu'ils avaient pris le parti de s'en aller de leur côté. Quant aux quarante porteurs que j'avais envoyés de Quingolo, ils me remettraient, sous la direction du guide Barros, quarante de nos paquets, que je pourrais conduire au Bihé.

Cette façon d'agir, si étrange de la part de mes amis, ne pouvait trouver d'excuse que dans l'imperfection de leurs renseignements sur l'intérieur de l'Afrique, ou mieux dans leur ignorance complète à cet égard. Le pays où je me trouvais était hostile. J'avais été respecté jusqu'alors uniquement parce que les naturels nous considéraient, moi et ma petite bande, comme l'avant-garde d'une troupe considérable que commandaient derrière moi mes amis. Jusqu'ici la rapacité ordinaire aux indigènes avait été contenue par la crainte des représailles. Je me trouvais alors dans la région même où Silva-Porto, le vieux commerçant, habitué à traverser impunément les parties les plus éloignées de l'intérieur, avait été souvent forcé de s'ouvrir les armes à la main un passage à travers des hordes de sauvages acharnés à une proie qu'ils voulaient piller.

Qu'allais-je devenir si le bruit se répandait que je n'avais plus que dix hommes avec moi ?

En considérant ma situation dans sa réalité, elle m'apparaissait pleine de dangers.

Il faut que quelque faux conseiller ait trompé Capello et Ivens, me disais-je ; car il est hors de doute que leur loyauté ne leur aurait pas permis de m'abandonner sciemment dans une position si périlleuse, s'ils l'avaient connue.

Après tout, que me fallait-il faire ? Je pouvais en trois journées atteindre Caconda et retourner ensuite à Benguela. Je ne pouvais pas aller au Bihé en moins d'une vingtaine de jours, pendant lesquels j'aurais, chaque jour et presque à chaque heure, à défendre ma vie et mes bagages. Quel parti prendre ?

Cette nuit du 17 février, je la passai dans un état indescriptible d'agitation fiévreuse.

Devais-je m'obstiner à poursuivre ma route? Avais-je le droit de mettre en danger l'existence de ces dix hommes qui goûtaient un sommeil si tranquille? Et même aurais-je celui de risquer ma propre vie dans une aventure si inconsidérée? Me faudrait-il donc retourner à Benguéla?

Quelqu'un en Europe peut-il se faire une idée juste de la nature presque insurmontable des obstacles qui me jetaient dans cette incertitude poignante? Je ne le crois pas, à moins qu'il n'ait été aussi un voyageur placé dans une situation malheureuse, comme l'était la mienne.

La nuit fut donc terrible; car la fièvre me troublait la cervelle et mes anxiétés augmentaient ma fièvre. L'aurore du 18 me trouva sur pied; il y avait des moments où une pensée se reproduisait dans ma tête et où je l'exprimais presque machinalement:

« *Audaces fortuna juvat* ». Cette vieille maxime des Romains est la loi qui dirige les actes des aventureux.

Ma résolution fut prise. J'irais en avant. Ce n'était pas simplement pour visiter le Nano, quelque intérêt qu'il pût offrir, surtout à nous autres Portugais, que j'étais venu en Afrique.

J'éveillai mes dix hommes. En quelques mots je les mis au fait de la situation précaire où nous nous trouvions et de ma résolution d'aller au Bihé. Ils m'assurèrent de leur dévouement et de leur intention de me rester fidèles jusqu'à la fin.

De ces dix hommes, trois, Vérissimo Gonsalvès, Aogousto et Camoutombo, sont rentrés à Lisbonne après avoir traversé avec moi l'Afrique; quatre, suivant mes ordres, ont accompagné Ivens et Capello à partir du Bihé; un, le nègre Cossousso, perdit la tête au Coanza et fut par moi laissé à l'envoyé de Silva Porto, Domingos Chacahanga, pour qu'il en prît soin; enfin les deux derniers, Manouel et le grand Catraïo, tombèrent à mes pieds, transpercés par les assagaies des Louinas : tenant la parole qu'ils m'avaient donnée dans ce jour mémorable, ils périrent en me défendant, tandis que moi-même je défendais le drapeau portugais.

Mais, à l'époque où se passaient les événements que je raconte, je ne savais pas grand'chose de mes compagnons et je n'avais en vérité pas encore eu l'occasion d'éprouver leur valeur.

Je me trouvais en ce moment l'hôte de Capôco. Jusqu'alors il n'avait eu pour moi que d'excellents procédés; mais ce Capôco était le fameux brigand du Nano, qui, à peine une année auparavant, avait étendu ses pillages jusqu'à Quilenguès, et avait même attaqué la ville. Quelle conduite tiendrait-il en apprenant ma faiblesse ?

C'était de lui, en somme, que dépendait le succès de mon entreprise. Il pouvait avoir alors vingt-quatre ans; sa personne ne manquait pas de charmes, ses façons étaient agréables. Bien des fois déjà, Vérissimo Gonsalvès avait prétendu qu'il ne croyait pas possible que ce fût l'homme dont le nom répandait la terreur, et dont les pas, n'importe où il les dirigeait, étaient marqués par la dévastation et la mort. Au nombre des femmes ses esclaves, Vérissimo comptait plusieurs filles qui, durant l'attaque de l'année précédente, avaient été enlevées de Quilenguès. Même, l'une d'elles, avec laquelle j'avais causé, était la fille du sova, et Capôco exigeait pour sa rançon une somme considérable.

Il avait de l'intelligence, il était modéré dans le boire et le manger, et, bien que possesseur d'un grand nombre de femmes, il n'avait qu'un harem très limité.

Dans la barbarie, dans l'absence de principes où il vivait, il ne manquait pas d'une certaine noblesse de sentiments. Par exemple, j'avais remarqué que la jeune esclave dont j'ai parlé, la fille d'un sova de Quilenguès, belle, même élégante, portait à ses chevilles les anneaux de bois, signe incontestable de sa virginité. Cette situation m'étonnant, je demandai à Capôco pourquoi il ne s'était pas approprié cette esclave. « Je ne le puis pas », me répondit-il ; « elle est mon esclave par le droit de la guerre ; mais, tant que son père se montrera disposé à payer une rançon pour elle, je la dois respecter, et elle le sera, car je veux la rendre dans le même état que je l'ai prise. »

Un matin que Capôco causait avec moi, il me fit cette observation : puisque Benguêla était située à l'ouest, le soleil avant de l'atteindre devait éclairer le Houambo. Je lui répondis qu'il avait pleinement raison. Alors il désira savoir combien de temps le soleil mettait entre son lever sur ce pays et à Lisbonne. J'essayai de lui faire comprendre que la distance était d'une heure et demie, et quel temps il faudrait à un homme pour la parcourir. Il s'en montra fort surpris, car il avait toujours cru, disait-il, que nos pays étaient beaucoup plus éloignés l'un de l'autre.

Les peuples du Nano et du Houambo ont les mêmes coutumes que les habitants de Quilenguès et parlent tous un même langage. Ils travaillent le fer et en font leurs flèches et assagaies, ainsi que leurs haches ; mais non leurs bêches, qu'ils tirent de pays situés au nord.

Comme je l'ai déjà mentionné incidemment, les filles, tant qu'elles sont vierges, portent, aux chevilles des deux jambes ou seulement sur celles de la gauche, certains anneaux de bois. Une famille serait considérée comme coupable d'un vrai crime, si elle laissait ses filles continuer de porter l'insigne distinctif quand elles n'y auraient plus droit.

Une coutume de ces peuples m'a paru curieuse : il existe, dans tous les villages, une espèce de kiosque de la conversation [1].

On dirait une cuve immense. Les pièces de bois qui en supportent le toit de chaume sont assez séparées. Au centre, s'élève la flamme d'un foyer, car les Africains aiment beaucoup le feu. La plupart des habitants de l'endroit vien-

---

[1]. Dans le Ounyamouézi, les villages en ont deux, un pour chaque sexe. Voir *Tour du Monde*, année 1877, t. I, p. 85. — J. B.

nent, chacun à son tour, s'y asseoir sur des blocs de bois, pour causer, surtout quand il pleut. Là on se raconte des épisodes émouvants de chasse ou de guerre; des histoires d'amour, et beaucoup moins qu'en Europe des récits concernant autrui.

Dans le Houambo, commence ce luxe extraordinaire de la coiffure qui ne finit qu'à la côte occidentale. Les hom-

Un kiosque de conversation.

mes se font aussi remarquer que les femmes par les soins qu'ils en prennent. J'y ai vu de ces têtes que les plus habiles coiffeurs de l'Europe auraient de la peine à reproduire. On met souvent deux ou trois jours à élever des édifices si triomphants; mais ils durent plusieurs mois.

Des grains de verre, que le commerce de Benguêla appelle du corail blanc ou rouge, ornent avec profusion la chevelure des femmes. Aussi est-ce un article grandement apprécié; par malheur, je n'en avais pas un.

On recherche également beaucoup la poudre, les armes à feu et le sel; mais j'en manquais aussi, je veux dire que je n'en avais pas assez pour les troquer. Ma position n'en devenait que plus embarrassante.

Enfin j'allai trouver Capôco et lui expliquer que mes compagnons avaient pris par Galangué; je n'allais donc recevoir que cinquante charges, ce qui réduirait à quarante le nombre des hommes qu'il me faudrait pour gagner le Bihé.

Nous procédâmes ensuite au licenciement des quatre-vingts porteurs qui se trouvaient alors assemblés et prêts à partir;

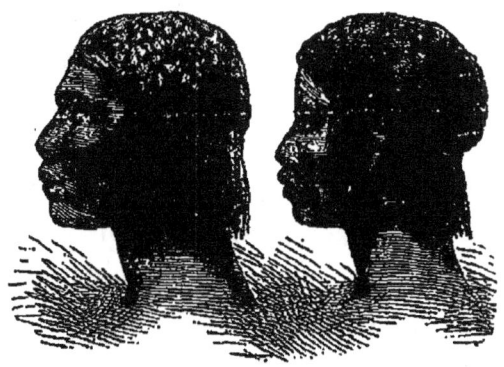

Homme et femme du Houambo.

aussi montrèrent-ils un vif mécontentement. Capôco me promit les quarante hommes dont j'avais besoin jusqu'au Bihé, et, ce jour même, le nègre Barros m'amena mes quarante charges en me donnant une nouvelle lettre, qui confirmait les précédentes.

De plus, elle m'apprenait que mes compagnons étaient partis de Caconda pour le Bihé dans la société de l'ex-chêfé, du sous-lieutenant Castro, et du banni Domingos. A Caconda, ces gens-là m'avaient démontré qu'il était impossible de s'y procurer des hommes; à peine avais-je quitté la place, qu'ils avaient su en trouver.

Il est donc vraisemblable que c'était à eux que je devais la situation critique où je me trouvais à présent. En effet mes compagnons, très peu familiarisés avec l'Afrique en général et particulièrement avec la région où nous étions, ne pouvaient pas se faire une idée des difficultés où leurs procédés me plongeaient ; mais les autres les connaissaient trop bien. Je ne les accuse pas d'un crime ; mais je les crois coupables d'une grave inconséquence.

Je ne leur souhaite aucun mal ; en somme, je n'en veux à personne. Un mois après ce dont je viens de parler, je souffrais encore des suites des périls auxquels j'avais échappé; j'étais alité dans une couche où me retenait, comme avec des griffes de fer, la maladie produite par les vingt journées de cruelle angoisse qui étaient de leur fait, quand je les vis entrer mourants de faim, sans ressource, dans la maison de Silva Porto que j'occupais au Bihé. Alors, oubliant tout le mal qu'ils m'avaient causé, je ne me rappelai même pas que l'un d'eux était privé des droits de citoyen par une condamnation qui le notait d'infamie ; je partageai avec eux le peu de vivres qui me restaient et leur procurai les moyens de retourner avec un bien-être relatif à Caconda. Peut-être n'ai-je pas vu en eux simplement deux blancs, deux Portugais perdus à peu près dans ce district éloigné du Bihé, mais deux hommes qui m'avaient rendu le service de me relever orgueilleusement à mes propres yeux : en m'exposant, durant les vingt mortelles journées que je leur devais, aux nombreux périls où ils m'avaient jeté et dont j'étais venu à bout, ils avaient trempé mon âme pour des entreprises plus grandes. A eux, j'étais redevable de l'accroissement de ma foi en la Providence et en moi-même; partager avec eux le peu que j'avais, c'était donc payer une dette de reconnaissance, quand d'autres n'auraient tiré de leurs infortunes et de leurs souffrances qu'une pensée de vengeance.

Mais n'anticipons pas sur les événements.

Capôco vint me dire que le lendemain je pourrais avoir les quarante porteurs dont j'avais besoin, mais seulement jusqu'au Sambo, parce qu'ils se refusaient à me suivre plus loin à cause de la façon sommaire dont j'avais renvoyé les quatre-vingts qu'on avait embauchés pour aller de Caconda au Bihé. De plus, ils exigeaient une solde beaucoup plus élevée, car, tandis que les premiers étaient convenus par leur voyage de dix pièces de toile, ceux-ci en voulaient huit pour se rendre du Houambo au Sambo. Je consentis à tout, plutôt que de ne point partir.

Le lendemain matin, mes quarante hommes étaient réunis; mais, au moment du départ, ils élevèrent une nouvelle difficulté. A Caconda, lorsque Bandeïra s'était joué de nous, Ivens avait retiré de tous les paquets assortis le calicot blanc parce que les nègres engagés par Bandeïra n'en voulaient pas d'autre. J'avais oublié cette circonstance jusqu'à l'instant où, défaisant deux des paquets assortis, je vis qu'ils ne contenaient pas un morceau d'étoffe blanche. Les hommes embauchés par Capôco me déclarèrent immédiatement qu'ils n'accepteraient absolument que du calicot blanc et qu'avant de l'avoir, ils ne soulèveraient pas un paquet.

Ils ne voulaient pas entendre parler de la toile rayée et se préparaient à m'abandonner, lorsque Capôco survint et réussit, non sans difficulté, à les décider à prendre leur paiement moitié en toile rayée et moitié en toile bleue.

Ils partirent vers dix heures sous la conduite de Barros, mais ils s'en allaient en maugréant. Je devais les suivre une heure plus tard; cependant je fus pris soudain d'une attaque de fièvre si violente que je me vis obligé de retarder mon départ.

Il pleuvait à torrents depuis la soirée précédente et la nuit fut des plus orageuses.

Vers quatre heures de l'après-midi, la fièvre commença à tomber; la pluie venait de cesser. A cinq heures, je me traînai dans la direction d'un bois voisin, mais d'une façon si mal assurée que j'étais forcé de m'appuyer lourdement sur mon bâton.

Comme je voulais être prêt à tout, j'avais dit à mon négrillon Pépéca de m'accompagner et d'emporter une de mes carabines.

J'étais à peine entré dans le bois qu'un buffle énorme se levait à vingt pas de nous, me considérait avec des yeux indécis et lançait un ronflement sonore.

Je saisis l'arme que portait Pépéca ; mais quel ne fut pas mon désespoir en voyant qu'au lieu d'une carabine rayée, il avait apporté un fusil de chasse chargé de plomb ! Je crus que c'en était fait de moi, que j'étais menacé d'une mort inévitable, car cette bête terrible marchait sur moi en grondant sourdement.

Je pensai à Dieu, à ma femme et à ma fille.

La bête s'avançait par bonds irréguliers, comme font ses semblables dans leurs attaques. Elle n'était plus qu'à huit pas lorsqu'elle reçut ma première charge de plomb. Elle s'arrêta la moitié d'une seconde, puis s'élança avec plus de fureur qu'auparavant. Quand je tirai le second coup, le bout de mon fusil touchait presque à sa tête. Immédiatement je fis de côté un saut énorme. Le buffle, sans se détourner, prit une course folle et disparut sous bois. Pépéca riait à s'en rompre les flancs. N'ayant pas l'air de se douter du danger, il battait des mains en criant : « Le taureau s'enfuit ! il s'enfuit ! Comme nous lui avons fait peur ! »

Je retournai de suite chez Capôco et la nuit se passa dans un bien-être relatif. Avant de me coucher, ayant eu besoin d'écrire, je m'étais improvisé une lampe en fichant une mèche dans une vieille boîte à sardines qui contenait du saindoux.

Le matin du 21 février, je fis mes adieux à Capôco et, malgré ma fièvre, je pris la route du pays de Sambo. Avant d'arriver à la Calaé, une note que je reçus du guide Barros m'informa que, durant la nuit, nos porteurs avaient tous pris la fuite laissant leurs charges dans la libata du sécoulo Quimboungo, frère du sova Bilombo.

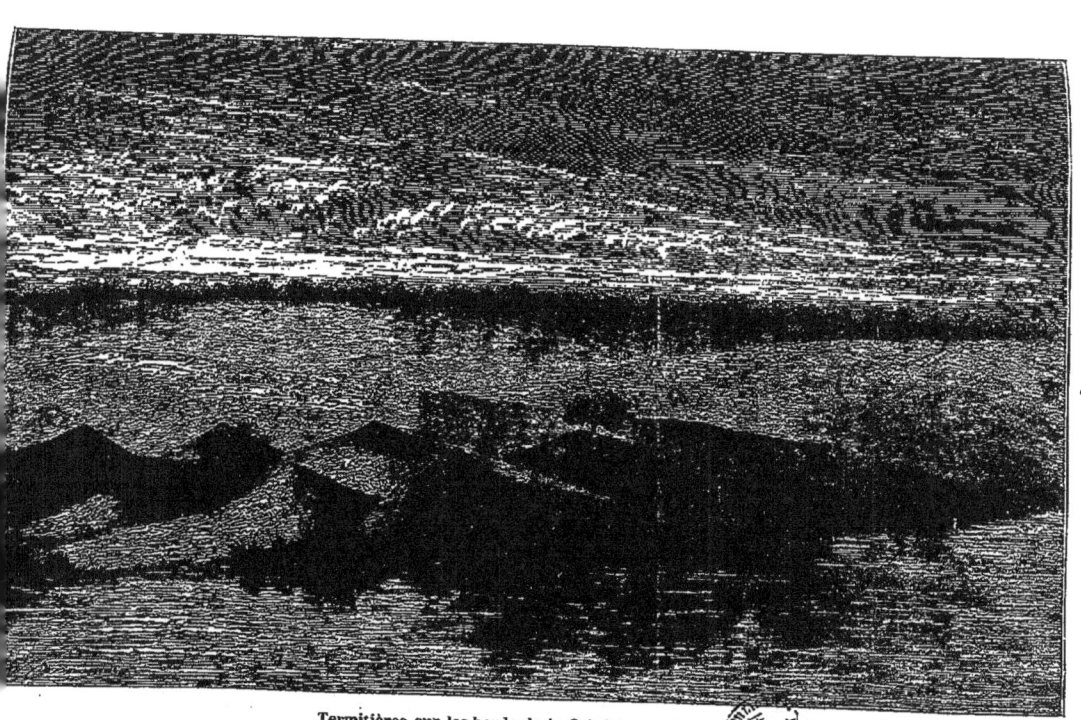

Termitières sur les bords de la Calaó (page 133).

Je revins sur mes pas, demandai à Capôco une entrevue et le mis au fait de ce qui m'arrivait. Il me conseilla d'aller à la libata de son oncle qui sans doute remédierait à tout. Je partis donc, et peu après je passais la Calaé, coulant du nord au sud, vers le Counéné, et ayant, à cet endroit, un courant violent avec une largeur de 30 mètres sur 1 de profondeur.

Les plaines qu'elle arrose sont vastes, légèrement ondulées et couvertes de graminées, parmi lesquelles surgit parfois un dragonnier solitaire. On dirait que le sol y est de formation animale car, en entier, il est couvert d'un véritable monde de fourmis blanches; ou plutôt il le recouvre.

Termitière haute de 4 mètres et couverte de végétation, sur les bords de la Calaé des Ganguélas.

Un pont, grossièrement construit de troncs d'arbres, unit les deux rives. Une centaine de mètres plus haut, la Calaé a reçu un affluent important, la Couçoucé, qui lui apporte une quantité d'eau égale à la sienne. Continuant à marcher vers le N.-E., je passai à dix heures près de la libata du sécoulo Chacaquimbamba. Une foule de gens étaient réunis à l'entrée. Je m'avançai sans qu'ils dissent un mot; mais je n'avais pas fait cinquante mètres lorsqu'une grande rumeur s'éleva de leur côté et Vérissimo accourut en toute hâte m'apprendre que la cause de tout ce tapage était un de nos porteurs.

Je revins en arrière et trouvai le nègre Jamba, auquel était confié le soin de porter ma valise, dans une véritable colère. Les naturels lui avaient dérobé son fusil d'autant plus aisément qu'il n'avait pas voulu laisser tomber la malle où étaient contenus mes chronomètres et d'autres instruments fragiles.

Outre le fusil, ces voleurs avaient emmené dans la libata une chèvre et un mouton que j'avais reçus de Capôco. Je leur fis comprendre qu'ils devaient me restituer ce qu'ils avaient pris, mais je ne reçus d'eux pour réponse que des murmures hostiles.

Ma situation devenait embarrassante, car nous n'étions qu'une dizaine d'hommes contre plus de deux cents.

Néanmoins, obéissant à une impulsion subite et repoussant tous les conseils de la prudence et du sens commun, je pris le parti d'éprouver le courage de cette poignée d'hommes qui étaient destinés à me seconder dans des dangers plus grands sans doute. Marchant donc sur la porte du village, j'armai mon revolver et j'ordonnai à mes gens d'entrer pour reprendre ce qui nous appartenait. Mon nègre de Benguéla, Manouel, jeune gars dont je n'avais fait aucun cas jusqu'alors, se révéla tout à coup un homme. Armant sa carabine, il pénétra d'un saut dans la libata. Aogousto, Vérissimo et le grand Cataïo, toute la troupe en un mot, s'élancèrent sur ses talons, et je restai seul, étudiant mes hommes, m'oubliant et ne pensant pas que je pouvais devenir la victime d'une populace en furie.

Pourtant notre audace l'effrayant, elle recula quand elle vit Vérissimo et Aogousto sortirent triomphants de la place, amenant l'un la chèvre et l'autre le mouton, sous l'escorte de leurs compagnons qui se tenaient prêts à faire feu.

Le fusil nous manquait encore, parce qu'on pouvait plus facilement le cacher que les animaux. Le succès de notre première perquisition nous encourageait à en tenter une seconde plus minutieuse ; mais notre arme échappa à toutes les recherches.

L'indécision des naturels donnait du cœur à mes gens. Ils

brûlaient de se venger, aussi eus-je besoin de toute mon autorité pour les empêcher d'ouvrir le feu sur les indigènes. Je n'y parvins même qu'en leur promettant que Capôco nous ferait rendre promptement une justice complète. Le fait est que je commençais à avoir confiance en cet homme.

Notre aventure nous avait retenus longtemps, en sorte qu'il était plus d'une heure et demie du soir quand nous passâmes la Poen, affluent de la Calaé, dont la largeur est de 5 mètres et la profondeur d'un à peu près ; mais le gué est mauvais parce que le fond est mou et vaseux.

A trois heures, nous entrions dans la libata du sécoulo Quimboungo, frère du sova du Houambo. Nous y rencontrâmes le nègre Barros qui gardait mes fardeaux abandonnés. Quimboungo me reçut fort cordialement et me promit des porteurs jusqu'au Sambo. Lorsqu'il sut ce qui nous était advenu dans la matinée, il me pria de ne pas faire tomber ma colère sur le sécoulo Chacaquimbamba, ajoutant qu'il me ferait rendre mon fusil et m'obtiendrait toute espèce de satisfaction. Vers six heures, survint Capôco. Il m'amenait quelques-uns des porteurs qui avaient rompu leurs engagements, et, de plus, les marchandises remises aux autres en avancement de solde. En outre, le lendemain matin, on me rapporterait mon fusil et on mettrait à ma merci le chef du village pour que je pusse lui infliger tel châtiment qu'il me semblerait bon. Enfin, je n'aurais plus, ajouta-t-il, à redouter la fuite d'un de mes porteurs attendu que son oncle, ou lui-même en personne, m'escorterait jusqu'au Sambo.

J'allai me coucher avec une fièvre brûlante et j'eus une horrible nuit.

Le lendemain, on avait rassemblé quelques porteurs de plus ; mais le nombre n'en était pas encore suffisant.

Capôco était, au point du jour, parti pour le village de Chacaquimbamba ; à midi, il en revenait ramenant le fusil volé et le chef. Je pardonnai à ce dernier, pour lui et ses gens, l'offense qu'ils m'avaient faite. Il se répandit en actions de grâce et, ce qui valait mieux dans la circonstance, il me fit cadeau d'un couple de moutons magnifiques.

Cela fait, Capôco, ce chef si renommé pour sa férocité, la terreur du Nano, mais que j'avais réussi à dominer complètement et dont je n'avais reçu que des services, prit congé de moi, après m'avoir chaudement recommandé à son oncle, et repartit pour sa libata.

Dans la soirée, nous essuyâmes une effroyable tempête. Les éclairs et la foudre d'un orage perpendiculaire étaient mêlés à des torrents de pluie. Ma fièvre en fut augmentée.

Toute la nuit, cette tempête continua, mais la pluie se modéra. Après le lever du jour, le sécoulo Quimboungo vint m'informer que mes porteurs étaient prêts, mais qu'ils entendaient être payés d'avance.

Je m'y refusai positivement. Non seulement j'y étais décidé à cause de l'expérience récente du mauvais résultat de cette pratique, mais parce que Capôco m'avait conseillé de n'y jamais consentir.

De leur côté, les porteurs refusèrent de partir et se dispersèrent. Il est vrai que Quimboungo ordonna à quelques-uns de ses hommes de m'accompagner ; mais leur nombre était si restreint qu'en comptant ceux que m'avait amenés Capôco, il me restait encore vingt-sept charges sans personne pour les prendre. Je fus contraint à les laisser derrière moi, confiées à Barros ; Quimboungo s'engageant à me les adresser le lendemain au Sambo où j'étais résolu à me rendre sans plus tarder.

J'étais en route vers l'est à dix heures du matin. Une heure après, je franchissais la Cagnoungamoua, large de 30 mètres et profonde de 4 à 5 ; elle coule vers le sud et va mêler ses eaux à celles du Counéné.

Un pont récemment construit avec des troncs d'arbres nous permit de passer aisément sur l'autre rive ; mais, arrivés là, les porteurs me signifièrent que, ce jour, ils n'iraient pas plus loin. Ce ne fut qu'avec une grande dépense d'énergie que je leur fis continuer la marche jusqu'à trois heures du soir ; alors nous établîmes notre campement dans une épaisse forêt d'acacias.

Le mauvais temps nous poursuivait encore et la fièvre ne cédait pas au traitement fort irrégulier que je pouvais lui appliquer.

La nuit, un nouvel ouragan, terrible, allant du sud-ouest au nord-est, passa sur nos têtes, avec des éclairs et une pluie torrentielle.

Le lendemain, nous levions le camp à six heures. Deux heures après, nous étions au bord du Counéné que nous passions sur un pont fait, comme tous les autres dans cette partie de l'Afrique, de troncs d'arbres non équarris. En cet endroit, le fleuve coule au sud et a 2 mètres de profondeur sur 20 de largeur. Les rives en sont légèrement ondulées et portent beaucoup de graminées mais peu d'arbres. Cependant il y en avait une double rangée, qu'on aurait pu prendre pour des saules rabougris d'Europe ; elle courait en zigzags à une distance considérable, formant une espèce d'allée où le fleuve coulait rapidement sur son lit de beau sable blanc.

Après avoir déterminé l'altitude de l'endroit, je pris un peu de repos, puis nous repartîmes à midi. A deux heures, nous étions à la libata du sova Doumbo, territoire du Sambo.

Ce sovéta est vassal du sova du Sambo, passe pour fort riche et gouverne une population considérable dans ses domaines. Il me reçut avec beaucoup de courtoisie et m'invita à prendre mes quartiers dans sa libata ; ce que je fis.

Le lendemain, bien que je fusse arrivé, disait-il, dans des conjonctures peu opportunes, beaucoup de ses gens étant absents pour une expédition militaire, je devais avoir des porteurs. Très persuadé que j'allais de suite continuer ma route, je soldai et renvoyai ceux que m'avait fournis Quimboungo.

Peu avant mon arrivée, un riche sécoulo, nommé Cassoma,

était entré chez Doumbo. C'était l'ami de mon hôte; il était venu, de sa résidence située aux bords de la Coubango, pour lui faire une visite. Il m'accablait des expressions les plus affectueuses ; il m'offrait même de venir avec moi jusqu'au Bihé, et pourtant il ne m'inspirait aucune sympathie.

Dans la soirée, je fis parvenir au sovêta trois bouteilles d'eau-de-vie en lui rappelant que je comptais sur les porteurs pour le lendemain matin. Contrairement aux habitudes hospitalières qu'on observe dans ces régions de l'Afrique, le chef ne m'avait rien envoyé à manger, et comme personne ne voulait nous vendre de la farine, moi et mes gens commencions à mourir de faim.

Il était environ huit heures du soir ; je me trouvais l'estomac vide et de fort mauvaise humeur ; j'étais près de me coucher, lorsqu'on frappa à ma porte. Je vis entrer le sovêta Doumbo, le sécoulo Cassoma, et un autre nommé Palanca, ami et conseiller principal de mon hôte, enfin cinq des femmes de celui-ci.

La conversation roulait depuis quelque temps sur mon voyage ; tout à coup, Cassoma la rompit en disant au sovêta : « Nous ne sommes pas venus pour causer. Ce qu'il nous faut, c'est de l'eau-de-vie ; dis-le donc à ce blanc qui nous en a déjà donné. »

Encouragé par l'impudence de ce visiteur, le sovêta me dit que je devrais lui donner pour eux et les femmes un peu de liqueur. Je répliquai que je lui en avais déjà envoyé trois bouteilles, bien qu'il ne m'eût en échange rien fourni à mettre sous ma dent ; c'était la première fois, dans le cours de mes voyages, qu'un chef, après m'avoir offert l'hospitalité, me laissait aller au lit l'estomac vide ; en conséquence il ne recevrait pas de moi une autre goutte d'eau-de-vie. Cassoma releva le gant et se mit à faire tous ses efforts pour irriter le sovêta contre moi. Il s'ensuivit entre eux une contestation qui dura plus d'une heure et où j'eus besoin, pour me

Le major fait feu sur le sovôta Doumbo (page 141).

contenir, de faire appel à tout ce que je pouvais avoir de patience et de prudence.

Pourtant il y a un terme à tout. Lorsque j'eus entendu ces insolents me déclarer que, puisque je ne voulais pas leur donner de bon gré la liqueur, ils allaient la prendre de force, je poussai d'un coup de pied le baril vers eux et, saisissant mon revolver, je l'armai en leur demandant quel était le premier qui allait se servir.

Après un moment d'hésitation, Cassoma cria au sovêta : « Tu es roi, vas, bois le premier. » Doumbo, ôtant alors son vêtement supérieur, le remit à Palanca en disant : « Prends garde que le blanc ne me le vole », puis il s'avança vers le baril.

Je levai mon revolver à la hauteur de sa tête et fis feu. Heureusement Vérissimo Gonsalvès, qui se tenait près de moi, me souleva le bras, de sorte que la balle fut avec fracas s'enfoncer dans la muraille.

Les trois nègres, tremblants de peur, battirent en retraite jusqu'au mur et les cinq femmes poussèrent en chœur des cris horribles.

Je perçus alors du côté de la porte un bruyant éclat de rire et, regardant de ce côté, je vis dans l'ombre deux hommes appuyés sur leurs carabines et riant comme rient les nègres. C'étaient mes fidèles Aogousto et Manouel, qui, au bruit de la discussion, s'étaient approchés et qui, en compagnie des huit autres, gardaient la porte.

Vérissimo fit alors au sovêta et à sa société une confidence. A présent, disait-il, ce qu'ils avaient de mieux à faire, c'était d'aller se coucher sans rien dire de plus ; car, s'ils me mettaient encore hors de moi, personne ne pourrait plus leur sauver la vie.

Trouvant le conseil prudent, ils se mirent à filer dans le plus profond silence.

Si Vérissimo ne m'avait pas relevé le bras, je tuais le chef ; mais, dans la situation où nous étions alors, nous aurions été massacrés. C'est donc lui qui nous sauva tous.

L'excitation causée par une telle colère, accrut l'intensité de ma fièvre, au point que je tombai dans un état de prostration complète sur les peaux amassées dans un coin pour me servir de couche.

Mes fidèles s'étendirent à ma porte, en travers, me disant que je pouvais dormir en paix et qu'ils veilleraient à ma sûreté.

Voilà donc en quatre jours trois occasions où j'ai pensé perdre la vie. D'abord, lors de ma rencontre avec le buffle dans le Houambo; ensuite quand nous avons forcé la libata de Chacaquimbamba; enfin dans l'aventure qui venait de se passer.

Mon sommeil fut tourmenté. Le bruit d'une tempête qui faisait rage au dehors m'éveilla.

Repassant alors dans mon esprit les événements des heures précédentes, je n'y trouvai rien de tranquillisant. Qu'arriverait-il le lendemain matin? Je me trouvais là, avec mes dix hommes, enfermé dans une enceinte fortifiée, d'où il n'était pas aisé de sortir; même, si nous y réussissions, où irais-je chercher des porteurs, à présent que j'étais à couteaux tirés avec le chef?

On peut se faire une idée de l'anxiété avec laquelle j'attendais la première clarté du jour.

Lorsqu'elle parut, la fièvre était un peu tombée; cela me sembla de bon augure. Je fis tous mes préparatifs de départ, puis j'appelai le sovêta devant moi. Il ne se fit pas attendre.

Je lui dis que mon intention était de continuer mon voyage en laissant sous sa garde ce qui m'appartenait jusqu'à ce que je pusse le lui faire reprendre. Du ton le plus humble, il m'engagea à ne pas agir ainsi, car il allait me fournir des porteurs. Quant à ce qui s'était passé la veille, il me fit mille excuses, en rejetant tout le blâme sur ce Cassoma qu'il avait mis hors de chez lui, disait-il. En ceci, il mentait, puisque, peu après, j'entrevis le vaurien.

A dix heures, apparurent les porteurs engagés. D'un coup

d'œil, je vis que ce nom ne pouvait pas être donné à tous, car, dans le groupe, je comptai une demi-douzaine de jeunes filles qui portaient encore l'anneau de bois à leurs chevilles. C'est que ce roi avait un tel désir de me servir, une telle crainte de me retarder, que, n'ayant pas même pris le temps de tirer des hommes des hameaux éloignés, il me donnait non seulement tous ceux dont il pouvait disposer mais encore six jeunes filles, ses esclaves, pour compléter le nombre promis.

Je ne l'en remerciai pas moins de son empressement et lui en exprimai toute ma satisfaction ; j'ajoutai que je n'avais à lui offrir aucun présent digne d'être accepté par lui, mais que j'aurais le plaisir de lui adresser un beau fusil s'il voulait envoyer avec moi un homme en qui il aurait confiance pour le recevoir au Bihé ; par exemple, je serais heureux qu'il choisît pour ce service son confident, le sécoulo Palanca. Il consentit à ma demande et choisit en effet Palanca pour m'accompagner, ce qui me causa une grande joie, bien que je prisse soin de n'en laisser rien voir. Le sovêta Doumbo livrait ainsi entre mes mains un précieux ôtage, qui non seulement serait responsable de ma sécurité, mais aussi de la garde des charges confiées, deux jours auparavant, à Barros. J'informai ce dernier des circonstances par une lettre que je laissai pour lui au Doumbo.

A onze heures du matin, je quittai le village. Je marchais à la tête de ma bande, étrangement composée de mes dix braves de Benguéla, des dix brigands du Sambo et des six vierges esclaves du sovêta Doumbo.

La pluie tombait à seaux ; mais, sans en tenir compte, je me traînais avec persévérance, désireux, on peut bien le croire, de mettre entre moi et l'endroit où j'avais eu une nuit si agitée le plus de kilomètres possible.

Au bout de quatre heures, ayant toujours marché vers le N.-E., je dressai mon camp près du village de Bouroundoa, complètement trempé et tout frissonnant de froid et de fièvre.

Je refusai l'hospitalité que m'offrait le chef de l'endroit. Non seulement j'étais encore sous une trop fraîche impression des événements de la veille, mais aussi je commençais à apprécier la sagesse d'un conseil que m'avait donné Stanley, et je me promettais bien de ne plus, en Afrique, passer la nuit sous le toit des indigènes.

Beaucoup de jeunes filles vinrent à mon camp offrir en vente de la capata, du maïs, en épis et en farine, ainsi que

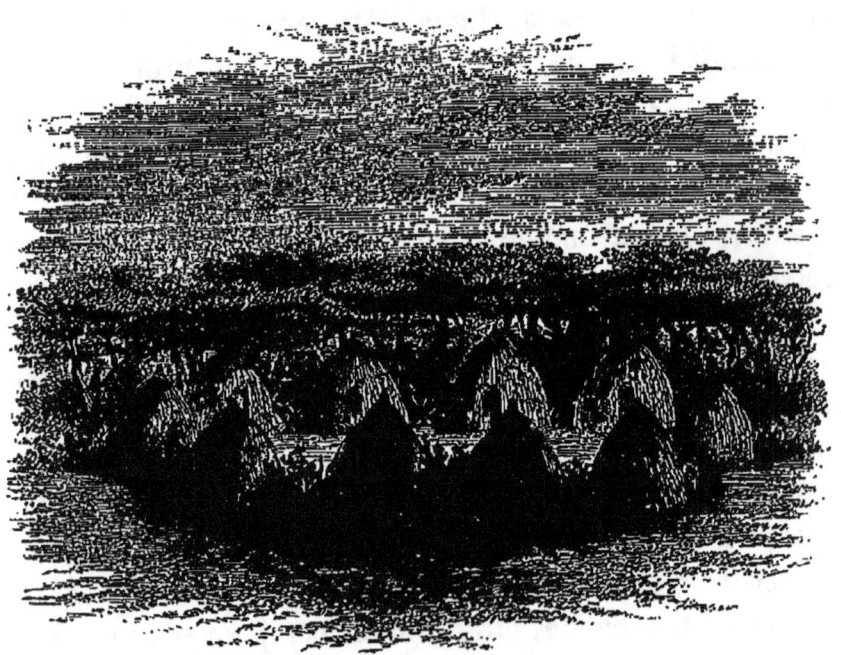

Mon campement près du village de Bouroundoa.

de magnifiques pommes de terre qui ne le cédaient en rien à celles d'Europe.

La pluie continuait; elle était moins abondante, mais persistante, et je commençais à me trouver fort mal.

Auprès du camp coulait un ruisseau dont les eaux rejoignaient un autre, affluent de la Coubango, où il tombait un peu plus loin, vers l'ouest.

La pluie ne cessa pas de tomber toute la nuit, augmentant

de violence entre quatre et cinq heures du matin, où elle s'arrêta enfin.

Cette région produit en abondance d'excellent tabac et l'on m'en a vendu une grande quantité pour fort peu de chose. Je crois qu'on y voit des nègres qui fument, mais certainement tous prisent le tabac. Ils le préparent d'une façon très primitive, en rôtissant la feuille devant un feu doux et en l'écrasant ensuite, dans le tube même qui leur sert de tabatière, à l'aide d'un petit pilon de bois que rattache à la boîte une fine courroie.

Le matin suivant, je partis à 7 heures 40, allant au N.-E. à travers une contrée bien cultivée et très peuplée.

A 8 heures 30, nous passions près du grand bourg de Vanéno; à 10, nous faisions une courte halte près du village de Moénacouchimba, d'où nous repartions au bout d'une demi-heure marchant toujours vers le N.-E. A 11 heures, nous arrivions au hameau de Chacapombo, endroit très populeux; à 11 heures 30, nous nous arrêtions encore auprès de Quiaïa, le plus important de tous les villages environnants.

Le chef de celui-ci vint me saluer et me faire présent d'un gros porc. Je lui en rendis la valeur en cotonnade rayée, ce qui lui causa tant de plaisir qu'il m'envoya bientôt pour mes gens une provision de calebasses pleines de capata.

Avançant toujours dans la même direction, nous campâmes au bout de deux heures dans un bois près du hameau du Gongo. De lourdes averses avaient rendu très fatigante la dernière partie de cette journée de marche; il s'y était joint un vent piquant et froid qui soufflait du S.-O.

Dans la soirée, je reçus un message envoyé par le grand sova du Sambo, dont la ville était, me dit-on, située vers le nord-ouest, à la distance d'une quinzaine de kilomètres. Il essayait d'obtenir de moi quelque présent et m'informait que, si je pouvais me détourner vers sa résidence royale, je recevrais un bœuf en échange. Je remerciai le messager de la bienveillance de son chef et lui promis un cadeau pour le lendemain ; j'avais peur en effet que, sur mon refus, il n'eût décidé mes porteurs à me délaisser, ce qu'il aurait obtenu d'autant plus aisément que déjà ces gens avaient montré des symptômes de mutinerie qui n'avaient été apaisés que par le déploiement de toute l'éloquence dont était doué Vérissimo.

Un sécoulo nommé Capouço, qui gouvernait le hameau voisin, me fit l'amitié de m'envoyer trois de ses femmes, toutes fort laides, avec ses compliments, une poule et trois calebasses de capata. En retour je lui adressai six coudées de toile rayée et je donnai quelques verroteries aux femmes. Vers la nuit, survinrent d'autres visiteuses, offrant de la farine, du maïs et du manioc en vente. Elles étaient toutes attifées des coiffures les plus extravagantes ; leur chevelure était entrelacée de colliers de perles blanches et reluisait d'une profusion d'huile de ricin, ce qui paraissait un article favori de leur toilette.

Femme du Sambo.

Les hommes que m'avait procurés le sovêta Doumbo étaient un ramassis des gredins les moins disciplinés. Leurs querelles avec les porteurs de Benguêla étaient incessantes, si bien que, la nuit, il ne régnait de tranquillité, dans notre campement, qu'à la hutte où dormaient les six vierges négresses, mes gentilles porteuses.

Cette nuit-là fut marquée par une tempête de vent et de pluie. Au jour, Capouço vint me remercier de l'étoffe que je lui avais fait remettre, et, pour compenser la laideur des trois femmes qu'il m'avait adressées la veille, il m'amena un beau pourceau et une poule grasse.

Puis se présenta l'envoyé du sova pour recevoir le présent que je lui avais promis ; mais, considérant que j'avais à reconnaître seulement l'intention de me donner un bœuf, pourvu que je consentisse à faire quinze kilomètres hors de ma route, je me bornai à lui en remettre un qui ne me coûtait guère.

A 8 heures du matin, je décampai; à 9, je passais devant les hameaux de Chacaôgna, qu'habite la première population, dans l'Afrique occidentale, de la race Ganguéla.

Nous avions passé le ruisseau Bomba et venions de faire près de deux kilomètres sur sa rive gauche, quand tout d'un coup les porteurs déposèrent leurs fardeaux en déclarant qu'ils ne feraient pas un pas de plus et qu'ils entendaient être

Femmes ganguélas, sur les bords de la Coubango.

payés afin de retourner chez eux. Nous étions alors à deux kilomètres de la Coubango et, comme je désirais vivement la traverser, je tâchai de leur persuader d'accomplir au moins cette courte marche, m'engageant à les payer et à les renvoyer aussitôt que nous serions sur l'autre bord.

Toutes mes instances furent inutiles. Ils avaient peur que je ne prisse sur eux vengeance de l'insulte grossière que m'avait faite le sovêta Doumbo. Ils étaient convaincus que je ne les épargnerais point une fois que je les tiendrais sur l'autre rive de la Coubango, c'est-à-dire hors de leur territoire.

Je fis mes efforts pour leur persuader que leur crainte était une absurdité; ce fut en vain. Alors je refusai de les payer s'ils ne passaient point la rivière. Ils répliquèrent qu'ils préféraient à me suivre ne rien recevoir du tout et se mirent à appeler nos six vierges et à leur ordonner de s'en aller avec eux.

J'étais à bout d'arguments : je redoutais en outre le voisinage du hameau de ce bandit de Cassoma, et je me figurais voir, dans toute cette affaire, un coup monté pour me remettre en la puissance d'un brigand qui avait pris l'avance sur moi.

Tout paquet abandonné ici était perdu. Ayant cette conviction, je ne pouvais regarder qu'avec la plus vive anxiété la désertion des porteurs.

Dans cette perplexité, je regardais les ballots. Tout à coup je tressaillis de joie. Sur l'un d'eux, était assis un homme grand et maigre, à la figure impassible et tenant un long fusil couché sur ses genoux. C'était le sécoulo Palanca, dont j'avais à peu près oublié l'existence. Sauter sur lui, le renverser, ce fut l'affaire d'un instant; puis, appelant mes hommes, je leur ordonnai de lui lier les pieds et les mains, commandant à haute voix à Manouel et à Aogousto de le pendre à la branche d'un acacia, qui paraissait disposée tout exprès pour l'opération.

Lorsque, la corde passée à son col, Palanca comprit que mes ordres s'exécutaient, il s'écria tremblant d'épouvante: « Ne me tue pas, ne me tue pas ! Les porteurs passeront la Coubango. » En même temps, il poussa un vigoureux appel qui ramena ses gens en arrière, car ils étaient déjà assez éloignés.

Palanca leur commanda de reprendre leurs charges et de marcher en avant, ce qu'ils firent.

J'ordonnai qu'on lui déliât les pieds, en même temps que je le menaçai de lui brûler la cervelle au moindre symptôme de rébellion que manifesteraient ses porteurs. Une demi-

Le major désarme Palander.

heure après, nous avions franchi la Coubango sur un pont bien bâti et nous campions sur la rive gauche près des hameaux de Chindonga.

Entre la rivière et mon camp, j'avais vu quelques gisements d'où les naturels extraient abondamment le minerai de fer.

Enfin je me trouvais dans le pays de Moma, hors de ces

Pont de Cassagna sur la rivière Coubango.

Nano, Houambo et Sambo, dont je me souviendrai longtemps.

Ici, la Coubango coule au S.-S.-E. et a 34 mètres de large sur 2 ou 4 de profondeur. Je pris quelques observations pour déterminer l'altitude et la position de l'endroit. Malheureusement un tourbillon de vent et de pluie, accouru du N.-N.-E., me força de me réfugier en toute hâte dans ma hutte.

En payant et en relevant de leur engagement les porteurs

du Sambo, je leur distribuai suivant les conventions deux coudées de toile rayée, par tête.

Puis, ayant fait venir les six jeunes filles, je leur dis que je n'avais rien à leur remettre puisque les femmes sont obligées de travailler sans salaire. Elles se retiraient fort penaudes, mais en trouvant tout naturel mon procédé, tant la position des femmes est dégradée dans cette partie du monde.

Déjà elles allaient partir et tournaient leurs têtes vers le Sambo, quand je leur fis dire de revenir; alors je donnai à chacune d'elles en présent, quatre coudées de la perse la plus éclatante que j'eusse et plusieurs files de perles de différentes couleurs.

La joie de ces pauvres êtres en recevant un cadeau d'une telle splendeur ne peut pas se décrire. Les hommes les regardaient d'un œil envieux. Saisissant l'occasion, je leur dis que, s'ils ne s'étaient pas mutinés sur l'autre rive de la Coubango, ils auraient reçu une récompense pareille.

Ce fut là ma vengeance et l'utile leçon que je leur donnai.

Durant la soirée, un sécoulo du pays de Chindonga vint me faire visite et m'amener pour cadeau un porc.

Il y ajouta la promesse de me fournir le lendemain matin des porteurs, au prix d'une coudée de toile rayée par jour, mais en m'avertissant qu'ils n'iraient que jusqu'au pays de Caquingué, où j'en trouverais aisément d'autres pour le Bihé.

La fièvre avait fini par céder aux formidables doses de quinine que j'avais absorbées; mais la pluie, qui m'avait trempé trois journées de suite, me faisait sentir les premières atteintes d'un rhumatisme qui, plus d'une fois, a menacé de terminer subitement mon voyage.

La nuit fut orageuse et le lendemain humide.

Le sécoulo m'amena les porteurs de bon matin; mais j'étais décidé à me donner quelques heures de repos et je remis les porteurs au jour suivant. C'est alors que le chef m'apprit que, la veille de mon arrivée, mes compagnons, venant du sud, avaient traversé son territoire.

On continuait, tout en le laissant libre, à surveiller le sécoulo Palanca du Sambo. Il avait trouvé juste et raisonnable un avis que j'avais envoyé la veille au sovêta Doumbo pour l'informer que la tête de son ami répondait de la sécurité des paquets que j'avais laissés à la garde de Barros. C'était la loi du pays.

Peut-être quelques-uns de mes lecteurs blâmeront ce procédé, ainsi que d'autres que j'exposerai en toute franchise

Le sécoulo de Chindonga.

dans le cours de mon récit; mais je prierai mes censeurs de vouloir bien un instant prendre en considération la position où je me trouvais: escorté simplement par une dizaine d'hommes, sur une terre où tout m'était hostile, y compris le climat et les habitants. Sans doute je ne pose pas en principe que la fin justifie les moyens; mais je ne suis pas d'humeur à pratiquer cette vertu qui consiste à tendre la joue gauche quand la droite vient d'être souffletée. Loin des freins du monde civilisé, hors de ces deux cercles de fer, le code pénal et les conventions sociales, où il vous tient rivé et qui, tout étroits qu'ils sont, laissent pourtant trop de facilités encore au crime et à l'infamie, l'explorateur africain, cerné qu'il est par des races de sauvages, dont les règles de conduite diffèrent essentiellement des siennes, n'ayant que Dieu pour témoin et que sa conscience pour juge, a besoin d'une force plus qu'ordinaire pour conserver sa dignité morale et l'honorabilité de ses décisions, tandis que les passions se livrent une lutte effrénée dans son for intérieur. Quant à moi, je l'avouerai avec candeur, toutes les ovations dont m'a comblé le monde civilisé pour avoir réussi à surmonter les obstacles matériels opposés à mon voyage, je les aurais bien plus méritées pour les victoires que j'ai remportées dans les combats terribles que j'ai eu à soutenir contre moi-même.

Dompter ses passions, vaincre les habitudes morales et physiques qu'il s'est formées pendant la vie civilisée, voilà les plus grandes batailles où se trouve engagé l'explorateur. Celui qui peut en venir à bout, accomplira la mission qu'il s'est donnée.

Je ne manquais pas d'inquiétude à ce sujet au début de mon voyage. J'ai eu à lutter énergiquement, en silence; mais, j'en suis sorti toujours victorieux. Ma nature indomptée a dû céder à une volonté inébranlable et, comme le temps me manquait pour me tracer par écrit une règle de conduite, j'en ai pris une que j'ai adoptée à mon usage; c'étaient les principes de la loi naturelle : le Décalogue a résumé pour moi d'une façon excellente et courte ceux que je devais pratiquer.

Qu'on n'aille pas s'imaginer que j'élève aucune prétention à me faire canoniser, ni même à avoir rigoureusement observé tous les ordres que contient le vingtième chapitre du sublime livre de l'*Exode*, certainement le plus beau du Pentateuque; mais je me suis efforcé de mon mieux à ne pas m'en trop éloigner et j'ai eu raison d'agir ainsi.

J'arrête cette digression. Inutile à mon récit, elle peut servir aux explorateurs à venir, si ce ne sont pas des missionnaires, car à ceux-ci Dieu me défend de parler de sujets qui rentrent dans leur compétence.

Il est vrai que j'en ai rencontré en Afrique plusieurs qui m'ont remis en mémoire un vieux dicton : « Chez le forgeron, la broche est de bois. »

Revenons à ma narration.

Cette journée-là, une foule de négresses vint nous offrir à acheter divers vivres de l'espèce ordinaire ; mais parmi eux se trouvait un comestible fort singulier.

On nous apporta une grande corbeille remplie de chenilles très semblables, de toutes façons, à celles de l'*acherontia atropos*. A l'état de larve, ce lépidoptère gigantesque se nourrit de graminées et se laisse prendre aisément. Les Ganguélas s'en montrent très friands ; mais nos hommes ne voulurent pas y toucher.

Le lendemain matin, au lever de l'aurore, un grand nombre de porteurs se présentèrent en supplément ; mais, comme j'en avais assez, je les remerciai.

Le départ eut lieu à dix heures. La pluie venait de cesser ; mais j'avais brisé les lunettes dont je me servais depuis Lisbonne. Nous allâmes toujours au N.-E. Une étape de cinq heures nous conduisit sur la gauche de la rivière Coutato das Ganguélas, que nous avions franchie sur des dalles un peu au-dessus d'une petite cataracte. Nous y dressâmes nos tentes.

Chemin faisant, nous avions passé à gué un ruisseau nommé Chimbouicoqué, affluent de la Coutato.

En ces parages, la rivière court à l'E., puis elle tourne au N. et enfin à l'E.-S., formant ainsi un *S* gigantesque, qui n'est qu'une série de rapides, où l'eau se précipite avec fracas par dessus les roches granitiques dont son lit est formé.

A l'endroit des dalles qui font un pont naturel, elle est large de 80 mètres; en aval et en amont, elle n'en compte guère que 27, sur 4 ou 5 de profondeur. Les indigènes disent qu'à quinze journées de marche vers le sud, elle tombe dans la Coubango.

La rive droite est occupée par les cultures des habitants de Moma. Elles occupent un espace que j'ai estimé à plus de mille hectares. Ce sont les plus vastes que j'aie jamais rencontrées en Afrique. Les récoltes consistent surtout en maïs, fèves et pommes de terre; mais les champs de maïs sont les plus nombreux. Avant d'arriver à ces cultures, je traversai une forêt d'acacias énormes et d'une beauté surprenante. L'aspect des rives de la Coutato est des plus singuliers. Au point où se termine le granit du lit de la rivière, commence un sol de formation termitique, ondulé en milliers de monticules, dont les uns sont cultivés et les autres couverts de végétation sylvestre. Étant joints l'un à l'autre, ils ont l'air de former un système de chaînes de montagnes en miniature, un système orographique artificiel, fort étrange et digne d'être examiné. Je fixai la position du grand village de Moma à 3 kilomètres de distance O.-S.-O. et, après avoir déterminé l'altitude de la rivière en cet endroit, je regagnai ma tente, trempé par une pluie incessante et secoué par un nouvel accès de fièvre.

Les douleurs rhumatismales étaient toujours menaçantes. Pendant la nuit, il plut à flots et, comme cela m'arrivait tous les jours, je me couchai dans l'humidité, parce que, à cette époque de l'année, les herbes dont on couvrait ma hutte improvisée n'ayant pas plus de 50 centimètres de long ne sont pas suffisantes pour empêcher que l'eau ne s'introduise à l'intérieur.

La pluie dura jusqu'au lendemain à midi. Mon pouls excité par la fièvre battait alors 144 coups par minute; néanmoins je me remis en route, deux heures plus tard.

Je me traînais à pied, car il m'était impossible de me tenir sur le dos de mon bœuf; au bout d'une heure de marche, mes jambes ne pouvaient plus me supporter. On campa donc, et je fus entouré de soins et de sollicitude, non seulement par mes nègres, mais aussi par les porteurs ganguélas.

L'endroit où nous nous trouvions, était voisin des hameaux d'une tribu appelée Lamoupas, parce qu'elle demeure près des cataractes qui, dans l'idiome du pays, se disent *moupas*.

Les habitants y sont nombreux et les cultures étendues. C'est une population agricole par goût.

Chemin faisant, je rencontrai plusieurs tombes de sécoulos;

Tombe de sécoulos.

elles étaient recouvertes d'argile et ressemblaient par la forme à quelques-unes de celles qu'on voit en Europe. Une espèce de hangar ouvert, à toit de chaume, les protège contre la pluie, et toujours un grand arbre les défend des ardeurs du soleil.

Sur la plupart, on voit des tessons de pots et de marmites qui y ont été déposés par les parents du défunt, de même que nous plaçons de tendres souvenirs et des immortelles sur les tombeaux de ceux que nous aimions.

Vers la nuit, la pluie s'apaisa; le lendemain, le temps était nuageux et chaud. Ma fièvre avait bien diminué, mais les douleurs rhumatismales devenaient de moins en moins supportables. Cependant j'avançais toujours et, une demi-heure après avoir quitté le campement, je passais devant le grand village de Casséquéra.

Un petit ruisseau qui coulait de l'autre côté étant franchi, je me trouvai devant des clairières considérables; elles étaient couvertes de graminées qui éveillèrent mon attention par la grandeur de leurs tiges et par leur état de maturité à une époque de l'année où ordinairement les plantes de cette famille commencent à peine à se développer.

En cet endroit, mon négrillon Pépéca fut frappé par une attaque de fièvre si subite et si violente qu'il tomba privé de sentiment. Je fis faire halte et courir au village de Casséquéra un messager pour me louer un homme qui se chargerait de porter le pauvre garçon sur ses épaules. A midi, je passai près de la libata du capitaine du Quingué, le principal village du pays de Caquingué. Je m'établis dans la maison de Joaon Albino, métis de Benguêla et fils d'un vieux négociant portugais, Louiz Albino, qui avait été tué par un buffle dans les forêts du Zambési.

Joaon Albino demeure dans la libata de Camégna, fils du capitaine du Quingué.

Camégna était alors absent, parce qu'il avait dû s'aller mettre à la tête des troupes du sova de Caquingué, qui était en guerre avec de certains sovétas de la Coubango.

Le temps se remettait au beau et la fièvre me quittait; mais je n'étais pas débarrassé de mon rhumatisme qui continuait à me menacer.

Je dois noter que la nuit se passa sans pluie et que le soleil se leva dans un ciel sans nuage.

J'allai faire une visite au vieux capitaine du Quingué en emportant, pour la lui offrir, une pièce de toile de lin. Il me fit présent d'un bœuf qu'on tua immédiatement attendu que, depuis longtemps, nous n'avions eu à manger que de la viande de porc. Ce capitaine était un vieillard malade. Il m'entretint longtemps de mon voyage et des motifs qui me l'avaient fait entreprendre, mais sans pouvoir se faire une idée nette du but que je me proposais.

Au moment que je le quittais, il dit : « Je vois à présent ce que tu fais ; tu es un sécoulo du Moénépouto qui t'a envoyé pour visiter ces pays et en étudier les routes ; car il sait que beaucoup des choses qui s'y passent ne sont pas bonnes, et le Moénépouto désire y mettre un terme. Je t'en prie, quand il le fera, n'oublie pas que je t'ai donné un bœuf et traité comme mon propre frère ; je n'ai plus longtemps à vivre ; mais, dans ce cas, souviens-toi de mes fils pour qu'on ne leur fasse aucun tort. »

Les paroles de ce vieillard me touchèrent. Ses sécoulos m'accompagnèrent avec respect jusqu'à la libata de son fils, chez qui je logeais, et généralement ils m'apportèrent dans la journée quelques présents, par exemple une poule ou deux, des œufs et des cannes à sucre. Dans la libata du capitaine, j'en avais vu une petite plantation dont l'aspect était encore plus florissant que sur le bord de la mer, où cependant cette graminée atteint des proportions colossales.

Je note cette observation, parce que, jusqu'à ce moment, j'avais cru qu'à une altitude aussi considérable que celle de 1,700 mètres la canne à sucre ne pouvait point prospérer.

A mon retour à la libata, je trouvai Francisco Gonçalès, surnommé Cariqué, le frère de Vérissimo. A la nouvelle de mon arrivée, il était accouru me faire une visite.

Cariqué était, comme Vérissimo, le fils du négociant Guillermé, qui l'avait eu d'une autre femme ; et, du côté de sa mère, il doit hériter du trône de Caquingué.

Il vit près du sova, son oncle, et a épousé une fille du futur sova du Bihé.

Élevé à Benguéla, il possède quelque instruction et ne

manque pas d'intelligence. Il m'avait amené plusieurs nègres, jadis esclaves de son père et qui s'offrirent de suite à m'accompagner dans les pays situés à l'E. du Bihé.

Ainsi, avant même d'avoir atteint ce but désiré, je me trouvais avoir à ma disposition des porteurs.

Cariqué, Albino, le fils du capitaine et d'autres, qui font le commerce avec l'intérieur, partent du Bihé pour le Moucousso et le Soulatébêlé, descendant le long de la Coubango jusqu'au Ngami, toujours sur la rive droite ; ils font aussi des affaires avec le Couagnama, pays situé à l'E. du Houmbé, à la gauche du Counéné.

Leur commerce consiste principalement en esclaves, qu'on échange en route contre des bœufs ; à leur tour ceux-ci, joints à des balles de marchandises, sont troqués pour de la cire et de l'ivoire.

Je me décidai à demeurer ici tout un jour, non seulement pour prendre un long repos et sécher mes effets mouillés, mais encore pour obtenir quelque information sur cette région, où les mœurs sont fort différentes de celles des tribus que j'avais rencontrées jusqu'alors. Cariqué et Joaon Albino me tinrent compagnie le soir et me donnèrent des renseignements copieux sur le pays et la population. J'en transcrirai ici la partie la plus notable, d'après mon journal.

Le canton de Caquingué est borné au nord par le Bihé, à l'ouest par le pays de Moma, à l'est et au sud par les tribus confédérées des Ganguélas. Cette race occupe dans cette portion de l'Afrique un vaste territoire et se divise en quatre groupes principaux, susceptibles eux-mêmes d'être subdivisés. Elle a partout une langue et des coutumes identiques, mais l'organisation politique y présente des différences. Dans le Caquingué, les Ganguélas prennent le nom de Gonzêlos, sont constitués en royaume et n'admettent qu'un seul chef.

Dans leurs autres divisions, ils composent ces confédérations, très fréquentes en Afrique, où chaque centre de population est gouverné par un chef indépendant. Ceux qui habitent au S-.E. du Caquingué s'appellent les Gnembas ; au sud, ce sont les Matacas ; et, à l'est du Bihé, les Boundas. Par la suite, j'aurai l'occasion de parler assez longuement de ces derniers. Les Gonzèlos, ou Ganguélas du Caquingué, cultivent la terre et font le commerce. De tous les peuples du sud de l'Afrique centrale, ce sont eux qui se rapprochent le plus des Bihénos pour les entreprises du négoce.

Dans leur pays, ils s'occupent beaucoup de travailler le

Forgerons du Caquingué.

fer, et cette branche d'industrie établit entre eux et les autres tribus des relations commerciales très actives.

Ils n'ont pas la plus légère idée d'une religion quelle qu'elle soit. Leur foi dans leurs fétiches est grande ; mais ils ne s'imaginent pas qu'il puisse exister un être suprême qui dirige toutes choses.

Pendant les mois les plus froids, c'est-à-dire juin et juillet, les forgerons gonzélos abandonnent leurs libatas pour établir de vastes campements au voisinage des gisements de fer qui sont nombreux dans la région.

Pour extraire le minerai, ils creusent des trous circulaires ou puits dont le diamètre a 3 ou 4 mètres sur 2 au plus en profondeur, certainement parce qu'ils manquent de moyens mécaniques pour élever davantage la substance métallifère avec facilité. J'ai pu examiner aux environs de la Coubango beaucoup de puits pareils.

Aussitôt que la quantité extraite de minerai leur semble suffire au travail de l'année, ils commencent à séparer le fer. Ils y parviennent en établissant des trous peu profonds, où ils mêlent le minerai au charbon de bois et où la température est élevée au moyen de soufflets primitifs. Ceux-ci consistent en deux cylindres de bois dont le diamètre est à peu près de trente centimètres, et ayant un trou profond de dix, que recouvrent deux peaux de chèvre tannées, auxquelles sont fixés deux manches longs de cinquante centimètres sur un de diamètre. Le mouvement rapide imprimé aux peaux en s'aidant de ces manches produit un courant d'air qui tombe sur le charbon par deux tubes creux en bois, attachés aux cylindres et munis d'une embouchure d'argile.

Objets manufacturés.
1. Soufflet. — 2. Embouchure d'argile. — 3. Enclume. — 4. Marteau.

Un travail incessant, continué jour et nuit, transforme la quantité entière du métal, par les procédés ordinaires, en bêches, haches, hachettes de guerre, fers de flèches, assagaies, clous, couteaux, balles de fusil et même, de temps à autre, en armes à feu, dont le fer est trempé avec de la graisse de bœuf et du sel. J'ai vu bon nombre de ces fusils porter aussi loin que les meilleurs canons faits d'acier fondu.

Pendant toute la durée de ces travaux, on n'admet aux environs du camp des forgerons aucune femme, sous aucun prétexte, par peur, disent-ils, que tout leur métal ne soit gâté.

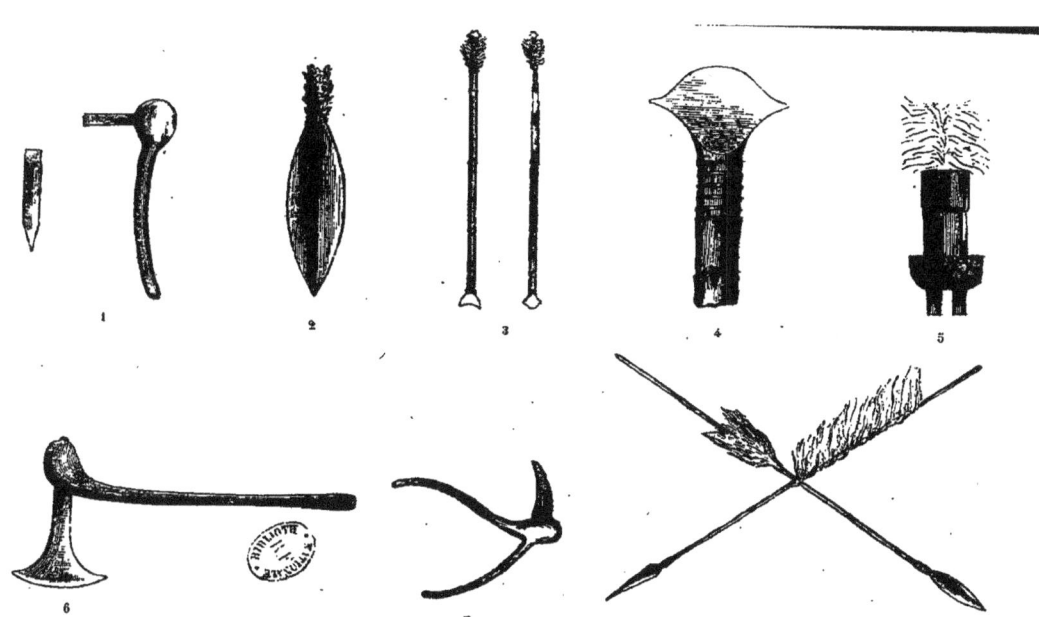

Articles forgés par les naturels entre l'Atlantique et le Bihé.
1. Hache de travail. — 2. Tête de flèche pour la guerre. — 3. Flèches. — 4. Tête de flèche pour la chasse. — 5. Gros bouts de flèche. 6. Hache de guerre. — 7. Houe. — 8. Assagaies.

Quant à moi, je crois que cette prohibition rigoureuse a pour objet d'empêcher les hommes d'être distraits dans leur ouvrage, qui, ainsi que je l'ai dit, se fait nuit et jour sans interruption.

Dès que le métal a été converti en articles de commerce, les forgerons retournent chez eux chargés des outils et des armes qu'ils ont fabriqués. Ils réservent d'abord ce dont ils ont besoin et disposent peu à peu du reste sur le marché.

Aucune de ces populations n'admet que la maladie ou la mort puisse avoir des causes naturelles[1]. Si quelqu'un tombe malade ou meurt, cela vient ou des âmes de l'autre monde, dont l'une est spécialement désignée, ou d'un être vivant qui, pour parvenir à ses fins, a employé un sortilège. A la mort d'un indigène, on se hâte de convoquer immédiatement ses parents, s'il n'y en a pas sur les lieux, et, en les attendant, on suspend le cadavre à un grand poteau, planté à la distance de deux à trois cents mètres de l'entrée du village, jusqu'à leur arrivée pour l'inhumation.

Lorsque les parents se sont rassemblés, on a recours à la divination pour savoir quelle est la cause de la mort du défunt. En conséquence, on attache le cadavre à une longue perche, dont un homme prend chacun des bouts et qu'on porte à l'endroit désigné pour l'épreuve ; là, se tient le devin, entouré du peuple qui reste debout sur deux rangs.

Le devin prend alors, de la main droite, un morceau de corail blanc et commence ses opérations.

Après une quantité de mômeries et de cris discordants, pendant lesquels le cadavre est déplacé de côté ou d'autre, sans que l'assistance admette que cela s'opère à l'aide d'une médiation humaine, le devin déclare que la mort a été causée par l'âme d'une personne mâle ou femelle, ou bien il affirme que c'est par sortilège que tel ou tel être vivant, dont il donne le nom, a tué le défunt.

---

1. Cette superstition existe en Afrique, au moins depuis le Sénégal jusqu'à l'Orange. — J. B.

Dans la première hypothèse, on creuse une tombe en un bois voisin, n'importe où ; on y enterre le corps sans plus s'en inquiéter, et on entasse par-dessus des pierres, du bois et de la terre. Mais, dans l'autre cas, la personne désignée comme sorcier par le devin est saisie et doit payer, de sa vie ou d'une indemnité offerte au plus proche parent, la valeur de l'existence qu'on l'accuse d'avoir terminée. Ensuite on remet au chef en fonction un rapport de ce qui s'est passé, avec une chèvre pour émolument de la part qu'il a prise au procès.

Heureusement l'accusé a le droit de nier le crime qu'on lui impute et de présenter une défense. Dans ce dessein, il choisit, en guise d'avocat, l'homme à médecine. Celui-ci, en présence du peuple, procède à la préparation des preuves qui doivent établir la culpabilité ou l'innocence de l'accusé. Il compose, sous les yeux de la famille, un breuvage empoisonné que prennent en quantités égales l'accusé et le plus proche parent du défunt. Cette boisson leur produit une folie temporaire ; celui qui en ressent le plus les accès est considéré comme le coupable et condamné à mort [1].

Si la condamnation frappe l'accusé, celui-ci, comme nous l'avons dit, paye de sa vie ou d'une compensation celle du défunt ; si, au contraire, elle atteint le parent, ce dernier doit indemniser l'accusé en lui remettant de suite un porc comme paiement de la peine qu'il s'est donnée en allant chercher l'homme à médecine et, subséquemment, tout ce que l'accusé exigera de lui ; par exemple, une couple de bœufs, deux esclaves, une balle de marchandises, etc.

Il semble que je n'aie rien de mieux à faire ici que d'indiquer l'extrême différence que les populations du sud de l'Afrique centrale mettent entre trois personnages importants, assez généralement confondus ; je veux dire l'homme à

---

1. Cette pratique est à peu près semblable à celle des Maravés, l'épreuve du mouavé (Gamito, Muata Cazembe). *Note de l'auteur.* — L'épreuve du mouavé est usitée au S.-O. du Nyassa (*Tour du Monde*, 1875, II, p. 23) et dans beaucoup de parties de la Guinée et du Congo. — J. B.

médecine, le devin et le sorcier. Il est vrai qu'au premier abord ils ont l'air d'avoir de nombreux points de contact ; mais en réalité ils n'en ont aucun.

L'homme à médecine est défini par le nom même qu'on lui donne. C'est un charlatan. A la connaissance des vertus de quelques herbes et racines, dont il fait un emploi purement empirique, il joint un usage fréquent des ventouses; pour de la science, il n'en a guère ou même il n'en a point. L'homme à médecine ne fera jamais le diagnostic d'une maladie, mais il en fera toujours le prognostic. Ses doses tirées de simples sont toujours empiriques et il y mêle les ingrédients les plus absurdes et les plus inutiles. J'avoue que je ne crois pas que, nous-mêmes, nous soyons très savants sur l'emploi des antidotes. En même temps qu'il compose des drogues, l'homme à médecine a recours à un certain nombre de cérémonies et de paroles, dont le défaut ferait perdre toute vertu à ses préparations. Il garde le plus profond secret au sujet des simples qu'il emploie, et, si on lui en parle, il prend l'air le plus mystérieux. Ce personnage a une grande importance et sa présence est exigée pour beaucoup d'actes solennels. La plupart des questions graves sont décidées par lui, son avis l'emportant sur celui du devin (*ditangja*); jamais il ne le donne sans l'avoir fait précéder d'une espèce de parade, sous forme de remèdes et de cérémonies où il emploie des plantes, du sang d'homme ou d'animal, le tout qualifié de *rites médicinaux*.

Quant au devin, il s'occupe de divination et de rien autre chose. Lorsqu'une personne tombe malade, on l'appelle d'abord pour deviner si l'attaque est due à des esprits de l'autre monde, ou à la sorcellerie; et c'est seulement quand il a fini ses opérations que l'homme à médecine est demandé.

Ces deux personnages s'entendent toujours parfaitement.

Le devin est consulté non seulement dans des cas de maladie ou de mort, mais on s'adresse à lui en tout et pour tout, rien ne se faisant sans qu'il soit appelé d'abord.

Lorsqu'on le consulte, il se place au centre d'un cercle formé par le peuple, qui doit se tenir assis. Il apporte une calebasse et un panier. La calebasse contient de grosses verroteries et du maïs sec; le panier est plein des objets les plus divers : os d'homme, légumes desséchés, pierres, morceaux de bâton, noyaux de fruit, os d'oiseau, arêtes de poisson, etc.

Le devin commence par secouer sa calebasse d'une façon frénétique. Pendant le bruit qu'il fait, il invoque les *esprits malins;* ensuite il remue son panier et, dans les objets qui viennent au-dessus, il lit ce que l'assistance désire apprendre du passé, du présent et de l'avenir. Cette cérémonie est en usage, dès la côte de l'Atlantique; mais nulle part je ne l'ai trouvée observée aussi complètement qu'ici.

J'ai parlé d'*esprits malins* et je dois ajouter que, dans cette partie de l'Afrique, les esprits, en fait de mal, paraissent être sur le même rang que les âmes de l'autre monde (*cassoumbi*) et que les sorciers. Parfois ces esprits s'insinuent dans le corps de quelque malheureux; alors il en coûte beaucoup pour les déloger. Dans d'autres occasions, ils se livrent à de plus grosses escapades, comme de fondre sur un village, d'y faire la nuit un tapage qui empêche tous les habitants de dormir, en sorte que l'homme à médecine est forcé de recourir à ses *remèdes* les plus efficaces pour les expulser.

Il y avait dans notre village un devin; je me demandai si je ne pouvais pas en tirer quelque parti.

Je le fis donc venir en particulier, lui présentai des cadeaux, lui témoignai beaucoup de respect et affectai d'accorder à son savoir une entière confiance.

Ensuite je lui demandai s'il pourrait me révéler mon avenir; il y consentit volontiers et invita tous les habitants de la libata et même beaucoup de ceux du village du Capitaine à assister à la divination.

La cérémonie se passa donc devant un auditoire nombreux. Parmi les objets du dessus de son panier, le devin ne manqua point de lire les renseignements les plus flatteurs

Le devin.

sur mon compte. J'étais le meilleur des blancs, passés, présents et futurs ; mon voyage aurait l'issue la plus triomphante et le bonheur attendait tous ceux qui y prendraient part.

L'effet de cette prophétie fut des meilleurs et exerça sans doute une heureuse influence sur le résultat de mon départ du Bihé.

Après avoir parlé de l'homme à médecine et du devin, il me reste à dire quelques mots du féticheur ou sorcier. Ce mot a en Afrique à peu près le même sens qu'en Europe ; néanmoins on y voit quelques différences.

Dans le sud de l'Afrique centrale, tout le monde est ou peut être sorcier, car là ce mot désigne plutôt un empoisonneur qu'un homme ayant quelque pouvoir sur les esprits.

De fait, un fétiche ou sortilège, chez ces gens-là, c'est du poison ; employer la sorcellerie à l'égard d'un autre, c'est l'empoisonner, pour lui causer la maladie, la mort ou la folie.

Telle est l'acception rigoureuse de ces mots ; cependant la croyance au sortilège peut nuire beaucoup. Tout ce qui tourne mal, défaite dans un combat, épidémie sur le bétail, effets de la tempête : tout cela est attribué au *fétiche*. Tout provient de sa malveillance.

Qu'on ne se figure pas d'ailleurs qu'il existe des sorciers de profession. Le sorcier paraît être la cause d'un effet ; or, la cause étant immédiatement détruite, le féticheur peut être comparé à un météore qui s'évanouit presque en même temps qu'on l'a vu. Cette pratique donne lieu, comme on doit bien le supposer, à de terribles vengeances.

Outre ces trois individualités, dont deux sont définies et une indéfinie, on connaît encore un autre charlatan qui jouit d'un assez gros crédit chez ces peuples ignorants.

C'est celui qui cause et qui empêche la pluie. En effet, il y a quelques individus qui s'attribuent la puissance de gouverner les météores aqueux. Possédant l'esprit d'observation, ils ont appris par l'expérience que, sous le souffle de certains vents, durant de certaines époques de l'année, il pleuvra, ou le temps sera sec. Les indications, tirées de la vie des animaux et surtout de celle des oiseaux, auxquelles, de toute antiquité et partout, on a égard en Europe, sont même recommandées à l'attention par des hommes de science comme Fitzroy et d'autres. Ici les faiseurs de pluie se servent de ces indications pour prédire avec assez de certitude les changements de temps, et réclamer le pouvoir de faire la pluie ou le beau temps, parce qu'ils ont pu les annoncer.

Si peu fondées que soient leurs prétentions, elles n'en imposent pas moins aux indigènes, car ils en arrivent à prédire presque à coup sûr.

Et si étranges qu'elles puissent sembler à la plupart de mes lecteurs, il n'en est pas moins vrai que ces superstitions étaient fort usitées en Europe il y a deux siècles, et qu'elles existent encore aujourd'hui parmi les classes inférieures de nos populations agricoles.

Même parmi les personnes royales, on en trouverait, sans remonter jusqu'au moyen âge, qui consultaient des astrologues. Je connais un livre imprimé en Portugal, *avec toutes les autorisations nécessaires*, aussi récemment que 1712; son auteur, Gaspar Cardozo de Sequeira, mathématicien de la ville de Murça, lui a donné le titre de *Thesouro de Prudentes*; Gonçalo Gomes Caldeira, ingénieur, y a fait des additions. Ce livre annonce qu'il donne aux hommes instruits (remarquons-le, puisqu'à cette époque la plus grande masse du peuple ne savait pas lire) la connaissance des faits les plus étonnants et les plus merveilleux. Voilà de ces choses qui doivent nous faire juger avec quelque indulgence les nègres ignorants de l'Afrique méridionale.

Dans cette région, il existe aussi une loi curieuse au sujet des femmes qui meurent en couches.

Le mari, en pareil cas, est obligé d'enterrer seul sa femme; d'en porter le cadavre sur ses épaules jusqu'à la tombe, où il accomplit, sans l'aide de qui que ce soit, tous les labeurs funéraires. De plus, il doit payer aux parents de sa femme la valeur de la vie perdue et, s'il n'en a pas les moyens, il devient leur esclave.

Les tombes de la masse du peuple n'ont rien qui les fasse apercevoir, car les enterrements ont lieu dans une place quelconque d'un bois avoisinant.

Quand je parlerai du Bihé, j'aurai à entrer dans plus de détails à l'égard de certaines coutumes généralement suivies dans ces contrées et que j'ai eu alors l'occasion d'étudier avec beaucoup d'attention, surtout celles qui se rapportent aux sovas et aux seigneurs des naturels.

Mais, avant de quitter le Caquingué, je peux ajouter que j'y ai trouvé une coutume particulière à ce territoire et qu'on appelle *l'entretien des femmes*. Quand une femme est enceinte, un jeune homme vient trouver le mari et lui demande la main de la fille que sa femme peut mettre au monde. Si l'offre est acceptée, l'amant se trouve obligé de *l'entretenir* dorénavant, c'est-à-dire de lui fournir ses vêtements ainsi que toutes les nécessités de sa toilette.

On peut bien penser que cette coutume n'est en vigueur que parmi les riches. A la naissance du bébé, le fiancé futur redouble de cadeaux envers la mère; puis, jusqu'à l'âge de puberté, où le mariage sera consommé, il aura l'obligation de fournir à la fille ses vêtements. Si c'est un fils qui est né, l'obligation d'habiller la mère aussi bien que l'enfant existe encore, et, quand le fils atteint l'âge d'homme, il devient le *quissongo* de son entreteneur. J'aurai plus tard l'occasion d'expliquer ce que c'est qu'un quissongo.

Si étrange qu'une pareille coutume semble à première vue, la réflexion lui fait perdre beaucoup de son caractère extraordinaire. En Afrique je ne l'ai rencontrée qu'au Caquingué; mais en Europe il me semble l'avoir retrouvée assez souvent, dans beaucoup de cas, non dans la forme qui vient d'être décrite, mais dans son essence et portant, dans la langue polie des salons, le nom de *mariage de convenance*.

Le 5 mars 1878, le jour s'ouvrit après une nuit des plus orageuses, où la pluie était tombée à torrents. Ma fièvre avait un peu diminué, mais les douleurs rhumatismales étaient plus persistantes et s'étendaient des genoux aux chevilles. Mon négrillon Pépéca allait mieux, et je me décidai à repartir ; mais, par crainte de mon rhumatisme, je louai un hamac et des porteurs que me procura fort aimablement Francisco Gonçalvès (Cariqué). Après des adieux pleins de cordialité, je m'éloignai à dix heures et demie dans la direction du nord. Je passai, une heure plus tard, la petite rivière Cassongué, qui coule vers le S.-E., jusqu'à la Couchi. Elle avait 6 mètres de large sur 2 de profondeur. Le bœuf Bonito, que je montais, s'embarrassa dans les herbes, perdit la tête et tomba au fond. Ce ne fut qu'avec beaucoup de difficulté que je le tirai de là, et il était midi quand nous nous remîmes en route.

Un autre cours d'eau, la Govêra, fut traversé à 1 heure 15 ; il n'avait pas 3 mètres de large ; sa profondeur était de 50 centimètres. Nous campions une demi-heure après au S.-S.-O. du village de Chindoua. J'en avais rencontré deux autres grands, chemin faisant, Cacouroura et Cachota. Déjà je me trouvais dans le territoire qui obéit au sova du Bihé, et je parcourais un pays bien cultivé et très peuplé.

Une pluie torrentielle tomba toute la nuit, accompagnée de violents coups de tonnerre qui venaient de l'Est. Je n'avais plus de fièvre, mais mon rhumatisme augmentait de violence et menaçait de s'étendre à tout mon corps. A peine faisait-il jour que le propriétaire du pont jeté sur la Couchi me fit avertir qu'il était bon de le franchir immédiatement, parce qu'un corps considérable d'indigènes s'avançait sur l'autre rive. Ce pont, comme tous les autres, ne permet de passer qu'à un homme à la fois, et conséquemment le passage d'une troupe prend beaucoup de temps, la règle étant que, lorsqu'une bande s'y est engagée, tout ce qui vient en sens contraire doit attendre que le pont soit devenu libre. Après avoir remercié le messager, je fis lever immédiatement mon camp, et en une demi-heure j'avais pris possession du pont.

A cet endroit, la Couchi est large de 25 mètres et profonde de 5; elle coule au sud vers la Coubango.

Du pont, on aperçoit la magnifique cataracte de la Couchi qui, bien qu'éloignée de plus de deux kilomètres, fait distinctement entendre son fracas.

Après m'être arrêté le temps de déterminer l'altitude, je me dirigeai vers l'E.-N.-E. La petite Liapêra, affluent de la Couchi, fut passée; puis, tournant au N.-N.-E., je franchis la Carouci, qui coule au N.-E., vers la Couqueïma; là, dans les bois de Charo, situés au S.-O. du village d'Oungoundo, je fis la halte du milieu du jour.

Les deux cours d'eau que je viens de nommer, la Liapêra et la Carouci, marquent la séparation des eaux qui vont se jeter dans la Coubango et le Couanza.

Le chef du village d'Oungoundo est le sécoulo Chaquimbaïa. Il vint me faire une visite et m'offrir un porc avec deux volailles. Je lui rendis sa politesse et j'obtins par son entremise des guides pour me conduire le lendemain. Durant toute cette journée, je rencontrai, chemin faisant, des bandes d'hommes armés qui allaient rejoindre les troupes du sova de Caquingué et, même après que j'eus fait mon campement de nuit, une foule de nègres, équipés en guerre, passèrent suivant cette direction.

Entre 7 et 9 heures du soir, il tomba un peu de pluie et l'on entendit au loin, vers le N.-E., des coups de tonnerre. La tempête se rapprocha en augmentant; vers 9 heures, le tonnerre roulait sur tous les points de l'horizon et la rage des éléments semblait converger vers mon camp, qui occupait une hauteur. A 10 heures, après cinq coups de tonnerre presque immédiats, éclata la plus furieuse, la plus horrible tempête qu'il m'eut été donné de voir jusqu'alors. Les éclairs se suivaient toutes les trois ou cinq secondes et le roulement du tonnerre était continuel.

Cependant l'air restait parfaitement calme et il tombait à peine quelques larges gouttes d'eau.

La descente du mercure dans mon baromètre n'était guère que de deux millimètres et mon thermomètre conservait une température de 16 degrés centigrades. Les aiguilles magnétiques avaient perdu la polarité et oscillaient perpétuellement.

Un des compas circulaires de Duchemin ne cessait pas de tourner avec rapidité.

Cet état de choses dura jusqu'à onze heures, où se manifesta une modification atmosphérique plus redoutable encore. Un vent d'une violence excessive, un véritable ouragan, s'abattit de l'Est sur le camp et en un instant parcourut les quartiers de la boussole du N. au S.-O., où il se fixa avec la même intensité. Cela fut suivi d'un vrai déluge. La fureur du vent enleva littéralement les huttes en l'air, de dessus nos têtes, et nous laissa sans abri exposés à une pluie torrentielle qui tomba jusqu'à quatre heures du matin, où la tempête parut s'apaiser.

Pour s'en faire la moindre idée, il faut avoir soi-même éprouvé ce qu'est une tempête, de nuit, au milieu d'une forêt de l'Afrique centrale. Les réverbérations de la foudre y ont pour accompagnement les innombrables hurlements des fauves, qui mêlent aux fureurs de l'atmosphère leurs terribles accords.

La pluie n'avait pas été longue à éteindre nos feux; les vents emportaient au loin nos fragiles abris et les zigzags des éclairs éblouissants ne servaient qu'à rendre les ténèbres plus profondes après leur splendeur passagère.

De temps à autre, un fracas, qui répondait à celui du tonnerre, ne nous causait pas moins d'alarmes. C'était quelque arbre, que des siècles avaient à peine suffi à pousser à l'âge mûr et qui, frappé par la foudre, tombait à terre avec grand bruit, en morceaux.

Horrible spectacle! mais plein d'une grandeur sublime!

Dans le marécage.

Enfin le jour parut. Cette lutte des éléments ne laissait pour souvenir que d'innombrables arbres déracinés et un sol boueux.

Les horreurs de la nuit m'avaient bouleversé. Ce n'était rien pourtant en comparaison de l'attaque extraordinaire de rhumatisme qui envahit toutes mes articulations et m'ôta le pouvoir de m'aider moi-même. Ainsi, au départ qui eut lieu vers midi, je ne pouvais plus, étendu sur mon hamac, retenir les cris que m'arrachait la douleur à chaque contre-coup reçu de ma couche.

A peine avions-nous marché une heure que nous nous trouvâmes dans un vaste marécage où l'eau montait jusqu'à la poitrine de mes porteurs.

Toute saturée d'eau par l'énorme quantité qui en était tombée la nuit précédente, la terre n'avait plus que l'apparence d'un marais. Nous parvînmes à un terrain plus élevé; mais, à deux heures, nous fûmes attrapés par une nouvelle tempête accourant de l'Est. Me tordant sur mon hamac où j'étais en proie aux plus vives souffrances, je ne cessais d'encourager nos gens à pousser plus avant, car je désirais arriver avant la nuit au village de Bilanga.

Je n'ai plus souvenir de ce qui s'est passé jusqu'au lendemain, où je me trouvai couché dans une hutte. Vérissimo m'apprit que j'étais à Bilanga, dans la libata de Vicenté; mais je n'avais pas la plus légère notion ni de la route que nous avions suivie ni de la nuit qui venait de se passer. Au rapport qu'on m'en fit, elle avait dû être terrible; car, en même temps, j'avais, outre mon rhumatisme, enduré la fièvre et le délire.

Ma tête était dégagée; mais je souffrais plus que jamais. J'étais incapable de faire le moindre mouvement, même de plier les doigts. Heureusement, Vérissimo et mes nègres rivalisaient de soins à mon égard.

La rivière Couqueïma, d'après ce qui m'était dit, coulait à pleins bords et ne permettait point qu'on la franchît; mais, quand j'eus appris qu'on pouvait se procurer un petit canot juste au-dessous de la cataracte, je me décidai à tenter le passage à cet endroit.

Nous y arrivâmes, mais il fallut d'abord calfater le bateau avec de la mousse, car c'était une misérable et vieille embarcation qui pouvait à peine supporter le poids de deux hommes. La rivière, gonflée par les pluies, se précipitait comme un torrent. Les eaux, après avoir sauté du haut des rochers qui formaient la cataracte, se divisaient, laissant entre elles un îlot, puis se réunissaient de nouveau pour faire un cours large d'une centaine de mètres.

C'est ici que nous allions passer. On me descendit au fond du canot avec le plus grand soin, car toute secousse m'arrachait un cri de douleur.

Un habile batelier maniait la rame et la barque quitta le bord.

L'espace à traverser avait à peine, comme je l'ai dit, une centaine de mètres; cependant le péril était grand, non seulement à cause de la rapidité du courant, mais aussi par suite de l'agitation violente que donnait à la surface la proximité des chutes.

Tout marcha assez bien jusqu'à la jonction des eaux sous l'îlot; mais, là, des tourbillons furieux se saisirent du fragile esquif, et toute la vigueur et l'habileté du batelier ne réussirent plus à le faire avancer. Du fond où j'étais, je voyais les eaux sauter en vagues écumeuses qui devenaient plus grosses et plus menaçantes à mesure que nous avancions dans le courant. Alors je compris à quel danger je me trouvais exposé.

Un effort que j'essayai pour remuer un de mes bras n'eut d'autre effet que de m'obliger à gémir. C'en était donc fini pour moi, car, si le canot chavirait, je ne pourrais certes pas m'en tirer en nageant. Du reste, il bougeait sans avancer au milieu des remous de l'eau bouillonnante; bientôt il se mit à tourner sur lui-même. Le nègre eut peur de couler à fond,

Le Naufrage.

m'avertit qu'il fallait alléger la barque et se jeta à l'eau.

Le canot se releva, il est vrai ; mais ma situation n'en était guère meilleure, puisqu'il était livré à la merci du torrent.

Tout à coup une vague embarqua et me couvrit. Je perdis un instant la tête et je ne sus guère ce qui m'était advenu qu'en me trouvant en train de nager d'un bras, avec tout ce qui me restait d'énergie ; de l'autre main, je m'efforçais de tenir hors de l'eau un de mes chronomètres que j'emportais avec moi.

J'éprouvai un vrai plaisir à nager et je coupai rapidement les tourbillons du torrent, ce qui m'offrait peu de difficultés, puisque dès mon enfance j'avais été habitué à lutter contre les rapides du Douro dans mon pays.

Les nègres, toujours disposés à admirer les exploits de la force physique, se tenaient sur la rive et me prodiguaient des applaudissements chaleureux.

Mes douleurs avaient disparu ; ma fièvre s'était évanouie comme par magie, et je me sentais dispos et vigoureux.

Lorsque le canot avait coulé, parmi la centaine d'hommes qui assistaient indécis et la bouche ouverte à ce spectacle, il y en eut un seul qui eut le courage de se jeter dans l'eau pour m'assister. Mais, moins bon nageur que moi, il ne toucha le bord qu'après moi et, de fait, ne me fut d'aucune utilité ; pourtant son dévouement dans une telle occasion m'émut profondément et je ne l'oublierai jamais. Ce brave était mon nègre Garanganja [1]. Par la suite, il a perdu la raison, ayant manqué de force pour supporter les misères et les privations auxquelles nous étions exposés.

En arrivant à terre, je me trouvais n'avoir plus ni fièvre ni douleur. Je me déshabillai de suite ; mais je n'avais pas le moyen de me changer, puisque tous mes bagages étaient restés sur l'autre rive ; en sorte que je fus obligé de me

---

1. Voir, sur ce mot, une note mise au chapitre suivant. — J. B.

tenir sous un soleil brûlant tant que mes vêtements ne furent pas complètement séchés. Il s'en suivit que la fièvre reparut avec une violence doublée. En fait, je ne me rappelle plus rien, sinon que le lendemain je me trouvai couché dans la libata de l'Annunciada, la dernière demeure du commerçant Guilhermé Gonçalvès, père de Vérissimo.

J'étais brisé de douleur et brûlant de fièvre ; mais, comme le long repos m'avait un peu remis, je décidai qu'on se remettrait en route, tant j'avais d'impatience de revoir mes compagnons.

Le départ eut lieu à onze heures du matin. Le chemin nous fit traverser une plaine couverte de fougères énormes et où se trouvaient nombre d'arbres frappés par le tonnerre. On y voyait aussi en abondance une plante qui, si elle n'est pas la bruyère qui tapisse les hautes montagnes septentrionales du Portugal, lui ressemble merveilleusement.

Mes yeux, mal accoutumés à la finesse d'observation qu'exige l'étude du monde végétal, ne sont pas assez instruits pour distinguer les espèces, les genres et les familles, quand les différences ne sont pas nettement caractérisées.

J'arrivai à une heure de l'après-midi à Belmonté, domaine de Silva-Porto, et, par un suprême effort, j'atteignis la maison qu'habitaient mes anciens compagnons.

Ils me confirmèrent verbalement ce qu'ils m'avaient écrit. Ils s'étaient déterminés à s'en aller seuls et à m'abandonner un tiers des marchandises et du matériel, sauf ce qu'on ne pouvait point partager et qu'ils garderaient pour eux. Ivens m'offrit de me ramener à Benguêla, si je m'étais décidé à retourner en Europe vu l'état précaire de ma santé.

Je ne pus que lui exprimer ma reconnaissance pour cette offre si généreuse.

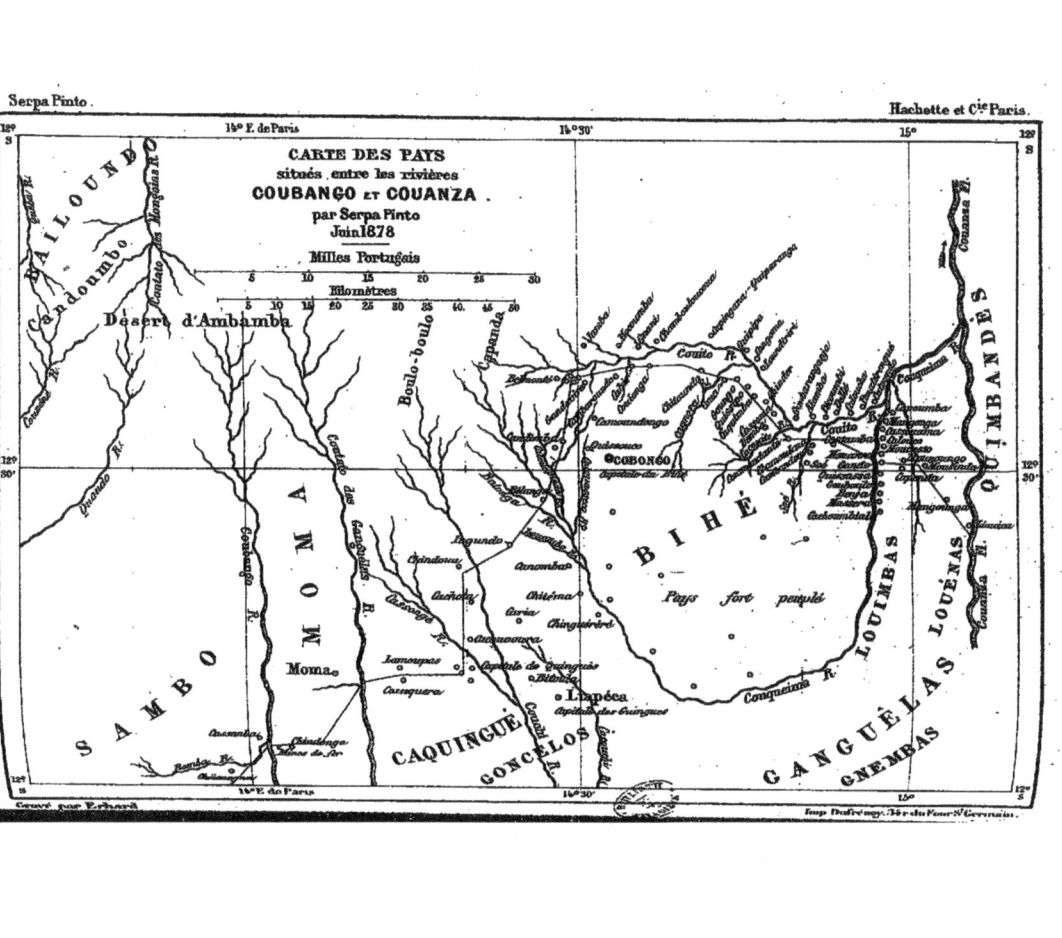

CHAPITRE VI

PEREIRA DE MELLO ET SILVA PORTO.

Au Bihé. — Maladie sérieuse. — Convalescence. — La maison de Belmonté. — Je me résous à partir pour le haut Zambési. — Lettres au gouvernement. — Organisation d'une expédition dans le Bihé. — Difficultés. — Comment je les surmonte. — Notes historiques et sociales sur le Bihé. — Mes travaux. — Nouvelles difficultés. — Je pars de Belmonté. — Route jusqu'au Couanza. — L'esclavage.

Après vingt journées de fatigues, d'anxiétés et d'agonie, je me trouvais donc enfin dans le Bihé, fort malade il est vrai, mais plein de confiance et content de ce que j'avais fait.

Aussitôt que fut terminée ma conversation avec mes anciens compagnons, je partis de Belmonté et me fis porter en hamac à la libata voisine de Magalhães. En y arrivant, je tombai sans force sur ma couche de peaux. A mesure que mes souffrances rhumatismales augmentaient d'intensité, se déclaraient en moi les premiers symptômes de la méningite.

Le lendemain Capello et Ivens vinrent me voir et m'apporter des remèdes; mais je tombai de mal en pis jusqu'à ce que le délire se fût déclaré.

Quand je repris conscience de moi-même, je crus que je faisais un rêve. Je me voyais couché dans un lit magnifique, dépouillé de mes vêtements, étendu entre de fins draps de toile! Le lit était garni d'élégants rideaux de reps rouge avec une frange blanche comme la neige.

C'était, m'apprit-on, Capello qui, venu pendant mon délire, m'avait fait apporter ce lit de la maison de Silva Porto à Belmonté. Comment me serais-je figuré qu'un meuble si luxueux existât au Bihé!

Mes nègres m'avaient littéralement couvert de sangsues,

et la quantité de sang qu'ils m'avaient tiré me laissait dans un état de faiblesse incroyable. Les douleurs avaient un peu diminué; mais la fièvre était tenace. Ce soir-là c'étaient les nègres de Novo Redondo qui me gardaient. Je les reçus en présence de Magalhães, de Vérissimo et de Joaquim Guilhermé José Gonçalvès, son frère aîné; ils étaient venus me dire qu'ils n'avaient pas le désir d'aller avec mes compagnons; ce qu'ils voulaient, c'était de me suivre ou de rentrer chez eux.

Je me donnai beaucoup de mal pour leur persuader de changer leur résolution et de ne point quitter mes amis. J'appris alors que Capello et Ivens étaient en train de construire un baraquement à cinq kilomètres de distance; ils y avaient fait transporter tout leur bagage et pensaient quitter sous peu Belmonté.

Deux jours plus tard, Ivens vint me trouver et nous causâmes longtemps ensemble. Je lui remis toutes les lettres de recommandation dont m'avait favorisé Silva Porto à Benguêla pour obtenir des porteurs, et je m'engageai à ne pas m'adresser à cet effet au sova Quilémo. Ainsi je laissais le champ entièrement libre à lui et à Capello. Ivens m'apprit qu'ils allaient s'installer dans leur campement et qu'ils laissaient chez Silva Porto ma part du bagage. En échange je leur donnai toutes les charges que j'avais apportées avec moi, et celles qui avaient été confiées à la garde du nègre Barros. Celui-ci, qui était déjà arrivé, me déclara qu'il ne voulait pas aller plus loin; en conséquence, je le remerciai, de même que plusieurs nègres de Benguêla qui ne se souciaient pas non plus de continuer le voyage. J'écrivis en outre à Pereïra de Mello quelques lignes que l'état de ma santé ne me permit pas de multiplier. Après cela, je demandai qu'on voulût bien me laisser seul.

J'étais fatigué d'avoir réglé toutes ces affaires et j'allais me retourner dans la ruelle pour chercher dans le sommeil un peu de repos, quand je vis se lever devant moi, comme

Maison à Belmonté.

une espèce de spectre, un homme grand et maigre, au regard énergique, aux traits caractérisés. C'était mon prisonnier, le chef Palanca, le conseiller et l'ami du sova Doumbo du Sambo. Je l'avais, à vrai dire, complètement oublié.

Ses paroles de salut furent celles-ci: « Tu en as agi avec les tiens suivant ta volonté. Tu as remercié les uns et tu as gardé les autres ; mais qu'as-tu résolu par rapport à moi ? Quel doit être mon sort ? »

« Tu vas retourner chez toi, » répliquai-je. « Tu rapporteras au Doumbo le fusil que je lui ai promis, avec un peu de poudre ; et tu prendras aussi un présent pour toi. Je te dois bien cette réparation pour la corde qu'on a mise à ton col près de la Coubango, et pour celle dont tu as eu les pieds et les mains liés. »

J'appelai Vérissimo et lui donnai les ordres nécessaires.

Palanca, montrant autant d'impassibilité devant la liberté et la récompense qu'il en avait eu en face de la captivité et de la mort, se retira sans dire un mot. Je ne l'ai plus revu.

La porte, ouverte pour laisser sortir ce taciturne sécoulo du Sambo, donnait accès à deux autres visiteurs. Il était écrit que je n'aurais guère le temps de me reposer pour le premier jour où je me portais moins mal. C'étaient deux nègres de confiance, Cahinga et Jamba, que Silva Porto m'avait dépêchés du Benguéla. Ils se répandirent en compliments et en offres de service, mille fois répétés. Enfin je me débarrassai d'eux et je me trouvai seul, entre mes draps.

Non. Je n'étais pas seul. A côté de moi, se tenait la créature qui a été l'unique, le grand dévouement que j'ai rencontré durant mon voyage à travers l'Afrique. Je veux dire Cora, ma chèvre chérie. Les deux pattes de devant sur mon lit, elle bêlait doucement, me léchait les mains et sollicitait mes caresses dont elle avait été si longtemps privée. En rentrant, Vérissimo la trouva dans cette position.

Capello et Ivens me firent avertir le lendemain qu'ils quittaient la maison de Silva Porto. En conséquence, je m'y fis transporter dans mon hamac. J'y trouvai sept charges de marchandises, six caisses de provisions, une malle pleine d'instruments et trois *sniders* qu'ils y avaient laissés pour moi.

La libata de Silva Porto, ou pour parler plus correctement le village de Belmonté, est située au sommet d'un coteau assez élevé, dont le penchant septentrional s'incline doucement jusqu'à la rivière Couito, qui se rend par l'Est à la Couqueïma.

La position est charmante et, au point de vue stratégique, assez forte.

Son enclos contient un bois d'orangers, dont les arbres sont toujours couverts de fleurs et de fruits, chose peu ordinaire au Bihé. Autour du bois, s'élève une haie de rosiers hauts de trois mètres et toujours fleuris.

Des sycomores énormes donnent leur ombre aux rues et entourent le village, dont la défense consiste en une palissade de pieux robustes.

Combien d'heures, plutôt combien de jours, ai-je passés sous ces orangers, dont l'ombre embaumée me protégeait contre les ardeurs du soleil, tandis que je méditais sur ma situation actuelle et ressassais dans ma tête des projets plus ou moins raisonnables !

C'est là que, toujours brûlant de fièvre et grelottant de douleur, j'ai conçu et arrêté le plan qu'il m'a été donné de réaliser plus tard.

Si j'ai lieu de m'enorgueillir d'une portion de mon voyage plus que d'une autre, c'est certainement de celle-ci.

Par la suite, j'ai souvent risqué ma vie ; plus d'une fois, ma bravoure a été de la témérité ; mais c'est qu'alors j'agissais pour défendre mon existence. Il n'en fut pas de même ici. La maladie m'avait épuisé et n'avais guère de ressources. La route de l'Europe et du Benguêla s'ouvrait devant moi et je pouvais la suivre assez aisément. En jetant les

Cora.

yeux de l'autre côté, je voyais mon chemin barré par une foule d'obstacles que me causait l'isolement où mes compagnons me laissaient; je ne croyais guère possible de les surmonter pour quelque future exploration, et le peu de fidèles qui me restaient avaient l'air découragé.

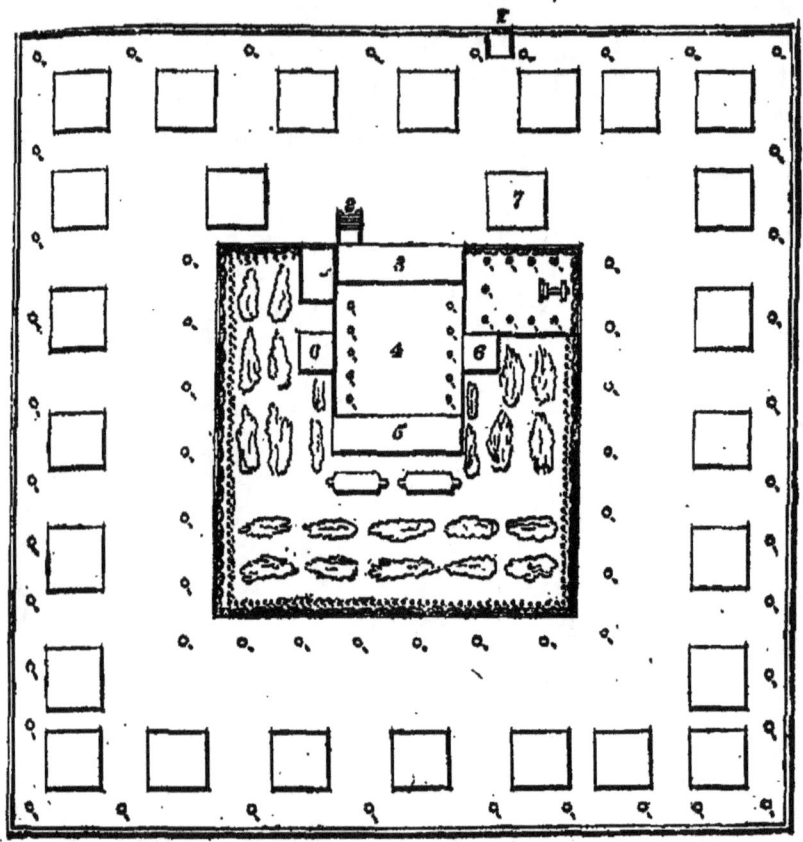

Plan de Belmonté.

† Sycomores. ══ Forte palissade de pieux. ▅▅▅ Palissade intérieure couverte de rosiers toujours fleuris. .... Grenadiers. ⬤═⬤ Orangers. ▭ Potager. ┡╃ Cimetière. ☐ Cases de nègres.
1. Entrée du village. — 2. Entrée de la demeure de Silva Porto. — 3. Maison. — 4. Cour intérieure. — 5. Cuisine et dépense. — 6. Cases des serviteurs. — 7. Magasin.

Bien que je fusse presque hors d'état de me traîner, je n'ai pas un seul instant eu l'idée de me détourner des régions inconnues qui s'ouvraient devant moi et m'attiraient comme l'abîme. Vaincre un à un tous les obstacles à mesure que je les rencontrerais ; reconstruire mon édifice, qui s'était écroulé comme un château de cartes; me créer des ressources, là où il n'y en avait point; et organiser, sur les ruines de celle qui avait inopinément sombré, une expédition nouvelle : voilà, selon moi, la partie la plus difficile de mon voyage et celle qui m'enorgueillit le plus, si j'ai à m'enorgueillir de quelque chose.

Mon parti une fois pris, je commençai par engager Vérissimo Gonçalvès pour m'accompagner et je réussis à m'assurer de son aveugle obéissance.

Après avoir patiemment étudié la direction que je voulais suivre, je résolus de me rendre tout droit au haut Zambési en suivant la ligne de faîte où prennent leurs sources les rivières de cette portion de l'Afrique.

Arrivé au Zambési, je voulais continuer vers l'Est, relever les affluents de la rive gauche du fleuve, descendre jusqu'à Zoumbo et de là me rendre à Quilimané par Tété et Senna.

Les marchands qui connaissaient le mieux l'intérieur du continent m'assuraient, en apprenant mon projet, que je ne ferais pas à moitié le chemin jusqu'au Zambési, et je les soupçonne d'avoir cru que j'étais fou.

Je les laissais parler et n'en continuais pas moins d'organiser le personnel de ma caravane et de préparer le matériel nécessaire à l'accomplissement des plans que j'avais formés.

Le 27 mars, premier jour où j'aie pu écrire sans fatigue, j'adressai des dépêches au gouvernement portugais, à Pereira de Mello et à Silva Porto. En leur rendant compte de ce qui m'était arrivé jusqu'alors, je réclamais leur assistance et leurs conseils ; enfin je soumettais mes plans à leur critique. Ces dépêches confiées à des porteurs furent dirigées sur Benguêla, puis je me mis à l'œuvre en sentant s'augmenter chaque jour ma confiance en moi.

Pourrait-on croire qu'une grande partie des bagages qu'au mois de novembre précédent j'avais laissés à Benguêla, cinq mois auparavant, ne me fussent pas encore parvenus?

Enclos de Belmonté.

Une matinée, je vis entrer dans la libata l'ex-chéfé de Caconda, le sous-lieutenant Castro, en compagnie du transporté Domingos; ils retournaient à leur petite ville. En arrivant au Bihé, me dirent-ils, Capello et Ivens les avaient occupés à la construction de leur baraquement et au transport des biens qu'ils avaient à Belmonté.

Le sous-lieutenant Castro revenait sans ressource. Je pris dans les six caisses que m'avait laissées Ivens la provision de sucre, de thé, de café, etc., nécessaire pour son voyage.

J'espère que ce monsieur, cause principale des souffrances que j'avais endurées et des risques de mort que j'avais courus, n'aura pas de raison de se plaindre de la réception que je lui ai faite au Bihé, pour peu qu'il ait encore au cœur quelque sentiment de justice et de vérité.

Quant au transporté Domingos, si je m'en souviens bien, je lui remis une lettre de recommandation pour le gouverneur de Benguéla, auprès duquel il désirait solliciter quelque faveur.

Voilà comment j'ai traité ces deux hommes qui m'ont fait le plus de mal en Afrique; car ils m'ont jeté dans des périls mortels, avant que l'expérience m'eût mis à même de les vaincre.

Au commencement d'avril, je reprenais des forces, j'avais soixante porteurs à mes ordres et je n'attendais plus que l'arrivée de mes bagages de Benguéla pour me remettre en route.

Je travaillais alors du matin au soir. Tous mes instants de loisir, je les employais à me faire un livre de renseignements, afin d'avoir sous la main les formules dont j'aurais besoin pour mes calculs; je me dressais des tables de racines carrées et cubiques, que je calculais pour les nombres de 1 à 1000. Je me donnais le plus grand mal à dessiner plusieurs formules trigonométriques, parce que, voulant rendre plus portatives mes tables de logarithmes, je les avais fait relier en Europe, après avoir supprimé les parties explicatives; mais, par une étourderie déplorable, en expédiant de Loanda les objets qui m'avaient paru inutiles, j'avais renvoyé au Portugal, avec le reste, mes livres de mathématiques.

Que les savants n'aillent pas sourire avec un air de mépris à la simplicité qui me pousse à raconter les peines que je me suis données au Bihé pour transcrire sur le papier des formules d'un usage si commun. Lorsqu'on n'a pas l'habitude de professer les mathématiques, on se trouve souvent fort embarrassé pour résoudre une question très simple, si on n'a pas à sa disposition un livre où rafraîchir sa mémoire. Or tous les livres me manquaient au Bihé. Voilà pourquoi j'ai pris la peine d'en faire un à mon usage. Qu'on en rie ou non, j'avouerai franchement que ce me fut un rude labeur. Je n'avais pas avec moi d'autres ouvrages que trois almanachs pour 1878, 1879 et 1880, les tables de logarithmes que j'ai indiquées et qui n'avaient aucune explication, l'*Eurico de Herculano*, un volume de poésie par Casimiro d'Abreu et un petit ouvrage de Flammarion, *As maravilhas celestes*.

Il faut avouer qu'ils ne pouvaient guère me fournir d'éclaircissements sur des questions d'x et d'y.

J'avais du reste bien d'autres choses à faire. J'en avais à la fois une foule et souvent du genre le plus opposé. Ainsi j'étais à peine venu à bout de reconstituer une des formules de Neper pour la résolution des triangles sphériques qu'un de mes négrillons entrait me demander si la volaille pour le dîner devait être bouillie ou rôtie. Je dirai en passant que, pendant mon séjour au Bihé, j'ai consommé cent soixante-dix-neuf pièces de volaille. A peine m'étais-je remis au travail, qu'un autre de mes gens arrivait me demander du savon pour laver le linge. Souvent encore quelqu'un de mes porteurs désirait me parler en particulier ; ou bien des envoyés du sova venaient dans l'intention de me soustraire quelques mètres de toile. C'était un enfer, un enfer véritable.

J'avais fait et je continuais à faire un grand nombre d'observations météorologiques.

Ma position était certainement déterminée ; mes chronomètres marchaient très régulièrement. Des excursions que je fis dans la campagne, une boussole à la main, me permirent de dresser une carte, assez grossière il est vrai, mais enfin aussi correcte qu'on puisse l'exiger ou l'attendre comme résultat d'un voyage d'exploration. Eh bien, malgré cette accumulation de travaux ou peut-être à cause d'elle, je me sentais à l'aise et je ne me tracassais guère au sujet des tribulations qui m'étaient réservées, lorsque je laissai derrière moi cette tranquille résidence du Bihé.

Avant de continuer le récit de mes aventures, j'ouvre une parenthèse afin de consigner ici quelques observations sur le Bihé, cette région si importante, si riche, et pourtant si peu connue des Portugais, qui ont plus que qui que ce soit intérêt à la connaître.

Le Bihé est borné au nord par le pays sauvage de l'Andoulo; au nord-ouest, par le Baïloundo; à l'ouest par le Moma; au sud-ouest, par les Gonzêlos de Caquingué; enfin, au sud et à l'est, par les tribus des Ganguélas indépendants. Vers l'ouest, le sud et l'est, la rivière Couqueïma lui forme presque une frontière naturelle; mais, de fait, l'autorité du sova indigène du Bihé s'étend par delà en plusieurs endroits. Le pays a donc une faible étendue, mais il est fortement peuplé pour l'Afrique.

Sa surface peut être estimée à 2500 milles géographiques carrés, et sa population, moins sûrement il est vrai, à 95,000 habitants, soit 38 à peine par mille carré. Ce nombre peut paraître bien faible, puisqu'il n'est que le tiers de ce qu'on trouve dans le Portugal, mais il est considérable pour le sud de l'Afrique centrale où, généralement, la population est des plus clairsemées.

Il n'y a pas longtemps que tout ce territoire du Bihé était couvert d'une jungle épaisse où abondait l'éléphant et où l'on ne trouvait qu'un petit nombre de hameaux habités par la race des Ganguélas.

Le fleuve Couanza, après avoir reçu la Couqueïma, sépare l'Andoulo du Gamba, qui est situé à l'est. A cette époque, le sova du Gamba s'appelait Bomba; il possédait une fille extrêmement belle nommée Cahanda. Or le sova Bomba résidait à la gauche de la rivière Loando, affluent du Couanza.

Un jour donc, la belle et noire princesse Cahanda obtint de son père la permission d'aller faire visite à certaines parentes, femmes de distinction qui habitaient le village d'Oungoundo, la seule place importante qu'il y eût dans le Bihé d'alors.

Comme la fille du sova Bomba était à Oungoundo chez ses parentes, il advint qu'un fameux chasseur d'éléphants nommé Bihé, fils du sova du Houmbé, passait le Counéné en compagnie d'une escorte nombreuse et que la poursuite du gibier l'attirait dans ces régions éloignées.

Un matin, ce sauvage disciple de saint Hubert eut faim. Se trouvant près du village d'Oungoundo, il s'y rendit pour chercher de quoi manger. Ce fut alors qu'il aperçut la belle Cahanda et, naturellement, la voir et l'aimer ce fut l'œuvre du même instant. Les affaires d'amour ont, à ce qu'il paraît, beaucoup de similitude en Afrique et en Europe. Bientôt après cette rencontre accidentelle des deux jeunes gens, Cahanda était enlevée. Bihé planta la première palissade du grand village qui est resté jusqu'aujourd'hui la capitale du pays auquel ce prince donna son nom et dont il se fit proclamer le sova. L'une après l'autre, les tribus dispersées des Ganguélas furent soumises, et le père de la première souveraine du Bihé, se réconciliant avec sa fille, autorisa son peuple à émigrer en grand nombre dans le nouvel État. Le mariage du hardi chasseur fut suivi de nombreuses unions pareilles entre les hommes de son escorte et les femmes du nord. Voilà quelle est l'origine du peuple du Bihé.

En fait, les Bihénos sont donc Mohoumbés. C'est le nom qu'on donne, dans l'ouest de l'Afrique méridionale, aux descendants de la race Houmbé. On trouve ceux-ci non seulement au Bihé, mais dans divers autres pays, particulièrement le long du littoral entre Mossamédès et Benguêla, où ils sont mêlés aux Moundombès qui composent la population primitive de la contrée. Aujourd'hui, dans le Bihé, la vraie race Mohoumbé est représentée par la noblesse et la classe riche du pays; ce sont les descendants des compagnons de chasse du premier sova. Cependant, tout en se vantant de cette haute lignée, ils ont mêlé leur sang à celui de races fort différentes.

Cela se comprend aisément: dès l'origine, le Bihé était un grand marché pour le commerce des esclaves et fut en grande partie colonisé par des esclaves de nations diverses. Les basses classes sont le produit d'un mélange indistinct; mais la noblesse elle-même, par ses amours sans nombre, a transmis à ses descendants le sang des peuples les plus enfoncés dans l'Afrique du Sud.

De l'union de Bihé avec la belle Cahanda, naquit un fils unique, qui fut appelé Jambi et qui succéda à son père dans le gouvernement. Jambi eut deux fils, dont l'aîné se nomma Giraoul et le cadet Cangombi. A la mort de son père, Giraoul fut proclamé sova; mais, jaloux du pouvoir de son frère et de l'influence qu'il avait sur le peuple, il fit saisir ce dernier de nuit, secrètement, et le vendit à un négrier qui conduisait une bande de malheureux au marché de Loanda.

Le hasard voulut que le gouverneur général de Loanda achetât Cangombi. Cependant le tyrannique despotisme de Giraoul l'avait rendu odieux à son peuple. Une conspiration se forma et une députation de nobles fut dépêchée à Loanda sous prétexte d'y vendre de l'ivoire, mais en réalité pour racheter Cangombi et lui offrir le trône du tyran.

Le fonctionnaire qui était alors à la tête d'Angola comprit tout le parti que pourrait tirer de ce différend la couronne portugaise; non seulement il remit Cangombi en liberté sans rançon, mais encore il le combla de présents et même lui prêta quelque assistance dans sa lutte contre son frère. C'est ainsi qu'eut lieu le retour de Cangombi au Bihé; il vint par Poungo-Andongo et remonta le Couanza, accompagné d'une suite nombreuse où se trouvaient beaucoup de Portugais. Giraoul, à qui la guerre avait été formellement déclarée, ne tarda pas à être battu, car la majorité de son peuple l'abandonna. Il remit les rênes du gouvernement à son frère cadet, qui lui assigna un village avec son territoire pour sa subsistance.

Quatre années plus tard, Giraoul se révoltait et cherchait à s'emparer de la capitale. Battu de nouveau et pris, il fut livré par son frère *pour être mangé* aux Ganguélas qui demeuraient au delà du Couanza. Ce n'est pas pourtant que ceux-ci fussent, à proprement parler, des cannibales; mais, de temps en temps, ils aimaient à se régaler d'une bouchée d'homme rôti.

Je n'ai pas pu savoir comment s'appelait le gouverneur qui a prêté une assistance armée au plus jeune des fils de Jambi pour le mettre sur le trône; mais il me paraît certain que les archives du ministère de la marine et d'outremer doivent conserver quelque trace de ces événements, car l'intervention n'a pas pu être décidée sans que les autorités de la métropole en aient été informées.

Cangombi fut un grand sova et eut huit fils, dont six furent successivement sovas du Bihé. Cela n'a rien d'étonnant pour ceux qui savent que la succession royale a lieu dans ce pays suivant le droit de proximité. Conséquemment, tant qu'il vit des fils d'un sova, les petits-fils sont mis de côté, et le fils aîné du fils aîné n'est héritier qu'à défaut de ses oncles ou des frères cadets de son père [1].

Par suite de cette loi, Cahouéoué, fils aîné de Cangombi, lui succéda et eut pour successeurs, l'un après l'autre, ses frères Moma, Bandoua, Oungoulo, Leamoula et Caïangoula. Les autres frères, Calali et Ochi, ne furent pas sovas à cause de leur mort prématurée. Ochi, qui, par ordre de naissance, suivait Cahouéoué, laissait un fils; ce fut celui-ci qui

---

[1]. Le droit de succession par proximité est opposé au droit romain d'hérédité par représentation. Il a été suivi par la plupart des peuples qui ont envahi l'empire romain et il l'est en Asie. On l'a même discuté en France à l'occasion de Louis le Débonnaire et de son neveu Bernard, de Jean sans Terre et de son neveu Arthur de Bretagne. — J. B.

succéda à son oncle Caïangoula parce que Cahouéoué n'avait pas eu de postérité masculine.

Le fils d'Ochi s'appelait Mouquinda; quand il fut mort, la royauté passa à son cousin Goubengui, fils aîné du sova Moma. Goubengui eut pour successeur son frère Quitoungo, qui décéda dans sa capitale, pendant les cérémonies de sa proclamation.

Des huit fils de Cangombi, il ne resta plus qu'un descendant légitime, fils du sova Bandoua; il monta sur le trône. C'était Quilémo, le souverain régnant du Bihé.

Néanmoins, il existe un fils naturel de Moma, qui se nomme Cagnamangolé et qui est désigné comme l'héritier de Quilémo. Il a de nombreux fils, qui, le cas échéant, règneront après lui.

Cette courte analyse de l'histoire du Bihé montrera que le royaume est de récente origine et que, depuis qu'il a existé, les relations ont été intimes entre les Portugais et les Bihénos, surtout par suite de l'intervention qu'a faite le gouverneur général d'Angola en faveur du sova Cangombi, grand-père de ce Quilémo qui règne à présent et qui est petit-fils du fondateur de l'État.

Ainsi, depuis sa fondation, le Bihé a été gouverné par treize sovas en cinq générations, comme le montre le tableau suivant :

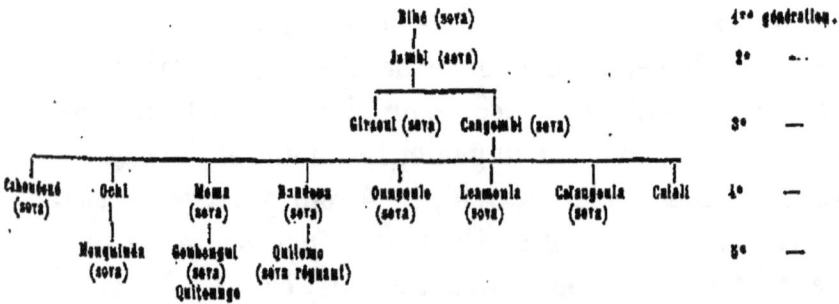

La carte de l'Angola dressée par Pinheiro Furtado indique bien le Bihé; mais elle n'a pas dû être dessinée longtemps après la formation de ce royaume.

Les Bihénos ne se livrent guère à l'agriculture ni au travail manuel en général. Ce sont les femmes qui font tout l'ouvrage et qui particulièrement cultivent la terre.

Les hommes ont la passion du voyage. Leur disposition vagabonde tient peut-être à leur origine, puisque leurs grands-pères sont venus de pays éloignés. Ils s'enfoncent sans hésitation dans les régions les plus lointaines pour faire leur commerce d'ivoire et d'esclaves. C'est en profitant de cette disposition que des esprits aventureux, Silva Porto, Guilhermé (celui de Candimba), Pernambucano, Ladislas Magiar et d'autres commerçants à l'intérieur, ont commencé à diriger les Bihénos dans leurs excursions; ce que faisant, ils ont rendu un grand service au monde en général, puisqu'en ouvrant de nouveaux marchés ils ouvraient en même temps des horizons nouveaux à la civilisation. En outre ce n'est pas seulement leur esprit de traitants qui a augmenté l'activité commerciale de Benguêla; les naturels des districts lointains, encouragés par l'exemple et dépouillant par degrés la crainte que leur inspiraient les blancs, ont apporté leurs denrées et entrepris des affaires avec les maisons de Benguêla, sans intermédiaire.

Les excursions de commerce dans l'intérieur de l'Afrique, qu'avaient commencées les blancs, furent bientôt imitées par les nègres. Quelques-uns d'abord, puis un plus grand nombre, acquérant du crédit sur la place de Benguêla, se sont rendus au Bihé pour y organiser des expéditions qui, de là, sont parties en quête de la cire et de l'ivoire [1].

J'ai fait la connaissance de plusieurs nègres qui s'étaient formé un capital de vingt-cinq à trente mille francs ou même davantage. L'un d'eux, qui se nommait Chaquingoundé, jadis esclave de Silva Porto, arriva de l'intérieur au Bihé, durant mon séjour; il y avait fait pour son propre

---

1. Ce tableau du commerce des Bihénos semblerait trop flatteur si l'auteur ne disait pas que l'article principal en est l'esclave. — J. B.

Hommes et femmes du Bihé.

compte des affaires montant à 14 contos de reis ou environ 77,000 francs.

Il n'est pas rare de rencontrer au Bihé un blanc portugais, échappé des prisons du littoral et devenu le secrétaire de quelque riche traitant nègre.

Toutes les fois que le voyage est conçu dans un but commercial, le Bihéno ne connaît pas d'obstacle; tout lui paraît naturel. Si ces gens-là avaient seulement pu dire où ils ont été et décrire ce qu'ils ont vu, les géographes de l'Europe auraient une bien moins grande portion de l'Afrique méridionale à laisser en blanc sur leurs cartes.

Le Bihéno s'éloigne de chez lui avec la plus grande indifférence, et, portant une charge de trente kilos de marchandises, il part pour l'intérieur, où il demeurera deux, trois ou quatre années. A son retour, il sera reçu chez lui comme s'il n'en avait été absent que depuis quelques jours.

Silva Porto, tout en faisant des affaires avec le Zambési, envoyait ses caravanes dans d'autres directions et commerçait à la fois avec le Moucousso et les pays de Lounda et de Louapoula.

Le renom des Bihénos s'est étendu au loin et, lorsque Graça a voulu se rendre chez le Matianvo, il passa d'abord par le Bihé afin d'y recruter des porteurs.

Rarement un Bihéno déserte sa caravane ou se sauve avec sa charge, accidents trop communs de la part des gens de Zanzibar. Ce n'est pas le seul avantage qu'ont les Bihénos sur ces derniers : ils sont très adonnés à la traite des esclaves, mais ils se procurent ceux-ci sans exciter des guerres civiles; ils les achètent sans doute à qui veut les vendre, mais ils ne recourent jamais à la force pour en avoir. Ce que je dis ici n'a rapport qu'à leur commerce avec l'intérieur; car, en ce qui concerne les guerres avec les pays environnants, ils se comportent comme les autres tribus nègres et commettent des cruautés inouïes.

Malgré leurs hautes qualités, telles que l'énergie et la pratique des voyages, ils ont de grands défauts. Je ne crois pas qu'il y ait en Afrique de gens plus profondément vicieux, plus ouvertement dépravés qu'eux, ni qui poussent au même degré l'opiniâtreté de la cruauté ou la science de l'hypocrisie.

Ils ont entre eux l'émulation des voyages : j'en ai entendu se targuer d'avoir été plus loin que tout autre et d'avoir découvert ce qu'ils appelaient de nouvelles terres. Dès leur enfance, ils sont élevés en portefaix ; toutes les caravanes emmènent une multitude d'enfants qui, chargés de fardeaux proportionnés à leurs forces, accompagnent leurs père et mère ou leurs parents dans les voyages de long cours. Aussi n'est-il pas extraordinaire qu'on rencontre un jeune gars de vingt-cinq ans qui soit allé déjà chez le Matianvo, à Niangoué, à la Louapoula, au Zambési et au Moucousso, parce qu'il a commencé ses pérégrinations à l'âge de neuf ans.

Un commerçant qui vient au Bihé avec l'intention de pénétrer dans l'intérieur dispose de deux moyens pour se procurer des porteurs. Il peut s'adresser, en distribuant force cadeaux, au sova ou aux chefs indigènes et obtenir ainsi le nombre requis, ou bien il peut annoncer le voyage qu'il a projeté et attendre que les hommes viennent eux-mêmes s'embaucher.

Le premier moyen n'est pas bon : d'abord les présents qu'on est obligé de faire aux personnages auxquels on s'est adressé pour avoir des porteurs entraînent à de grosses dépenses ; ceux-ci sont venus par obligation et l'on est responsable de leur vie à l'égard des familles ou des seigneurs ; enfin, ceux auxquels on s'est adressé, désirant extorquer le plus possible de cadeaux, ne négligent rien pour enrayer le recrutement et le départ. Si l'on tombe sous leur dépendance, ils augmenteront leurs exigences à proportion.

Le second moyen est de beaucoup le meilleur : en effet,

dans ce cas, ceux qui se présenteront seront des noirs libres, qui s'offriront spontanément ; si l'un d'eux vient à mourir pendant l'expédition, personne suivant la loi du pays n'en est responsable, attendu que rien n'a forcé cet homme à s'engager.

L'occasion est bonne pour dire quelques mots des quissongos, auxquels j'ai fait allusion dans le dernier chapitre, et des pombeïros. A quelque tribu qu'ils appartiennent, Bihénos ou non, les porteurs se constituent en petites bandes qui choisissent un chef dans leur sein. Depuis la côte jusqu'à Caquingué, ce chef est appelé quissongo ; dans le Bihé et le Baïloundo, c'est un pombeïro.

C'est donc au pombeïro qu'on a affaire ici pour régler les conditions du service. Il dispose d'une dizaine de porteurs, plus ou moins. Ces groupes sont composés de façons diverses. Parfois les membres en sont tous parents et naturellement tous libres ; ils ont choisi l'un d'entre eux pour leur pombeïro. Tantôt, sans aucun lien, ils se sont mis sous les ordres d'un pombeïro auquel ils ont accordé leur confiance. Enfin les bandes peuvent se composer d'esclaves appartenant aux pombeïros qui les conduisent.

Le pombeïro a pour devoir de surveiller les hommes de sa bande ; il en est responsable vis-à-vis du chef de la caravane. Mangeant et dormant avec eux, il peut, à juste titre, être regardé comme leur capitaine.

Ordinairement il ne porte pas de charge ; mais, quand un de ses hommes tombe malade ou meurt, il le remplace momentanément comme porteur. En marche, il se tient à la queue de la caravane et doit presser ou assister les traînards.

Jamais on ne paie les porteurs d'avance, et leur solde est très faible dans les tournées dont l'objet est le commerce.

Par exemple, le prix de la route du Bihé à Garanganja (Louapoula)[1] est de douze morceaux d'étoffe de traite valant

---

1. Ce Garanganja peut être l'endroit que Livingstone (*Dernier Journal*, I, p. 206) met près de Tabora, dans l'Oa-nya-mouézi, et qu'il nomme Garaganja ou

à peu près quatorze francs; pour le retour, c'est un morceau d'ivoire, dont la valeur n'atteindra pas vingt-quatre francs. Le porteur gagnera donc au plus une quarantaine de francs, non compris, il est vrai, les vivres. En effet, le devoir de nourrir tous ses gens pendant le voyage incombe au chef de la caravane. On n'en excepte que les trois premières journées au départ du Bihé, parce que les hommes ont dû, pour ces jours-là, emporter leurs rations.

Cependant on doit signaler encore une exception. Un assez grand nombre de traitants, au sortir du Bihé, envoient en différents endroits des pombeïros. Ces expéditions fragmentaires se font ou en route ou à la fin du voyage; peu importe. Un certain nombre de charges est confié à des pombeïros détachés, qui doivent en retirer pour le traitant quelque profit. On nomme ces entreprises des *banzos* ou *branches*. Le pombeïro et les porteurs engagés en vue de telles opérations subsidiaires se nourrissent à leurs frais dès le commencement du voyage. Excepté ce cas, la nourriture des hommes et de leurs pombeïros est, comme nous l'avons dit, tout entière à la charge de l'entrepreneur.

Ce n'est jamais pour un temps limité que les pombeïros s'engagent, et leur solde ne varie pas suivant la longueur du temps que prend une expédition. On sait bien qu'en Afrique, pour les nègres, le temps est sans valeur.

Les coutumes des Bihénos sont, à bien peu de chose près, les mêmes que celles des habitants du Caquingué, et le contact avec les blancs ne les a guère améliorées.

Galaganja. Il n'est pas extraordinaire que ce nom soit connu dans le Bihó puisqu'il est ancien comme centre de commerce et que, suivant Stanley (*Comment j'ai retrouvé Livingstone*, p. 406), le pays conquis par Mouézi s'appelait auparavant Ou-kalaganja. (Voir notre *Introduction* à l'abrégé du *Dernier Journal* de Livingstone.) Pour aller du Bihé à Tabora-Garanganja, le plus court chemin serait, en effet, de traverser la Loapoula et les anciens États du Cazembé; mais, si Garanganja est près de la Loapoula, l'endroit est vraiment trop éloigné de Tabora (800 kil., en droite ligne), pour que l'assimilation soit possible. L'indication de cette route du Bihé à Garanganja ne laisse pas que d'être une chose digne d'observation. — J. D.

Ils n'ont pas l'idée d'une foi religieuse, n'adorent ni le soleil ni la lune, ne se font aucune idole et vivent en se contentant de leurs fétiches et de la divination.

Cependant, chez eux, prévaut une notion relative à l'immortalité de l'âme, ou plutôt à son existence dans un état de trouble jusqu'à ce que les survivants aient été en mesure d'accomplir certains préceptes ou certains actes de vengeance pour le compte de ceux qui sont morts.

Leur gouvernement a la forme d'une monarchie absolue, mélangée de beaucoup d'usages féodaux.

En général, chacun y est juge dans sa propre cause et, en parlant des *moucanos*, je dirai comment la justice est rendue dans ce pays.

Chez les Bihénos, les événements les plus considérables se rapportent à leurs sovas et surtout à la proclamation et au décès de ces personnages; mais, avant de décrire ces deux grands événements, je crois nécessaire de toucher un mot de la cour.

Autour du sova, on trouve un certain nombre de sujets dont le titre est *macotas* et qu'on assimile quelquefois, en se trompant, aux fonctionnaires qu'on appelle en Europe des ministres. Les macotas forment, il est vrai, une sorte de conseil que le sova consulte toujours sur ses résolutions, mais dont il suit rarement les avis. Ce sont les *sécoulos* et les favoris du sova, mais rien de plus; par *sécoulos*, on entend les nobles, leurs fils ou ceux qu'a anoblis le sova.

Beaucoup de ces sécoulos, possesseurs de *libatas*, qui sont des résidences fortifiées, jouent au souverain derrière leurs palissades; et, en s'adressant à eux, leurs sujets emploient l'expression de *Ná côco*, qui revient à « Votre Majesté ».

Outre les macotas, il y a trois nègres qui sont de service auprès du sova. Lorsqu'il donne audience, ceux-ci, accroupis à ses côtés, recueillent à terre les crachats royaux pour les jeter au dehors. Un autre porte le siège ou la chaise du roi. De plus, il y a le fou, complément indispensable de la cour de tous les sovas et même de celle de tous les sécoulos riches et puissants. C'est le fou qui nettoie la porte de la demeure du sova et les alentours.

Les libatas sont protégées par une forte palissade en pieux que couvrent presque toujours d'énormes sycomores ; à l'intérieur, une seconde palissade entoure et défend la résidence du seigneur. Ce second enclos s'appelle *lombé*[1].

Après ces rapides indications, j'arrive à ce qui se pratique à la mort et à la proclamation d'un souverain.

Le décès du sova est nécessairement connu des macotas qui pourtant tiennent l'événement profondément secret. Ils répandent dans le peuple la nouvelle d'une maladie dont le sova est atteint et qui l'empêche de se montrer ; pendant ce temps, ils étendent le cadavre sur le lit dans la hutte et le recouvrent d'un drap. Tel est du moins l'usage à Caquingué ; car, au Bihé, ils le suspendent par le col au toit de la hutte.

Le corps reste dans sa position jusqu'à ce que le travail de la putréfaction et des insectes ait décharné les os, à Caquingué ; ou, dans le Bihé, jusqu'à ce que la tête soit détachée du tronc.

Quand cela est fait, les macotas annoncent la mort du roi et procèdent à l'enterrement de ses restes. Les os placés dans une peau de bœuf sont déposés à la lombé dans une hutte qui sert de mausolée à tous les sovas. Celle où le cadavre s'est décomposé est démolie et les matériaux qui la composaient sont portés hors de la libata et dispersés dans le bois.

D'après ce que nous avons expliqué plus haut, le décès d'un sova, nécessairement et toujours, est attribué à un fétiche ; quelque malheureux doit le payer de sa vie, non à cause du sortilège, auquel il n'a pas recouru, mais parce que quelqu'un des macotas a une vengeance à tirer de lui. A peine la mort du roi a-t-elle été annoncée que le peu-

---

1. Revoir le plan de Belmonte, p. 193. — J. B.

ple semble devenu la proie d'un délire furieux. Plusieurs jours durant, non seulement il pille et dépouille tous ceux qu'il rencontre aux environs de la capitale ; mais même il les réduit en captivité et les vend comme esclaves.

Les macotas ensuite se mettent à la recherche de l'héritier et lui font escorte jusqu'à la *libata grande* ou la capitale. A son arrivée, il ne doit pas pénétrer de suite dans la lombé; mais il séjourne parmi le peuple, vivant momentanément comme un particulier. Dès cet instant, néanmoins, deux bandes de chasseurs se sont élancées hors de la libata ; l'une en quête d'une malanca (*catoblepas taurina*) et l'autre d'une victime humaine.

Dès que l'antilope est lancée, un membre de la première des deux bandes fait feu sur elle, puis prend la fuite, tandis que ses compagnons courent après l'animal pour lui couper la tête, car, si celui qui l'a abattue sacrifiait l'animal, il serait assassiné immédiatement, sans que personne pût désigner son meurtrier.

L'autre troupe, celle qui chasse à l'homme, se saisit du premier misérable, homme ou femme, qui lui tombe sous la main, et, poussant cette victime dans la jungle, lui coupe la tête, qu'elle rapporte fort soigneusement, en abandonnant le corps. Arrivée à la libata, elle attend le retour de la bande qui chasse à l'antilope, car il est toujours bien plus aisé de trouver et de tuer un être humain qu'un animal particulièrement désigné.

Quand les deux têtes, celle de l'individu et celle de l'antilope, sont réunies dans le même panier, l'homme à médecine se montre et commence à faire les *remèdes* propres à mettre le nouveau sova en état de prendre les rênes du pouvoir. A la fin de ses jongleries, il annonce que le souverain peut pénétrer dans la lombé. C'est alors qu'escorté par les macotas, le sova fait son entrée, au milieu des acclamations du peuple et d'une grande dépense de poudre.

En montant sur le trône, la première chose que fait le sova est de trier parmi les femmes celle qu'il choisit pour l'épouser, pour habiter avec lui ; elle prend le titre d'*inacoulo* ; les autres continuent à habiter la lombé, mais en dehors de la demeure royale.

La polygamie est cependant pratiquée dans le Bihé comme dans tout le sud de l'Afrique centrale.

Ici, les crimes sont toujours, en première instance, poursuivis par la partie lésée, et c'est seulement dans le cas où le coupable refuse d'acquitter le paiement de l'amende à laquelle il a été condamné, que son procès est porté devant le sova ; ce recours au souverain n'est pas fréquent. Régulièrement ce sont les parties elles-mêmes auxquelles le tort a été fait qui exécutent le jugement. Aussi le mot *moucano*, exprimant non seulement la perpétration d'un crime, mais encore le paiement de l'amende, est-il un des plus redoutables au Bihé.

L'argent suffit ici à l'expiation de tous les crimes. On ne connaît pas de châtiment intermédiaire entre le paiement d'une amende et la peine de mort. Si une personne riche se trouvant sous le coup du moucano refuse de payer, le poursuivant, pourvu qu'il en ait la force, se saisit d'une partie des possessions de l'autre pour une valeur qui dépasse beaucoup le montant de l'amende. Le bien ainsi saisi est conservé en dépôt jusqu'à une vente subséquente ou une prise de possession au bénéfice de la personne requérante.

Cependant, quand une saisie a été déclarée injuste, le sova force celui qui l'a faite à la restituer en donnant de plus, en guise de dédommagement, un porc à son adversaire.

Pareil système invite à l'extorsion, et il ne se passe guère de jour où l'on ne publie les moucanos les plus extraordinaires.

Une des causes les plus communes qui le fassent prononcer est l'adultère, car les femmes sont excitées par les maris à entraîner dans le piège tout ami ou toute connaissance masculine dont on n'ignore pas la fortune, de façon à lui faire payer le moucano. Quant au chef de caravane, il est obligé de payer ceux qu'on a imposés à ses nègres, car c'est lui qui répond de leur conduite.

Supposé qu'un blanc, ayant à payer les moucanos de ses noirs, se trouve à la tête d'une force capable de repousser les exigences de cette espèce, ses accusateurs attendront, parfois des années entières, qu'ils rencontrent un autre blanc, plus faible, et ce sera sur les biens de celui-ci qu'ils effectueront leur saisie, en lui notifiant, il est vrai, qu'ils le font à cause des torts de son frère, avec lequel il devra s'entendre.

Lorsqu'un homme chargé d'un moucano vient à mourir, l'infortuné qui se loge dans la demeure du défunt doit acquitter la condamnation prononcée contre celui-ci.

Ce mode de prétendue justice en usage au Bihé apporte de grands obstacles au commerce et cause des pertes fort sérieuses aux maisons de Benguéla.

Pendant que je logeais chez Silva Porto, quelques nègres y entrèrent apportant une poule dont ils prétendaient se servir pour certains *remèdes*. A la vue de cette volaille, le jardinier dit, par hasard, qu'elle ressemblait beaucoup à une des siennes. Ces paroles imprudentes furent le prétexte d'un moucano et coûtèrent au pauvre homme sept à huit mètres de cotonnade, qu'il fut obligé de payer au propriétaire de l'oiseau.

Dès qu'un étranger arrive au Bihé avec des marchandises, on essaie de lui appliquer un foule de moucanos, dans l'intention de lui soutirer la plus grosse partie de ce qu'il possède.

Cela est au point que bien des négociants qui viennent ici ne peuvent sauver qu'un tiers de leurs marchandises pour aller faire le commerce avec l'intérieur. Guilhermé, celui de Candimba, le père de Vérissimo, lorsqu'il y arriva une dernière fois pour ses affaires, dut remettre des denrées valant 3,350 francs, pour acquitter un moucano qu'on lui avait imposé, parce qu'un de ses hommes, ayant acheté un morceau de mouton trois cartouches, ne l'avait point payé le jour même et bien qu'il eût offert de le payer le lendemain, ce qui avait été refusé. Tandis même que je me trouvais là, Silva Porto, pour une bagatelle plus misérable encore, se vit contraint à donner la somme de 3,910 francs.

Ce moucano, ce mode de volerie, qui est infâme parce qu'il est légal et autorisé, devient une peste pour le commerce et cause la ruine du Bihé.

C'est lui qui a chassé de ce pays Silva Porto et les autres négociants honorables.

Si on le supprimait une bonne fois et si le chemin de Benguéla était rendu sûr pour les caravanes de commerce, on verrait, dans un espace de temps très court, les affaires de Benguéla tripler et de nouveaux courants de richesse, que ferme à présent le défaut de sécurité, s'ouvrir et vivifier l'industrie européenne.

Les gens du Bihé sont admirablement propres aux grandes entreprises. Si l'on pouvait seulement les délivrer de l'ignorance, cette vipère qui ronge leurs entrailles; les élever de leur état de brute à la hauteur de l'homme, les faire entrer dans le bon chemin, on les verrait bientôt prendre la tête dans la marche du progrès et laisser loin derrière eux les autres peuples de l'Afrique.

Les nègres ont quelque rapport avec les meilleures races de chevaux. Ceux qui d'abord sont les plus difficiles à diriger deviennent le plus promptement dociles et obéissants.

Les tribus dominées par la paresse et la lâcheté surtout se montrent rebelles à la civilisation; celles qui ont le plus de feu seraient au contraire élevées le plus facilement par leurs instructeurs.

Comme tous les habitants de cette partie de l'Afrique, les

Bihénos sont fort adonnés à l'ivrognerie. Ils se procurent de l'eau-de-vie, et, s'ils en manquent, il se font de la *capata*.

Capata, *quimbombo* et *chimbombo* sont trois mots qui désignent une même liqueur, espèce de bière fabriquée avec du maïs. Partout où l'on cultive le houblon (*humulus lupulus*),

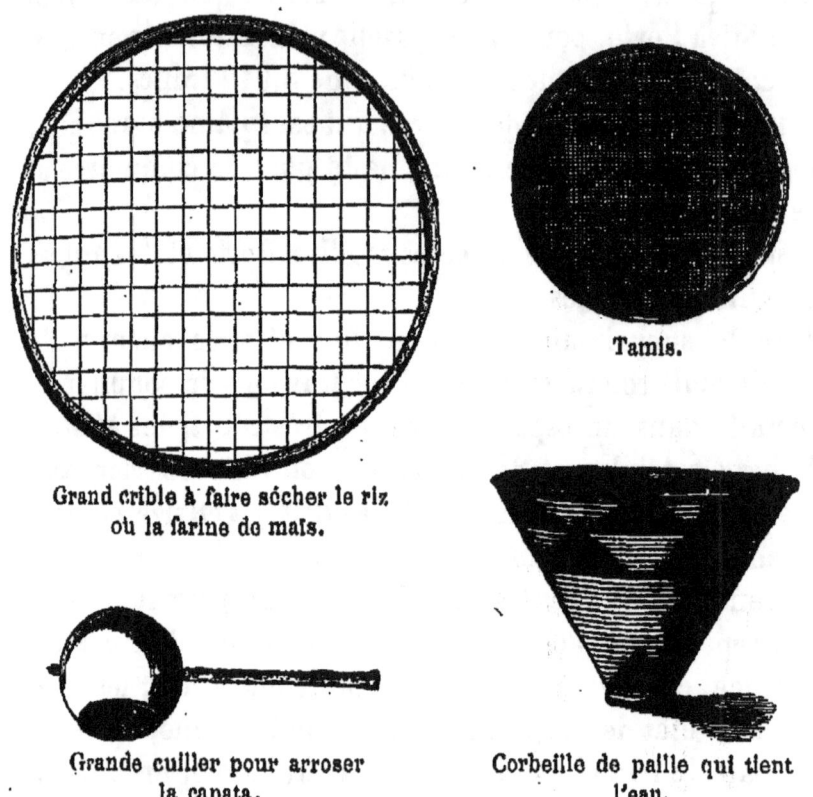

Grand crible à faire sécher le riz où la farine de maïs.

Tamis.

Grande cuiller pour arroser la capata.

Corbeille de paille qui tient l'eau.

Ustensiles des Bihénos.

les cônes fructifères de cette plante grimpante sont employés à la fabrication de la boisson.

En voici la recette. Les graines, réduites en poudre et mélangées avec de la farine de maïs, sont mises ainsi qu'une grande quantité d'eau dans un énorme pot de terre, où le tout bout de huit à dix heures. Ce bouillon sorti du feu et refroidi est ce qu'on nomme *capata*. On le boit immédiatement.

L'acide acétique l'emporte dans cette boisson qui a fort peu d'alcool; aussi en faut-il absorber beaucoup pour arriver à l'ivresse. Comme elle n'est pas filtrée, elle contient en suspension une quantité de farine et a plutôt l'air d'une purée que d'un liquide. Elle est fort nourrissante, car beaucoup des nègres qui en boivent assidûment passent une journée entière ou même davantage sans manger.

Dans les endroits où l'on ne cultive pas le houblon, il est remplacé par une farine faite avec du maïs germé, ce qu'on obtient en enterrant le grain ou en le plongeant dans l'eau pendant quelques jours.

On produit une grande fermentation alcoolique dans la capata en y ajoutant du miel. Elle se transforme ainsi en alcool, au bout de quelques jours; devient très enivrante et porte alors le nom de *quiassa*.

Il y a encore une boisson qu'on peut à peine qualifier de rafraîchissante, mais qui ne laisse pas d'être à la fois très nourrissante et agréable.

On la fait avec la racine d'une plante herbacée que mes connaissances imparfaites en botanique ne me permettent point de classer et que les nègres appellent *imboundi*. Ils font une forte décoction de cette racine, la laissent refroidir et fermenter légèrement dans une grande calebasse, puis y ajoutent à froid de la farine bouillie comme pour la capata. La racine d'imboundi contient beaucoup de matière saccharine. On appelle cette boisson *quissangoua*.

L'alimentation des Bihénos est presque entièrement végétale. Possédant peu de gros bétail, ils n'en tuent pas pour leur nourriture; à peine si, de temps à autre, ils mangent un peu de porc. Les cochons à l'état domestique sont nombreux. C'est, je crois, Silva Porto qui les a introduits ici. Le gibier est rare, parce que le pays est trop peuplé. Le peu qu'il y en a consiste surtout en petites antilopes (*cephalophus mergens*), difficiles à tirer par suite de leur excessive sauvagerie.

Cependant les Bihénos dévorent toutes les viandes qui leur tombent sous la main et les préfèrent pourries.

Lions, chacals, hyènes, crocodiles, tous les carnivores, sont consommés par eux avec un égal plaisir; mais ce qu'ils préfèrent à tout, c'est le chien, qu'ils engraissent pour leur cuisine. Ce goût peut leur être venu de la rareté des substances animales que fournit le pays. S'il ne faut pas les accuser à proprement parler d'anthropophagie, néanmoins on constate qu'ils se régalent parfois d'un voisin, après l'avoir fait rôtir. Ils préfèrent, assure-t-on, la viande de vieillard; un vieux à cheveux blancs forme un cadeau digne de la table d'un sova ou d'un puissant et riche sécoulo, qui doit donner un repas.

Souvent, dans leurs libatas, les sovas du Bihé célèbrent des festins qu'on appelle « Fêtes du Quissoungé ». Pour ces fêtes, on immole et on dévore cinq individus, dont un homme et quatre femmes, qui sont: une potière, une femme qui vient d'être délivrée de son premier enfant, une autre affligée d'un goître, infirmité assez commune, et une fabricante de paniers. L'homme doit avoir été un chasseur d'antilopes.

Quand les victimes ont été prises, on les décapite et leurs têtes sont jetées dans les jungles. Leurs cadavres sont apportés de nuit à la *lombé* de la grande libata: ils y sont dépecés, puis, on tue un bœuf, dont la viande est cuite avec la chair humaine, partie en rôti, partie en bouilli dans de la capata. Tout ce qu'on sert à ce banquet est donc mêlé à du sang humain. Dès que ces mets sinistres et répugnants sont prêts, le sova fait publier qu'il va commencer le quissoungé, et tous les habitants de l'endroit se précipitent pour prendre leur part du festin.

Parmi les goûts étranges des Bihénos, on peut compter la passion qu'ils ont pour les termites, vulgairement dits fourmis blanches. Ils les mangent crus après avoir défait les nids qu'ils ont construits.

Dans leur pays, les Bihénos sont de francs voleurs et prennent tout ce qu'ils peuvent attraper ; en caravane, non seulement ils s'abstiennent de voler, mais même, comme porteurs, ils gardent leur charge avec fidélité.

Si une caravane campe dans le Bihé, où elle est de passage, il faut qu'elle envoie de suite prévenir le sécoulo possesseur de la terre et lui porter quelque cadeau ; quand elle y manque, les habitants du village voisin auront le droit de lui dérober tout ce qu'ils pourront ; mais, dès que le maître de la terre a

Palissade simple.

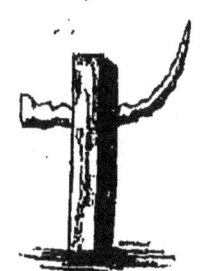

Poteau élevé devant la porte des villages.

Trophée de chasse, dans la plupart des villages fortifiés.

reçu son présent, c'est lui qui devient responsable des objets qui disparaîtraient.

On doit encore faire un don ou plutôt payer un tribut, la quibanda, au sova ; mais, qu'on ne le fasse pas trop coûteux ; car ces gens-là ne sont jamais satisfaits de ce qu'ils ont reçu et demandent toujours davantage.

Les libatas ou villages fortifiés (depuis le littoral jusqu'au Bihé, ils le sont tous plus ou moins) sont des reproductions l'un de l'autre, sauf les changements légers qu'impose à la construction la configuration du terrain. Ils comprennent plusieurs groupes de huttes bâties en bois et couvertes de chaume. La palissade qui les entoure varie en hauteur de 2 à 5 mètres et est faite de pieux en bois de fer, ayant 0^m,20 de diamètre. Parfois on se borne à enfoncer ces pieux dans la terre; d'autres sont assujettis par des traverses au moyen de liens d'osier; enfin il y en a qu'on affermit par des pièces horizontales, plantées dans des fourches énormes qui se tiennent droites.

Palissade reliée par de l'osier.

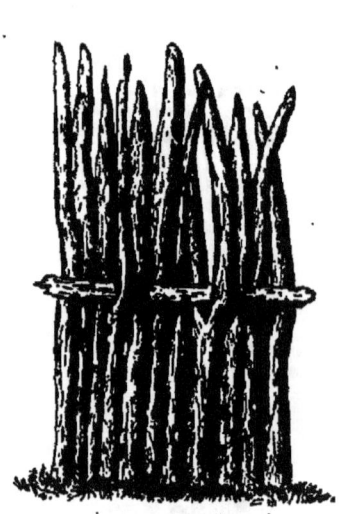
Palissade maintenue par des barres entrées dans des fourches.

Une autre palissade semblable, mais plus forte, entoure la lombé, résidence du chef de l'endroit. Dans plusieurs occasions, j'ai remarqué des groupes de maisons isolées par une palissade.

La plupart des libatas, et surtout les plus anciennes, ont l'ombrage d'arbres élevés; elles sont placées au bord d'une rivière ou d'un ruisseau. Parfois même le cours d'eau passe au travers.

Le plus généralement, elles forment un rectangle; cependant il y en a d'elliptiques ou de circulaires; d'autres sont des polygones irréguliers. Les constructions n'y observent aucun ordre et n'obéissent évidemment qu'aux exigences du terrain.

C'est afin de repousser les attaques des hommes que ces villages sont fortifiés, car la région renferme trop peu d'animaux féroces pour qu'on ait à les redouter ; et cela est si vrai que, dans l'intérieur, là où les bêtes féroces forment des troupes, les villages restent ouverts.

Les guerres que se font les noirs sont le plus souvent

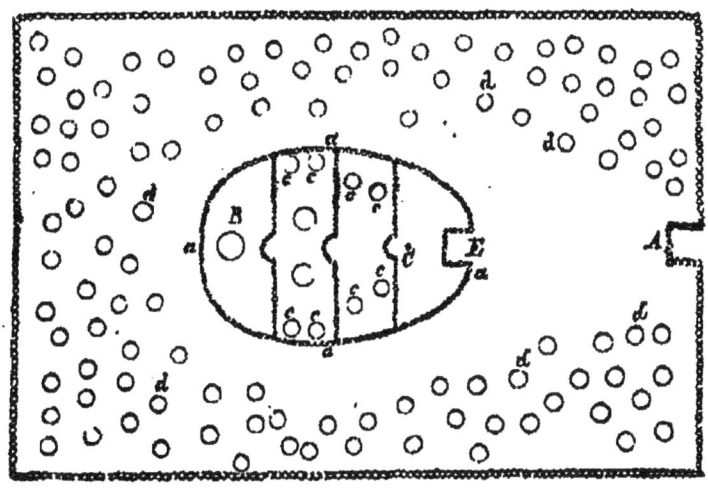

Plan d'une *libata* ou village fortifié du Bihé.

A. Entrée. — B. Hutte conique où les sovas sont enterrés. — C. Trophée de cornes. — *a, a, a*. Lombé ou résidence du sova. — E. Entrée de la lombé. — O. Demeure du sova. — *c, c, c*. Huttes des femmes. — *d, d, d*. Huttes des nègres.

dénuées de motifs sérieux ; il suffit qu'une tribu soit réputée riche pour qu'on l'attaque. Ces hostilités ne sont que des expéditions de brigandage.

Quand un souverain a résolu de combattre un roi ou une tribu, il fait prévenir les sovas et les sécoulos du voisinage et les invite à participer à la campagne. Ceux-ci répondent à la convocation et, comme cela se passait en Europe, à l'époque féodale, ils amènent leurs guerriers pour grossir l'armée du souverain.

Quelques-uns de ces peuples font des razzias d'une façon systématique et périodique. Ainsi ceux du pays de Nano, tous les trois ans, s'abattent sur les contrées limitrophes et y enlèvent le gros bétail de Moulondo, de Camba et de Quilenguès. En vérité, ils peuvent dire que leurs voisins sont pour eux des bouviers, élevant du bétail à leur profit.

Un fait remarquable, pour toutes les guerres de cette partie de l'Afrique, c'est que celui qui attaque remporte ordinairement la victoire.

On y voit sans doute des exceptions; mais elles sont peu nombreuses.

Une des plus notables a été l'incursion faite par Quilémo, le sova actuel du Bihé, sur le pays de Caquingué. Les Bihénos y furent si bien défaits par les Gonzélos que Quilémo devint le captif du sova de Caquingué. Il y aurait laissé sa vie aussi bien que sa liberté, si Guilhermé José Gonçalvès (le Candimba) et Silva Porto ne l'avaient pas racheté au prix d'une lourde rançon.

Dans les hostilités auxquelles ces peuples prennent part, il n'y a pas un cinquième des combattants qui possède des armes à feu; le reste n'a que des arcs, des flèches, des hachettes et des assagaies. Si chaque homme portant mousquet peut disposer de trente paquets de cartouches, la guerre est considérée comme une grande et importante affaire. Les fusils dont ils se servent sont connus dans le commerce sous la désignation de *lazarinas;* ils sont à pierre, très longs et d'un petit calibre. On les fabrique en Belgique; mais leur nom vient d'un célèbre armurier portugais qui habitait la ville de Braga au commencement de ce siècle et dont la haute réputation, après avoir rempli le Portugal, s'étendit sur les colonies. Son nom de Lazaro — *lazarino*, natif de Braga — est effrontément gravé sur les canons des fusils que les Belges font à l'usage des nègres et qui ne sont qu'une maladroite contrefaçon de l'arme excellente que livrait jadis au commerce le célèbre armurier portugais.

Les Bihénos n'emploient pas de balles de plomb; ils les trouvent trop lourdes, disent-ils, et les remplacent par des balles de fer. Leurs cartouches, qu'ils font aussi eux-mêmes, contiennent 15 grammes de poudre et ont 22 centimètres de long.

Leurs balles en fer ont un diamètre bien inférieur au calibre et pèsent au plus 6 ou 7 grammes. Étant forgées, elles ont plutôt la forme d'un polyèdre irrégulier que d'une sphère.

Les fusils chargés de cette façon n'ont que peu de justesse, naturellement, et touchent à une centaine de mètres à peine.

La portée ordinaire de la flèche est de 50 à 60 mètres; mais, dans les mains des noirs, qui visent mal, la flèche ne blesse guère qu'à 25 ou 30 mètres. Les assagaies sont faites entièrement de fer, courtes et ornées de poils de mouton ou de chèvre. Ce n'est pas ici une arme de jet. Dans le combat, le Bihéno la tient toujours à la main.

J'ai dit que l'assagaie était ornée de poils de mouton; c'est le cas d'expliquer qu'en Afrique le mouton n'a pas de laine[1]. On trouve ici deux espèces de mouton que la langue hamboundo nomme *ongué* et *omémé*. Le poil de la première est épais et court; celui de la seconde est sans doute plus long, mais il ne peut point passer pour de la laine.

Ces animaux de race exotique dégénèrent incontestablement sous l'influence du climat et du pâturage. Les chèvres des Bihénos sont d'une espèce très inférieure, et les bêtes à cornes, basses, pauvres et faibles. La volaille est abondante mais petite, comme tous les autres animaux domestiques de la région.

Voilà ce que mes notes m'ont fourni de plus intéressant sur le Bihé; je réserverai pour un chapitre spécial quelques détails sur les positions et les conditions climatériques de ce pays; maintenant, je reprendrai mon journal à partir du 11 avril 1878.

Les pluies avaient diminué par degrés: elles ne tombaient

---

1. Il y a longtemps qu'on a dit: en Afrique, les hommes portent de la laine et les moutons du poil. — J. B.

plus que la nuit, de six à neuf heures, depuis le premier du mois, et donnaient à peine 17 millimètres d'eau. Le temps devenait superbe ; même des cirrus très blancs, qui, les pluies finies, s'étaient montrés dans l'atmosphère à une im-

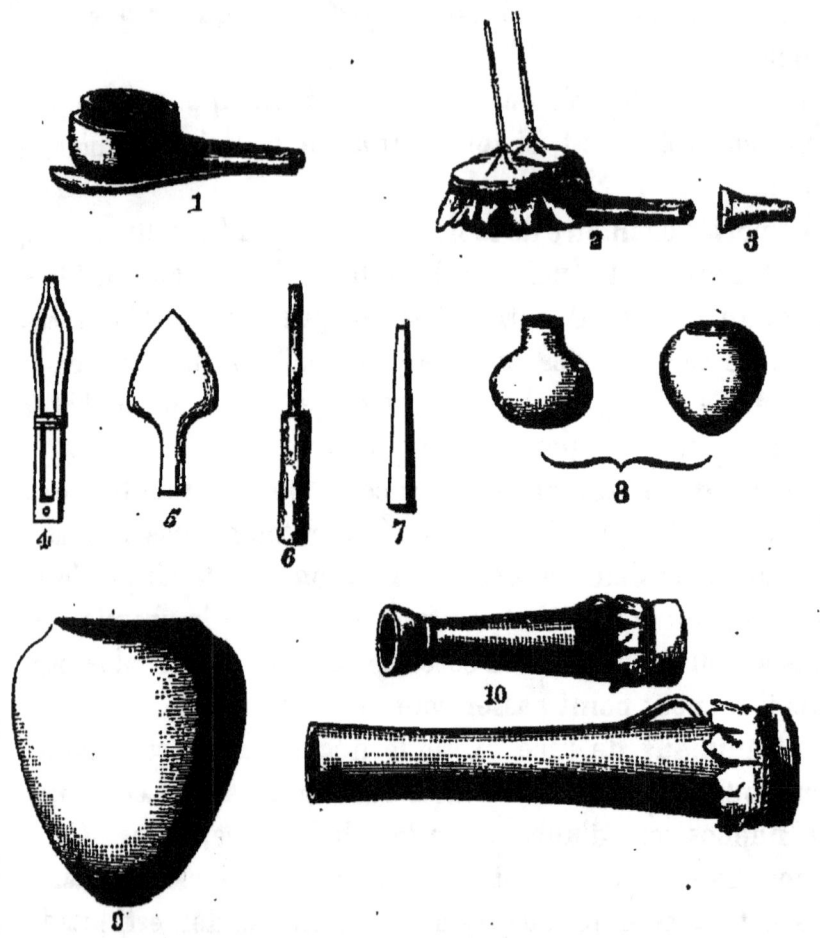

Objets fabriqués chez les Bihénos.

1. Soufflet. — 2. Soufflet prêt à servir. — 3. Bout en poterie. — 4. Pincettes. — 5. Grand marteau. — 6. Morceau de fusil avec un manche de bois et servant à retirer du fourneau les petites pièces. — 7. Petit marteau. — 8. Marmites de cuisine. — 9. Pot pour la capata. — 10. Tambours.

mense hauteur, finirent par disparaître, laissant le ciel parfaitement bleu et limpide. Il était beau à voir dans le jour éclairé par un brillant soleil, mais bien plus beau encore la nuit, lorsqu'il étincelait grâce aux milliers d'étoiles qui jettent sur la sombre terre d'Afrique cette lueur étrange, pleine de mélancolie et qui bien certainement n'appartient qu'aux régions des tropiques.

Le bon temps pour voyager ! et cependant, au 14 avril déjà, j'étais encore retenu au Bihé.

De fait, j'attendais toujours l'arrivée du gros de mes ballots et marchandises, qu'au mois de novembre de l'année précédente nous avions laissés à Benguêla et dont je n'avais reçu qu'une faible portion au commencement de mars. Ce retard devenait chose sérieuse ; car, sur les sept balles de marchandises que m'avaient abandonnées Capello et Ivens, j'en avais déjà dépensé quatre à nourrir mes gens et moi.

De plus, je n'avais encore offert aucun présent au sova régnant ; j'avais bien peur qu'il ne m'en demandât ; et, en somme, l'avenir de mon entreprise s'annonçait assez tristement.

Alors je réduisis mes dépenses personnelles au minimum ; cette mesure m'obligea de donner par jour une couple d'heures à la chasse. Faute de grosse bête, je pouvais, sur la rive gauche de la Couito, dans les terrains cultivés qui appartenaient à Silva Porto, faire une ample provision de perdrix.

J'appelai ce terrain ma basse-cour ; et j'y allais chaque jour abattre une pièce ou deux. Ce nombre n'était point dépassé, afin de ne pas ruiner mes ressources. Pareil au joueur qui vit du jeu et qui, résistant à sa passion vicieuse, se retire dès qu'il a un gain suffisant pour sa journée, je devais restreindre mes instincts de chasseur, et souvent j'épargnais le gibier que j'aurais pu tuer. Ce n'était pas sans me faire violence ; j'avais besoin de me représenter que je ne devais pas pour mon simple plaisir gaspiller ma poudre, dont la diminution était trop rapide, ni détruire le gibier qui devait subvenir à ma nourriture.

D'ailleurs, ce n'étaient pas uniquement les perdrix de Silva Porto qui formaient le menu de mes repas. Des pigeons ramiers d'Afrique voltigeaient par centaines dans les bois de la Couito et, matin et soir, venaient tremper leur bec dans le courant. Mes négrillons en prenaient souvent au trébuchet; alors ils me servaient, en face de ma perdrix accoutumée, ce bienheureux gibier flanqué d'un plat de pâte de maïs cuite à l'eau, en guise de pain.

C'est ainsi que je réussis à réduire mes dépenses personnelles qui représentaient au moins quatre mètres de calicot blanc par jour, prix d'une couple de volailles.

Les retards et la diminution rapide de mes ressources apportèrent quelque modification dans mes projets de voyage. J'avais toujours présent à la pensée le redoutable moucano et je sentais que, si l'on m'en imposait un, je ne pourrais absolument plus m'en aller du Bihé. En outre le repos forcé où nous vivions commençait à exercer son influence néfaste sur ma troupe; les vices que la fatigue et l'excitation de la marche assoupissent allaient se réveiller.

Le danger, sous ses formes diverses, était donc suspendu sur ma tête comme l'épée sur celle de Damoclès. Après y avoir bien songé, je pris la résolution de me procurer les avantages de la force et de défendre ma propriété à tout hasard.

Mais, pour y parvenir, il me fallait des armes; non seulement des armes, mais aussi une bonne provision de munitions de guerre. J'avais déjà dix carabines sniders que m'avaient remises Ivens et Capello; je m'en procurai encore onze de celles qu'avait laissées Cameron à la fin de son voyage. Quant aux munitions, je possédais quatre mille cartouches. J'avais encore une vingtaine de fusils à pierre, dont quelques-uns étaient du modèle dont se sont servies les armées européennes; mais, pour eux, je manquais de munitions. Je fis donc publier mon intention d'acquérir toutes les armes à feu hors d'usage qu'on m'apporterait. L'avis me valut des offres assez nombreuses pour me permettre le choix. Toutes celles que j'étais capable de réparer, je les achetai. Leur réparation ne me présentait guère de difficulté, car j'étais un forgeron et un armurier assez habile. J'avais été formé à ces métiers par mon père, qui encore aujourd'hui occupe ses loisirs avec succès, dans son atelier particulier, beaucoup mieux installé, je puis le dire, que la moitié de ceux qui appartiennent aux armuriers de profession.

Cela me rappelle une anecdote amusante. Un jour, un monsieur, qui désirait voir mon père pour affaire, arriva à notre villa, sur le Douro, et, entendant le bruit d'un marteau dans un bâtiment voisin de notre demeure, y dirigea ses pas. Il trouva une grande forge, où deux hommes, bras nus jusqu'à l'épaule, chaussés de sabots, coiffés de bonnets rouges, la poitrine garantie par de larges tabliers de cuir attachés à leur cou, la face et les mains noircies par le charbon et le fer, frappaient en cadence à grands coups de marteau une barre rougie au feu, mise en travers d'une enclume énorme, et d'où leurs bras vigoureux faisaient jaillir dans toutes les directions une pluie d'étincelles.

L'étranger, s'arrêtant à la porte, nous demanda : « Monsieur le docteur est-il visible ? »

Mon père, qui était un des forgerons, lui répondit par une autre question :

« Pardon, monsieur ; que lui voulez-vous ? »

Le visiteur était pointilleux ; croyant sa dignité offensée par l'apparente familiarité d'un simple forgeron, il répliqua d'un ton peu poli qu'il était venu pour voir Son Excellence et qu'il ne supporterait pas qu'un ouvrier qui travaillait pour mon père lui répondît par des questions.

Mon père voulut lui faire comprendre que le forgeron et le docteur formaient une seule et même personne ; mais il gâta tout, car l'interlocuteur y crut voir une raillerie jointe à l'insolence. Les deux parties s'échauffaient trop, si bien que l'aide-forgeron, qui n'était autre que moi-même, se vit obligé d'intervenir pour réussir, à force d'éclaircissements, à convaincre l'étranger de notre identité.

Cette circonstance d'avoir été habitué ainsi au travail mécanique m'a été fort utile ; c'est un de ces petits ruisseaux qui ont formé la rivière du succès de mon entreprise.

Un autre labeur s'ajoutait donc à tous ceux qui m'occupaient déjà ; mais, au bout de peu de temps, je me trouvai en possession de vingt-cinq fusils de plus, qui d'abord avaient été rejetés comme hors d'usage par les indigènes.

Les munitions me manquaient toujours et il m'en fallait. Je découvris chez Silva Porto une collection complète de la *Gazeta de Portugal;* j'en fis ma provision de papier pour mes cartouches futures. Les caisses que j'attendais de Benguêla devaient contenir une quantité suffisante de poudre ; ainsi je n'avais plus à me procurer que des balles et, comme il ne fallait pas penser à trouver du plomb, je me décidai à les forger avec du fer. Ce métal me manquait, il est vrai ; mais on pouvait s'en procurer.

Je fis donc annoncer que je voulais acheter tout le vieux fer qu'on m'apporterait, et je vis bientôt s'entasser sous mes yeux les bêches usées et surtout les cercles de barils à eau-de-vie. Je ne cessai d'acheter du fer qu'après en avoir réuni à peu près deux cents kilos.

Ensuite j'engageai quatre forgerons indigènes. Au grand scandale de la négresse Rosa qui administrait le village de Belmonté, j'établis dans la cour intérieure deux forges du pays, et quand mes hommes eurent fait, hors de la libata, une quantité de charbon en brûlant les restes d'une palissade en bois de fer, d'un enclos abandonné, nous nous mîmes à forger énergiquement dans la cour.

Il fallait commencer par réduire toute cette masse de fer en barres cylindriques ayant le diamètre nécessaire pour nos balles. Ces garçons-là y réussirent fort adroitement. Avec les cercles, ils firent des lingots ayant 20 centimètres de longueur sur 4 d'épaisseur; puis, les retirant tout rouges de la fournaise, ils les enfoncèrent dans un monceau de gravois trempé d'eau. Une fois les lingots refroidis, on les remit dans la fournaise, et, quand ils y eurent acquis la température de fusion, on les réduisit aisément en une masse solide et homogène. Le reste du labeur n'offrait plus aucune espèce de difficulté.

L'acquisition de ces armes et de ce fer avait considérablement diminué mon avoir.

Il me fallait encore des verroteries. J'en possédais bien un sac envoyé par mes anciens compagnons, mais ces perles n'avaient point cours dans les contrées que je voulais visiter. J'essayai d'en acheter dans le Bihé; après beaucoup de mal, j'avais réussi à m'en procurer une petite quantité, suffisante pour la charge d'un porteur. Évidemment cela ne s'était fait aussi qu'aux dépens de ma provision d'étoffe; de sorte qu'au 17 avril, c'est à peine s'il m'en restait un ballot.

Il y avait une chose surtout qui me manquait depuis mon arrivée au Bihé; c'était un réveil-matin. J'avais omis d'en apporter un, et cet oubli m'avait coûté, même avant la fin de la première partie de mon voyage, bien des ennuis et plus d'une attaque de fièvre. Si j'avais par exemple quelques observations à faire après minuit, il fallait me tenir éveillé jusqu'à l'heure nécessaire, et je trouvais fort triste de passer une partie de la nuit à lutter contre le sommeil, sans lumière, et conséquemment sans aucune distraction possible.

Le 19, Ivens vint me faire une visite. Sa vue me causa une inquiétude profonde.

Il était fort amaigri, pâle comme un mort et avait l'air de souffrir d'une douleur continuelle. Je l'invitai à dîner avec moi le lendemain, qui était le jour anniversaire de ma naissance; mais l'état de sa santé, me dit-il, ne lui permettait pas de s'y engager.

Deux jours après, j'allai au campement de mes anciens compagnons pour rendre à Ivens sa visite. Capello n'y était pas; il était allé déterminer la position de la source du Couanza.

Le 25, dix mille balles de fusil étaient fabriquées; à dire vrai, c'étaient plutôt des boules de fer, grossièrement forgées, mais elles avaient la forme sphérique. Au fait, elles suffisaient à l'usage que j'en attendais et je remerciai mes forgerons.

Ce jour-là même, je vis arriver les premiers des Baïloundos apportant de Benguêla nos ballots, et d'autres firent leur apparition les jours suivants. Ces Baïloundos se montrèrent fort insolents et firent beaucoup de désordre à Belmonté ; ils en auraient fait bien davantage, si je ne m'en étais pas mêlé. Je retirai des marchandises reçues dix balles d'étoffe, trois barils d'eau-de-vie et deux sacs de caouris.

Il me fallait encore de la poudre et du sel, deux articles demeurés en retard.

Je me préparai cependant alors à faire mon présent au sova et à mettre toutes choses en ordre pour le départ. Mes cartouches étant disposées, je pouvais en deux ou trois journées les charger de poudre. J'envoyai donc rassembler mes porteurs afin de me tenir prêt à m'en aller d'un instant à l'autre.

Le 29 avril, les noirs de Silva Porto m'ayant dérobé quelque article de peu de valeur, je me mis en colère et les menaçai de les renvoyer à Benguêla. Ils cherchèrent à recouvrer mes bonnes grâces en m'avertissant qu'ils connaissaient l'endroit où étaient maintenant cachés quatre mousquets qu'on avait volés à l'expédition sur la route. M. Malgalhães, propriétaire des locaux où j'avais été d'abord installé dans le Bihé, s'en était, paraît-il, approprié l'un d'eux. Je finis par réussir à les recouvrer tous quatre.

A cette époque, j'avais tant d'occupations que je me réservais à peine le temps de dîner. Je devais apprêter les charges et surveiller en personne ce qui se faisait, car ces noirs, aussi bien ceux de Silva Porto que les miens, ne formaient qu'une bande de vrais fripons.

Il y avait parmi eux une exception, mais une seule ; c'était mon nègre Aogousto, qui m'a toujours montré la plus grande fidélité. Je l'avais embauché à Benguêla en même temps que les autres, et je ne faisais alors aucun cas de lui en particulier ; il n'avait pas du tout l'air de se distinguer, si ce ce n'est peut-être qu'il était un peu plus ivrogne que le reste.

A la distribution des armes à feu, les hommes firent des difficultés pour recevoir les sniders, tandis qu'Aogousto en demandait un ; cela commença à me le faire remarquer. Un jour que, dans le Dombé, j'exerçais mes hommes au tir à la cible, je vis qu'il tirait assez bien. Plus tard, à Quilenguès, j'appris qu'il avait déclaré à ses compagnons qu'il ne me quitterait jamais. Comme sa force herculéenne et son courage lui avaient conquis beaucoup d'ascendant sur les autres, je le pris pour un de mes gardes.

Au point où en est mon récit, la position d'Aogousto s'était améliorée. De simple porteur, il avait été promu au grade de chef de la caravane.

Ceux des gens qui ne l'aimaient ni ne le respectaient en avaient peur.

Il était décidément le meilleur des nègres que j'eusse rencontrés en Afrique. Cependant il n'était point parfait ; car personne ne l'est ici-bas. Parmi ses défauts, j'en dois mentionner un qui mérite peut-être quelque indulgence, car, s'il a de très sérieux inconvénients pour un homme qui voyage en Afrique, à d'autres points de vue, il peut être considéré comme une vertu.

Aogousto était follement amateur du beau sexe.

Joignant à la force d'un buffle le courage d'un lion, il croyait, je le suppose, que son devoir l'appelait à protéger et à défendre les êtres faibles qu'il rencontrait sur son chemin.

Le récit de ses aventures galantes de Benguêla au Bihé nous entraînerait trop loin. Marié à Benguêla, il avait pris une seconde femme au Dombé, une troisième à Quilenguès, une quatrième à Caconda, une cinquième au Houambo, et, depuis notre arrivée au Bihé, il avait contracté trois ou quatre mariages de plus. C'était un vrai Don Juan, seulement il était noir.

Assez obéissant sur tout autre point, il restait absolument sourd aux représentations que je pouvais lui faire à ce sujet.

Pourtant, un jour que les récriminations de ses nombreuses

Aogousto aux genoux du major Serpa Pinto.

épouses devenaient bruyantes, je le fis venir, le grondai sévèrement et le menaçai de me séparer de lui s'il ne se corrigeait point. Il pleura comme un veau, se jeta à genoux, à mes pieds, me fit mille promesses de réforme et finit par me dire que, si seulement je consentais à ce qu'on lui remît une pièce d'étoffe à partager entre ses femmes pour faire taire leurs langues, il n'aurait plus rien de commun avec elles et garderait fidélité à sa Marcolina, son épouse de Benguêla. Je lui donnai l'étoffe et je me sentais heureux d'avoir excité un repentir si sincère. Le soir même, je fus tiré de mon repos par un bruit inusité qui retentissait dans une portion éloignée du village ; on y chantait, on y riait fort ; on y célébrait quelque événement joyeux.

Curieux de savoir ce qui se passait, j'y envoyai voir. On me rapporta que c'était Aogousto qui fêtait sa nouvelle union avec une jeune fille du village de Jamba !

Qu'y faire? Évidemment cette manie de mariages était plus forte que sa volonté. Je pris en moi-même la résolution de ne plus intervenir dans ses affaires matrimoniales, qui, après tout, ne compromettaient personne, puisque ce diable d'homme avait soin de ne pas dépasser les bornes de la loi.

Nous étions au 2 mai ; je n'avais point encore pu rassembler mes porteurs et j'attendais toujours des Baïloundos avec la poudre et le sel, envoyés de Benguêla.

Vérissimo faisait de son mieux pour réunir les hommes ; mais il y avait peu de succès.

Un matin, j'étais occupé à l'intérieur de la maison, lorsque, à mon grand étonnement, j'entendis au dehors les sons d'un violon, dont on tirait des airs très mélodieux et tout à fait différents de la musique monotone que font ordinairement les nègres.

Je me fis amener le ménestrel, et je vis un homme noir, grand, maigre, presque nu, mais doué d'une physionomie à la fois intelligente et mélancolique.

Son instrument était un violon, œuvre de ses propres mains ;

il en tirait des sons aussi puissants et aussi mélodieux qu'on en obtiendrait d'un stradivarius. La boîte et le manche ressemblaient beaucoup à ceux des violons faits en Europe, mais étaient taillés dans un seul bloc de bois, dont une mince pièce formait la table.

Trois cordes de boyau, que le musicien avait aussi confectionnées lui-même, garnissaient l'instrument, et l'archet se composait de deux cordes pareilles, à la place des crins de cheval.

Évidemment ce n'était pas une invention, mais la bonne imitation d'un violon d'Europe.

Le bois dont il était composé s'appelle ici *bôlé* et croît en abondance dans les forêts de l'ouest de l'Afrique centrale. Il pourrait être utile de l'essayer pour la construction des instruments à corde.

Ce musicien nègre se mit à chanter, en mon honneur, à *mezzo petto* et d'une voix fort agréable, un air qu'il accompagna sur son violon harmonieux. Les indigènes accourus en foule autour de lui donnèrent des salves d'applaudissements et moi-même je fus ravi de cette musique originale.

Les jours suivants, quelques nègres vinrent, du pays d'Andoulo à Belmonté; ils offraient en vente un excellent tabac qu'on cultive beaucoup dans leur district. C'est ce tabac d'Andoulo, acheté par les Bihénos et conduit à Benguêla, qui s'y vend sous le nom de tabac du Bihé.

J'en achetai un lot qui, d'après mes comptes, me revenait environ à 3 fr. le kilo.

Je prends cette occasion d'indiquer, à titre de renseignement curieux, les prix de divers objets au Bihé, en notant toutefois que ce ne sont pas exactement ceux que j'ai été obligé de payer.

Un poulet ou six œufs peuvent valoir un mètre de cotonnade; un chevreau de deux ans coûte 7 à 8 mètres; pour un porc de 75 à 90 kilos, on donnerait une pièce de calicot blanc et une d'étoffe bleue appelée *zouarté;* pour un litre de farine

Vérissimo.

de maïs, 2 mètres de cotonnade, et 3 pour la même quantité de farine de manioc ou de haricots. Les mètres indiqués ici sont ceux des étoffes les plus communes qui ne valent jamais au Bihé plus de 1 franc 20 centimes.

Dans ce pays, le mètre d'étoffe s'appelle *pano*; deux, une *béca*; quatre, un *lençol*; et huit, une *quirana*[1].

Les marchandises de troque destinées aux Bihénos et aux marchés qu'ils exploitent, comprennent le calicot blanc, la toile bleue de coton de l'Inde ou *zouarté*; la zouarté imprimée; les mouchoirs de zouarté imprimée; les mouchoirs fins ou diaprés; des cotonnades rayées et autres, toujours de la qualité la plus commune.

Les pièces de calicot blanc contiennent réellement 25^m,60 d'étoffe; celles d'espèce supérieure, 27^m,43. La pièce de *zouarté* et d'étoffe rayée a 16^m,45; de mouchoirs imprimés, 7^m,31; de mouchoirs diaprés, 5^m,48; et de calicot de troque, 10^m,97.

Le voyageur dans cette partie de l'Afrique ne doit pas prendre des marchandises de bonne qualité parce que, bien qu'elles ne jouissent pas d'une plus grande faveur sur le marché, elles sont considérablement plus lourdes que les autres.

Par exemple, une couple de charges[2] que j'avais préparées sur les lieux, contenaient chacune 570^m,56; et d'autres, qui comprenaient à peine 165 mètres de beau calicot blanc, étaient beaucoup plus lourdes.

Voilà qui suffit à prouver les inconvénients des marchandises supérieures : elles coûtent davantage comme acquisition et exposent à plus de frais et de difficultés pour le transport : trois hommes n'en porteront que ce qu'en portera un, s'il est chargé des qualités inférieures.

Cet argument est encore bien plus vrai en ce qui concerne

---

1. Dans ce passage, le mètre du commerce est le *yard* anglais valant 91 de nos centimètres; ainsi, 2 mètres reviennent à 1^m,82; 4, à 3^m,65 et 8, à 7^m,31, de notre mesure. — J. B.

2. Par le mot *charge*, j'entends le poids qu'un homme peut porter sans inconvénient, c'est-à-dire à peu près 30 kilos. (*L'auteur*.)

l'explorateur, pour qui les marchandises ne sont exactement qu'une espèce de monnaie qu'il troquera pour subvenir à ses besoins de chaque jour : or un nombre de mètres d'étoffe commune lui procurera en vivres et en services exactement la quantité que lui vaudrait le même nombre en étoffe supérieure.

La meilleure monnaie qu'un voyageur puisse emporter dans cette partie du monde, ce sont donc le calicot blanc commun et la zouarté ou toile bleue de coton de l'Inde.

Quant aux verroteries, c'est une autre affaire. Celles qui sont le plus recherchées ici seront à peine regardées ailleurs, quelquefois à la distance d'un petit nombre de kilomètres : par exemple, dans le Baïloundo, on estime fort les perles noires; au Bihé, personne n'en veut à aucun prix.

Il y a cependant une classe de verroteries qui est assez généralement reçue dans l'étendue entière du sud de l'Afrique centrale. C'est une petite perle rouge ayant un œil blanc, à laquelle le commerce de Benguêla a donné le nom de *Maria segunda*.

Le petit caouri a cours depuis l'autre côté du Couanza jusqu'au Zambési; mais la grande espèce n'y a aucune valeur.

Le fil de laiton et le fil de cuivre rouge, propres à faire des bracelets, sont recherchés, pourvu, du moins dans ces régions, qu'ils n'excèdent pas 3 ou 5 millimètres d'épaisseur.

Les bonnets écarlates, les souliers, les uniformes militaires, etc., ne causent que des déceptions : parce que, si appréciés qu'ils soient à titre de cadeaux par les sovas et les sécoulos, ils constituent la pire des monnaies.

Les couvertures et surtout les couvertures à vives couleurs dont on se sert en Europe pour s'envelopper les jambes en voyage, peuvent être rangées dans la même catégorie que les uniformes et les bonnets; les naturels en ont sans doute la plus grande envie, mais, si elles sont d'un excellent usage comme cadeaux, elles ne servent pas de monnaie.

On peut faire la même observation à l'égard des orgues de Barbarie, des boîtes à musique et de tous les articles de ce genre.

Les tours de prestidigitation et les phénomènes de physique ou de chimie font une impression certaine sur les indigènes, mais bien moins qu'on ne se le figure en Europe. Comme les naturels ne comprennent pas les moyens de les produire, ils se contentent de les attribuer à une sorcellerie, ainsi qu'ils font de tout ce qu'ils ne peuvent pas s'expliquer.

Les tours qui pourraient être reproduits seraient préjudiciables à celui qui les ferait.

D'après mon expérience, ce qui cause aux indigènes la plus profonde impression, l'admiration la plus vive, c'est l'habileté à se servir des armes à feu.

Si l'on peut, en présence d'une assemblée de nègres, loger six balles dans une petite cible éloignée, couper d'une balle la queue d'un fruit suspendu sur sa tête ou tuer un oiseau au vol, on en obtiendra, immédiatement et sans nul doute, une grande considération et on deviendra pour longtemps le sujet de toutes les conversations.

Pour prouver ce que je dis, je citerai un petit incident qui m'est arrivé dans la libata que j'habitais. Un beau matin, je vis entrer un homme à médecine du Bihé; il apportait un *remède* qui, disait-il, avait pour effet de garantir des balles.

En général, les Bihénos accordent une foi entière à des propositions de cette espèce et plusieurs d'entre eux ont dépensé tout leur avoir pour posséder cette inestimable *médecine*, qui les rend plus invulnérables que ne l'était Achille, car ils ne peuvent plus être tués, même si on les frappe au talon.

Un mulâtre civilisé, qui avait fait ses études à Benguéla, se mit un jour à me rire au nez parce que je lui disais que, nonobstant tout *remède* contraire, je me faisais fort de lui traverser le corps d'une balle.

Mais revenons à mon histoire. Mon ami l'homme à médecine exhiba un petit pot de terre d'un demi-litre, plein du précieux préservatif, et il affirma que celui qui s'en procurerait deviendrait aussi invulnérable que le vaisseau contenant le liquide. Les meilleurs tireurs du monde, disait-il, l'avaient frappé sans qu'il fût endommagé par leurs balles. Bien plus, voulant donner à son public une preuve irréfragable de sa véracité, il me défiait de briser son vase, qu'il eut bien soin en même temps de placer à 80 mètres, distance qui lui semblait devoir rendre impossible que je touchasse un si petit objet.

Je pris ma carabine, et je fis feu. Le pot de terre vola en éclats et le précieux liquide fut dispersé au loin.

Bien sûr, aucun mortel n'a jamais été applaudi avec plus d'enthousiasme que je ne le fus ce jour-là. Quant au malheureux homme à médecine, tout confus au milieu de cette cohue frénétique, il alla cacher ailleurs sa déconvenue.

Les meilleurs tireurs du pays ne sont que médiocres : entre les mains des nègres, il faut plus redouter vraiment la flèche et l'assagaie que les armes à feu.

Vérissimo était toujours à la recherche des porteurs; il en ramena quelques-uns le 5 mai ; d'autres avaient promis de venir le lendemain.

Ce matin-là, je reçus de Benguéla des lettres et des ballots que m'avaient envoyés Pereira de Mello et Silva Porto.

Ces lettres me firent une telle impression qu'en tête du chapitre où je parle du Bihé, j'écrivis les noms des deux hommes qui me les envoyaient, et j'y maintiens aujourd'hui leurs noms comme le témoignage public de mes hommages et de ma gratitude.

Pereira de Mello m'adressait seize mousquets, trente kilos de savon, une montre et une charge de sel ; tous ces articles avaient pour moi la plus grande valeur.

Mais, je le répète, c'était moins encore la nature de l'envoi, que la lettre et ses expressions d'amitié qui avaient gravé en moi un immense sentiment de reconnaissance envers le gouverneur de Benguéla.

Le talisman brisé.

Entre autres choses, il me disait, dans l'hypothèse où je persisterais à continuer mon voyage, de bien compter sur l'entière assistance qu'il serait en son pouvoir de me donner, vu sa position officielle ; si, par hasard, des ordres supérieurs venaient contrarier sa bonne volonté en qualité de gouverneur, je n'en pourrais pas moins compter sur lui comme homme, sur Pereira de Mello.

De plus, il m'informait que les autorités du Portugal ne lui avaient encore fait passer aucune défense de me fournir tout ce dont je pourrais avoir besoin ; si elle lui parvenait, il s'arrangerait, ainsi que les négociants de Benguéla, pour me faire parvenir ce que je demanderais.

La lettre de Silva Porto n'était pas moins bonne.

Dans sa prévoyance, le négociant expérimenté me recommandait de ne partir que muni d'amples ressources. Je devais demander à Benguêla tous les objets qui me sembleraient nécessaires et, quels qu'ils fussent, il se faisait fort de me les envoyer au Bihé.

« Me voici vieux, disait-il en finissant ; mais je suis encore solide et vigoureux : s'il arrivait, mon ami, que dans l'intérieur, vous fussiez dans une de ces détresses, communes au désert, où l'on perd l'espérance, maintenez-vous à l'endroit où vous vous trouverez, et faites-moi parvenir par les naturels une lettre, à quelque prix que ce soit. N'hésitez pas à le faire et ayez bon espoir : dans l'espace de temps le plus court possible, vous me verrez arriver, vous apportant assistance et ressources. Je ne fais jamais de vaines promesses, vous le savez : si vous avez besoin de moi, écrivez-le, et je partirai immédiatement. »

De telles paroles se passent de commentaires ; aussi me bornerai-je à les reproduire sans y ajouter un seul mot de reconnaissance ; il serait ridicule.

Ce fut un frère de Vérissimo, Joaquim Guilhermé, qui m'amena ce convoi de Benguêla ; il me dit que, le lendemain, arriverait le reste des bagages, appartenant à l'expédition et, en même temps, la poudre que j'attendais avec tant d'impatience.

En outre, je reçus, comme c'était toujours le cas lors de l'arrivée d'un messager de Benguéla, un souvenir d'Antonio Ferreira Marquès, sous forme de friandises pour ma pauvre table.

Le 6 mai enfin, la poudre arriva et je pus me mettre de suite au travail. Les cartouches étaient prêtes ; il ne me restait qu'à les charger de poudre et à les fermer.

Pendant quatre journées entières, j'occupai trente-six ou quarante hommes à cette opération. Tout était terminé le 10 et, le 11, le rassemblement de mes porteurs était complet. Je leur distribuai les charges et donnai mes ordres pour le départ.

Mais, le matin du 12, quand j'avais toutes les raisons possibles de me croire sur le point de partir, je m'aperçus que je n'avais plus qu'une trentaine d'hommes : les autres avaient pris la fuite.

On m'informa alors que, la veille au soir, un nègre, nommé Mouéné Hombo, qui appartenait à Silva Porto, avait parcouru, avec d'autres noirs inconnus, les quartiers des Bihénos, en prétendant que j'avais l'intention de les conduire à la mer, d'où ils ne reviendraient jamais, attendu que je voulais les vendre comme esclaves.

Mouéné Hombo s'était enfui avec les Bihénos et je ne le revis jamais.

Cette nouvelle me causa un instant de découragement.

Ainsi les porteurs que j'avais réunis à si grands frais, que je m'étais donné tant de travail et de peines à louer, que j'avais réussi, à force de soin et de patience, à rassurer au sujet d'une expédition redoutée, m'avaient après tout délaissé, en étant convaincus que je les conduisais à leur perte.

Le coup était terrible.

Le bruit allait s'en répandre dans tout le Bihé : il n'y aurait plus un nègre dans le pays qui ne partageât bientôt cette conviction ; elle détruirait tous mes arguments contraires et me rendrait impossible désormais d'embaucher un seul porteur.

Ma confiance dans mon entreprise m'abandonnait ; pour la première fois depuis Lisbonne, depuis l'époque où je m'étais décidé à devenir un explorateur, je me sentais envahi par le découragement, car je voyais trop bien l'inutilité des efforts que je pourrais faire pour lutter contre la conviction des nègres.

Qui donc avait pu persuader à ce misérable Mouéné Hombo de me jouer un tour si perfide ?

Quels étaient et d'où sortaient ces nègres qui l'avaient accompagné dans la libata ?

Quelle main cachée tenait les ficelles de cette intrigue ?

J'avais beau retourner dans tous les sens ces ténébreuses questions, je n'y ai trouvé, alors ni depuis, pour réponse que de vagues soupçons.

A mesure que l'espoir s'évanouissait, je tombais dans une désolation toujours plus profonde.

Toute la journée se passa à songer. J'étais peut-être sur le point de retourner à Benguêla, quand tout à coup je me souvins des lettres encourageantes que la veille j'avais reçues de Silva Porto et de Pereira de Mello.

Pourquoi n'accepterais-je pas la proposition que le premier m'avait faite et ne le prierais-je pas de venir me trouver ? Sa présence au Bihé pouvait tout réparer.

Je décidai donc que je lui écrirais le lendemain, et ce parti pris calma un peu mes agitations.

La nuit m'amena d'autres réflexions. Au lieu de m'adresser de suite à Silva Porto, je me résolus, réconforté déjà par son appui moral, à travailler, à lutter encore avant de recourir à lui.

Au point du jour du 13, j'envoyai Vérissimo et quelques nègres qui avaient la confiance de Silva Porto essayer d'embaucher de nouveaux porteurs.

Quand ils revinrent, ils me donnèrent quelque espérance. J'allais donc recommencer l'organisation d'une expédition, et ce travail serait, à présent, plus laborieux que précédemment.

Leur avis était de quitter Belmonté et d'aller camper dans la forêt à quelque distance, parce que, disaient-ils, une caravane en marche aurait plus de chances d'éveiller chez les Bihénos le désir de s'y enrôler.

Le 22 mai, étant venu à bout d'avoir quelques porteurs, en très petit nombre, je résolus de partir avec mes quimbarès, ces porteurs et les gens de peine. Je le fis dès le lendemain en allant dans les bois de Cabir où j'établis mon campement.

A la tombée de la nuit du 23, je vis arriver onze autres porteurs que m'amenait Antonio, un nègre âgé déjà, né à Poungo Andongo, et qui avait été au service de deux traitants renommés, Luiz Albino et Guilhermé Gonçalvès.

Il fit très froid cette nuit-là, ce qui nous obligea d'en passer la plus grande partie à nous chauffer.

Le lendemain, je reçus la visite du sovéta de Cabir qui me fit cadeau d'un porc. Je lui payai sa politesse et nous fûmes bientôt dans les meilleurs termes.

Il me prêta des pilons et des mortiers et m'envoya des femmes pour me broyer de la farine de maïs.

J'allai faire un tour dans son village et je rencontrai en route les femmes travaillant aux plantations et courbées en deux pour bêcher la terre à la houe.

En revenant, je me trouvai en face d'un des nègres de Novo Redondo, qui n'avait pas pu suivre Capello et Ivens à cause du mauvais état de sa santé. C'est à peine si, en proie à une fièvre brûlante, il pouvait se traîner.

Sa situation me parut désespérée, il n'avait plus que peu de temps à vivre ; mais il me suppliait de ne pas l'abandonner. Je le fis donc transporter à mon camp et le confiai aux soins du docteur Chacaïombé.

Peu après, je reçus la visite de Tiberio José Coïmbra, fils

de Coïmbra, major du Bihé. Il me recruta quelques porteurs parmi les hommes de son village.

Dans la journée, il m'en vint inopinément une douzaine d'autres, sous la conduite du nègre Chaquiçondé, frère de la mère de Vérissimo.

Je repris donc un peu de courage et me remis à l'organisation de ma caravane.

Un second départ fut fixé au 27. J'irais camper près de l'établissement de José Alvès, où j'espérais compléter le nombre d'hommes qu'il me fallait. Le sovéta de Cabir voulut bien me prêter quelques indigènes, afin de transporter les charges pour lesquelles je n'avais pas de porteurs ; et, de plus, quatre hommes avec une litière, pour mon malade de Novo Redondo.

En effet, je pus décamper au jour fixé. Une demi-heure après, je m'arrêtais au village de Couionja, qu'habitait Tibério José Coïmbra, et j'y trouvais un déjeuner succulent avec de l'excellent thé. Il y avait même des serviettes de table !

J'y passai deux heures agréablement, puis je me remis en route, et une marche de quatre heures nous conduisit au village de Caquégna.

Là, je fis halte pour voir le vieux Domingos Chacahanga, le principal personnage de l'endroit.

Chacahanga, après avoir été l'esclave de Silva Porto, avait conduit la célèbre expédition que son maître envoya du Bihé à Moçambique et qui parvint au cap Delgado, sur la côte de l'océan Indien. Il était le seul survivant de cette audacieuse entreprise.

Le vieillard me fit l'accueil le plus bienveillant et me donna un gros chevreau.

Nous eûmes une longue conversation ; mais je ne vins pas à bout d'obtenir de lui des renseignements exacts sur la route qu'il avait suivie.

Il en résulta pourtant qu'elle devait être beaucoup plus

au nord que ne l'ont indiqué les cartes géographiques, d'autant plus qu'il me désigna avec une grande clarté trois points importants.

Le premier était que, dans le Zambési, il avait laissé au sud le pays des Machachas ; le second, qu'il avait traversé la Louapoula, et le troisième qu'il avait passé au nord du lac Nyassa.

Deux heures après avoir pris congé de Chacahanga, je campais dans les bois du Commandant, à environ deux kilomètres S.-E. de la libata de José Alvès.

La nuit étant venue, je remis au lendemain la visite que je voulais faire à ce personnage, dont Cameron a étendu au loin la renommée.

Ce fut donc le 28 mai, que je me trouvai en présence de cette illustration africaine.

José Antonio Alvès est un nègre pur sang, natif de Poungo Andongo, et qui, comme beaucoup d'autres commerçants de cet endroit et d'Ambaca, sait lire et écrire.

Au Bihé, on le traite de blanc, titre qu'on donne à tout noir portant culottes, sandales et ombrelle [1]. A Benguéla, on consentait à le prendre pour un mulâtre, au teint foncé. Le vrai, c'est qu'il n'a pas dans les veines une seule goutte de sang européen et qu'il est nègre, non seulement de naissance et de couleur, mais aussi par tous les instincts.

Arrivé au Bihé en 1845, il y entra au service d'un des traitants à l'intérieur ; plus tard, il fit des affaires pour son compte, étant cautionné par la maison Ferramenta de Benguéla, qui fait maintenant un grand commerce sous la raison sociale de J. Ferreira Gonçalvès.

José Alvès pouvait avoir cinquante-huit ans ; sa chevelure grisonne, il est maigre et souffre d'une maladie des poumons.

---

[1]. Cela me rappelle un mot d'Ivens en parlant d'un de ces individus avec le ton plaisant qui ne l'abandonnait jamais, même dans les circonstances les plus pénibles : « Je vis un jour entrer dans mon camp un nègre noir comme le jais ; mais il avait des sandales aux pieds et un parasol à la main ; cela me fit voir qu'il était blanc et me causa quelque frayeur. » — *Auteur*.

Sa vie est celle de tous les autres nègres ; ses mœurs et ses croyances sont celles des indigènes qui n'ont pas reçu d'éducation.

A mon arrivée chez lui, je le trouvai en train de décider un moucano.

J'appris, en réponse à mes questions, qu'un mulâtre, employé par José Alvès, avait séduit une des maîtresses de ce dernier ; comme le jeune homme n'avait rien en propre, un moucano fut lancé sur la famille de sa mère, qui, elle, possédait quelque chose ; Alvès demandait comme paiement du délit un bœuf ou une *cabecinha* (jeune fille esclave) pour se nettoyer le cœur. En me donnant cette explication, le vieux bonhomme passait la paume ridée de sa grosse main sur la capacité thoracique où est logé ce viscère, d'où je conclus que le cœur a d'autres usages que ceux qu'on nous apprend dans les écoles d'Europe.

Je reconnus qu'il pouvait servir à Alvès de temps en temps pour le nettoyage au moyen d'un moucano.

Lorsque cette affaire eut été décidée, je parlai à José Alvès de mon projet de voyage ; il ne le crut pas exécutable avec les ressources bornées dont je disposais.

J'obtins de lui une petite quantité de perles ; mais, quand j'en vins à la question des porteurs, il se déroba à une réponse directe, en m'apprenant qu'il savait que Capello et Ivens étaient au bord du Couanza sans réussir à compléter leurs hommes ; mais que, s'ils se décidaient à le bien payer, leurs embarras disparaîtraient. Cela revenait évidemment à me dire que, si je le payais bien, il s'arrangerait pour m'en faire avoir.

Je me retirai, ayant pour la première fois pitié de Cameron, qui avait été obligé de supporter si longtemps une pareille compagnie.

Dans cette portion du Bihé, la végétation arborescente commence à être plus vigoureuse et, près de la rivière Couito, j'observai la même disposition termitique du sol que j'ai déjà décrite sur les bords de la Coutato dos Ganguélas.

Avec plusieurs porteurs que je reçus le 29 et que m'envoyait Joaquim Guilhermé, frère de Vérissimo, j'avais le nombre d'hommes que je croyais suffisant à mon expédition, et je donnai l'ordre du départ pour le lendemain matin.

Mais les puissances qui président aux affaires de ce bas monde en avaient décidé autrement.

Dans l'après-midi même, quelque individu répandit dans ma troupe les mensonges qui m'avaient été déjà si funestes à Belmonté; en conséquence, mes engagés affluèrent autour de moi pour m'annoncer leur intention de retourner chez eux.

Tous les trésors de mon éloquence furent employés à leur persuader de me suivre; bien peu d'hommes se laissèrent convaincre.

C'était la seconde fois au Bihé que mes engagés désertaient à la veille du départ.

Il me restait encore plusieurs Bihénos; je me décidai à me débarrasser de tout ce qui ne pouvait servir qu'à mon bien-être et à abandonner les provisions que j'avais rassemblées. Ce parti pris me permettrait de m'en aller pourvu que j'eusse quelques hommes de plus.

Le difficile était de les avoir; cependant je n'en désespérais pas. Une étrange aventure qui m'arriva le 30 finit par me tirer d'embarras.

Une bande de drôles et de déserteurs, échappés des présides du littoral, fit une subite apparition au Bihé.

L'un de ces citoyens, dignes ou indignes, vint me prononcer un discours en règle; son accentuation et l'emploi fréquent du *b* pour le *v* ainsi que de mots qui ne sont en usage que dans ma province me firent reconnaître en lui un compatriote.

Quand même le style de son discours n'eût pas été celui d'un coquin accompli, le fond prouvait que son âme était une sentine de toutes les impuretés, décomposées par le climat des tropiques, et exhalant à chaque phrase les puanteurs d'un esprit immonde.

D'abord il me conseillait d'employer mes armes et mes munitions à l'entreprise la plus détestable, me faisant l'honneur de s'offrir pour y être mon associé. Si je refusais sa proposition, ajouta-t-il avant de se taire, il emploierait à tout hasard l'influence dont il jouissait sur les indigènes pour les décider à m'abandonner, de façon à me mettre dans l'impossibilité de faire un pas plus avant.

Cette péroraison, que le drôle considérait comme un argument irrésistible, avait pour finale la sommation d'une réponse immédiate.

Le brigand ne l'attendit pas longtemps. J'appelai mes quimbarès, leur ordonnai de l'attacher et je lui fis administrer de suite une cinquantaine de coups de fouet afin de rendre notre connaissance plus complète. En effet, je l'avais bien connu avant qu'il eût prononcé une douzaine de paroles; mais lui, jusqu'à ce moment, ne savait pas quel homme je suis.

Quand la flagellation fut terminée, j'adressai à mon drôle un petit discours en réponse au sien, lui disant que je le garderais comme prisonnier tant que je resterais au Bihé et qu'il aurait chaque jour une ration de nourriture et de coups de fouet.

Puis j'appelai tous mes hommes et leur fis comprendre que l'âme de ce blanc était plus noire que les peaux de ceux qui m'environnaient.

La nouvelle d'un tel acte de justice se répandit comme le feu d'une traînée de poudre dans tous les villages d'alentour et me valut la plus haute estime de la part des nègres, qui avaient appris déjà à redouter notre scélérat.

Le lendemain matin, les pombeïros du voisinage venaient m'offrir des porteurs et s'engageaient à me les procurer avant trois journées de là.

Mais, bien qu'elles fussent toujours renouvelées, ces

promesses ne se réalisaient point, et, le 5 juin, réduit presque au désespoir, je repris mon dessein d'abandonner une portion de mes bagages et de partir avec le reste.

Je convoquai donc mes pombeïros et je leur fis connaître ma décision.

Nous restâmes longtemps en conférence. J'y maintins ma détermination et donnai l'ordre que les porteurs m'accompagnassent à la Couito, avec le bagage dont je voulais me débarrasser, afin de le noyer dans l'eau.

Cet ordre allait s'exécuter lorsque le docteur Chacaïombé, prenant la parole, me pria de différer l'accomplissement de mon projet pour quelques jours ; il me conseillait d'engager dans les hameaux voisins un certain nombre d'hommes de peine qui transporteraient tous mes biens aux bords du Couanza, tandis que lui-même s'efforcerait, par l'intermédiaire d'un sova de ses amis, de me procurer des porteurs qu'il me conduirait en cet endroit.

Après avoir été longuement discuté, son avis prévalut. Je décidai qu'on partirait le 6 et qu'on attendrait jusqu'au 14 près du Couanza. L'arrangement assurait à Chacaïombé huit jours entiers ; mais, je lui en donnais ma parole, je n'attendrais pas un jour de plus.

Mes pombeïros déployèrent le plus grand zèle et, sur la proposition de Migouel, le chasseur d'éléphants, ils décidèrent qu'ils porteraient eux-mêmes des charges. Cela était non seulement contraire à l'usage, mais encore offrait des inconvénients, puisque le service des pombeïros est de surveiller les hommes pendant la marche de la caravane.

Je réussis à louer des hommes de peine et fis tous les préparatifs pour un départ immédiat. Ce fut à la fin de cette journée que mon pauvre malade, l'homme de Novo Redondo dont je m'étais chargé à Cabir, succomba à ses souffrances.

Dans la matinée du 6 juin, je levai le camp à 9 heures, avec l'aide des journaliers que j'avais loués au prix d'un mètre d'étoffe par journée.

Je marchai à l'est; deux heures plus tard, je campais près du village de Cassamba.

L'endroit est niché au milieu d'une forêt aussi épaisse qu'étendue. J'y allai à la chasse, mais je ne rencontrai qu'un petit nombre de pintades, que je tuai.

Au départ du lendemain, 7, je rencontrai le sovéta de Cassamba ; il venait me faire ses compliments et m'offrir un bœuf.

Je m'excusai de ne pas reconnaître à l'instant sa civilité, sur ce que, mes porteurs étant déjà en route, je ne pouvais le faire qu'à mon prochain campement, s'il m'y envoyait quelqu'un de sa suite pour recevoir mon cadeau.

Au bout de trois heures, dont les deux dernières furent employées au passage de grandes plaines marécageuses, je parvins à la rive gauche de la Couqueïma. En cet endroit, elle coulait au nord, ayant une largeur de 80 mètres sur 3 de profondeur, avec un courant de 12 à la minute. Je dressai mon bateau mackintosh et, au prix d'une grande peine et de beaucoup de temps, je réussis à déposer en sûreté tous mes hommes et mes bagages sur l'autre bord. En son genre, l'opération ne manquait pas d'importance, car mon petit esquif ne contenait que cinq hommes, bien qu'il pût porter un poids beaucoup plus lourd à cause de sa caisse remplie d'air.

Après la traversée, je me trouvai sur la rive droite dans un marécage dénué d'arbres; j'envoyai donc prier le sova du Gando de m'accorder l'usage de quelques huttes, où je pusse abriter mes gens durant la nuit.

Le sova vint en personne me voir et mettre à ma disposition la lombé de son village. J'acceptai cette offre et m'installai sur-le-champ.

Peu après, s'avancèrent plusieurs nègres qu'envoyait le chef de Cassamba pour recevoir le présent que j'avais promis ; comme preuve de leur mission, ils m'apportaient l'assagaie que j'avais vue dans la main du sovéta, le matin même.

En effet, parmi ces peuples où l'écriture est inconnue, l'usage est d'envoyer par le porteur d'un message quelque objet matériel bien connu, afin d'enlever toute espèce de doute au sujet de la personne qui fait l'envoi [1].

Je n'eus garde de manquer à ma parole.

Avec le sova Ioumbi du Gando, qu'étonnaient merveilleusement tous les objets qui m'appartenaient, j'eus une longue conversation. Il me donna un bœuf magnifique, pour lequel il fut heureux d'avoir en retour une pièce d'étoffe rayée et quelques charges de poudre.

Nous repartions le lendemain de bonne heure. Une étape de deux heures nous conduisit à seize cents mètres à l'ouest du village de Mouzinda.

Avant le départ j'avais fait délier et relâcher, sur l'autre bord de la rivière, mon prisonnier blanc, qui ne pouvait plus me nuire, maintenant que j'avais passé la Couqueïma et que j'étais sorti du Bihé.

Plusieurs femmes du village de Mouzinda vinrent au camp. Quelques-unes avaient la figure peinte en vert; deux bandes la traversaient d'une oreille à l'autre, deux autres en descendaient se croisant entre les yeux, et passaient des deux côtés du nez pour en rencontrer une dernière tracée au-dessus de la lèvre supérieure.

Les coiffures de ces femmes ganguélas sont des merveilles: à quelque distance, elles rappellent le chapeau d'une dame d'Europe.

Tous les hommes que j'ai vus avaient les deux incisives médianes de la mâchoire supérieure taillées en pointe, ce qui formait une ouverture triangulaire dont le sommet était tourné vers la gencive. L'opération est pratiquée au moyen d'un couteau sur lequel on frappe à petits coups redoublés.

Un des naturels me donna une canne à sucre qui avait deux mètres trente centim. de haut et cinquante millim.

---

1. Naturellement cet usage a existé partout où l'écriture a été inconnue, et il a été, au moyen-âge, l'origine des symboles d'investiture. — J. B.

de diamètre. Il en poussait un grand nombre aux environs.

Pendant la halte, nous vîmes partir de Mouzinda une petite caravane qui se rendait au delà du Couanza pour troquer du poisson sec de la Couqueïma contre de la cire.

Ces indigènes étaient presque nus, n'ayant, pour se couvrir, que deux petites peaux suspendues à une étroite ceinture de cuir.

Les femmes étaient même un peu moins vêtues.

Coiffure d'une élégante au Bihé.

J'ai reçu la visite du sovéta de Mouzinda. Il m'a donné un bœuf, pour lequel j'ai rendu un cadeau semblable à celui que j'avais fait au sova Ioumbi du Gando.

Le 9 juin, j'ai campé sur la droite du Couanza, à l'E.-N.-E. du village de Liouica. Le fleuve est ici moins considérable que la Couqueïma, n'ayant en largeur qu'une cinquantaine de mètres, que deux à peine en profondeur, avec un courant de 15 mètres à la minute.

Son lit est de beau sable blanc et ses eaux ont une limpidité remarquable.

Il s'en va serpentant au travers d'une vaste plaine, qui a de deux à trois kilomètres de large et qu'enferment des deux côtés de douces pentes ombragées par des arbres.

Cette plaine est couverte de graminées excessivement hautes et si touffues qu'on peut à peine les traverser. Le sol en est marécageux, plus ou moins, suivant les places.

Comme je devais rester là cinq ou six jours d'après mes conventions avec Chacaïombé, mon homme à médecine, je fis faire, de suite, en arrivant, un campement beaucoup plus considérable qu'on ne le construisait ordinairement pour servir d'abri l'espace d'une seule nuit.

Le premier visiteur que j'y reçus fut le sova de Quipembé. Il domine tous les sovétas établis de la Couqueïma au Couanza, et paye, lui-même, le tribut au sova du Bihé. Sa vassalité est d'ailleurs purement nominale, car il ne redoute pas une attaque, vu qu'il lui est très facile de garder la ligne de la Couqueïma et que les bateaux en grande majorité, si ce n'est en totalité, appartiennent aux Ganguélas.

Il m'avait amené un mouton, en s'excusant de ce que ce n'était pas un bœuf, à cause de la trop grande distance où nous étions de son village.

Le sovéta de Liouica qui vint aussi me faire une visite, me donna un bœuf.

Cet homme, à la figure aimable, devint un habitué de mon camp, tant que je restai dans son voisinage.

Un jour, qu'il m'avait regardé tirer à la cible et qu'il avait admiré la précision de mes coups, son grand troupeau de bœufs vint à passer.

Je lui proposai en riant de me donner un bœuf si mon négrillon Pépéca le tuait d'une balle.

Il y consentit après avoir jeté un coup d'œil sur le jeune garçon.

Pépéca ne tirait pas mal depuis que je l'avais formé. Il prit sa carabine et, visant un bel animal qui marchait un peu à part, il l'abattit du coup. Les Ganguélas en avaient l'air pétriflé; mais leur chef tint sa parole. Il me livra la bête après m'avoir seulement prié de lui en envoyer la peau et un morceau de viande à manger.

Ces Ganguélas qui résident entre la Couqueïma et le Couanza, ne sont pas de la race des autres tribus qui, sous le même nom, habitent ailleurs. Près de la Couqueïma, on les appelle Louimbas, et Loénas, près du Couanza.

Le 12, il m'arriva une aventure extraordinaire, que je dois relater ici.

J'étais sorti du camp pour faire une promenade lorsque plusieurs de mes nègres m'amenèrent un mulâtre que je ne

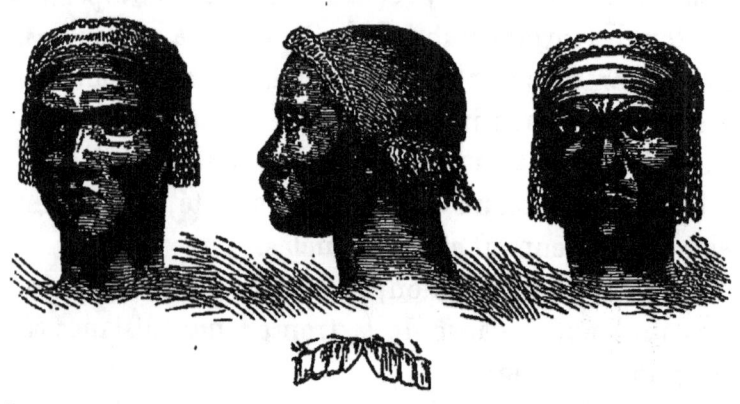

Fommes Ganguélas, Louimbas et Loénas; mode des incisives limées.

connaissais en aucune façon. C'était, me dit-on, un chef de caravane qui me demandait la permission de m'accompagner quelque temps sur la route que je suivais, et même de prendre ses quartiers dans mon camp, afin d'y être plus en sûreté.

J'avoue que cela ne me plaisait guère; néanmoins j'y consentis.

Le soir même, j'avais retenu mes pombeïros plus longtemps que de coutume et, assis à la porte de ma hutte, je causais avec eux sur le plus ou le moins de probabilité qu'avait le docteur Chacaïombé de réussir dans son entreprise, lorsqu'il me sembla entendre dans un coin du campement un bruit singulier.

C'était fort pareil au son d'un marteau frappant sur une enclume ; ma curiosité s'éveilla et j'envoyai mon garde Aogousto voir ce que cela signifiait.

Quelques minutes après, il rentrait m'informer que, dans la partie du camp où le mulâtre avait obtenu la permission de se loger, il venait de voir une troupe d'esclaves, arrivés le soir même du Bihé.

Tous mes hommes, à ce moment, dormaient dans leurs huttes, à l'exception des trois ou quatre pombeïros qui me tenaient compagnie.

Je sentis que ma colère allait éclater ; je me contins et me bornai à prier de venir me parler cet hôte qui était chez moi sans y avoir été invité.

Il arriva de suite et s'assit près du foyer, vis-à-vis de moi.

Je lui demandai ce que signifiait ce bruit de fer qui résonnait. Il répondit fort effrontément que ses gens étaient en train d'enchaîner des jeunes filles (*cabecinhas*), qu'il conduisait pour les vendre à l'intérieur.

Ainsi, dans mon propre camp, sur lequel flottait le drapeau portugais, il y avait maintenant une troupe d'esclaves !

Conservant mon sang-froid autant que ma nature me le permettait, je dis au gredin qu'il devait déchaîner immédiatement tous ces misérables et me les remettre, à moi, en liberté.

Non seulement il s'y refusa, mais il me répondit par un éclat de rire stupide.

Je ne pouvais plus y tenir ; la rage que j'avais eu toutes les peines du monde à contenir débordait avec violence.

Sautant par dessus le foyer, je saisis le scélérat à la gorge ; tirant mon couteau, j'allais le lui plonger dans le corps, quand je remarquai que deux ou trois carabines de mes quimbarès le tenaient en joue à un pied de sa tête. Par un de ces revirements aussi rapides que communs chez moi, je ne pensai plus qu'à lui sauver la vie.

Mon cri de rage et le bruit de la lutte avaient réveillé tous mes gens ; ils ne parlaient plus que de massacrer cette caravane de Bihénos jusqu'au dernier.

La férocité des nègres lorsqu'ils se sentent les plus forts est des plus redoutables. Je le savais, et j'eus peur que les innocents ne fussent immolés avec les coupables.

Il est clair qu'à l'exception des cinq pombeïros qui ne m'avaient pas quitté depuis le commencement de la scène, personne ne savait la cause de tout ce tumulte. On ne s'entendait plus, mais on ne proférait que des paroles de mort.

J'eus bien de la peine à dominer les clameurs et à me faire écouter.

Aogousto reçut l'ordre de déchaîner les esclaves et de me les amener, en apportant devant moi tout ce qu'on pourrait trouver, dans les huttes où ils étaient enfermés, en fait d'entraves et de chaînes.

Je fis jeter au Couanza les entraves de fer, hormis celles qu'on retint pour lier les noirs qui avaient accepté la charge de garder les esclaves.

Quant à ceux-ci, je leur dis qu'ils pouvaient prendre le chemin qui leur plairait le mieux et que j'aurais soin de retenir leurs gardiens assez longtemps pour les mettre dans l'impossibilité de rattraper leurs captifs. En un clin d'œil, ils étaient dispersés, excepté une jeune fille qui, ne sachant pas où aller, me demanda la permission de rester avec moi. Je ne relâchai les conducteurs et les gardiens de cette bande qu'après que nous eûmes quitté notre campement.

Le 13 juin était venu ; il se passa sans nouvelles de mon homme à médecine. Le soir même, je distribuai de mon mieux les charges que je pouvais prendre. Il y en avait d'abord quatre-vingt-sept ; puis je réduisis ce nombre d'une douzaine avec un bien gros cœur, et je fis un tas de toutes celles que je vouais à la destruction.

Ce fut un choix bien pénible. Qu'il est dur pour un explorateur d'avoir à distinguer les objets positivement indispensables de ceux qu'il est forcé d'abandonner ! Ce problème, s'il n'est pas moins aisé, est certes aussi embarrassant que celui de découvrir le moyen de déterminer une longitude exacte.

Je me décidai à abandonner tout ce qui n'avait d'autre recommandation que de profiter à mon bien-être; à rejeter tous les comestibles destinés à mon usage personnel, et en partie ceux que je comptais emporter pour mes hommes, ainsi que plusieurs charges de verroteries données par mes anciens compagnons, mais qui, ayant été achetées à Loanda, pouvaient ne me servir à rien dans l'intérieur des pays où je voulais pénétrer.

Si la matinée du 14 s'écoulait sans m'apporter de nouvelles de Chacaïombé, les charges condamnées seraient détruites, les unes par la flamme de nos feux, les autres par les eaux du Couanza.

« Mais pourquoi les détruire ? » se demandera peut-être quelqu'un de mes lecteurs.

Parce que le chef d'une caravane qui s'avance dans l'intérieur de l'Afrique, où il est obligé d'employer des porteurs, doit détruire ou mettre hors d'usage tout ce qu'il abandonnera : d'abord à cause même de ses propres gens, ensuite à cause des naturels des régions qu'il traverse.

Si une fois il laissait ses porteurs s'emparer en propriété d'une partie des biens abandonnés, la désertion parmi ses gens deviendrait un fait quotidien; l'on prétexterait la maladie pour s'excuser de partir avec ce qu'on aurait acquis de cette façon, et un système continuel de volerie et d'infidélité se trouverait inauguré.

D'autre part, si les naturels du pays venaient à découvrir que le manque de porteurs a pour conséquence de faire abandonner les provisions, ils ne manqueraient plus à tout faire dorénavant pour enivrer les porteurs des caravanes avec de la capata ou un poison quelconque, qui ne les tuerait peut-être pas mais les rendrait assez malades pour forcer le chef de la bande à renoncer à ses biens. Au contraire, ils ne concevraient jamais une idée pareille s'ils voyaient qu'ils n'en retireraient aucun avantage par suite de l'anéantissement de tout ce qu'on se serait trouvé dans l'impossibilité d'emporter.

Telle était la leçon que m'avait faite Silva Porto et que j'ai toujours mise à exécution.

Le 14 arriva. Je ne reçus aucune nouvelle du docteur Chacaïombé et je détruisis soixante et une de mes charges.

RAPIDE COUP D'ŒIL EN ARRIÈRE

La carte qui reproduit mon itinéraire de Benguéla au Bihé est insérée en tête du chapitre iv.

Je me suis efforcé d'y consigner tous les renseignements qu'un voyage d'exploration peut permettre de recueillir sur la géographie ou la topographie d'une région.

Beaucoup des emplacements indiqués ont été déterminés astronomiquement ; les autres, intermédiaires, ont été grossièrement placés suivant les indications de la boussole et la projection des distances parcourues, que j'ai calculées à l'aide des pédomètres.

Les positions de Benguéla, de Dombé, de Quilenguès, de Ngola et de Caconda, comme je les donne sur ma carte, ont été déterminées par Capello et Ivens. Ayant à peine eu les résultats de leurs calculs, je les consigne ici tels que je les ai reçus sans les observations initiales.

Observations faites entre l'Atlantique et Caconda.

NOMS DE LIEU.	LONGITUDE E. de GREENWICH.	LATITUDE S.	DÉCLINAISON de l'aiguille.	INCLINAISON de l'aiguille.	ALTITUDE en mètres.
	° ′ ″	° ′ ″	° ′	° ′	
Benguéla.....	13 25 20	12 34 17	23 30 O.	39 37	7
Grand Dombé.	13 7 45	12 55 12	23 26	39 44	98
Quilenguès...	14 5 8	14 3 10	23 8	40 40	900
Ngola........	14 39 1	14 16 46	.. ..	.. ..	1410
Caconda.....	15 1 51	13 44 0	22 30	.. ..	1676

Après m'être séparé de mes compagnons à Caconda, j'ai continué les études que nous avions commencées ensemble, mais sans pouvoir faire d'observations d'inclinomètre ni de force magnétique, parce que les seuls instruments que nous avions apportés pour ces opérations étaient restés entre les mains de Capello.

En tête de l'exposition de mes travaux, je vais mettre la détermination des coordonnées géographiques depuis Caconda jusqu'à la rive gauche du Couanza, où, dans le chapitre précédent, mon récit s'arrête.

Le tableau qui suit résume les données qui permettront de vérifier les résultats inscrits.

Toutes ces observations calculées en Afrique l'ont été de nouveau à Londres par M. Selwyn Sugden, premier lieutenant calculateur de la marine britannique.

Année 1878.		LIEUX de l'observation.	HEURE du chronomètre.	DIFFÉRENCE avec l'heure de GREENWICH.	NATURE de l'observation.	DOUBLE HAUTEUR de l'astre.	LATITUDE sud.	LONGITUDE d'après l'heure.	ERREUR de l'instrument.	NOMBRE des observations	RÉSULTATS.	
			m. m. s.	m. m. s.		° ' "	° '	m. m.	' "			° '
Janvier	14	Vicété (pr. du Counéné)..	8 10 24	+1 0 15	Hauteur méridienne ☽..	101 3 0	..	..	−3 30	1	Latitude.....	14 2 S.
»	»	—	10 27 44	+3 23 2	Chron. ☉............	101 2 0	14 2	..	..	1	Longitude...	15 14 E.
»	16	Fendé (Counéné)........	5 10 2	+3 23 16	»	104 31 0	—	..	..	1	—	15 25 E.
Février	12	Libata de Palanca......	7 55 0	−1 0 0	Haut. mér. ☽.....	97 8 10	—	..	−0 50	1	Lat......	13 20 S.
—	»	—	10 30 56	+3 27 18	Chron. ☉............	99 6 30	13 20	—	..	1	Long......	15 27 E.
—	13	Libata de Capoco......	9 3 0	−1 0 0	Haut. mér. ☽.....	98 30 30	—	..	..	1	Lat......	13 9 S.
—	»	—	9 57 15	+3 27 27	Chron. ☉............	115 5 30	13 9	—	..	1	Long......	15 30 E.
—	18	—	10 18 14	+3 28 8	»	104 15 30	—	..	..	1	—	15 28 E.
Mars	16	Belmonté (Bihé).......	10 25 0	−1 4 0	Haut. mér. ☽.....	131 38 30	—	..	..	1	Lat......	12 22 S.
—	18	—	5 6 10	+3 31 43	Chron. ☉............	104 58 40	12 22	—	..	1	Long......	16 51 E.
—	22	—	5 3 1	..	»	..	—	..	..			
			9 51 11	..	Haut. pareilles......	103 21 10	—	..	..	2	Temps.	3ʰ 31ᵐ 51ˢ
Avril	2	—	..	..	Haut. mér. ☉.....	144 49 0	..	1 8	−3 30	1	Lat........	12°23′ S.
—	3	—	..	..	—	144 4 0	—	..	..	1	—	12 23 S.
—	4	—	..	..	—	143 20 0	—	..	..	1	—	12 23 S.
—	5	—	..	..	—	142 32 0	—	..	..	1	—	12 23 S.
—	»	—	4 53 40	+3 34 29	Azimuth 266-30 ☉..	93 34 20	12 22	..	−1 0	1	Variation...	21 11 O.
—	6	—	..	..	Haut. mér. ☉.....	141 17 40	..	1 8	−3 30	1	Lat........	12 22 S.
—	7	—	..	..	—	141 3 0	—	..	..	1	—	12 22 S.
—	»	—	0 8 32	−0 57 43	Haut. vois. de la mér. ☉.	140 14 0	—	..	..	1	—	12 22 S.
—	»	—	10 50 54	..	Écl. du 1ᵉʳ sat. de Jupiter.	..	—	..	..	1	Long......	16 46 E.
—	»	—	10 55 6	+3 34 54	Chron. ☽............	65 48 0	12 22	..	−1 0	1	Diff. p. l'endr.	4ʰ 42ᵐ 23ˢ
—	23	—	9 4 25	..	Écl. du 1ᵉʳ sat. de Jupiter.	..	—	..	−0 30	1	Retard.	4ʰ 44ᵐ 51ˢ
Mai	21	Bois de Cabir (Bihé)....	..	..	Haut. mér. ☉.....	113 10 40	..	1 7	−1 25	1	Lat........	12°22′ S.
—	31	Bois du Commandant..	9 38 55	+3 42 47	Chron. ☉............	79 22 50	12 22	..	..	3	Long......	16 53 E.
Juin	1	—	9 12 5	+3 43 56	»	86 38 10	12 28	..	..	1	—	17 9 E.
—	9	Liouica (rive du Couanza).	6 22 33	+3 45 52	Haut. mér. ☉.....	110 26 40	..	..	..	1	Lat......	12 28 S.
—	»	—	6 4 53	..	»	63 59 30	12 35	1 9	−0 35	1	Diff. p. l'end.	17°25′ E.
—	10	—	..	..	Écl. du 2ᵉ sat. de Jupiter.	..	—	..	..	1	Long......	17 25 E.
—	»	—	9 17 21	+3 45 57	Chron. ☉............	108 15 20	..	1 9	−0 40	1	Lat......	12 35 S.
					»	82 43 23	12 35	..	..	3	Long......	17 25 E.

Passage de Mercure sur le Soleil, 6 mai 1878.

DATE.	LIEU d'observat.	LATITUDE.	LONGITUDE Est de Greenwich.	HEURE du chronomètre pour l'heure locale.	HAUTEUR du Soleil Err. du sextant — 1' 25"	TEMPS moyen de Greenwich.	HEURE du 1ᵉʳ contact intérieur.	LONGITUDE
		° ' "	° ' "	moy. de 4 h. m. s.	moy. de 4 ° ' "	h. m. s.	au chron. h. m. s.	° ' "
6 Mai 1878	Belmonté..	12 22 40	16 49 24	10 6 50	74 36 55	3 39 39	11 35 29	16 50 15

Il est très remarquable que la première longitude que j'ai déterminée à Belmonté par le chronomètre se trouve fort voisine de la véritable longitude fournie par le passage de Mercure ; elle diffère aussi très peu de celle que j'ai calculée à l'aide de l'éclipse du premier satellite de Jupiter, le 23 avril.

Je n'ai pas inséré dans ce tableau les observations innombrables que j'ai faites pour étudier les marches des chronomètres. Je compte les publier un jour séparément.

La grandeur des variantes que présente la lecture de quelques chronomètres prouve qu'elles proviennent de la différence des instruments.

Comme on le voit, je me suis servi du sextant, ayant l'horizon artificiel de mercure ; je n'ai eu aucun autre instrument ; l'Abba, seul théodolithe universel que nous eussions, était demeuré en possession de mes compagnons.

J'avais deux sextants : l'un acheté chez Casella de Londres et comptant 5" ; l'autre, chez Lorieux de Paris et comptant 30". Mes boussoles azimuthales, fabriquées à Berlin, avaient appartenu à l'infortuné baron de Barth.

Mes chronomètres venaient de chez Dent de Londres ; deux étaient algébriques ; le troisième, qui, par la suite, me fut envoyé de Benguéla au Bihé, était un chronomètre de marine venant aussi de Dent.

Celui-ci ne valait rien ; les deux autres étaient excellents, surtout celui que je désigne par la lettre S dans les calculs.

La plupart des altitudes ont été déterminées au moyen de l'hypsomètre ; les autres, avec l'anéroïde comparé à l'hypsomètre.

Ces altitudes sont marquées en mètres sur mon itinéraire.

La carte du pays de Bihé, certainement fort grossière et très imparfaite, a été levée à la boussole, pendant mes tournées de chasse ; mais, telle qu'elle est, elle a une exactitude suffisante pour permettre qu'on juge de la région et pour prouver à Deus que les cartes des cantons beaucoup plus voisins du littoral où nous dominons pourraient n'être pas plus rapprochées qu'elle de la vérité.

Je ne m'étendrai pas davantage sur les détails de mes cartes afin de parler rapidement des contrées qu'elles représentent.

De Benguéla au Dombé, j'ai, comme on le voit, suivi la côte. Le terrain est calcaire et abonde en minerais d'espèces différentes.

Les eaux y manquent pendant la saison sèche ; à peine si la vallée du Grand Dombé en retient assez pour son énorme fertilité. La végétation, sans être pauvre, n'y a pourtant pas l'opulence particulière aux pays intertropicaux. Quant à l'eau potable, c'est à peine si, de Benguéla au Dombé, on en rencontre dans une petite mare près de Quipoupa.

La région est pleine de gibier, surtout de nombreuses variétés d'antilopes. Les plus communes sont le *strepsiceros coudou*, le *cephalophus mergens*, le *cervicapra bohor* et l'*oreas canna*. Dans les roches de carbonate de chaux, qui forment le système orographique du Grand Dombé, abondent les *hyrax* ; et, dans la plaine, parmi les grandes et superbes plantations de manioc, vivent en quantité des *hystrix*, un peu plus forts que ceux de l'Europe et qui font ici de redoutables ravages dans les terres cultivées. La vallée du Grand Dombé est incontestablement la meilleure partie du territoire de la province d'Angola. Les conditions de salubrité n'y sont pas mauvaises et le sol est très fertile. En outre, un port de mer, le Couïo, n'y est éloigné que de quelques kilomètres du plus grand centre de production.

Les montagnes qui encadrent la vallée sont pleines de minerais dont l'exploitation a déjà été entreprise, mais toujours sur une petite échelle, faute de capitaux. On y trouve le soufre et le cuivre.

La population indigène est douée d'un bon caractère et aime le travail, autant que peut le faire un nègre livré à lui-même.

Entre le Dombé et le Quilenguès, c'est le désert. Sur le chemin que j'ai suivi, on manque d'eau ; la végétation, pauvre d'abord, prend, à mesure qu'on approche de Quilenguès, une splendeur luxuriante.

En suivant le cours de la rivière Coporolo, l'eau ne manque point et j'ai ouï dire qu'on y trouve toujours une végétation riche. Cependant, sur cette route même, le pays est inhabité.

Lorsqu'on sort du Dombé, le terrain s'élève brusquement à 550 mètres. Un système montagneux, courant du nord au sud, forme de petites vallées qui vont en s'élevant graduellement jusqu'à ce qu'elles atteignent l'altitude de 900 mètres dans le Quilenguès. Dès la rivière Canga, commence le terrain granitique, où la végétation prend de plus grandes proportions. Tous les cours d'eau marqués sur la carte, jusqu'à Quilenguès, ne sont guère des torrents que dans la saison pluvieuse ; mais, même en été, on peut souvent s'y procurer de l'eau en creusant des puits dans leurs lits sableux. Du reste, le Coporolo est aussi exposé à de telles conditions de pauvreté.

Le Quilenguès est une vallée étendue, dont la fertilité égale celle du Dombé, mais qui a beaucoup moins de valeur parce qu'il manque de communication avec le littoral.

Il est assez peuplé et ses campagnes nourrissent des milliers de bœufs d'une race excellente.

Les hommes y sont courageux et aguerris : quand ils combattent les gens du Dombé, ils remportent toujours la victoire, ce qui n'empêche pas qu'ils soient ordinairement défaits par ceux du Nano, qui descendent faire des razzias dans leur pays, d'où ils enlèvent bêtes et gens.

La population du Quilenguès, sans être aussi soumise que celle du Dombé, dépend comme elle de la couronne du Portugal.

La prospérité de ce pays me semble assurée dès qu'il communiquera aisément avec l'Océan, Houila et Caconda, et dès qu'il sera administré convenablement.

De Quilenguès à Caconda, le chemin traverse le Calouquefmé, pays fort peuplé. J'ai pris une autre route pour les motifs indiqués dans mon récit.

Si l'on sort de Quilenguès en allant au S.-E., on rencontre une haute chaîne de montagnes qui s'élève promptement à 1,750 mètres. Je l'ai passée au mont Quissécoua.

C'est là que commence le grand plateau de l'Afrique australe. Jusqu'au Bihé, l'énorme plaine conserve cette altitude, creusant à peine de faibles dépressions pour les lits des cours d'eau et soulevant çà et là un faible entassement de montagnes isolées.

De ce plateau, sortent des rivières permanentes. La première que j'ai vue est un affluent du Counéné.

Sur le plateau, la végétation arborescente n'est pas si forte que dans le Quilenguès ; mais l'herbacée est plus riche, si cela se peut.

Le terrain reste granitique. Une plus grande quantité de termites commence à s'y montrer. Les seuls villages que j'aie vus sur mon chemin sont Ngola et Catonga, dont j'ai parlé longuement.

Vers Caconda, le pays devient un peu plus accidenté, mais ne doit être ni moins riche ni moins fertile que celui de Quilenguès.

Il est coupé par des eaux permanentes qui l'arrosent dans tous les sens et se rendent à la Catapi, affluent du Counéné.

La fièvre des miasmes est endémique dans le Caconda, comme dans le Quilenguès et sur le littoral ; mais elle y est plus bénigne et fait rarement des victimes.

A mon avis, les conditions de salubrité sont pareilles à Quilenguès et à Caconda.

Mais les conditions climatologiques du pays de Caconda diffèrent essentiellement de celles du littoral et même de Quilenguès.

On s'y trouve à peu près à 13° 44' au sud de l'équateur et le climat devrait y être ardent ; cependant il est tempéré par l'altitude considérable de la région ; mais cette altitude même explique les changements brusques de la température qu'on éprouve, sur tout le plateau, entre le jour et la nuit. La lutte des effets de la latitude avec ceux de l'altitude y est incessante : celle-là domine durant le jour quand le soleil darde d'aplomb sur la terre ses rayons de feu, et celle-ci pendant la nuit, lorsqu'on respire, élevé à 1,700 mètres, dans une atmosphère raréfiée.

Cela me rappelle une plaisanterie d'Anchieta : On vivrait parfaitement à Caconda, disait-il, pourvu qu'une machine, mise en rapport avec le thermomètre, vous posât, pendant votre sommeil, des couvertures sur le lit à mesure que la température s'abaisserait.

Cette grande inégalité de la chaleur entre le jour et la nuit se manifeste quand le soleil décline vers le nord ; mais, pendant qu'il se dirige au sud de l'Équateur, elle est beaucoup moins sensible.

J'ai toujours ouï dire que le Caconda produisait tous les fruits de l'Europe ; malheureusement je l'ignore, quant à moi, car je n'y en ai pas vu un seul. Je crois néanmoins qu'ils peuvent s'y acclimater. De même que sur tout le plateau, la patate donne beaucoup et est fort bonne : cependant on ne consomme à Benguéla que des pommes de terre importées de Lisbonne, tant il est difficile de transporter les produits de Caconda.

Là et sur tout le plateau, ceux de la culture des vergers et des potagers sont excellents.

Clairsemée autour de la forteresse, la population se rassemble à une certaine distance, sous le gouvernement de chefs indépendants.

La contrée entre Caconda et le Bihé est très populeuse. On y élève peut-être moins de bétail que de Catonga à Caconda ; mais on y cultive un peu plus la terre.

Dans les pays de Nano, Houambo, Sambo et Moma, les habitants ont plus de violence, mais ils sont belliqueux et indépendants.

La carte fait voir que cette région est entrecoupée de cours d'eau qui se dirigent vers trois grandes artères : le Counéné, la Coubango et le Couanza.

Au nord des terres du Sambo, le plateau forme un immense désert, appelé par les indigènes l'*Egnana* d'Ambamba. C'est un terrain marécageux où naissent cinq rivières importantes, dont deux coulent au nord et trois au sud.

Des premières, l'une est le Quèbé, qui tombe dans l'Atlantique par 10° 50' lat. sud, près des Tres-Pontas entre Novo Redondo et Benguéla Velha. Dans la partie inférieure de son cours, on l'appelle le Couvo.

L'autre rivière est la Coutato das Mongoias qui va, vers le nord, se jeter dans le Couanza.

Les trois qui coulent au sud sont le Counéné, la Coubango et la Coutato dos Ganguélas. La dernière s'unit à la Coubango.

Le plus grand système montagneux de ce côté est une chaîne située au nord du pays du Houambo et qui court du N.-E. au S.-O. Ses pentes donnent naissance à la Calaé et à la Coussoucé qui, après s'être réunies, vont rejoindre le Counéné.

D'après une observation assez grossière que j'ai faite avec l'anéroïde, j'ai trouvé que la cime de cette chaîne monte à plus de 2,500 mètres d'altitude.

J'ai fait une exception à la règle que je m'étais imposée de ne donner en Afrique aucun nom aux rivières ni aux montagnes, et j'ai appelé Andrade Corvo cette chaîne, à peine connue dans le pays sous la désignation de monts du Houambo.

Chez les indigènes, je n'ai trouvé aucune trace de l'existence d'un autre minéral que le fer ; ce qui ne prouve pas qu'il n'y en ait point.

Le sol est encore granitique ; on pourrait même dire qu'il est, en beaucoup de points, formé par des animaux, puisqu'il l'est par les termites.

Outre la disposition particulière que j'ai examinée dans le terrain termitique arrosé par la Coutato dos Ganguélas, on trouve ici quatre constructions différentes élevées par des termites et qui me semblent se rapporter à quatre espèces différentes.

Le gibier abonde en ce pays surtout dans les forêts de la chaîne Andradé Corvo, entre la Calaé et la Coussoucé ; excepté peut-être dans la plaine du Zambési, je n'en ai jamais autant vu en Afrique.

On trouve ici toutes les antilopes que j'ai citées en parlant du Dombé et de plus l'*hippotragus equinus*, le *catoblepas taurina* et le *bubalus caffer*.

Les forêts sont en grande partie formées de légumineuses, principalement d'innombrables espèces d'acacias.

Les plantes grimpantes sont rares.

Après avoir franchi la ligne qui sépare les eaux de la Coubango et celles du Couanza, on entre dans le Bihé ; c'est incontestablement le plus important pays du sud-ouest de l'Afrique.

J'en ai étudié avec soin les populations dans le chapitre précédent.

Il est arrosé par deux rivières, la Couqueïma et la Couito, qui ont leur importance bien qu'elles ne soient pas navigables, et par d'innombrables ruisseaux coulant dans toutes les directions jusqu'à ce qu'ils se joignent à ces deux artères principales.

Le climat ressemble à celui de Caconda et subit les mêmes influences atmosphériques.

Le terrain granitique a une admirable force de production et donne des pâturages excellents pour tous les bestiaux. Le gibier est rare ; mais, comme compensation, les bêtes féroces sont absentes.

Je ne crois pas que le Bihé soit riche en minéraux ; du moins sa nombreuse population n'en montre pas de traces, et j'ai remarqué en Afrique que les indigènes ont toujours été les premiers à connaître l'existence de l'or, du cuivre, du plomb et du fer.

Ce pays est riche par son sol en vérité ; aucun en Afrique n'est plus capable de prospérer par l'agriculture et par le commerce.

L'Européen y vit fort bien ; et le produit de son croisement avec les indigènes est admirable au point de vue physique.

Pendant mon séjour à Belmonté, j'ai avec persévérance étudié les conditions du climat, surtout dans le premier mois, où le rhumatisme opiniâtre, que j'avais contracté en voyage, m'empêchait de sortir.

RAPIDE COUP D'ŒIL EN ARRIÈRE.

Chaque journée, j'ai observé le baromètre et le thermomètre régulièrement, de trois en trois heures.

Je vais donner le tableau de ces observations pour les trente jours. L'égalité de température dans la journée y est fort remarquable : elle est due à la saison de l'année où nous étions alors et qui répond à notre automne.

Les pluies ont deux époques que sépare une sécheresse, en décembre et en janvier. Les premières pluies tombent au milieu d'octobre et durent jusqu'au commencement de décembre, mais avec moins de violence que celles qui tombent de la fin de janvier au commencement de mars.

Les vents régnants soufflent des quartiers de l'est. Celui de l'est souffle assez fort et persiste souvent, pendant la saison sèche ; car, durant les pluies, les plus grosses tempêtes que j'ai éprouvées venaient de l'ouest-sud-ouest et des quartiers du sud. Les pluies sont toujours, principalement en février, mêlées de météores électriques et tombent au milieu de tempêtes terribles que le tonnerre accompagne.

Voici le tableau de mes observations :

ANNÉE 1878.		6 heures m.		9 heures.		Midi.		3 heures s.		6 heures.	
MOIS.	JOUR.	barom.	therm.	barom.	therm.	barom.	therm.	barom.	therm.	barom.	therm.
Mars	25	629·8	19·1	630·5	20·4	629·2	22·4	628·8	23·2	630·0	26·1
—	26	632·0	20·1	631·9	21·2	630·8	21·6	629·8	21·5	629·5	21·0
—	27	629·5	19·4	632·0	19·9	629·6	21·0	628·5	21·3	630·0	20·6
—	28	630·0	19·4	631·6	19·9	629·5	20·4	629·0	22·1	629·0	21·6
—	29	630·2	20·6	632·3	20·8	630·0	21·6	628·5	22·5	629·2	22·1
—	30	631·0	18·3	632·0	20·6	631·0	21·9	630·0	22·2	629·9	21·3
—	31	631·0	19·2	632·3	20·0	631·2	20·9	629·2	21·3	631·0	20·4
Avril	1	630·5	18·6	632·0	19·5	630·6	20·4	630·0	19·9	630·0	19·8
—	2	631·0	17·5	632·0	18·7	630·0	21·1	629·8	20·2	630·0	20·2
—	3	630·0	18·3	632·5	20·0	630·5	21·1	630·0	21·2	629·0	20·9
—	4	632·0	18·6	632·0	20·2	630·0	21·2	629·5	21·6	630·0	20·7
—	5	630·0	18·3	632·0	20·0	630·8	21·1	630·0	22·0	629·8	20·1
—	6	630·0	17·2	632·3	19·8	631·0	20·4	630·5	21·7	630·0	20·2
—	7	630·0	17·8	632·0	19·7	630·5	21·0	629·0	22·7	630·0	21·5
—	8	629·0	17·8	632·0	19·9	630·0	21·5	629·5	22·8	630·0	21·3
—	9	629·5	18·4	631·5	20·4	631·0	21·8	629·3	22·6	629·8	21·1
—	10	631·2	18·1	632·8	20·5	631·5	21·7	629·4	22·4	630·0	21·5
—	11	630·5	16·6	631·9	20·2	631·0	21·4	629·5	23·0	629·8	21·7
—	12	629·0	16·4	629·9	20·1	629·0	21·1	627·0	22·6	629·0	21·8
—	13	628·3	18·2	630·0	20·2	630·6	21·6	629·4	22·3	629·5	21·1
—	14	629·0	18·6	631·5	20·4	630·0	22·0	629·5	23·1	630·0	21·7
—	15	631·4	17·2	632·6	19·7	631·0	21·3	630·5	22·4	630·5	20·7
—	16	630·6	16·1	632·0	19·0	630·2	21·3	629·5	22·8	630·0	20·2
—	17	632·6	19·4	633·0	20·7	631·0	22·0	630·0	22·2	630·0	20·0
—	18	631·8	18·0	632·0	20·1	631·0	20·4	629·0	22·7	629·9	19·8
—	19	631·2	17·8	632·2	20·3	630·0	21·0	630·1	23·0	630·5	19·7
—	20	630·7	18·5	631·8	20·1	630·4	21·2	630·0	22·7	630·0	20·1
—	21	631·0	15·8	632·1	17·8	630·3	19·3	620·3	20·6	629·8	19·5
—	22	630·0	14·6	632·0	17·1	630·0	19·2	628·7	20·4	629·0	19·4
—	23	630·3	14·9	632·0	17·9	630·5	20·0	629·2	21·3	630·0	20·0

La série ci-contre fait voir combien, à cette époque de l'année, le climat du Bihé est agréable.

On y doit remarquer aussi la marche diurne du baromètre : elle reste inaltérable au milieu des brusques variations de la température.

L'étude atmosphérique du pays pendant ces trente journées a été complétée par un tableau météorologique dressé à 0 h., 43 de Greenwich ou à 1 h. 50 du Bihé.

Bulletin météorologique dressé à 0ʰ,43ᵐ de Greenwich, ou à 1ʰ,50ᵐ du Bihé.

MOIS.	JOUR.	BAROMÈTRE.	THERMOMÈTRE sec.	THERMOMÈTRE humide.	MILLIMÈTRES de pluie.	DIRECTION du vent.	ÉTAT DE L'ATMOSPHÈRE.
Mars.	25	628.7	22.9	20.2	40	S.-S.-O faib.	La nuit, tempête et tonnerre. Le jour, ciel clair.
—	26	629.6	22.1	20.0	2	O.-S.-O faib.	La nuit, ciel nuageux. Le jour, des cirrus.
—	27	629.1	21.0	20.1	31	E. fort.	Nuit pluvieuse.
—	28	628.8	21.5	21.2	0	Calme.	Nuages et cirrus.
—	29	629.0	21.3	21.6	0	—	—
—	30	640.0	12.0	21.0	0	—	—
—	31	629.5	21.5	20.8	0	E. fort.	Nuageux.
Avril.	1	630.5	20.2	19.4	17	Calme.	Jour nuageux. La nuit, temp. et tonnerre du N.-O.
—	2	629.3	19.8	19.1	0	E. fort.	Des nuages, des cirrus.
—	3	630.0	20.9	19.1	0	E. modéré	—
—	4	630.3	21.5	20.2	0	—	—
—	5	630.5	21.8	20.6	0	—	—
—	6	630.0	21.1	12.2	0	—	—
—	7	629.3	21.8	19.7	0	—	—
—	8	628.1	22.5	19.8	0	—	—
—	9	629.6	22.2	20.6	0	Calme.	—
—	10	629.0	21.8	19.9	0	—	Ciel clair.
—	11	629.8	21.9	19.8	0	—	—
—	12	627.8	21.8	19.8	0	—	Des cirrus.
—	13	629.5	22.0	20.1	0	—	Nuageux.
—	14	630.0	22.5	20.2	0	—	Des cirrus.
—	15	630.5	21.6	19.6	0	E. fort.	Ciel clair.
—	16	629.8	21.6	19.7	0	Calme.	Des cirrus.
—	17	630.0	22.0	18.6	0	E. fort.	—
—	18	630.0	22.2	20.3	0	—	—
—	19	630.4	22.5	20.1	0	E. modéré	—
—	20	630.2	22.0	20.2	0	—	—
—	21	629.8	19.9	15.5	0	—	Ciel clair.
—	22	629.6	19.9	16.1	0	—	—
—	23	630.0	20.5	18.3	0	E. fort	—

Ce bulletin-là, qui donne le résultat de trente jours, a été continué pendant tout le voyage, sauf les interruptions causées par la maladie ou par les empêchements accidentels.

A l'est de Belmonté, le terrain descend un peu vers la Couqueïma dans la partie où cette rivière coule du sud au nord. Sur le côté droit de la Couqueïma, il s'élève légèrement avant de pencher vers la vallée du Couanza.

Dans la partie orientale du pays, la végétation arborescente reprend de la richesse et produit des forêts petites mais épaisses.

Sur toute cette vaste étendue, entre le Bihé et Benguéla, on ne rencontre pas la tsé-tsé, ce fléau d'un si grand nombre d'endroits de l'Afrique australe où, par la mort qu'elle donne au cheval et au bœuf, elle enlève à l'homme les deux meilleurs auxiliaires de ses travaux.

Une espèce d'épizootie, qu'on appelle ici *cahôgna*, attaque les bêtes à cornes et à laine, mais sans produire parmi elles les effets désastreux qu'ont les maladies de ce genre en Europe ou dans d'autres parties de l'Afrique.

La maladie des chevaux, ou, comme disent les Anglais, la *Horse-sickness*, qui fait périr une telle quantité d'animaux dans le Transvaal et le Calahari, n'existe pas au Bihé. Le porc y prospère autant qu'en Europe ; on conserve ici sa viande avec facilité, ce qu'on ne peut pas faire près du littoral.

Jusqu'au Couanza et même au delà, le sel est très rare ; celui qu'on y consomme est presque entièrement apporté de la côte.

On n'y connaît pas de mine de sel gemme, et les eaux, même celles des lagunes, sont douces.

Ce résumé succinct a eu pour objet d'exposer les résultats de mes observations, ainsi qu'une idée générale de la région. Avant de reprendre mon récit, je veux dire en quelques mots ce que j'en pense.

La contrée comprise entre l'Atlantique et le Bihé, placée dans une situation géographique fort différente de celle du Transvaal, s'en rapproche pourtant par le climat ; mais elle a un sol plus fertile, comme on peut s'en assurer en comparant les échantillons d'une même plante poussée dans les deux pays.

La population indigène est beaucoup plus dense et aime bien plus l'agriculture que celle du Transvaal. La quantité des bons pâturages y est aussi grande et les forêts y sont plus nombreuses.

Il est vrai que le Transvaal est fort riche en minéraux, et que ceux-ci sont rares du Bihé à l'Atlantique ; cependant je crois que ce pays-ci a devant lui un avenir plus prospère, car la tsé-tsé, non moins que d'arides déserts, isole le Transvaal du reste de l'Afrique, tandis que les terres dont nous parlons communiquent aisément avec un intérieur qui peut les surpasser en richesses.

CHAPITRE VII

PARMI LES GANGUÉLAS.

Passage du Couanza. — Les Quimbandès. — Le sova Mavanda. — Les rivières Varéa et Onda. — Fougères arborescentes. — Embarras. — Esclaves. — La rivière Couito. — Les Louchazès. — Émigration des Quibocos. — Cambouta. — La Couando. — Léopards. — Les Ambouélas. — Le sova Moéna Cahenda. — Descente de la rivière Coubangui. — Les Quichobos. — Changements soudains. — Je pars pour la Couchibi.

Ainsi que je l'avais résolu, je levai le camp le 14 juin ; à dix heures, je commençai le passage du Couanza et j'en étais venu à bout vers midi.

Dans cette opération, le bateau mackintosh que j'avais acheté à Londres me fut de la plus grande utilité ; en outre, j'avais eu quatre canots que m'avait prêtés le sova de Liouica.

La traversée se termina sans le moindre accident et, au milieu du jour suivant, je me remis en marche vers l'est en m'avançant dans le pays des Quimbandès. Après avoir passé en vue des villages de Mouzéo et de Caïaïo, je campai à près de deux heures de distance E.-S.-E. du village de Mavanda, voisin de la source du ruisseau Moutango, qui coule au N.-O. vers le Couanza. Les villages de ces districts étaient beaucoup moins fortifiés que ceux de l'autre bord du fleuve. Les Quimbandès forment une confédération de petits États distincts, mais qui ne manquent pas de s'allier ensemble au cas de danger commun. Les nombreuses bourgades à l'entour de mon camp reconnaissaient la souveraineté du sova Mavanda, vassal lui-même du sova du Couïo ou Moucouzo, dont la résidence est située au bord du Couanza, plus au nord. Ce qui attira d'abord mes regards en arrivant chez les Quimbandès, ce fut la coiffure des femmes, la plus

Passage du Couanza.

extraordinaire que j'aie jamais rencontrée. Les unes arrangent leur chevelure de telle façon que, lorsqu'elle a reçu ses ornements de caouris, la coiffure a toute l'apparence d'un chapeau d'une femme d'Europe. D'autres la frisent, la tortillent et la roulent, de manière à la faire ressembler à un casque romain.

Les caouris sont dépensés avec profusion pour orner les têtes de femmes; on y emploie aussi les verroteries blanches ou rouges, mais bien moins que parmi les populations situées à l'ouest du Couanza.

Dans ces prodigieuses coiffures, les cheveux sont fixés

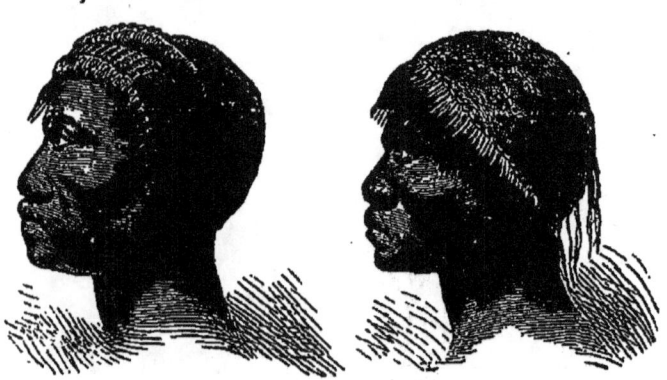

Jeunes filles Quimbandès.

au moyen d'un cosmétique rouge, nauséabond, qu'on fait avec une substance résineuse réduite en poudre, humectée d'huile de ricin.

Ces peuples font de l'huile de ricin en quantités considérables. D'abord ils extraient les graines du *ricinus communis*, puis les sèchent légèrement et les réduisent en poudre. Quand elle a bouilli quelques heures dans l'eau, cette poudre donne l'huile, qu'on laisse refroidir afin de la séparer de l'eau assez grossièrement, pour la conserver dans de petites calebasses.

Les naturels ne l'emploient pas comme purgatif.

Chez les Quimbandès, le type féminin se rapproche un peu

du caucasien et plusieurs de leurs femmes eussent été jolies si elles n'avaient pas été des négresses.

Dès que je fus arrivé, j'envoyai un petit présent au sova Mavanda, qui se répandit en remerciements, mais qui me pressa ensuite d'ajouter encore une chemise.

La même requête m'avait déjà été adressée par d'autres; elle prouve que ces gens ont un penchant à se couvrir le corps.

Les hommes indigènes voilent leur nudité avec deux tabliers de peaux de petites antilopes, qu'ils suspendent par devant et par derrière à une large ceinture de cuir de bœuf. Les peaux de léopard sont exclusivement réservées à l'usage des sovas. Quant aux femmes, elles vont à peu près nues, remplaçant la traditionnelle feuille de figuier de notre mère Ève par un fragment d'étoffe.

Le lendemain matin de bonne heure, le chef m'envoya des messagers m'apprendre que les porteurs attendus étaient arrivés depuis la veille au soir et campaient sur l'autre côté du Couanza.

D'abord je n'ajoutai aucune foi à ce rapport, car je connaissais trop bien l'habitude qu'ont ces gens-là de vous conter ce qu'ils croient devoir vous être agréable afin d'être récompensés de leur bonne nouvelle. Cependant je leur dis, puisqu'ils m'assuraient qu'ils avaient vu mes hommes, que, dès qu'ils m'auraient fourni une preuve que le docteur Chacaïombé était réellement sur mes traces, je leur donnerais une récompense honorable.

Le même matin, le sova Mavanda me fit connaître qu'il partait à l'instant pour attaquer un village voisin où un de ses sujets s'était révolté contre son autorité et me demanda mon assistance pour cette expédition. Je ne manquai pas à m'y refuser, mais je le fis de façon à ce que ma neutralité n'offensât point le sova.

Vers midi, l'armée de Mavanda défila devant mon camp.

En tête, flottait au bout d'une longue hampe un drapeau

Hommes et femmes Quimbandos.

tricolore, pareil à celui de la France, mais ayant les couleurs en ordre inverse. Après, venaient deux hommes qui portaient une énorme caisse à poudre, soutenue au moyen d'une grosse corde et d'une perche. La façon dont ils la portaient montrait qu'elle était vide. Le sova marchait derrière, entouré de ses officiers, que l'armée suivait en file indienne. Elle pouvait comprendre six cents hommes ayant des arcs et des flèches et huit armés de mousquets. Quelques pas en avant du drapeau, étaient deux nègres frappant de toutes leurs forces sur des tambours de guerre et en tirant le plus de bruit possible.

L'armée revint un peu avant la nuit; elle n'avait pas été engagée, car l'ennemi s'était rendu à discrétion.

Quand elle eut atteint mon campement, elle me fit l'honneur de me donner le spectacle d'une petite guerre.

Les archers se développèrent sur une ligne, ayant le drapeau au centre; par derrière, étaient la caisse à poudre et le sova.

Cette ligne où chaque homme marchait isolé enveloppa peu à peu le village imaginaire qu'elle attaquait et se resserra à mesure qu'elle avançait.

Alors, à un signal du chef, les soldats s'élancèrent sur le village, faisant des bonds énormes, se livrant à toutes sortes de momeries et poussant les hurlements les plus épouvantables pour intimider leurs adversaires.

Au moment où je pensais qu'ils allaient rentrer tout droit chacun chez soi pour attaquer leur souper, ils se rallièrent, sur l'ordre du souverain, reprenant leur position première, pour revenir à Mavanda dans le même ordre qu'ils en étaient

Ce spectacle venait de finir, quand reparurent les messagers du matin; ils prétendirent avoir vu le docteur, mais n'avoir pas pu obtenir de lui quelque signe à me montrer. Leur rapport me confirma dans mes soupçons et je restai convaincu qu'ils ne me disaient pas un mot de vérité.

Une idée qui me passa dans la tête me causa les plus graves

inquiétudes au sujet de mon campement : l'herbe sèche dont il était couvert pouvait à chaque instant s'enflammer; d'autant plus que mes noirs, qui souvent grelottaient de froid, ne connaissaient pas le péril et entretenaient dans leurs huttes des feux énormes.

Le sol, depuis la Couqueïma jusqu'à Mavanda et même plus loin, produit avec vigueur la canne à sucre et le cotonnier. Ce dernier est cultivé par les Quimbandès qui font, avec le coton, des fils pour enfiler les caouris et les perles.

Des naturels vinrent encore le lendemain m'assurer qu'il y avait des porteurs sur l'autre bord du Couanza, mais qu'ils ne pouvaient point passer la rivière faute de canots.

Cette fois, je pris le parti d'y envoyer Aogousto, en compagnie d'un guide Quimbandé.

A onze heures, je reçus un envoyé du sova qui me faisait annoncer sa visite.

En effet, Mavanda parut peu après, entouré de sa cour. Sa surprise à ma vue fut égalée par celle que sa personne me causait. C'était certainement l'homme le plus grand que j'eusse jamais rencontré. A son énorme hauteur, il joignait un corps de proportions véritablement phénoménales, extraordinairement gras. Autour de sa ceinture démesurée, il portait entortillée une vieille étoffe, d'où pendaient trois peaux de léopards.

Un collier de perles noué autour de sa gorge massive soutenait un certain nombre d'amulettes ballottantes.

Du reste, on aurait dit que, vu sa grosseur, Mavanda aimait les objets considérables, car il me fit présent du plus grand bœuf que j'aie vu en Afrique.

Après que nous eûmes échangé les compliments accoutumés, il me dit à brûle-pourpoint que le motif de sa visite était de me demander une *médecine* pour conserver son gros bétail. Ces animaux avaient l'habitude d'aller paître fort loin ; parfois ils passaient la nuit hors de l'enceinte, se réfugiaient dans les forêts et y étaient attaqués par les bêtes féroces, ce qui lui faisait beaucoup de tort.

En guise de *remède*, je lui donnai immédiatement le conseil d'employer un bouvier; car, puisque le bétail livré à lui-même allait au loin, il n'irait plus qu'où on le mènerait si on le conduisait aux pâturages. L'idée était nouvelle pour lui. Elle ne lui parut pas mauvaise et, bien qu'elle fût opposée aux coutumes de ce pays où les troupeaux n'étaient jamais surveillés, il la mettrait de suite à profit afin de conserver ses animaux.

Je lui montrai ensuite un orgue de Barbarie et mes carabines. Je tirai même plusieurs fois et je m'amusai à voir l'expression de surprise et d'effroi qui se peignait sur ses traits. Il se retira dans la soirée et nous nous séparâmes fort contents l'un de l'autre.

A peine était-il sorti qu'entrèrent des envoyés du sova Capôco qui me remirent une lettre. Chacaïombé, m'y disait-on, avait envoyé des porteurs, et Capôco me priait de permettre à une de ses caravanes, qu'il désirait pour ses affaires dépêcher jusqu'au Zambési, de voyager de conserve avec moi.

Cette lettre me décida à rester six ou sept jours dans mon camp, pour attendre l'arrivée des porteurs, bien que je n'y crusse guère. C'est dans ce sens que je répondis à Capôco.

En exécution de ce dessein, je donnai l'ordre de reconstruire le camp et d'en couvrir les huttes avec des branchages verts pour les protéger contre l'incendie.

Le lendemain matin, il y eut donc un grand branlebas dans mon campement, qui, vers midi, commençait à prendre une jolie tournure.

Les huttes coniques dont il se composait étaient faites de perches et mesuraient en diamètre chacune 3 mètres à la base et $2^m,50$ en hauteur.

La mienne avait été bâtie par les Bihénos avec plus de soin que les autres; elle avait $3^m,50$ de haut et 5 mètres de diamètre à la base.

Autour du campement, s'élevait un cercle de huttes, jointes par une haie d'abatis d'arbres épineux.

Ma demeure en occupait le centre ; devant elle, étaient empilés les bagages. Les huttes de mes serviteurs et de mes gardes l'entouraient à portée de la voix.

Tout ce travail venait d'être achevé lorsqu'on m'apprit que des messagers arrivaient demandant à me voir de la part du sova du Gando. Je donnai l'ordre de les introduire. Dans

Bihénos construisant une hutte.

leur nombre, je reconnus de suite un des grands, que j'avais vus aux côtés du chef dans le Gando. Ils me remirent une lettre avec un paquet qu'un sovéta avait envoyés au sova, pour moi.

La lettre m'était écrite par mon ami Galão da Catoumbella ; le paquet qui l'accompagnait contenait un petit présent, qu'il m'avait adressé au Bihé, croyant bien que j'y étais encore.

Cette fidélité, qui me faisait ainsi parvenir de main en

Squelette d'une hutte.

main une lettre et un paquet, était la récompense de la bonne impression laissée aux tribus chez lesquelles j'avais passé.

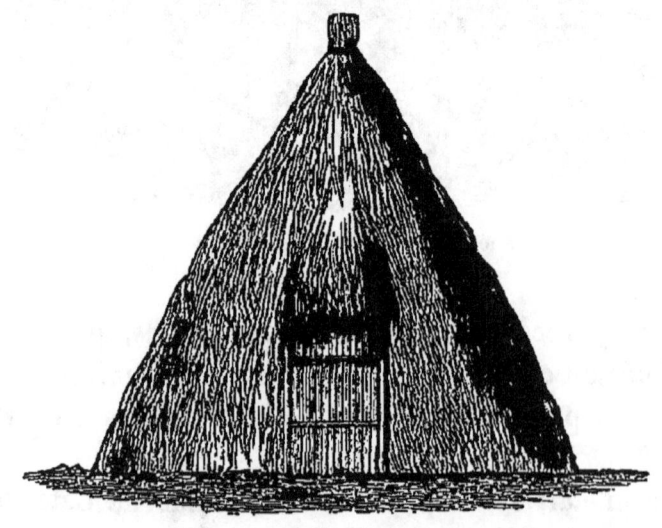

Hutte construite en une heure.

La caisse, entre autres choses, contenait une boîte de raisins de Malaga; cadeau qui fut le très bien-venu pour apporter un peu de variété dans la monotonie de mes provisions, déjà trop rares.

Quant à la lettre, elle me donnait les dernières nouvelles que je dusse recevoir d'Europe jusqu'à mon arrivée à Prétoria. La vue de cette écriture me fendit le cœur, car elle réveilla l'idée désolante du long espace de temps qui allait s'écouler avant que je pusse recevoir des nouvelles de tous les êtres qui m'étaient si chers. Et je me couchai cette nuit-là avec une triste impression de regrets.

Au point du jour, on m'avertit qu'une petite caravane revenant de l'intérieur et se rendant au Bihé passait, chargée de cire, sous la direction d'un noir. Je fis venir le chef pour le prier de me porter une lettre au Bihé, où on la confierait à quelqu'un qui pourrait la faire arriver à Benguêla. Il y consentit; mais à condition que je me dépêcherais, car il voulait aller coucher ce soir-là près de la Couqueïma.

Je n'avais pas une minute à perdre. A qui écrirais-je? Et pourtant je ne pouvais pas laisser échapper cette occasion d'assurer à tous ceux que j'aimais que je vivais encore.

Saisissant une plume, je traçai à la hâte quelques lignes adressées au docteur Bocage et j'y enfermai deux billets, l'un pour ma femme et l'autre pour Luciano Cordeiro.

Le conducteur de la caravane perdait déjà patience, lorsque je lui remis cette correspondance. Il la prit et partit.

A présent, je sais qu'elle est parvenue en Europe, et qu'elle a été reçue par ceux auxquels elle était destinée; mais ce que je n'ai jamais appris, c'est la voie qu'elle a suivie pour aller du Bihé à Benguêla. Je ne doute pas cependant que je ne doive ce fait à la protection dont m'honorait Silva Porto.

Le sova Mavanda passa cette journée à causer avec moi. Je lui donnai divers petits objets et, entre autres, une boîte d'allumettes chimiques, qui l'avaient étonné et ravi.

En se retirant, il dit à ses *macotas*, ces paroles, que je me suis rappelées à cause de la figure qu'elles exprimaient :

« Vous voyez au loin un oiseau qui plane dans les airs se poser sur un arbre ; vous vous dites : « c'est un pigeon ». Vous marchez jusqu'à ce que vous arriviez tout près ; alors

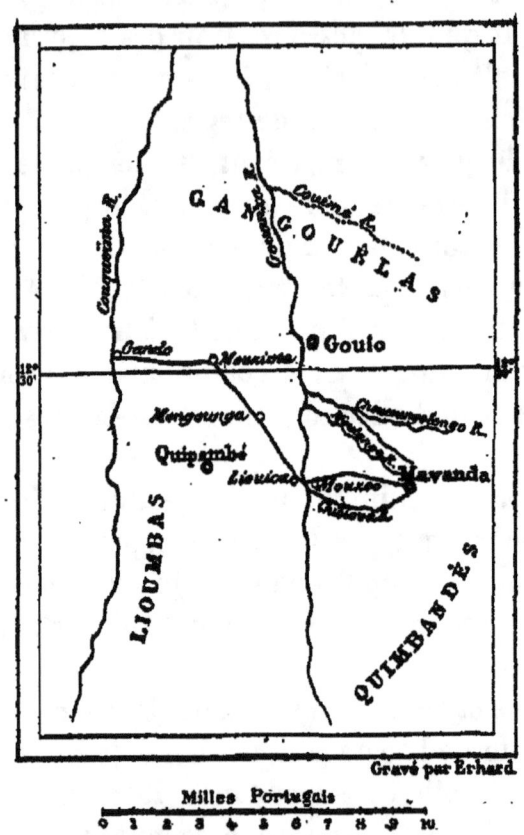

Carte du pays des Quimbandès.

vous vous étonnez de sa grandeur, car cet oiseau était un aigle. Il en a été de même pour le Manjoro (c'était le nom qu'on me donnait). Lorsqu'il était loin de nous, vous l'avez pris pour un pigeon ; et maintenant que nous vivons avec lui et que nous le connaissons, nous nous apercevons qu'il est un aigle ! »

Pendant mes excursions dans le voisinage, en quête d'antilopes, que je trouvais rarement, j'ai levé la carte du pays ou plutôt j'ai pu compléter celle du territoire qui s'étend de la Couqueïma au Couanza.

Sur ces entrefaites, le sova Mavanda me fit savoir que la plus grande faveur que je pusse lui faire était de lui donner une paire de culottes. Je désirais le contenter, et je mandai le vieil Antonio.

A son grand étonnement, je fis de lui un tailleur. Il alla prendre la mesure des culottes de Sa Majesté. Ensuite je les taillai et mis Antonio à l'ouvrage pour les coudre. J'y employai 5 mètres de calicot large. Cet homme était un véritable hippopotame, mais d'une très bonne nature.

Dans la matinée du 20, le sova me fit prévenir que ce temps était celui où le peuple célébrait sa grande fête, une espèce de carnaval, et que Sa Majesté, pour me faire honneur, allait se présenter à mon camp, masqué, et danserait devant moi.

A huit heures, arrivèrent les tambours; la foule ne tarda pas à s'assembler à l'entour.

Le sova fit son apparition une demi-heure plus tard. Il s'était fourré la tête dans une citrouille peinte noir et blanc; son corps immense était rendu plus gros encore par un encadrement d'osier recouvert d'un tissu d'herbe peint également blanc et noir.

Une sorte de vêtement, fait de crins et de queues d'animaux, complétait son attirail grotesque.

Aussitôt qu'il fut arrivé, les hommes se formèrent sur une ligne, ayant les tambours par derrière, et les femmes et les jeunes garçons reculés à quelque distance. Les tambours se mirent à battre et les hommes, se tenant debout et immobiles, à entonner des chants monotones accompagnés de battements de mains.

Le sova prit position à trente pas en face de la ligne et commença une représentation extraordinaire où il jouait le

La danse du sova Mavanda.

rôle d'une bête féroce, ce qui lui valut les applaudissements frénétiques de son peuple et du mien. La danse dura bien une demi-heure; après quoi, il s'enfuit à toute vitesse, suivi par ses gens. Peu après, il revint dans ses vêtements habituels et passa le reste de la journée avec moi. J'avais réussi, décidément, à gagner ses bonnes grâces.

Tout le temps que laissaient libre mes travaux avait été employé à disposer mes bagages de façon à diminuer, autant que possible, le nombre des charges. Ce que je possédais était vraiment bien peu de chose, et mes ressources monétaires ne se composaient plus que d'un sac de caouris et des verroteries que j'avais achetées à José Alvès. Les frais de la nourriture de ma bande étaient considérables et je voyais avec une vraie terreur diminuer mon faible avoir. Le gibier de ce pays était rare et petit; sauf quelques gazelles (*cervicapra bohor*), il valait à peine la poudre pour le tuer.

Combien de fois n'ai-je pas considéré avec angoisse mon misérable tas d'étoffes et de verroteries!

Combien de fois n'ai-je pas senti me courir par tout le corps un frisson de chagrin, de désespoir, à la sombre pensée de l'avenir qui m'était réservé!

Combien de fois ai-je laissé sans réponse les caresses de ma chèvre Cora et les chants folâtres de mon bon perroquet, qui me volait sur l'épaule pour obtenir quelque cajolerie!

Et cependant, tout aussi fréquemment, une foi infinie en mon entreprise étendait son baume sur mon cœur endolori et bannissait pour un temps les angoisses de mon esprit.

La froide raison me remontrait que ces rayons d'espoir si consolants n'avaient en somme aucune raison d'être; mais l'espérance était trop tenace pour ne pas me fournir les arguments et les sophismes à l'aide desquels je combattais la raison.

Ces moments défient toute description. Quelles luttes que celles qui se livrent dans la tête d'un homme isolé, voyant bien lui-même le pour et le contre de ses idées; n'ayant ni ami pour flatter ses pensées, ni adversaire pour les combattre !

J'ai été jeune, j'ai aimé et j'ai souffert les douleurs de l'amour; j'ai été père et j'ai vu ma fille adorée expirer dans mes bras ; mais jamais, dans mon passé, je n'ai éprouvé un vide aussi profond, un abattement aussi cruel que ceux que, dans mes mauvais jours, j'ai ressentis pendant mon voyage en Afrique.

Seul! parfaitement seul! au milieu d'une multitude ignorante et criarde, dont la langue et les pensées habituelles m'étaient inconnues, j'avais des heures horribles, qui se changeaient bientôt en fièvres et en maladies.

Non, ce n'est pas la faim, ni la maladie, ni la misère que je compte pour des souffrances. Non! l'homme est, ou devrait être supérieur à la matière, la dominer et s'éloigner de l'irrationnel.

Le doute est la véritable souffrance. La souffrance, c'est de ne pas savoir comment vous franchirez l'abîme que la raison montre ouvert sous vos pas. La souffrance, c'est de voir une bande d'hommes dévoués vous accompagner aveuglément, disant « il sait bien ce qu'il fait », quand vous les conduisez à l'abîme. La souffrance, c'est la formidable responsabilité dont on s'est chargé. Peut-être consentirais-je à ce que mes détracteurs eussent quelque peu l'expérience de ce que font endurer la soif et la faim, les ennuis et les privations d'un voyage tel que le mien; mais jamais je ne voudrais que le plus désagréable d'entre eux souffrît la millième partie des tortures morales auxquelles j'ai été soumis. Il est vrai que, pour avoir des souffrances de ce genre, on doit n'être dépourvu ni d'âme, ni de cœur ni de conscience.

C'est sous l'influence des sentiments dont je viens de parler que j'écrivis au docteur Bocage ; ma lettre avait été faite dans un de mes mauvais jours.

Laissons de côté ces divagations qui ne sont guère intéressantes et revenons à mon récit.

Les Quimbandès fabriquent, avec le fer et le bois, des objets qu'ils travaillent bien mieux que les populations situées à l'ouest du Couanza.

La nuit, le froid fut intense et il y eut un grand écart entre le maximum et le minimum de la température.

Malgré la dépêche que m'avait adressée le sova Capôco,

USTENSILES DES QUIMBANDÈS.

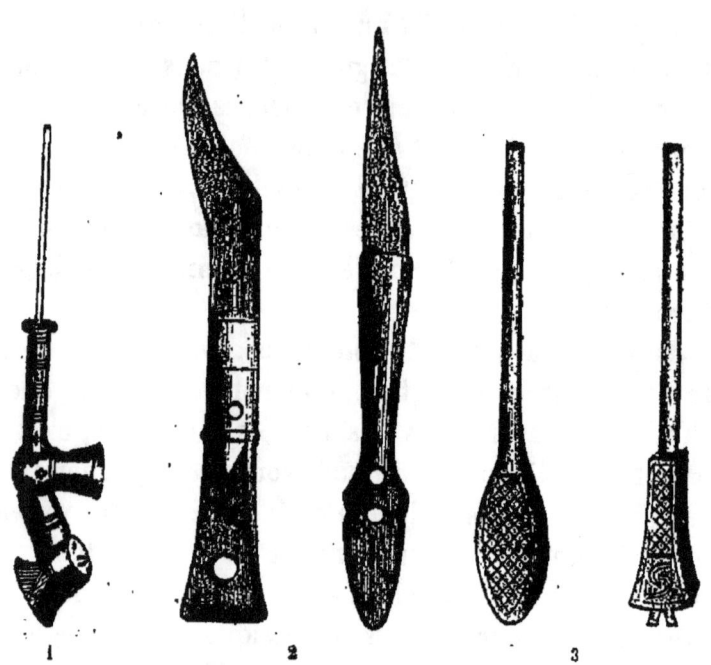

1. Pipe. — 2. Couteaux. — 3. Masses d'armes.

je n'avais qu'une très médiocre confiance dans sa promesse concernant les porteurs ou dans la possibilité du retour de mon docteur Chacaïombé. Je me remis donc à l'œuvre pour diminuer autant que possible le nombre de mes ballots, ce que je ne pouvais faire qu'en ouvrant quelques-uns pour fourrer leur contenu dans les autres ; mais cette opération avait ses limites, attendu que le poids à donner à chaque porteur ne devait pas être dépassé.

Le 22 juin, jour où j'avais fixé la fin du temps pendant lequel j'attendrais les porteurs de Capôco, arriva.

Mon anxiété allait en croissant et j'appréciais pleinement les peines exprimées par mes devanciers lorsqu'ils s'étaient trouvés dans la nécessité d'abandonner les objets dont ils avaient absolument besoin.

La question du choix devient des plus sérieuses quand chaque chose prise à part nous paraît indispensable.

Il y avait longtemps que je m'étais séparé de tout ce qui était simplement à ma convenance, et je donnai à mes jeunes nègres le peu de conserves qui me restaient.

Lorsque mes porteurs s'aperçurent de l'embarras où j'étais, ils m'offrirent de se charger du plus lourd poids sous lequel ils pussent marcher. Ce zèle inattendu ne suffisait même pas au transport de tous mes bagages, car, malgré toutes les diminutions et les distributions nouvelles, j'avais encore quatre charges sans porte-faix.

Deux de ces charges se composaient du bateau mackintosh, la troisième était un baril d'eau-de-vie, et la quatrième consistait en vingt-cinq kilos de poudre.

Je me décidai, bien malgré moi, à laisser mon bateau et à demander au sova Mavanda un couple d'hommes, qui, d'un campement à l'autre, transporteraient la poudre et la liqueur, jusqu'à ce que deux de mes porteurs fussent débarrassés de leur charge. Vu le train dont mes provisions diminuaient, cela ne pouvait guère tarder.

Le sova consentit à garder mon bateau et me donna les deux hommes que je lui demandais. Alors je fis tous mes préparatifs pour partir le lendemain.

Mon camp fut donc levé le 23 à huit heures. Une marche de trois heures et demie nous fit atteindre la rive gauche de la Varéa et nous passâmes cette rivière sur un pont de bois assez bon.

Le sovéta de Divindica, hameau situé à la gauche de la Varéa, au confluent du ruisseau Moconco, réclama un péage pour le passage du pont. J'y satisfis en lui donnant environ quatre mètres d'étoffe de troque.

Ici la Varéa coule au nord pour se joindre à la Couimé. Sa largeur est de 25 mètres; la profondeur, de 2; le courant est faible. Il n'y a pas de cataractes en aval de Divindica.

A 1600 mètres environ du côté du sud, je remarquai les villages de Moariro et de Moaringonga.

Je me dirigeai ensuite vers l'est, et campai, à 2 heures du soir, sur la gauche de la rivière Onda, en face du grand village de Cabango, capitale des tribus orientales des Quimbandès.

J'avais encore deux bouteilles de porto 1815, reste d'un cadeau que m'avait fait mon ami E. Borgès de Castro. Au moment que nous atteignions l'endroit où nous devions camper, le jeune nègre Moéro, qui en était chargé, tomba en me brisant une des deux bouteilles. Le nectar précieux se répandit à terre, sans que je pusse en recueillir une seule goutte.

Entre Mavanda et les sources du ruisseau Moconco, dont je suivis le cours jusqu'à son confluent avec la Varéa, les arbres sont vraiment magnifiques et les sommets des hautes collines qui bordent le ruisseau sont boisés richement. Cependant, au delà de la Varéa, la puissance de la végétation est encore plus grande.

Depuis mon départ du Couanza, j'entendais parler de la Couimé comme du cours d'eau le plus considérable qui se trouve sur le territoire des Quimbandès. L'importance de ceux de ses affluents que j'avais déjà rencontrés rendait l'assertion vraisemblable et me faisait fort désirer de contempler la rivière de mes propres yeux.

A l'est du Couanza, le pays offre une apparence qui diffère beaucoup de celle qu'il a de l'autre côté. Les paysages sont plus pittoresques et n'ont pas la monotonie de ceux du Bihé. Les rivières et les ruisseaux se creusent des lits plus profonds et les mouvements de terrain deviennent plus sensibles. Les rives des courants, petits ou grands, se couvrent de beaux arbres au-dessus de la marque des hautes eaux ; les buissons et les taillis forment sous bois des barrières presque infranchissables.

La population commence à s'éclaircir dans la partie orientale du territoire des Quimbandès. Le sova de Cabango est aussi un vassal de celui du Couïo ou Moucouzo.

Les coutumes de ces peuples ressemblent à celles des Bihénos, excepté à l'égard de l'activité ; car les Quimbandès sont paresseux honteusement. Ils vont à peu près nus, ne travaillent pas, ne voyagent point et ne font aucun commerce.

Leurs armes à feu sont en très petit nombre, car ils n'ont pas le moyen d'en acheter. Ils récoltent un peu de cire, que les Baïloundos troquent contre des caouris et des perles ; mais ces échanges se font sur la plus petite échelle.

Les femmes cultivent la terre, qui rapporte beaucoup. D'après ce que j'ai observé, le manioc et la *gingouba* sont les plantes le plus généralement semées.

Cette région serait digne d'une attention particulière. Des rivières navigables l'arrosent et vont se rendre au grand canal également navigable du Couanza ; le climat est magnifique ; le sol extrêmement fertile produit en abondance et en perfection le coton, la canne à sucre, les céréales et l'herbe propre aux bestiaux ; la population qui l'habite est encline à la sujétion. Ainsi rien ne serait plus aisé que d'y faire prospérer une colonie.

Le 24, ayant traversé la rivière Onda, je campai sur sa droite, à 5 kilomètres de l'endroit où j'étais auparavant.

A Cabango, l'Onda est large de 15 mètres, profonde de 5, et coule de l'E. au N.-O. à la rencontre de la Varéa.

Quand j'eus déterminé la situation de mon camp, j'allai faire un tour en remontant la rivière, et je trouvai une assez grande quantité de gibier. En amont de Cabango, l'Onda se rétrécit promptement jusqu'à n'avoir que 10 mètres ; mais

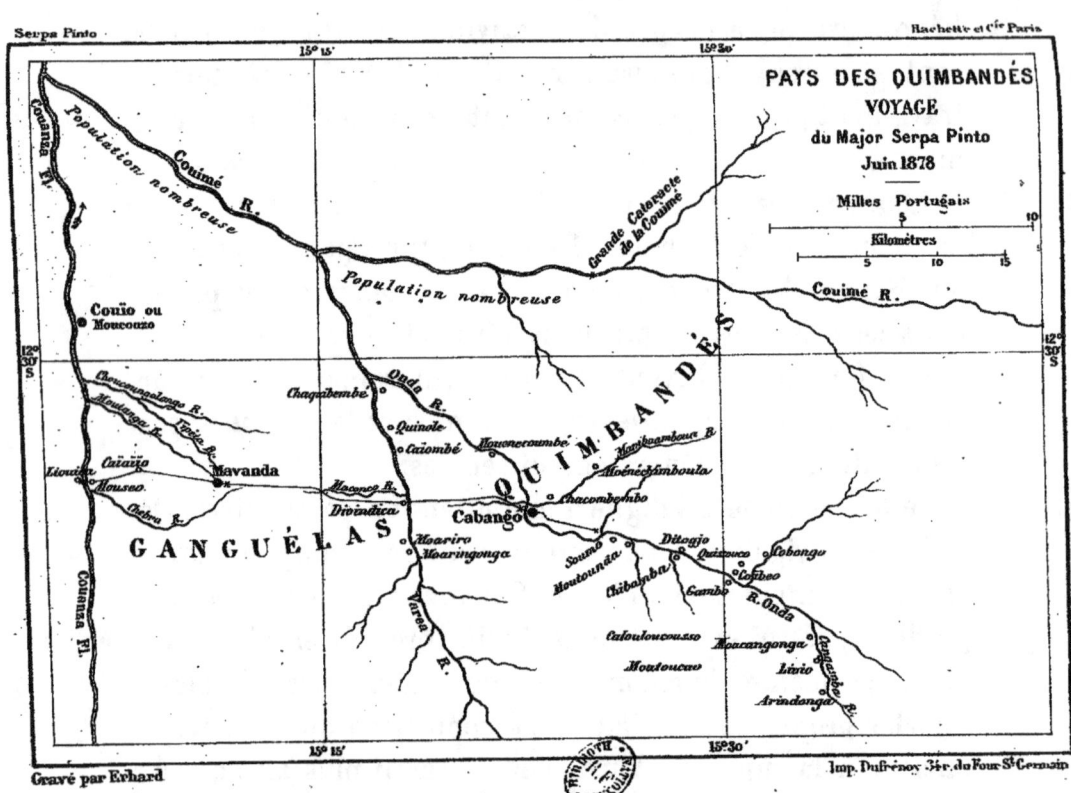

elle prend une profondeur de 6 et une vitesse de 10 mètres à la minute, et, ce qui est remarquable, le courant se fait sentir jusqu'au fond, ainsi que je m'en suis assuré en sondant et en examinant l'inclinaison des plantes qui y poussent, observation rendue aisée par la transparence cristalline des eaux et la blancheur du sable formant le lit de la rivière.

Je n'y ai vu qu'une espèce de poisson; les naturels l'appellent *ditassoa* et il est assez agréable au goût.

Tout en marchant le long de la rivière, j'aperçus à quelque distance un groupe d'arbres qui ressortaient bien sur le fond du paysage. Je le pris pour des palmiers; mais, m'en étant approché, je vis que c'étaient des *fetus arboreos* ou

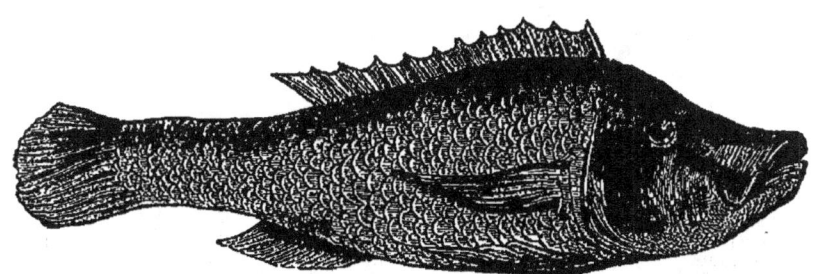

Ditassoa, poisson de la rivière Onda.

des fougères arborescentes de la beauté la plus élégante.

Les rives de l'Onda sont tranchées verticalement et contiennent la même quantité d'eau sur les bords qu'au milieu. Je rentrai de ma promenade, satisfait de ce que j'avais vu. L'Onda était encore une rivière navigable et formait une autre route naturelle dans cette superbe contrée.

Une surprise agréable m'attendait à mon retour au camp, car la première personne que j'y rencontrai fut le docteur Chacaïombé.

Je fus d'autant plus heureux de le voir que je ne l'espérais guère et que son absence était un de ces points noirs qui assombrissaient beaucoup mon voyage.

Bien que j'aie souvent nommé le docteur Chacaïombé, je n'ai pas encore expliqué qui il était.

C'était le devin qui, on se le rappelle peut-être, m'avait

Fougères arborescentes.

fait sur mon avenir de si agréables prédictions lorsque j'étais l'hôte temporaire du fils du capitaine de Quingué.

Réunissant dans sa personne les fonctions de l'homme à médecine et du devin, il était venu, de son propre mouvement, s'attacher à mon état-major, lors de notre séjour au

Bihé, et ne m'avait quitté que pour accomplir la mission d'aller demander des porteurs à Capôco. Je ne pensais pas qu'il en reviendrait.

Après un grand nombre de compliments, Chacaïombé m'apprit que les portefaix annoncés arriveraient dans une couple de jours. En conséquence je me décidai à les attendre.

Aogousto m'annonça ensuite que le sova de Cabango était venu me faire une visite et s'en était allé fort ennuyé de ne m'avoir pas trouvé.

J'envoyai de suite mon pombeïro Chaquiçondé au sova, pour le prier de m'adresser deux hommes que je pusse dépêcher à Mavanda pour me rapporter le bateau que j'avais laissé en arrière, bien à contre-cœur et au grand désappointement de mes gens ; ceux-ci avaient fort apprécié son utilité aux passages de la Couqueïma et du Couanza.

Cela fait, j'allai me sécher à fond près du feu, car j'étais revenu de la rivière fort mouillé, et je me rappelais avec horreur les souffrances que m'avait causées mon rhumatisme au Bihé.

Le lendemain, de bonne heure, je partis en quête de gibier, me dirigeant vers le nord, où le pays était couvert d'une épaisse forêt. Une course d'environ 13 kilomètres me conduisit à la rivière Couimé, juste au-dessous de sa grande cataracte. Je repris alors le chemin du camp, mais je n'y rentrai qu'un peu avant la nuit et tout brisé de fatigue. Cependant ma chasse avait été heureuse et j'avais vu cette rivière que je désirais ardemment trouver. La Couimé est effectivement importante, et, navigable, à ce qu'assurent les indigènes, depuis la grande cataracte jusqu'au Couanza.

J'explorai de nouveau l'Onda le lendemain et je fus bien surpris en apercevant à quelque distance de la rive un hameau extraordinaire. Quand je fus plus près, je reconnus que ce que j'avais pris pour des demeures de nègres n'étaient que des constructions de fourmis blanches (termites), assemblées en groupes considérables, ayant des sommets coniques et auxquelles la couleur blanchâtre de l'argile que les insectes prennent dans le sous-sol, donne toute l'apparence d'être des huttes d'indigènes. A mon retour au camp, j'y trouvai le sova de Cabango qui était revenu avec une suite de soixante hommes et un grand nombre de femmes.

Tous étaient dans un état complet de nudité, excepté la tête, qu'ils avaient extraordinairement ornée. Leurs coif-

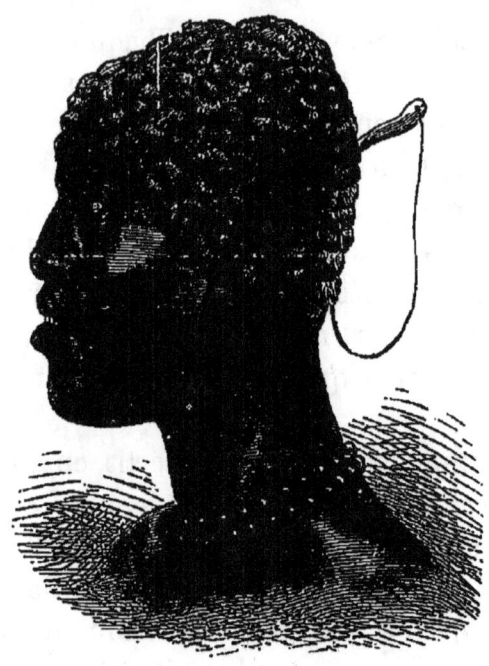

Coiffure d'homme à Cabango, avec le fer pour se gratter la tête.

fures étaient variées à l'infini, en somme de véritables œuvres d'art, aussi ont-elles toute une technologie spéciale.

Quand la chevelure des femmes forme le cimier d'un casque romain, cela s'appelle *tronda*; si elle tombe en tresses de chaque côté de la tête, c'est une *cahengué*.

De leur côté, les coiffures des hommes en touffes crêpées sont nommées *sanica*.

Le sova me donnait un bœuf, dont je lui rendis l'équivalent en un cadeau qui sembla fort de son goût.

Les porteurs arrivèrent du Capôco le jour même. Il n'y en avait que quatre, il est vrai ; mais, à présent, ce nombre était suffisant, car il nous en fallait seulement deux pour le bateau et deux pour rendre plus légers les paquets trop lourds.

Mes nègres passèrent la soirée à se réjouir en compagnie

Coiffure de femme à Cabango.

de ceux de l'endroit, et leur tumulte ne cessa pas avant dix heures.

Le froid de la nuit fut intense et le thermomètre marquait à 3 heures et demie du matin 0° centigrade. L'écart du maximum au minimum fut des plus extraordinaires, et, d'après mes observations météorologiques, la sécheresse de l'atmosphère demeura grande.

Je reçus une autre visite du sova qui me fournit quelques

renseignements sur le pays. Il ne reconnaît pas, me disait-il, la souveraineté du sova de Couïo ou Moucouzo, et se considère comme indépendant.

On trouve dans les bois une grande quantité de cire que les Baïloundos viennent troquer contre des caouris et des perles. Les indigènes travaillent le fer et en fabriquent des cognées, des balles et des couteaux ; mais ils achètent leurs

Coiffure de femme à Cabango.

haches de guerre, les flèches et les assagaies aux Louchazès et leurs bêches aux Ganguélas, aux Gnembas et aux Gonzélos.

J'ai eu l'occasion de trouver que ce sova, nommé Chaquioundé, manquait un peu de probité, ce qui n'est guère étonnant. Au bout d'une conversation assez longue, il se mit à prétendre que je lui devais nombre de choses en retour du bœuf qu'il m'avait donné. Il me réduisit à la nécessité de le prier de sortir de mon camp. Quand il vit de quel ton je lui parlais, il baissa le sien et m'expliqua, pour s'excuser de son impertinence, que c'étaient ses macotas qui lui avaient conseillé d'augmenter ses exigences ; c'était pour eux qu'il demandait, car il trouvait le présent que je lui avais fait supérieur à la valeur du bœuf.

Les deux Quimbandès venaient de rapporter mon bateau, et je décidai que nous décamperions le lendemain 28.

Je le fis en effet, mais pas aussitôt que je me l'étais proposé, car, à six heures du matin, le thermomètre ne marquait guère que 2 degrés au-dessus de zéro. J'attendis donc encore deux heures et, trois heures plus tard, ayant marché vers l'E.-S.-E., je fis halte au bord de l'Onda.

Ce qui m'obligeait à écourter ainsi les étapes, c'était le poids trop considérable dont mes hommes étaient chargés.

De la Varéa au point où nous arrivions, une couche de sable couvrait la terre ; le sous-sol était une argile dure, variant pour la couleur entre le blanc sale et le bleu cendré.

Près du lit de l'Onda, le sol est fait d'une couche épaisse de terre végétale reposant sur le même sous-sol d'argile grisâtre. Le long de la rive, j'observai quelques termitières d'un bleu de cobalt.

Les endroits découverts étaient habités par une espèce de termites différente de celle qu'on trouvait dans les forêts. La première construit ses nids avec des sommets arrondis, ayant l'apparence de cônes tronqués recouverts d'une coupole hémisphérique, une base de 80 centimètres à un mètre de diamètre et une hauteur égale. Dans la forêt, au contraire, la seconde bâtit de véritables cônes dont le diamètre à la base n'est que de 4 à 5 centimètres tandis qu'ils s'élèvent à 25 ou 30 de hauteur.

Comme elles sont très proches l'une de l'autre, ces constructions ont l'air d'une enceinte d'épines enfoncée en terre.

Il est évident que les termites des forêts font usage, pour bâtir leur demeure, des premiers matériaux qui sont à leur disposition, car la terre franche du sol des bois est celle qu'ils ont choisie ; malgré le ciment qu'ils y emploient, ces édifices n'ont pas la solidité ni la durée de ceux qu'élèvent les termites des terrains découverts. La matière mise en œuvre par ces derniers est l'argile la plus dure et ils en font des habitations qu'on dirait en pierre. De fait, elles sont si fortes que, bien que l'intérieur en soit divisé en cellules comme un rayon de miel, c'est à peine si la balle d'un snider y pénètre à plus de dix centimètres.

Ainsi que je l'ai remarqué déjà, les termites, des bords de

Constructions des termites, de l'Atlantique au Bihé.

1 et 2 ont une hauteur de 2 à 3 décimètres ; 3 et 4 en ont une de 1 à 2 mètres.

l'Onda rassemblent leurs nids dans des espaces restreints, de sorte que, de loin, cet amas de nids a tout à fait l'air de des villages Quimbandès.

J'étais sorti du camp pour faire un tour le long de la rivière. Pendant un peu plus d'une heure, je trouvai l'espace ouvert, mais ensuite j'entrai dans une belle forêt, qu'arrosaient plusieurs ruisseaux avant de rejoindre l'Onda.

Parfois elle avait l'aspect d'un des grands parcs du nord de l'Europe et le sol y était tout revêtu d'un doux gazon vert. Je me promenais çà et là, quand soudain je me trouvai, comme par enchantement, en face d'un des plus délicieux paysages.

Devant moi se développait dans un calme parfait un lac, aux eaux de cristal qui laissaient voir leur lit de sable fin. Il était encadré par des arbres énormes et réfléchissait le vert richement foncé de leur feuillage, où gazouillaient des milliers d'oiseaux. Le gazon n'expirait qu'à la berge du lac pour faire place au sable dont la finesse égalait la blancheur.

Les naturels du pays, si peu sensibles qu'ils soient aux charmes poétiques, ont été cependant frappés des agréments de cette pièce d'eau. Ils la nomment lac Ligouri et m'en avaient déjà parlé.

Les ruisseaux de la région ont tous des rives marécageuses. J'avais remarqué dans leurs eaux stagnantes un dépôt rouge que je croyais d'abord ferrugineux; mais je devais me tromper puisque l'infusion de thé vert faite avec cette eau ne produisait pas de tannate de fer. Les dépôts rouges proviennent donc sans doute d'une accumulation d'animalcules infusoires.

De plus, depuis le Bihé jusqu'ici, j'avais remarqué que, dans tous les endroits où l'eau est stagnante, les sangsues abondent; elles sont plus nombreuses encore dans les petites mares voisines des affluents de l'Onda.

La rivière avait toujours une largeur de 10 à 12 mètres et une profondeur de 4 à 5, sans que le courant en fût sensible. Les bords étaient fréquentés par une grande quantité de gibier.

Nous marchâmes le lendemain vers le S.-E., toujours en suivant la rive droite de l'Onda pendant trois heures, en nous ouvrant assez malaisément un chemin à travers une forêt embarrassée. Le passage à gué du ruisseau Cobongo, qui avait 4 mètres de large sur 1 de profondeur, mais dont le fond était très glissant, nous donna encore plus de fatigues. Au bout de trois heures de plus, je me dégoûtai de l'Onda et, rencontrant un autre petit affluent, le Cangombo, je le suivis quelque temps, puis le traversai et allai camper à la gauche d'un troisième ruisseau appelé Bitovo.

Le 30 juin, je continuai à m'avancer vers l'est, le long du Bitovo pour éviter la forêt, et j'arrivai dans la vallée de la Chicondé ; quand j'eus longé ce ruisseau jusqu'à son confluent avec la Couito, je campai. Ce ne fut pas sans émotion qu'en rencontrant la Chicondé je vis les eaux couler rapidement à la Couito. Jusqu'alors, en effet, je n'avais trouvé que des courants qui se dirigeaient vers l'Atlantique ; leurs eaux dont les murmures m'avaient déjà si souvent endormi étaient, pour ainsi dire, une espèce de lien qui me rattachait encore à ma patrie, puisqu'elles se déchargeaient dans l'Océan qui baigne les côtes du Portugal. Ah! si ces eaux avaient pu transporter les soupirs et les paroles murmurées à leur surface, quels tendres messages et quelles inquiétudes n'auraient-elles pas transmis à ceux que j'aimais!

Ce fil qui m'unissait encore à la côte occidentale, je le brisais en m'éloignant du Bitovo. J'en éprouvais un vif regret. Il y avait alors un an, jour pour jour, que j'avais fait mes adieux à mon cher vieux père. Quel souvenir j'avais encore de ces paroles de séparation, sous lesquelles nous nous cachions l'un à l'autre la crainte que nous nous disions peut-être un adieu éternel !

De chez les Quimbandès, que je laissais derrière moi avec le Bitovo, nous allâmes camper dans le pays des Louchasès.

Quelques hommes et des femmes en petit nombre vinrent du village situé à la droite de la Couito dans le camp ; mais ils n'amenaient rien à vendre, et la nourriture nous manquait. Ils nous promirent pourtant de nous apporter du blé de Canarie [1], car, à ce qu'il paraît, ils ne cultivaient ni maïs ni massámbala.

Ce qu'ils récoltent dans leurs champs, c'est du blé des Ca-

---

1. Le blé de Canarie ou d'oiseau est l'alpiste des Canaries. Il produit un fourrage excellent et ses graines qui servent de nourriture aux oiseaux sont mangées en bouillie par les Espagnols. Voir une correction insérée, à la fin du texte du *Chapitre supplémentaire*, avant les tableaux des *Observations astronomiques* faites entre le Couanza et le Zambési, dans le second volume de cet ouvrage. — J. B.

Le lac Ligouri.

naries ou *massango*, un peu de manioc, des haricots, de la gingouba, du ricin et du coton, le tout en petite quantité, à peine de quoi suffire à leurs besoins.

Dans la forêt, ils enlèvent beaucoup de cire aux ruches placées dans les arbres où essaiment les abeilles. Ils la troquent pour du poisson, pêché dans le Couanza et apporté sec par les Quimbandès, attendu que la Couito, qui est leur rivière, n'en nourrit point.

Les Louchasès sont peu enclins à voyager et ils ne quittent guère leurs villages que pour chasser les antilopes à cause de

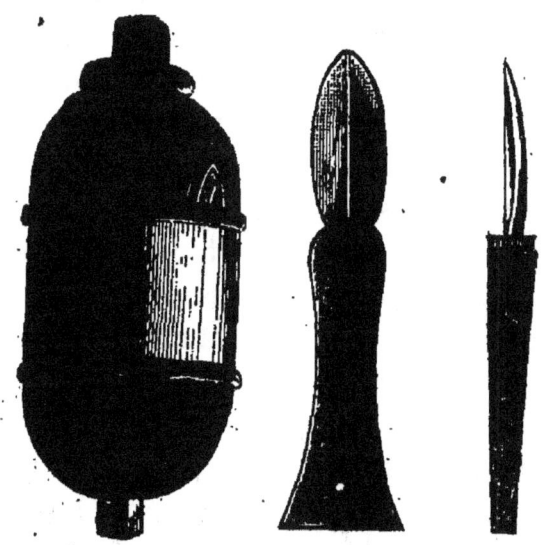

Boîte à amadou, silex et briquet des Louchasès.

leurs peaux. La culture est faite par les hommes autant que par les femmes.

Le sovéta qui gouverne les hameaux épars sur les bords de la Couito est le Mouéné Calengo, tributaire d'un autre sova, Mouéné Moutemba, dont le village est placé à un endroit que je ne peux pas indiquer avec précision.

Les Louchasès travaillent le fer et se font tous les instruments dont ils ont besoin. Le fer existe chez eux.

Une chose qui m'a frappé surtout c'est l'usage parmi ces barbares de l'amadou pour se procurer du feu à l'aide d'un silex et d'un briquet d'acier. Ce sont les Quibôcos ou Quiôcos qui importent les cailloux et les échangent contre de la cire; mais les Louchasès font eux-mêmes les briquets avec du fer travaillé et trempé dans l'eau froide où ils le jettent pendant que le métal est encore rouge. Quant à l'amadou, ils le composent de coton mêlé avec l'amande bien broyée du noyau d'un fruit qu'ils appellent micha.

Les paniers dont se servent leurs femmes ne sont pas les mêmes que ceux des Quimbandès; elles les portent aussi d'une autre manière, les suspendant de leur front sur leur dos au moyen d'une bande tissue avec l'écorce d'un arbre. Cette façon de mettre les paniers empêche les femmes de porter leurs enfants sur les reins comme on le fait généralement en Afrique; elles les tiennent attachés à leurs flancs.

Le lendemain, quelques femmes vinrent nous offrir du massango, mais en si petite quantité qu'il s'en trouvait juste assez pour aiguiser notre appétit, non pour l'apaiser.

La Couito, à l'endroit où je l'ai passée, est large de 7 mètres et profonde de 1; son courant est de 25 mètres à la minute.

Elle tombe dans la Coubango. L'important village de Darico s'élève à son confluent.

Sa source est dans le plateau de Cangaba, assez près de celles de la Couimé et de la Couiba, qui se rendent au Couanza, et de la Loungo-è-oungo, affluent du Zambèse.

Puisqu'on ne pouvait pas se procurer de provisions, il fallait bien partir. Au moment que je donnais l'ordre de lever le camp, arriva une troupe de femmes esclaves conduites par trois nègres.

Je fis saisir les nègres et mettre en liberté les pauvres négresses. Une fois qu'elles furent rassemblées dans mon camp, je leur fis savoir qu'elles étaient libres et que, s'il leur convenait de se joindre à ma troupe, je les ferais, d'une ou d'autre façon, mener à Benguéla.

Du reste, n'ayant plus rien à craindre de ceux qui les

Hommes et femmes Louchasès avec leurs ustensiles.

avaient gardées, elles étaient absolument libres d'en agir à leur guise. Mon étonnement fut grand lorsque je les entendis déclarer d'une voix unanime qu'elles n'avaient que faire de ma protection et qu'elles ne demandaient qu'à continuer leur voyage interrompu par moi.

D'où venaient-elles? Personne ne put me le dire. Que pouvais-je bien faire pour elles? Il me répugnait de les emmener malgré elles. Tout bien considéré, je me décidai donc à laisser ces pauvres femmes accomplir leur triste destinée: elles avaient pu y échapper, mais s'y étaient refusées.

Après tout, s'en seraient-elles mieux trouvées de m'avoir suivi! C'est une opération peu aisée, quoi qu'on en dise en Europe, que de mettre en liberté une bande d'esclaves si on se trouve trop éloigné de la domination et de l'influence européenne. Ceux qui en font partie sont de districts différents et parfois très éloignés. Après leur avoir donné la liberté, si l'on voulait les rendre à leurs familles, on devrait se mettre à la recherche des demeures de leurs parents au travers d'une grande partie de l'Afrique. Est-ce pratiquement possible?

Les abandonner en leur disant « Allez-vous en », cela revient à les livrer en proie à la première tribu qu'ils rencontreront.

Souvent il arrive que ces infortunés, enlevés d'un village dès leur bas âge, perdent tout souvenir de l'endroit qui les a vus naître, apprennent à parler une langue qui n'est pas celle qu'ils ont balbutiée, et finissent par adopter pour leur pays celui où ils vivent esclaves. De fait, ils ne s'en connaissent plus d'autre.

Maintenant que les vaisseaux de guerre du Portugal et de l'Angleterre croisent dans l'Atlantique et dans l'océan Indien pour empêcher la traite, l'exportation des cargaisons humaines n'a presque plus lieu; l'esclavage est devenu une matière de troc pour l'intérieur de l'Afrique. En somme, cet infâme commerce a subi des modifications considérables.

Par exemple, on devient esclave en Afrique soit comme

prisonnier de guerre, soit parce que les parents ont donné l'enfant en paiement de leur dette.

Jadis, il est vrai, des guerres n'avaient aucun autre objet que de faire des prisonniers pour les mettre en vente, et, malheureusement, ce système n'est pas encore tout à fait abandonné.

Le second cas, où un enfant est donné en paiement d'une dette ou d'une amende, est resté d'une occurrence fréquente aujourd'hui même.

Lorsque, par suite des guerres, chaque captif devenait esclave, il était fort rare, même étant adulte, qu'il pût, une fois débarqué en Amérique, revenir en Afrique. L'Atlantique était un obstacle à peu près infranchissable pour lui.

Dans ces temps-là, on préférait toujours les adultes aux jeunes et aux enfants, parce qu'ils étaient en état de travailler plus et tout de suite.

Il n'en est pas de même aujourd'hui. L'homme fait prend la fuite et conserve toujours l'espoir de revoir son endroit natal d'où il a été enlevé violemment; jamais l'idée ne le quitte tant qu'il foule le sol du continent où est son pays. Un négrier me l'a dit : « Ils sont toujours prêts à se sauver. »

La sécurité qu'offrent à leur possesseur un enfant, un jeune homme et une femme est bien plus grande, car ces personnes manquent de résolution et n'osent pas envisager l'idée de traverser de vastes étendues de pays pour rentrer chez elles.

Par conséquent, à présent, dans le sud de l'Afrique centrale, la valeur d'un enfant ou d'une femme est la plus considérable ; aussi ne trouve-t-on plus guère d'hommes faits dans les bandes d'infortunés qui traînent leurs chaînes à travers le sol africain.

J'aurai à parler encore de l'esclavage et j'en dirai un peu plus.

Dans ces derniers temps, l'Angleterre, le Portugal et la France ont rivalisé d'ardeur pour combattre le commerce de chair humaine ; les changements qui ont eu lieu dans les anciens usages de l'Amérique ont aussi grandement contribué à diminuer ce trafic et nécessairement à en modifier les conditions dans le centre africain.

Nonobstant, je ne m'aventurerai pas à affirmer que notre génération, ni celle qui la suit, verra disparaître l'esclavage en Afrique.

Le principe, qui dominait il y a peu de temps encore en Amérique, de se servir des esclaves comme de cultivateurs, subsiste et subsistera longtemps sur le noir continent.

Les gouvernements nègres ont aussi leur politique colonisatrice, et nous n'avons pas, entre eux et les places d'où ils tirent leurs esclaves, un océan où nous puissions faire flotter nos escadres et prêter aux pauvres prisonniers la protection de nos batteries d'acier. Ce n'est qu'en répandant largement les lumières de la civilisation que nous pourrons voir un jour finir l'esclavage. Malheureusement ce jour-là est encore éloigné, parce que les arguments que nous avons pu employer jusqu'ici se sont trouvés bien moins éloquents et persuasifs que la voix du canon rayé sur l'Atlantique et sur l'océan Indien.

Mon opinion personnelle est que l'abolition de l'esclavage dans l'intérieur de l'Afrique australe du centre n'aura lieu définitivement que quand la polygamie aura cessé d'exister chez les noirs ; en effet, si les principes de la civilisation font disparaître l'esclavage de l'homme, ils échoueront à l'égard de la sensualité brutale qui poussera les nègres à conserver l'esclavage de la femme.

Je désire qu'on n'en déduise point que je regarde comme inutiles les efforts qu'on pourrait faire contre un si abominable commerce. Je ne cherche qu'une chose ; c'est de montrer quelle difficulté il y a de l'extirper absolument. Néanmoins ce sujet m'entraînerait trop loin ; je reprends donc mon récit.

Les jeunes filles esclaves, ainsi que je l'ai dit, ayant refusé la liberté, je les laissai suivre leurs conducteurs.

Je me mis aussi à préparer le départ auquel m'obligeaient les recommandations de l'estomac ; dans les voyages d'exploration, elles sont certes aussi impérieuses, et même plus, que celles des Sociétés de géographie.

Nous repartîmes donc dans la direction de l'Est. Au bout de deux heures, nous apercevions un village et nous campions au bord du ruisseau qui l'arrosait. Le village et le ruisseau portent le nom de Bembé.

Au moment où l'on se mettait à couper le bois pour le campement, je vis tout à coup mes nègres prendre leurs jambes à leur cou et fuir de tous les côtés. Ne comprenant rien à leur panique, je courus voir de suite ce dont il s'agissait. A la place même que j'avais indiquée pour le camp sortaient des millions de cette formidable fourmi que les Bihénos appellent *quissondé*. La vue de ces terribles ennemis avait mis tout le monde en fuite. La quissondé est une des bêtes féroces les plus redoutables de l'Afrique. Elle attaque et même tue l'éléphant, tant elle s'introduit en foule dans ses oreilles et dans sa trompe. L'ennemi, par suite de son innombrable quantité, ne peut pas être combattu ; on n'a de chance de salut contre lui que la fuite. Cet hyménoptère est de 6 à 8 millimètres de longueur. Sa couleur châtain-clair reluit au soleil ; ses mandibules ont une force complètement hors de proportion avec la taille de son corps, et les blessures qu'elles font à l'homme donnent passage à de petits ruisseaux de sang.

Les chefs de ces belliqueuses phalanges les mènent à de grandes distances et attaquent tous les animaux qu'ils rencontrent sur le chemin.

Il m'a fallu plus d'une fois fuir devant eux. En route j'ai vu des centaines de quissondés, qui paraissaient avoir été écrasées sous les pieds, se relever et recommencer à marcher, d'abord assez lentement, puis bientôt reprendre leur train ordinaire, tant est grande leur vitalité.

C'est ici le lieu de donner quelques renseignements sur d'autres fourmis africaines qui sont plus communes que les quissondés.

Panique des nègres du major Serpa Pinto.

L'une est noire, n'ayant en longueur que la moitié des quissondes, mais étant comme elles armée de mandibules puissantes. Les Bihénos la nomment *oloungingé*. Elle est l'ennemie acharnée des termites et leur fait une guerre féroce, dont elle sort généralement victorieuse malgré sa petitesse.

Ce sont en vérité les bienfaitrices des naturels à cause du massacre énorme qu'elles opèrent parmi les larves, les nymphes et les œufs des termites.

En de certains endroits, j'ai trouvé, en grande quantité, dans les édifices de ces derniers, des fourmis gigantesques de vingt millimètres de long et qui vivent en communauté avec ces névroptères, si abondants dans le sud de l'Afrique.

Il est vraisemblable que, douées de peu d'aptitude pour se bâtir des maisons, ces fourmis prennent leur logement chez leurs voisins, plus industrieux qu'elles.

Aucun de ces petits insectes n'attaque l'homme, hormis la quissondé qui l'attaque toujours et le réduit à fuir, comme mes porteurs y furent contraints sur les bords de la Bembé.

Je me hâtai de chercher un autre emplacement pour mon camp, aussi loin que possible du premier.

A ce moment, revinrent des hommes que j'avais envoyés au village ; ils me rapportaient la fâcheuse nouvelle que le sovéta avait défendu à son peuple de me vendre aucune nourriture.

Nos entrailles commençaient à nous crier famine et le gibier faisait défaut. De tout le jour, nous n'avions mangé qu'une poignée de massango, partage que j'avais fait également entre tous, de ce qu'on avait pu se procurer sur les bords de la Couito.

Personne de nous ne connaissait rien du pays où nous nous trouvions, et, comme les indigènes, sans exception, se tenaient fort éloignés, nous n'avions aucun moyen de remédier à notre ignorance.

Je réunis mes pombeïros et leur expliquai dans quelle nécessité absolue nous étions de faire une bonne étape le lendemain avec l'intention d'arriver dans une contrée plus hospitalière.

Ils en tombèrent d'accord avec moi, et convinrent d'y exciter leurs hommes; mais ce n'était pas facile parce qu'ils étaient trop chargés et que l'insuffisance des vivres les avait affaiblis. Il y avait deux journées déjà que je remarquais des indices d'une population excessive qui avait jadis vécu dans ce pays : les ruines d'anciens villages, dont quelques-unes étaient fort vieilles, se voyaient de tout côté.

Mais pourquoi avait-on abandonné les villages? Cette dévastation était-elle la conséquence de l'esclavage? ou bien fallait-il en chercher la cause dans l'insalubrité du climat, la rareté du gibier, ou la mauvaise qualité du sol?

Je ne pouvais trouver à mes questions de réponse satisfaisante; mais l'esclavage m'en parut être la cause la plus vraisemblable.

En tout cas, cette diminution de la population nous jetait dans le plus grand embarras; et, quant à moi, je souffris vraiment, cette nuit-là, les tortures de la faim.

Le lendemain matin, nouveau malheur. Un des porteurs tombait malade. Mon docteur Chacaïombé, s'il ne put pas le remettre sur pied, nous rendit du moins le service de prendre sa charge sur ses épaules.

Comme nous partions, arrivèrent quelques naturels. C'était le sovéta du Bembé qui les envoyait. Ils venaient de sa part réclamer un présent. Pour toute réponse, je les renvoyai du camp après leur avoir exprimé ma façon de penser sur les mauvais procédés de leur maître.

Je partis à neuf heures moins vingt. Il fallait passer à gué la Bembé dont la largeur en cet endroit était de plus de deux mètres et la profondeur d'un, environ. Elle se rendait, par le S.-O., à la Couito.

La rive droite est un mont escarpé; mais la gauche, après une descente verticale d'une dizaine de mètres, se développe, sur une largeur d'un kilomètre, en une plaine marécageuse.

La marche, au travers de ces marais, nous prit une heure, et fut un pénible travail pour notre caravane à moitié mourante de faim.

Ensuite le terrain s'élevait en pente douce et se couvrait d'une végétation arborescente qui nous donna beaucoup de mal. Au bout d'une heure de fatigues, nous trouvâmes une colline, au pied de laquelle s'étendait une plaine dont la grandeur était inappréciable à cause de l'épaisseur des bois. Nous descendîmes une soixantaine de mètres; puis, arrivés à la lisière de la forêt, il nous fallut changer de direction, car le bois devenait impénétrable.

Nous tombâmes sur la piste d'un animal. Nous la suivîmes à l'est, au nord-ouest, puis au sud-est, et enfin nous nous arrêtâmes net devant un précipice, profond au moins de cent mètres, au fond duquel grondait un torrent des montagnes.

Les obstacles de la route, les poids lourds dont mes hommes étaient chargés, et l'épuisement de ces pauvres gens: tout me décidait à camper ici.

La faim qui nous tourmentait commençait à être insupportable. Je ne conservais qu'une espérance, celle que me donnaient les traces de gibier que j'avais vues.

A peine étions-nous arrivés qu'on tua dans le camp un cobra; mon docteur affirmait qu'il était de l'espèce la plus venimeuse, mais prétendait posséder un antidote contre son venin. Cette vipère, longue d'un mètre à peu près, avait le dos rouge comme une tuile; le ventre d'une teinte moins foncée; les yeux verts et brillants, et la langue partagée en deux.

Sa bouche était armée de quatre dents disposées comme les crocs d'un chien. Je donne ces indications pour l'utilité de ceux qui auront à suivre la même route que moi.

Il fallait à tout prix trouver du gibier, pour sauver la vie de mes hommes. Aussitôt donc que mes dispositions eurent été prises, je m'éloignai dans une direction et j'envoyai dans d'autres Aogousto et Migouel, les deux seuls de mes gardes sur le talent desquels on pût compter comme tireurs.

A peine étais-je hors du camp que je découvris la piste d'un grand troupeau de buffles. Je me mis à la suivre.

En Europe, on ne se fait pas d'idée de ce que c'est que de chasser pour manger. C'est un plaisir horrible.

Peut-être cette situation est-elle comparable à celle d'un joueur qui s'approche de la table dans l'intention de payer une dette d'honneur et qui, tout en se laissant entraîner à la fiévreuse passion du jeu, a le cœur déchiré d'angoisses et d'incertitudes. Les yeux de cet homme qui, en dévorant les cartes à mesure qu'elles passent lentement entre les doigts du banquier, voudraient lire à travers leur opacité pour en finir plus tôt avec l'angoisse causée par l'ignorance du sort qu'elles lui apportent, soit le suicide ou la vie, doivent avoir une expression pareille à celle des yeux du chasseur qui, mourant de faim, scrute la forêt en cherchant un animal dont la possession est aussi pour lui une question de vie ou de mort

La comparaison, il est vrai, doit finir là ; car le chasseur, lui, peut du moins, en toute sincérité de cœur, demander à Dieu qu'il l'assiste et lui donne le succès.

Et combien les sentiments du sportsman, qui n'est à la recherche que de son plaisir, ne diffèrent-ils pas des émotions de celui qui chasse par une inéluctable nécessité ! Quelque absorbant que soit l'entrain avec lequel l'un poursuit sa proie, il a néanmoins encore le temps de jeter un coup d'œil sur la nature qui l'entoure, d'admirer un paysage ravissant, de cueillir une fleur brillante, car il sait que, s'il rentre bredouille, il n'en trouvera point sa table moins bien dressée, ni ses besoins physiques moins soigneusement servis.

L'autre au contraire ne voit rien, n'entend rien ; il est tout à son affaire. Il ne sent pas les ronces qui le déchirent, ni les buissons qui le frappent parce qu'il les a trop brusquement écartés ; les dents serrées, le cœur palpitant, l'estomac vide qui ranime son courage près de s'évanouir, il marche et veut réduire à tout prix la distance qui le sépare de sa proie afin que son coup soit plus assuré et plus mortel.

C'est ainsi que doivent chasser le tigre et le lion.

La piste que je suivais me conduisit enfin au fond du précipice, où l'eau bruyait sur son lit inégal. Longtemps j'en suivis la rive droite, mais enfin je trouvai l'occasion de passer sur l'autre et, de là, j'aperçus mes buffles qui pâturaient à la lisière d'une épaisse forêt vierge.

Ils étaient éloignés de moi d'environ cinq cents mètres.

Alors je me mis à avancer en rampant avec mon fusil en bandoulière, à nager pour ainsi dire dans une mer d'herbe sèche. De temps à autre, je relevais la tête pour voir si la distance diminuait, puis je poursuivais mon difficile rampement, tout plein d'émotion. En pâturant, les buffes tantôt avançaient et tantôt s'arrêtaient, toujours au bord de la forêt. S'ils s'arrêtaient, quelle joie! s'ils s'éloignaient, quel désespoir!

Je m'imaginais que j'arrivais au camp et que je disais : « Allez près du torrent, vous y trouverez mon gibier pour apaiser votre faim. » La terrible incertitude me causait un mélange de plaisir et d'angoisse. Tout à coup les animaux disparurent d'un trot rapide dans la forêt.

Je m'élançai. De toutes les forces de mes jambes, je courus dans la direction du bois; mais, dès l'entrée, je renonçais à tout espoir. La mousse épaisse qui recouvrait le sol de la forêt vierge n'offrait aucune trace à l'œil le plus expérimenté.

Je m'arrêtai désolé. Toutes mes imaginations s'évanouirent comme les douceurs du songe devant l'impertinence du réveil.

Pourtant je restai encore longtemps mais sans apercevoir aucun gibier. Enfin vers six heures du soir, rompu de fatigue, mourant de faim, je revins au camp ; ayant, selon mon calcul, marché pour rien pendant vingt kilomètres.

Comme je rentrais, Aogousto, rayonnant d'allégresse, accourut me montrer une superbe antilope qu'il venait de tuer. C'était une énorme malanca (*hippotragus equinus*), aussi grosse qu'un bœuf.

Sans perdre une minute, je la découpai et la partageai

également entre nous tous. Après un jeûne prolongé, dont Dieu ne me tiendra pas compte parce qu'il était involontaire, je fis un fameux repas assaisonné par la faim et qu'envieraient les gastronomes les plus dédaigneux.

Migouel, mon brave tueur d'éléphants, vint me complimenter, mais avec une mine si longue que je pressentis un sérieux accident.

Quand j'en eus appris le motif, je fus tout à fait consterné.

C'était Cora, ma chèvre bien-aimée, qui, profitant de l'absence de mon brave, s'était introduite dans sa tente et, d'une dent sacrilège, avait dévoré le charme merveilleux que possédait Migouel pour la chasse aux éléphants.

Ce talisman incomparable était une dent humaine tombée du toit de quelque vieille case; enveloppée dans de la paille et des guenilles par un célèbre homme à médecine, elle avait des vertus souveraines : le possesseur d'un tel trésor devait aisément rencontrer et tuer des éléphants sans courir le moindre danger. Migouel fut quelque temps inconsolable; mais je finis par le calmer en promettant de lui donner un charme bien autrement puissant que celui qu'il avait perdu.

Je n'avais aucune intention de le tromper. Je voulais en effet lui remettre, à notre arrivée au pays des éléphants, une carabine excellente, dont la vertu, selon moi, surpasserait de beaucoup celle que pouvaient avoir toutes les dents pourries du monde, même enveloppées de paille et de chiffons.

Après le repas, mes pombeïros se réunirent autour de mon feu. Entre autres choses, ils m'apprirent que, durant mon absence, les hommes avaient pénétré dans la forêt où ils avaient, en suivant quelques *indicateurs*, recueilli une quantité de miel et beaucoup des fruits que les Bihénos appellent *atoundos*. Semblables à la goïave, ils viennent sur une plante herbacée rabougrie; leur pédoncule sort de la tige si près du sol que le fruit paraît être dessous autant que sur le sol. Il a le goût agréable, mais je doute qu'il possède des qualités fort nutritives.

Le lendemain, en dépit du froid, nous levâmes le camp bien plus tôt qu'à l'ordinaire.

Nous marchions vers le S.-E. Au bout de deux heures, nous atteignîmes une rivière qui nous parut fort difficile à passer. Elle avait quatre mètres de large, autant de profondeur et un courant violent.

J'ordonnai d'abattre quelques grands arbres; on forma bientôt un pont qui donna passage à toute ma caravane. Un

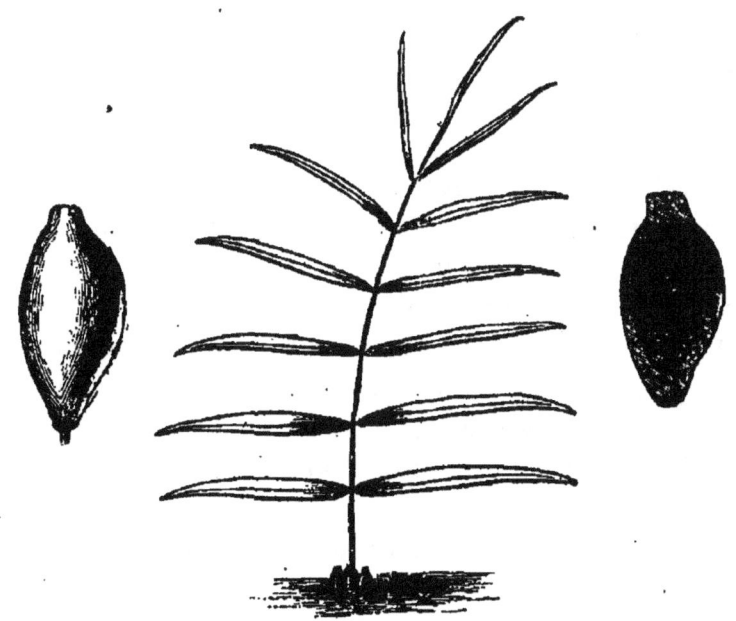

Atoundo, plante et fruit.

peu en aval de cet endroit, un ruisseau venant de l'Est se jette dans la rivière. Je suivis le côté droit du ruisseau pendant plus d'une heure et nous fîmes halte près de deux villages.

A peine étions-nous installés que plusieurs des indigènes s'assemblèrent près de nous. On leur demanda des provisions. Peu après des négresses presque nues vinrent nous vendre une petite quantité de massango; comme le prix n'en fut pas débattu, nous en eûmes bientôt assez pour la consommation de notre journée.

Des relations amicales ne tardèrent pas à s'établir entre mes gens et les indigènes. Par ceux-ci, j'appris que le ruisseau près duquel nous avions campé la veille au soir s'appelait Licocotoa ; celui sur lequel nous avions jeté un pont était la Gnongoaviranda, et celui aux sources duquel nous campions, la Cambimbia.

Les habitants des deux villages bâtis sur sa gauche étaient Louchasès ; mais des Quiôcos ou Quibôcos peuplaient celui qui était au N.-O. de mon camp. Ces derniers étaient ceux avec lesquels nous étions entrés en communication.

J'ai consommé plus d'un litre de massango bouilli dans de l'eau, et je n'ai pas trouvé cet aliment désagréable.

Quand j'eus satisfait mon appétit, je calculai la position qu'aurait cette nuit la planète Jupiter au moment de l'éclipse du premier satellite, que je désirais observer ; mais, autour de mon camp, l'épaisseur de la forêt était trop grande pour me permettre d'y apercevoir les étoiles.

Aussitôt donc que les calculs m'eurent fait connaître la place de la planète au moment voulu, je choisis un endroit où je pourrais dresser mon télescope et fis abattre tout à l'entour assez d'arbres pour que mes observations ne fussent pas contrariées.

Ce fut un rude travail ; mais les Bihénos se mirent à l'œuvre, la hachette en main, et en deux heures ils avaient pratiqué la clairière désirée.

Les femmes Quiôcos ou Quibôcos venues dans le camp portaient au flanc leurs enfants comme celles des Louchasès, c'est-à-dire suspendus à l'épaule opposée au moyen d'une écharpe fabriquée avec l'écorce d'un arbre.

En outre du massango, elles nous offrirent à acheter certaines racines tuberculeuses nommées *genamba*, dont mes hommes avaient l'air de se régaler, mais qui ne me parurent rien moins qu'agréables. Ici on ne fait pas de maïs, on se nourrit de massango.

Chez les Quibôcos ou Quiôcos, on n'observe pas les coiffures extravangantes que j'ai plus d'une fois mentionnées et on s'habille encore plus misérablement que chez les Quimbandès. Les femmes y sont nues.

On aura peut-être quelque étonnement à m'entendre parler des Quiôcos quand je me trouve au cœur même du district des Louchasès; ce que je puis répondre c'est que je fus aussi surpris que qui que ce soit de les y rencontrer.

Mais un fait indiscutable c'est celui de l'émigration constante des Quiôcos et de leur établissement sur le territoire des Louchasès.

La patrie de ces Quiôcos ou Quibôcos, nom qu'on leur donne indifféremment, est au nord du Lobar, sur le versant oriental de la chaîne de la Mosamba. D'après Livingstone, elle est coupée par le 11° parallèle S., et par le 17° méridien 40' E. de Paris.

Les Quiôcos sont des voyageurs et des chasseurs hardis. Un assez grand nombre d'entre eux, mécontents de leur patrie, ont émigré au Sud, passé le Lobar, et se sont installés sur le territoire des Louchasès à la droite de la Loungo-èoungo.

Comme ils n'y étaient pas inquiétés, ils y furent suivis par d'autres, et aujourd'hui leur émigration est continuelle. Ils ne s'y sont même pas arrêtés : beaucoup d'entre eux ont poussé plus loin vers le sud jusqu'à la Coubango. Ainsi la plupart des habitants de Darico sont des Quiôcos.

Quand je leur demandai les motifs de leur expatriation, ils m'indiquèrent pour causes les maladies et la rareté du gibier.

Les Quiôcos avec lesquels nous avions noué des relations n'étaient que nouvellement arrivés et n'avaient pas à vendre de provisions de vivres ; mais, d'après eux, on en trouverait abondamment dans des villages louchasès, situés vers l'est, de l'autre côté d'une chaîne de montagnes élevées.

J'engageai des guides pour nous y mener, avec l'intention de partir le lendemain même ; mais mon dessein ne put pas être accompli parce que, la nuit, plusieurs de mes hommes tombèrent malades.

Par exemple, le lendemain matin, mon jeune nègre Pépéca vint me faire voir un goître énorme, et presque tous mes hommes souffraient plus ou moins de crampes d'estomac, causées sans doute par le massango, auquel ils n'étaient pas accoutumés comme ils le furent plus tard. Heureusement cette nourriture n'avait eu aucun inconvénient pour moi.

J'envoyai dans les deux villages sur la rive gauche de la Cambimbia ; mais les messagers en revinrent les mains vides : on y avait refusé de leur rien vendre. C'est encore aux Quiôcos que nous fûmes redevables des vivres pour la nourriture de la journée.

Mais il fallait décamper le lendemain, bien que nous eussions encore plusieurs malades, car nos amis nous prouvèrent qu'il leur était impossible de nous fournir rien de plus à manger. Ils me procurèrent quelques hommes pour remplacer mes porteurs devenus incapables de service et, à neuf heures du matin, nous quittions le camp, nous dirigeant, sous la conduite des guides, vers la haute chaîne de Cassara Caïéra, dont on nous avait parlé deux jours auparavant et derrière laquelle nous devions trouver des vivres en abondance.

L'altitude de cette chaîne est de 1615 mètres au-dessus de l'Océan ; sa hauteur au-dessus de notre camp, sur la Cambimbia, est de 137. La Cassara Caïéra forme un plateau à flancs assez raides. On se fatiguait à les gravir. Nos hommes, pour tromper le temps et peut-être pour alléger leurs peines, se mirent à entonner en hamboundo un chant monotone dont voici la traduction littérale :

« Le cobra n'a ni bras ni jambes, ni mains ni pieds.
« Néanmoins il gravit la montagne. Pourquoi ne monterions-
« nous pas aussi bien au sommet, nous qui avons bras et
« jambes, mains et pieds. »

Nous mîmes une heure à traverser le sommet de l'ouest à l'est ; ensuite la descente commença.

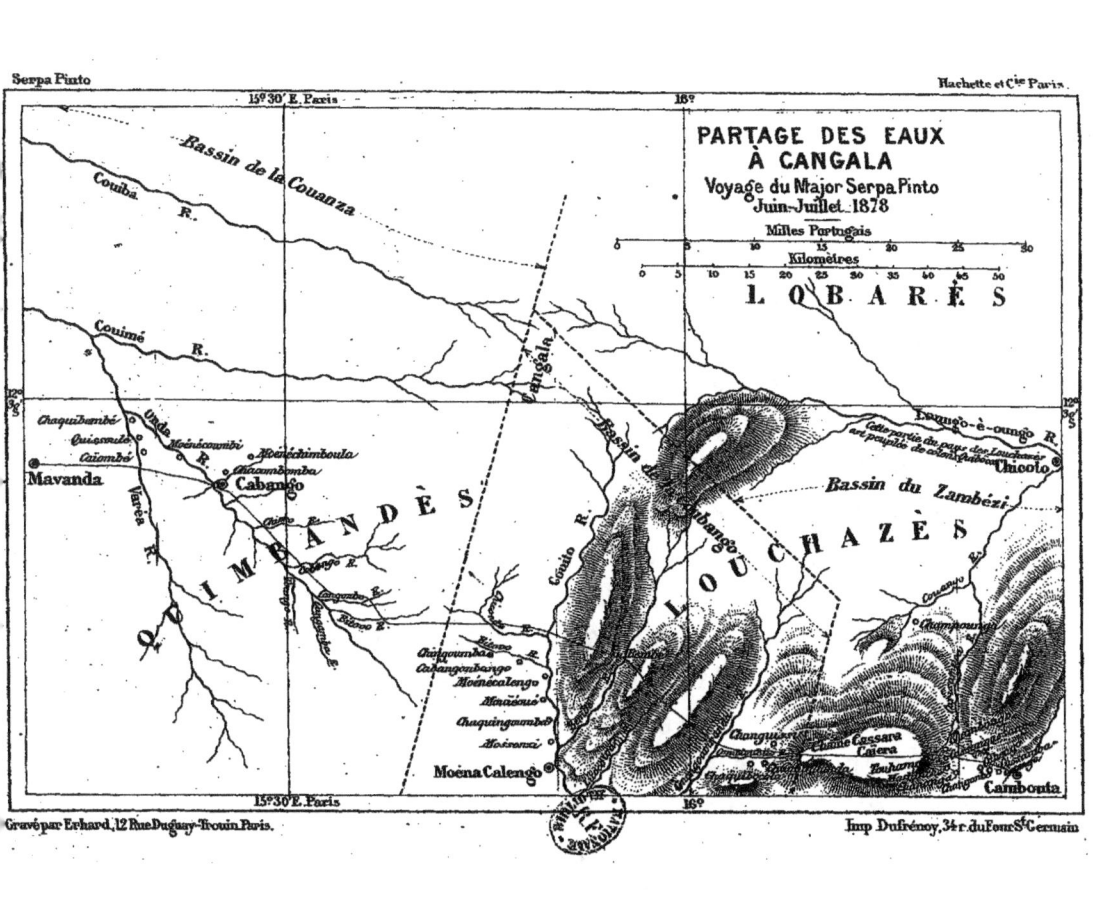

De la cime la plus élevée, on jouit d'une vue magnifique allant du N.-E. au N.-O. On y découvre le cours entier de la rivière Couango, qui est l'affluent méridional de la Loungo-è-oungo. L'œil embrasse le vaste bassin de cette dernière depuis Cangala jusqu'au confluent de la Couango et, en même temps, les vallées supérieures des rivières Couito, Couimé et Couiba. L'étendue de ce panorama est extraordinaire.

La végétation arborescente du versant occidental de la chaîne est splendide ; elle est assez médiocre sur le sommet, mais elle montre une richesse merveilleuse sur le penchant oriental. Ce côté s'appelle Bongo Tacongouzélo.

J'installai mon camp à la source de la Carisampoa, petite rivière qui va tomber dans la Couango. Durant toute l'étape, nous n'avions pas rencontré une goutte d'eau.

Fort près du campement, mais de l'autre côté du ruisseau, il y avait cinq hameaux de Louchasès, gouvernés par un sovéta relevant du sova Chicôto, dont le village est au confluent de la Couango et de la Loungo-è-oungo. Deux autres hameaux de Louchasès, baignés par la Cambimbia, dépendent du Moéné Calengo sur la Couito.

Le sovéta, vassal de Chicôto et qui jouit du nom de Cassangassanga, vint me faire visite en m'amenant un chevreau comme présent. Il fut très satisfait d'avoir en retour un certain nombre de perles et me promit de m'envoyer ce jour-là du massango, et le lendemain des guides qui me conduiraient au village de Cambouta. C'est là, disait-il, que je trouverais des vivres en abondance. Il tint sa parole, car le massango et les guides arrivèrent suivant les conventions.

Après le partage du massango, chacun de nous n'en avait eu qu'une médiocre ration ; et nous nous couchâmes l'estomac assez mal satisfait, car le cabri n'avait pas été gros pour tant de gens.

Les Louchasès cultivent le massango, un peu le manioc, moins encore les haricots, un peu plus le ricin, et aussi le houblon.

Ils travaillent le fer avec assez d'habileté ; le minerai se trouve dans leur pays.

Le 6 juillet, je fis route vers l'est. Nous marchâmes trois heures. Pendant la dernière, on longea la rivière Andara-Canssampoa. Le camp fut dressé près de la Bicèqué ; celle-ci coule au N.-E. pour unir ses eaux à celles de la Coutangjo, affluent de la Loungo-è-oungo. Le pays est pointillé de hameaux dont les habitants obéissent au sova de Cambouta. Ici, je fus en mesure de me procurer une assez bonne quantité de massango, le seul grain qu'on cultive en grand, et le seul conséquemment qu'on puisse trouver à acheter.

Heureusement, je n'avais jamais vu autant de ramiers que dans ce canton. Je réussis, en chargeant mon fusil avec de petits cailloux pris au lit de la rivière, à en abattre un grand nombre.

Mais il advint que plusieurs de mes porteurs tombèrent alors malades. Les uns souffraient de goîtres, les autres d'une inflammation d'estomac ; conséquences vraisemblables d'une alimentation mauvaise.

Plusieurs des jeunes filles qui vinrent au camp apporter du massango se faisaient distinguer par leur grâce et l'élégance de leur taille. Ce n'était certes pas un effet de l'art, car elles ne portaient aucun vêtement : un petit chiffon d'écorce d'arbre remplaçait sur elles l'usage de la feuille de vigne traditionnelle.

Je remarquai aussi que les hommes et les femmes, tous, sans exception, avaient les quatre incisives de devant limées en triangle, de sorte que, quand les mâchoires étaient fermées, elles laissaient au milieu une ouverture en forme de losange.

Le froid continua d'être rigoureux pendant la nuit et nous ne fûmes à notre aise qu'autour de grands feux.

Le lendemain il y avait plus de malades que jamais dans le camp. Ce qui m'étonna beaucoup ce fut de voir que les Bihénos seuls étaient attaqués, tandis que les nègres de Benguéla, beaucoup moins aguerris aux changements de

Le village de Cambouta.

temps et aux vicissitudes des voyages, ne ressentaient rien.

Au matin, on tua dans les environs du camp un grand oiseau de proie. Peut-être mes connaissances spéciales furent-elles en défaut ; mais je n'ai pas pu parvenir à le ranger dans aucune des espèces entre lesquelles on a divisé la famille des rapaces diurnes. Pour moi, c'était un gypaëte, mais d'une espèce unique dans son genre. Sans aucun doute il ressemblait beaucoup au gypaëte ; pourtant ses dimensions étaient beaucoup moindres, car il n'avait que 1 mètre 75 centimètres d'envergure.

Quoi qu'il en soit, ce fut un régal pour mes Bihénos. D'ailleurs, en fait de gastronomie, rien ne les dégoûtait. Depuis leurs semblables jusqu'aux vautours, en passant par les crocodiles, les léopards et les hyènes, tout était bon pour leurs mâchoires insatiables.

Ce jour-là, comme la veille, j'employai tout le temps que laissait libre le soin de mes observations à parcourir les environs et à esquisser grossièrement la carte du district, y compris cinq kilomètres au sud de la source de la Bicèqué. Dans cet espace, se trouvait la source d'une autre rivière, la Couanavaré, grand affluent de la Couito. Près de cette source, j'entrai dans le village de Mouénévindé que gouvernait une femme, dont le mari, nommé Oungira, n'avait ni voix ni part dans le gouvernement.

Je ne puis pas dire que j'ai jamais aimé à la folie les haricots ; cependant, à mon retour au camp, ce soir-là, je reçus un petit cadeau de cette friandise et j'avoue que je la dévorai avec infiniment d'appétit.

En l'absence du sova de Cambouta qui était à la chasse, les honneurs de sa maison me furent faits par ses femmes, avec lesquelles je me trouvai bientôt dans les meilleurs termes. Elles me procurèrent non seulement une bonne provision de massango, mais même une douzaine d'hommes pour la porter et deux guides pour me conduire aux sources de la Couando et de son affluent la Coubangui. Aux yeux des indigènes, ces rivières passent pour être les plus grandes du monde.

Une telle désignation est exagérée évidemment, mais elle ne manque pas de fondement; aussi, avec la permission de mes lecteurs, je vais dire ici quelques mots sur ces magnifiques cours d'eau.

La Couando est incontestablement le plus considérable affluent du Zambési. Les renseignements donnés par les Louchasès de Cambouta n'étaient pas les premiers qui me

Homme de Cambouta.

l'eussent fait connaître. En me rendant du Bihé à cette place, je m'étais tenu beaucoup au nord de la route ordinaire des caravanes et j'avais exprès suivi cette direction, bien persuadé que, tôt ou tard, j'y rencontrerais les sources de la grande rivière. J'avais été conduit à cette opinion en causant avec Silva Porto, qui lui-même avait déjà descendu en canot des marchandises sur la Cuando, en passant par la Couchibi, jusqu'à Linianté.

Il m'avait fourni quelques données sur les sources de la Couando, dont il connaissait personnellement les portions centrales et inférieures, et, en s'aidant des renseignements qu'il tenait des naturels, il avait placé les sources à peu près à l'endroit où je les découvris.

Si seulement Silva Porto pouvait donner aux endroits qu'il connaît dans le sud de l'Afrique centrale leurs positions exactes en latitude et en longitude, on aurait bientôt rempli

Femme de Cambouta.

la plupart des blancs qui restent encore sur les cartes de cette contrée.

Ainsi, quand je partais de Cambouta à la recherche des sources de la Couando, je ne faisais que suivre un itinéraire indiqué à l'avance; et j'allais résoudre un des problèmes dont la solution me semblait le plus désirable. Chemin faisant, je recueillais à chaque pas les détails intéressants d'une ligne dont Silva Porto m'avait déjà tracé les traits généraux.

Mes guides m'avaient averti qu'au delà de la Coutangjo nous aurions à traverser une région sans habitants, et que nous devions en conséquence nous fournir d'amples provisions pour le voyage. C'était d'après cette communication que je m'étais procuré une grande quantité de massango et que j'avais loué aux femmes du sova douze hommes pour la porter.

Je me mis en route le 9 juillet à 9 heures du matin. Trois heures plus tard, je passais la Coutangjo et je campais sur la droite de cette rivière près du village de Chaquissengo. Ici la Coutangjo a plus de quatre mètres de large sur un à peine de profondeur; son cours est N.-N.-E., vers la Loungo-è-oungo. Les cultures que je rencontrai se composaient d'un peu de manioc et surtout de massango — ce terrible massango qui me pourchassait à travers l'Afrique!

Les Louchasès cultivent aussi, en quelque quantité, le coton et le ricin. Ils travaillent le fer qu'ils tirent des bords de la Cassongo et sont de très habiles forgerons.

Presque tous ils portent une barbiche sous le menton et de petites moustaches; mais ils ne se livrent pas à ces fantaisies de coiffure auxquelles j'ai plusieurs fois fait allusion et dont j'avais été émerveillé.

Les hommes ont une large ceinture de cuir non tanné, qu'attachent des boucles fabriquées par eux. Ils couvrent de peaux de bêtes leur nudité et cherchent à s'abriter du froid sous des *licondes*, grossière étoffe qu'ils fabriquent avec l'écorce d'arbres divers.

Ils ne font pas de poterie; celle qu'ils ont est achetée aux Quimbandès par l'échange.

Les Lobarès troquent contre de la cire le cuivre qu'ils tirent du Lounda et les Louchasès en forgent leurs bracelets.

J'allai visiter le village de Chaquissengo; je l'ai trouvé très joli et extrêmement propre, comme tous les endroits habités du pays. Les maisons sont construites de troncs d'arbre, hauts

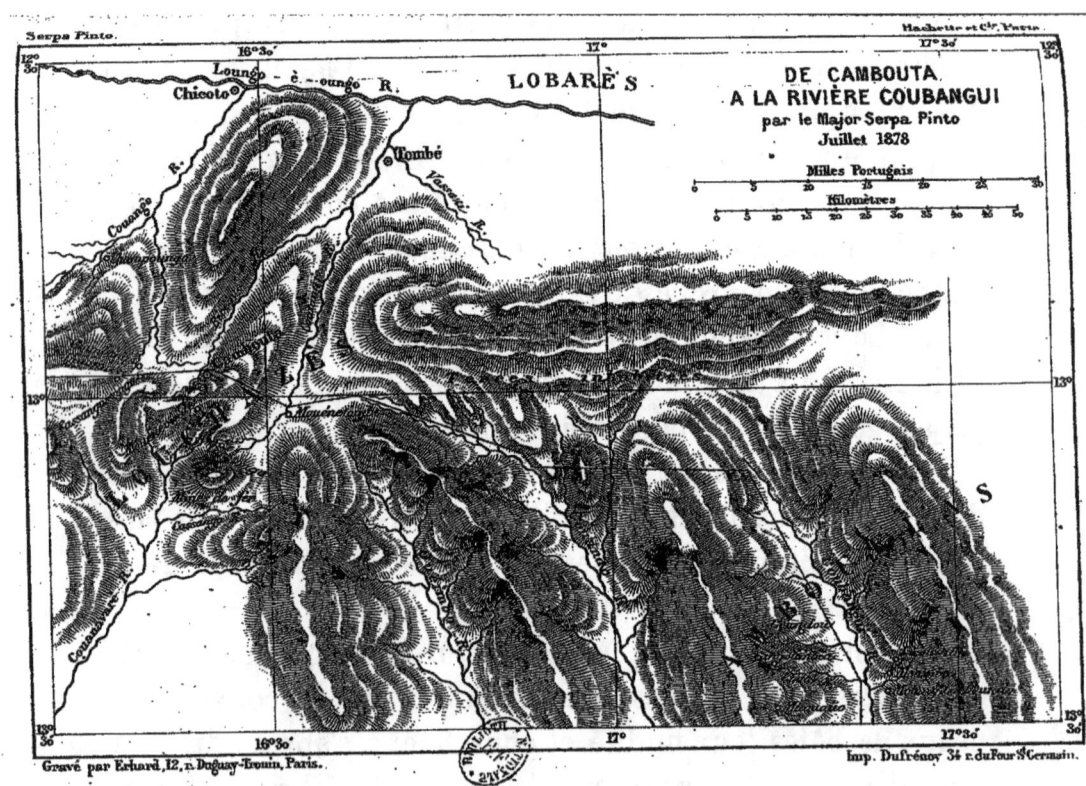

de 1ᵐ,20, ce qui est effectivement la hauteur des murs. Entre chaque tronc dressé, l'intervalle est rempli tantôt avec de l'argile et tantôt avec de la paille. Les toits sont en chaume; la carcasse qui les soutient est faite de baguettes très fines,

Articles fabriqués par les Louchasès.

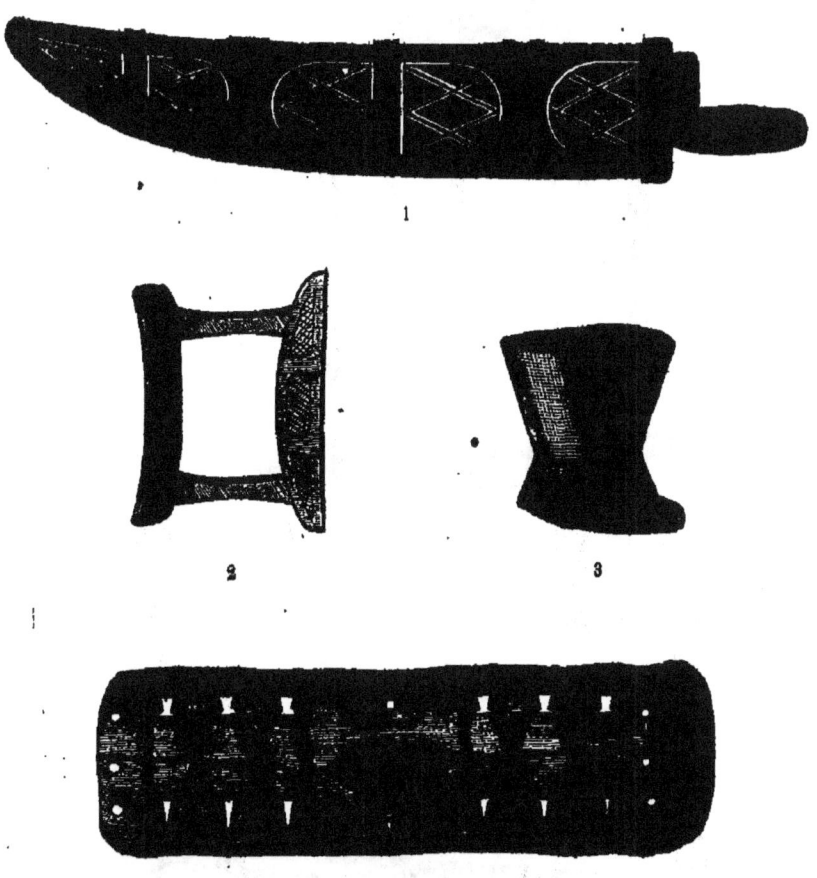

1. Gaîne de couteau. — 2. Oreiller de bois. — 3. Panier. — 4. Ruche pour les abeilles.

et celles-ci, pliant en dedans, donnent aux toits l'aspect de ceux de la Chine. Les greniers sont élevés à une hauteur considérable sur une charpente en bois ; faits de paille, ils ont un couvercle mobile qu'il faut retirer pour aller à l'intérieur prendre des provisions. On y accède au moyen d'une échelle à main. En fait, ce ne sont guère que de gigantesques cor-

Poulailler.

beilles, à l'épreuve de l'eau et recouvertes de couvercles coniques.

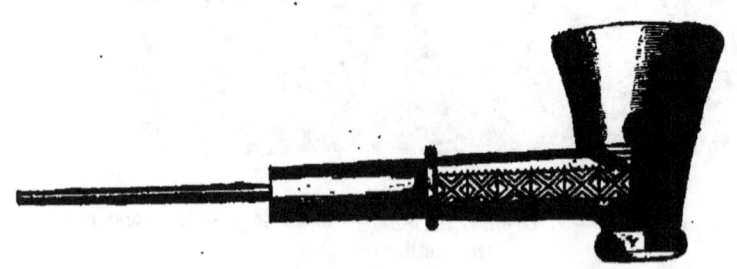

Pipe des Louchasès.

Les poulaillers sont des pyramides quadrangulaires, en branches d'arbres posées sur quatre pieds élevés, pour mettre les volailles à l'abri des petits carnivores.

Au centre du village, je remarquai, comme dans le Houambo, une espèce de kiosque réservé à la conversation.

Plusieurs hommes, accroupis autour du foyer, s'y occupaient à faire des arcs et des flèches. Ils me reçurent fort poliment et m'offrirent à boire une liqueur composée d'eau, de miel et de poudre de houblon; le tout mêlé dans une calebasse où on le laisse fermenter. C'est ce qu'ils appellent *bingoundo*, et, à mon sens, cette boisson était la plus alcoolique dont j'eusse encore goûté.

L'engin, ou la trappe que font les Louchasès pour prendre

L'ourivi (trappe à petit gibier).

les petites antilopes ou les lièvres est d'une construction ingénieuse. On s'en rendra aisément compte en jetant un coup d'œil sur le dessin. Cette machine s'appelle *ourivi*.

Comme je revenais au camp, après une excursion aux sources de la Coutangjo, je me trouvai escorté par une foule d'hommes et de femmes qui ne pouvaient se lasser de me contempler. Il y avait, parmi ces indigènes, un certain nombre d'hommes dont la laideur était repoussante.

Non seulement les naturels récoltent dans la forêt une grande quantité de cire, mais ils encouragent le travail des abeilles en fournissant à celles-ci des ruches, faites d'une grosse écorce d'arbre liée au moyen de chevilles de bois.

Le 10 juillet, notre départ eut lieu à 8 heures du matin. Au bout d'une demi-heure et malgré la présence de nos guides, nous étions perdus dans une forêt remplie de sous-bois ; nous n'en pûmes sortir qu'au prix de beaucoup de

Homme louchasé de la Coutangjo.

peine à 10 heures. Nous marchions alors sur un espace entièrement dégagé d'arbustes, mais au milieu d'arbres gigantesques dont l'ombrage donnait à nos têtes un abri contre les ardeurs du soleil. Cette jouissance fut courte, car une demi-heure plus tard nous retombions dans une jungle épaisse qui ne fut pas franchie sans fatigue douloureuse. Enfin, à 11 heures 20, je descendais l'agréable penchant d'une colline, au pied de laquelle s'étendait l'eau vaseuse d'un petit lac, entouré par un tapis de graminées verdoyantes.

Au moment que nous y arrivions, je jetai à bas un animal qu'on peut, je crois, appeler *leopardus jubatus*. Sa peau fut jointe à celles dont se composait déjà ma couche. J'ai dormi dessus jusqu'à Pretoria et, par la suite, j'en ai fait cadeau au Dr. Bocage.

Ce *leopardus jubatus* doit être rare, puisque je n'en ai vu

Femme louchasée de la Coutangjo.

durant tout le cours de mon voyage que deux échantillons. Je suppose qu'il voit mal dans le jour, attendu que les deux individus de cette espèce, lorsque nous nous sommes rencontrés, ont tourné vers moi plutôt leurs oreilles que leurs yeux, comme s'ils se fiaient davantage à l'ouïe qu'à la vue.

Quand j'eus déterminé la position de cette pièce d'eau, nous nous éloignâmes pour aller camper à une centaine de mètres plus au sud, sur le versant du coteau, environ à

30 mètres au-dessus de la surface du marais. En effet l'endroit où naît la Couando, ce grand affluent du Zambési, doit plutôt être appelé un marais qu'un lac.

Tout à coup, au milieu de mes occupations, je fus saisi d'une violente attaque de fièvre, qui m'abattit complètement durant trois heures. Quand je revins à moi, j'eus bien de la peine à m'empêcher de rire en voyant la façon dont on m'avait accommodé. On m'avait littéralement couvert d'amulettes. A elle seule, ma poitrine était un vrai buisson de cornes de petites antilopes, remplies des médecines les plus efficaces. Autour de mon bras droit, était un bracelet de dents de crocodile, et on avait suspendu, à des perches plantées dans ma hutte, deux énormes cornes de malanca.

C'étaient mes nègres qui, durant mon accès de fièvre, m'avaient prodigué leurs soins et, suivant les instructions du docteur Chacaïombé, avaient entassé sur moi tous ces talismans auxquels ils accordaient la foi la plus entière.

Une forte dose de quinine, que je pris dès que je le pus, m'eut bientôt remis sur pied; mais ce résultat ne manqua pas d'être attribué à la vertu des amulettes, qui n'en furent que plus révérées.

Mes gardes, Aogousto et Migouel, sortis du camp en quête de gibier, revinrent ayant aperçu quelques léopards, mais ne rapportant rien à manger. Cependant les pistes de grosses bêtes ne manquaient pas autour de nous.

Le lendemain matin de bonne heure, j'esquissai la carte du marécage, rectifiai ma position et construisis, dans la hutte où je faisais mes observations, un petit monument d'argile, où j'enfouis, après l'avoir enveloppée avec soin, une bouteille qui avait été pleine de quinine. Elle contenait un papier sur lequel j'avais écrit, d'un côté, au dessous du nom de Sa Majesté le roi de Portugal, ceux des membres de la Commission centrale de géographie, et, de l'autre côté, les coordonnées de l'endroit, avec la date.

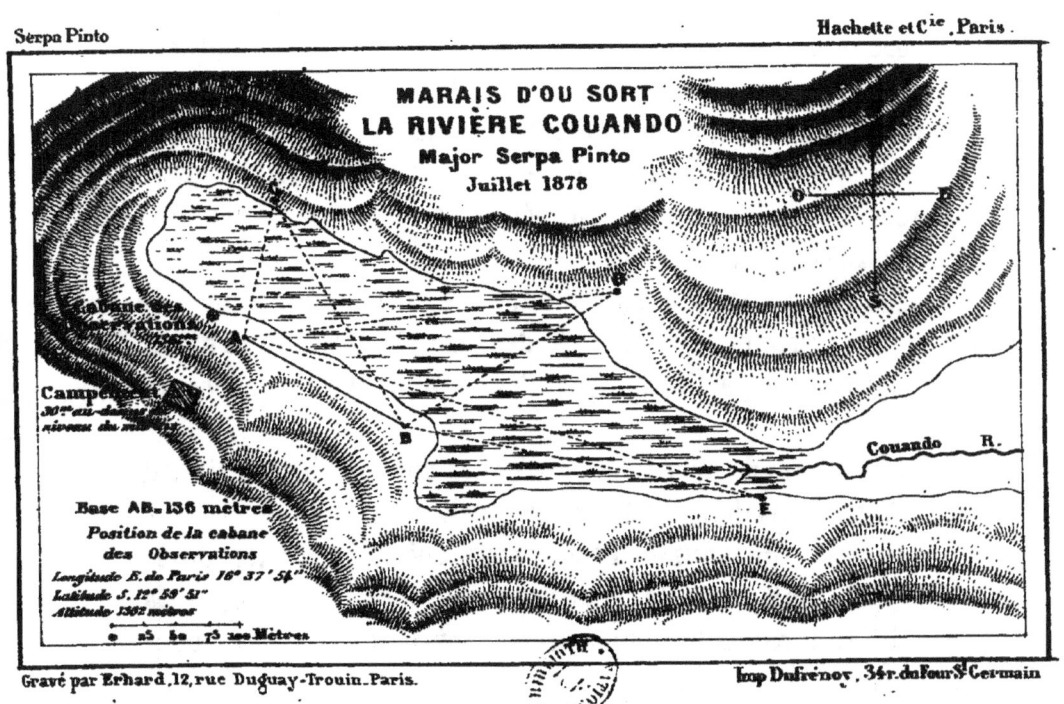

Dans l'après-midi, les guides louchasès me menèrent voir la source de la rivière Queïmbo, affluent du côté droit de la Couando. Sa position était à 6 milles géographiques ou un peu plus de 11 kilomètres S.-O. du marais où la Couando prenait sa naissance.

Mes douze porteurs louchasès souffraient fort du mal du pays et se plaignaient amèrement de la froidure. Cette région n'a pas d'habitants et devrait, à en juger par les pistes qu'on observe, contenir du gibier en quantité. Les léopards que nous faisions partir nous donnaient par leur nombre encore une preuve de ce fait, évidente pour nous; malheureusement aucun autre animal ne débucha. D'autre part, nous ne pouvions pas nous arrêter davantage, car nos provisions s'épuisaient grand train et nous n'avions plus d'autre chance de satisfaire notre appétit que de gagner sans délai les villages des Ambouélas.

Ainsi, le matin du 12 juillet, avec une température de 2 degrés seulement au-dessus de zéro, je levai le camp et me préparai à partir, ce qui n'eut pourtant pas lieu avant 8 heures.

Des milliers de perruches, perchées dans les bois, criaient à la fois et faisaient un bruit assourdissant.

Pendant une couple d'heures, je suivis la droite de la Couando, puis, sur le conseil des guides, je passai à la gauche au moyen d'un pont qui fut improvisé avec des troncs d'arbres.

En cet endroit, la rivière avait environ 2 mètres de large, autant de profondeur et un courant excessivement rapide.

Comme nous la traversions, j'aperçus une horde de gnous, mais je n'étais pas à portée de leur envoyer un coup de fusil.

Je campai sur l'autre bord. Les rives de la Couando sont montueuses; et, depuis la source jusqu'à cet endroit elles sont flanquées d'un terrain marécageux, qui peut avoir une largeur de 30 à 40 mètres, rend de l'eau en abondance et se draine dans la rivière.

Du reste cette particularité est remarquable pour presque tous les cours d'eau de ces contrées. Ils reçoivent par conséquent des quantités d'eau considérables et deviennent navigables

Lo couchibi.

à fort peu de distance de leurs sources, qui n'annoncent pas un pareil développement.

Je distinguai sur la rive droite de la rivière, tant en cet endroit que dans d'autres, des stratifications verticales, formant des bandes de couleur rose, blanche ou azurée.

Le lendemain nous repartions à 8 h. du matin ; nous marchâmes jusqu'à midi, que nous campâmes près d'un ruisseau se rendant à la Couando.

J'avais plusieurs malades; les uns souffraient du goître; les autres, d'inflammations aux jambes.

Heureusement pour eux la diminution du poids de nos provisions se trouvait assez sensible pour que j'eusse des porteurs supplémentaires. Les sangsues étaient abondantes dans le marais le long de la Couando et j'en attrapai facilement

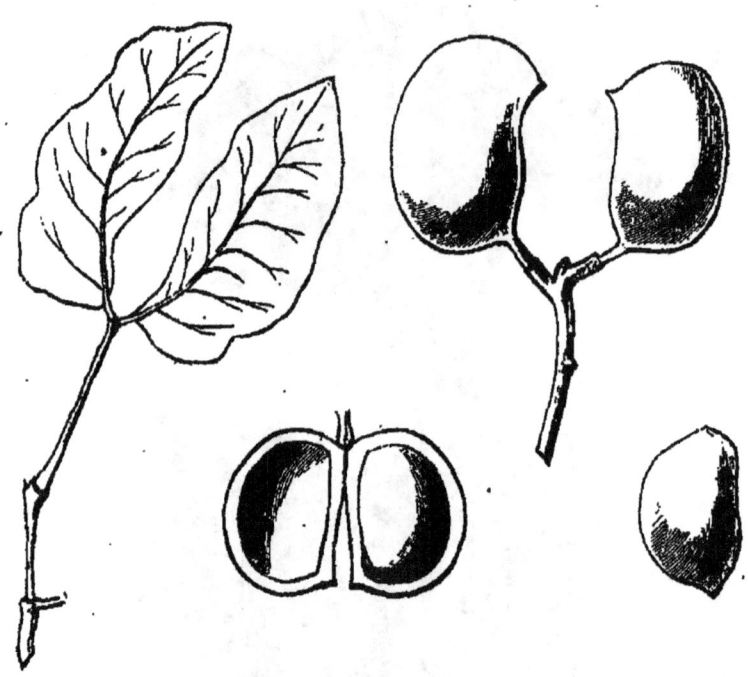

Feuilles et fruits du couchibi.

un certain nombre à l'usage de mes malades qui pourraient en éprouver le besoin.

Les bois que j'avais traversés, comme celui où je me trouvais campé, étaient presque exclusivement composés d'arbres énormes, auxquels les Bihénos donnent le nom de *couchibi*. Ils sont utiles à une caravane affamée. Leur fruit, semblable par la forme aux haricots de Soissons, est une graine écarlate enfermée dans une gousse gros-vert. Après une cuisson prolongée, l'enveloppe écarlate se sépare des cotylédons qui sont blancs; elle forme la partie alimentaire du fruit. Ces semences, assez oléagineuses, fournissent aux Ambouélas comme aux Louchasès l'huile qui sert d'assaisonnement à leur nourriture.

Sans doute ce fruit peut être une véritable ressource pour

Le mapolé : arbre et fruits.

le voyageur affamé, mais il n'a aucune utilité pour celui qui est pressé, car la cuisson en demande trop de temps.

Il y a encore sur tout le plateau, un fruit assez commun. Les Bihénos l'appellent *mapolé*. On le trouve sur un arbre de médiocre stature, et, par la couleur comme par les dimensions, il ressemble à une orange mûre. Il pend verticalement des branches de l'arbre où il est attaché par un pédoncule assez long. L'épicarpe et le mésocarpe étroitement unis forment une enveloppe de quatre millimètres d'épaisseur aussi dure que de la corne. On ne peut la briser qu'à coups de forte hachette. Lorsqu'elle l'est, on y trouve un liquide épais, coagulé, rempli de semences pareilles en grosseur et en apparence aux noyaux des petites prunes.

Cette liqueur, au goût sucré et acidulé, est assez purgative si on la prend en quantité ; mais les Bihénos assuraient qu'elle

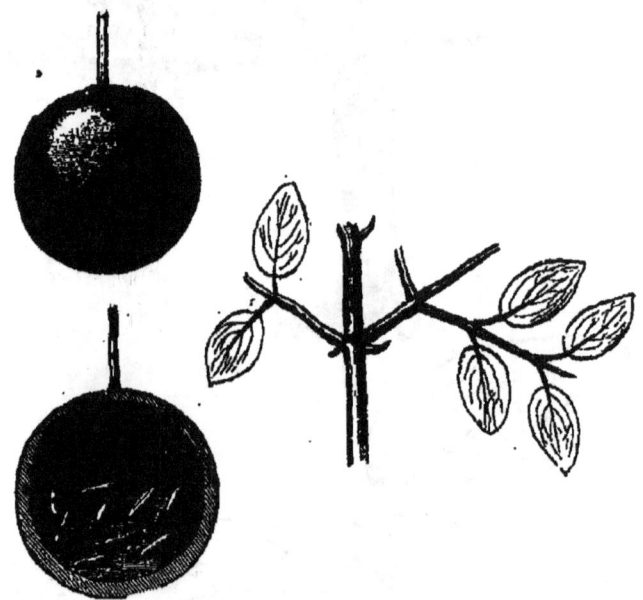

Fruits et branche du mapolé (p. 346).

est fort nourrissante et capable de soutenir un homme pendant plusieurs jours.

Le lendemain je m'éloignai de la Couando, à l'endroit où elle commence à tourner vers le S.-S.-E ; sur l'indication des guides, je me dirigeai droit à l'est en quête des sources de la Coubangui, cette rivière qui, d'après leur témoignage, devait être des plus grandes.

Au bout d'une heure de marche, nous passions un ruisseau coulant vers le sud, à travers un marécage qui pouvait bien avoir une centaine de mètres en large et qui nous donna pas mal de fatigue. Nous rencontrâmes à six kilomètres plus loin, un autre grand ruisseau dont le cours était parallèle au premier.

Entre ces ruisseaux, de même qu'entre les affluents de la Couando, rive gauche, s'élève une chaîne de montagnes étendues du sud au nord. Elles font partie d'un système important qui, plus au nord, court de l'ouest à l'est et dont les versants septentrionaux se terminent dans la vallée de la Loungo-è-oungo.

Il était près de onze heures et demie quand j'atteignis le sommet de la chaîne. De ce point, les guides m'indiquaient à l'horizon lointain les sources de la Coubangui. Je les distinguais parfaitement dans l'est; mais, comme il m'était impossible, immédiatement après mon arrivée, de prendre la latitude, je commençai par me reposer un peu. Ce ne fut qu'à midi que je déterminai celle du lieu où je me trouvais et qui était la même que celle des sources de la Coubangui, puisque les deux points sont situés directement est et ouest l'un de l'autre.

A deux heures du soir, je campai près des sources. En tout elles sont semblables à celles de la Couando.

L'axe du marais d'où sort la Coubangui est nord et sud, et a un peu plus d'un kilomètre en longueur, sur une largeur qui varie de 80 à 100 mètres.

Malgré le grand nombre de pistes visibles, nous ne pûmes découvrir aucun gibier; mais, la nuit, les lions nous donnèrent un concert infernal.

C'est ici que furent consommées nos dernières rations; nous nous trouvions de nouveau face à face avec la famine.

Les guides affirmaient bien que nous n'étions plus éloignés des villages; mais ils ajoutaient qu'il nous faudrait au moins une couple de journées pour y arriver. En effet nos malades étaient nombreux, et même le pombeïro Cagnengo était bien bas; nous ne pouvions donc pas penser à faire des marches forcées.

Mes inquiétudes s'augmentaient. Je craignais surtout que, la disette étant jointe à la fatigue, l'état des malades ne s'empirât au point de m'empêcher d'arriver à temps pour acheter les provisions en quantité suffisante pour nous tous.

Malgré tous mes efforts, je ne pus pas le lendemain faire marcher ma caravane au delà de quatre heures. Il me fallut camper au bord de la Coubangui, que d'ailleurs j'avais suivie depuis sa source. Elle avait déjà, à l'endroit de notre halte, une largeur de trois mètres sur un de profondeur.

Je tuai un gnou et les nègres ramassèrent dans la forêt un peu de miel; à cela, se bornèrent nos vivres pour ce jour-là.

Le lendemain matin, je continuai à suivre la rive droite de la Coubangui, et, par une autre étape de quatre heures, je parvins au ruisseau Lindé, en face de trois villages ambouélas. Sans perdre une minute, je dépêchai des messagers non seulement vers ces bourgades mais encore vers d'autres qui se trouvaient du même côté que nous. Tout ce que nous pûmes en obtenir fut une maigre provende de massango. Cependant on y joignait l'assurance qu'une autre journée de marche suffirait pour nous conduire aux terres du sova qui certainement nous fournirait tous les vivres nécessaires.

Au confluent de la Lindé, la Coubangui avait déjà cinq mètres en large et trois en profondeur.

La lenteur que nos malades mettaient à se guérir, ne pouvait certes pas être attribuée à l'absence d'une diète rigoureuse.

Il nous fallut encore marcher six heures le lendemain pour parvenir à Cangamba où résidait le sova. Immédiatement je fis porter à cet homme puissant, en qualité de cadeau, un vieil uniforme de capitaine d'infanterie. Il en fut ravi et ordonna promptement à son peuple de me fournir de la nourriture. En échange de verroterie, nous eûmes un peu de cet éternel massango, auquel nous n'avions plus l'air de pouvoir échapper.

Je congédiai mes guides et les douze Louchasès qui m'avait accompagné jusqu'ici. Ils partirent satisfaits de ce qu'ils avaient reçu de moi.

Ils avaient aisément fraternisé avec les habitants des villages ambouélas, qui, de fait, sont en partie peuplés de Louchasès. J'en eus la preuve un jour ou deux après mon arrivée : effectivement plusieurs familles qui avaient émigré du pays des Louchasès pour s'établir dans celui-ci, vinrent camper à un jet de pierre de moi.

Je vis aussi une bande de chasseurs qui se dirigeaient vers le sud en quête d'éléphants. C'était la première fois qu'on me parlait d'éléphants, car il n'y en a pas un dans toute la région que je venais de traverser, depuis Benguéla jusqu'à la Coubangui. Je n'en avais pas rencontré quelque trace même ancienne. D'ailleurs, d'après les chasseurs eux-mêmes, il fallait encore six journées de marche avant de pouvoir espérer en rencontrer.

Une couple de jours après mon arrivée, je reçus la visite du sova de Cangamba, qui se nommait Moéné Cahenga. Il m'apportait en présent quatre poulets et une grande corbeille de massango.

Il avait revêtu l'uniforme que je lui avais envoyé, mais en y ajoutant des peaux de léopard pendantes à sa ceinture. Il tenait à la main, pour chasser les mouches un instrument fabriqué avec des queues d'antilopes.

Les travaux agricoles paraissaient être faits par les hommes et par les femmes. On cultive ici, en parcelles, le massango, le coton, un peu de manioc et, moins encore, la patate sucrée.

Les naturels travaillent beaucoup le fer. Nous étions passés près des mines qui le produisent, sur la rive droite de la Coubangui, au nord de Cangamba.

Les Ambouélas renversent la pratique usitée parmi les Ganguélas; car ce sont les hommes qui font les marmites et les femmes qui tressent les nattes.

Elles filent le coton, le tissent sur des métiers d'occasion,

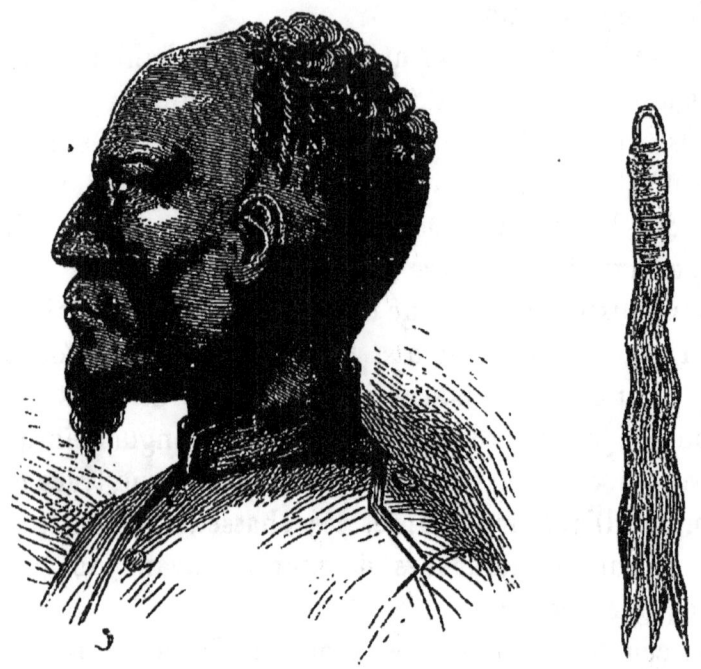

Moéné Cahenga, sova de Cangamba, et son chasse mouches.

et en font des étoffes grandes comme des serviettes et de fort bon usage.

Parmi les marchandises mises en vente, on apporta un peu de tabac qui était poussé, disait-on, dans le pays; mais je n'en ai pas vu un pied dans les plantations que j'ai visitées.

Pour armes, les Ambouélas ont des arcs, des flèches et de petites hachettes.

La Coubangui, près de Cangamba, a une largeur d'une

quinzaine de mètres et une profondeur de six, avec un courant de douze à la minute.

Elle nourrit des poissons mais je n'en connais pas la forme car tous ceux que je vis alors étaient séchés. Leur longueur était de 40 à 50 centimètres.

Ici le manioc et le poisson sec nous parurent de vrais régals après que nous avions été si longtemps réduits à l'abominable massango.

Chimbenzengué (hachette des Ambouélas de Caugamba).

Pipe ambouéla

La Coubangui n'est pas exceptée de la loi générale des cours d'eau en Afrique, car elle a des crocodiles ; mais ils ne sont pas du tout voraces et, s'il faut en croire les Ambouélas, on ne connaît pas d'exemples qu'un être humain ait été la victime de leurs mâchoires.

Je fis une visite d'adieu au sova, qui était un homme distingué et aimable. Comme son peuple ne nous offrait à acheter que du massango, je lui demandai, à titre de faveur, un peu de manioc et des patates sucrées. Il me les remit de

bonne grâce, mais en pauvre quantité, s'excusant, il est vrai, de n'en pas avoir un peu plus à me donner.

Les choses restèrent en cet état durant trois journées, trois jours où nous eûmes pour régal du massango!

Enfin, après avoir obtenu des guides, quelques porteurs et une bonne provision de la denrée si méprisée, je me résolus à m'en aller de nouveau, le 22 juillet, en me dirigeant sur les villages qui obéissent au sova Cahou-héo-oué, sur la Couchibi, où passe la route qu'avait suivie Silva Porto. Je l'avais abandonnée à la Couanza, pour aller plus vers le nord.

Les guides m'avaient averti que j'aurais à traverser pendant huit jours entiers une contrée déserte et qu'en conséquence je devais faire une grosse provision de vivres. Entre temps, le repos et une alimentation plus abondante avaient amené une amélioration notable dans l'état de mes malades; et de plus, Mouéné Cahenga me fournit dix hommes pour m'aider à transporter le massango dont je m'étais pourvu.

La caravane devait, d'après mes guides, longer la rivière une couple de journées. Cela me donna l'idée de descendre le courant dans mon bateau de caoutchouc.

Dans la matinée du 22, je le fis mettre à l'eau, levai mon camp, confiai le commandement de la caravane à Vérissimo et je m'embarquai avec deux jeunes nègres. L'un était mon serviteur Catraïo et l'autre un garçon d'une douzaine d'années, appelé Sinjamba et fils d'un porteur du Bihé. Je l'avais choisi parce qu'il parlait bien l'idiome ganguéla et pouvait au besoin me servir d'interprète.

J'avoue que ce ne fut pas sans une certaine émotion que je quittai le bord pour me lancer au milieu d'un courant inconnu, en n'ayant avec moi que deux enfants et sous les pieds qu'un fragile bateau de toile.

La rivière, dont la source n'est pas à soixante kilomètres de Cangamba, a déjà, comme je l'ai dit, six mètres de profondeur, et quinze de large. Un peu en aval du village, elle s'étale et bientôt se développe sur une étendue de 40 à 50 mètres et quelquefois davantage.

Sa profondeur varie de 3 à 6 mètres, avec un lit recouvert de sable très blanc, mais qui repose évidemment sur un fond de vase puisque la flore aquatique y devient merveilleuse.

De nombreuses espèces de joncs et d'autres plantes d'eau prennent racine dans ce lit fertile, poussent leurs feuilles et leurs tiges, tenues perpétuellement en mouvement par l'eau courante, et, traversant l'épaisseur de six mètres, finissent par atteindre la surface, où elles déploient les formes élégantes et les couleurs variées de leurs fleurs. Cette végétation splendide couvre parfois toute la largeur de la rivière et semble barrer le passage. D'abord ce ne fut pas sans hésitation que j'aventurai mon bateau sur cette prairie aquatique, car je craignais d'y rencontrer un fond trop élevé pour la navigation; mais, comme ma sonde ne cessait pas de me montrer une profondeur de 4 à 6 mètres, je repris confiance et je poussai hardiment ma barque à travers ces jardins flottants.

Il y eut cependant des endroits où nous fûmes arrêtés; c'étaient ceux où le courant, par suite d'une disposition particulière du lit, se faisait à peine sentir et où la végétation se convertissait en une vraie forêt vierge qui retenait mon bateau.

Une foule de poissons nageaient avec légèreté à travers les buissons; et beaucoup d'entre eux avaient 60 centimètres de long.

Des troupes de canards fuyaient à mon approche, étonnées sans doute par une intrusion aussi extraordinaire dans des eaux qu'un canot n'avait jamais souillées.

Des milliers d'oiseaux gazouillaient et voltigeaient parmi les joncs et les roseaux qui bordaient les rives. Leur poids léger suffisait à peine à faire plier les tiges gigantesques.

De temps à autre, on voyait le brillant martin-pêcheur planer immobile dans les airs; puis tout à coup tomber comme une flèche dans l'eau, d'où il remportait une proie étincelante aux rayons du soleil.

Les oiseaux n'étaient pas les seuls habitants des joncs amassés près des rives. Quand une commotion subite attirait mes regards au milieu des tiges verdoyantes, un coup d'œil me faisait entrevoir quelque crocodile qui disparaissait sous les eaux. L'éclaboussure causée par un corps pesant qui s'élançait dans le courant trahissait la présence d'une loutre qu'alarmait notre approche et qu'on avait à peine le temps d'apercevoir.

La rivière, dont la direction générale est du nord au sud, serpente de la façon la plus capricieuse, au point de quadrupler le voyage. Sur la rive droite s'étend un vaste marais de largeur très variable, mais qui atteint parfois un millier de mètres. Son drainage envoie une masse considérable d'eau dont l'influence sur l'accroissement de la rivière est facile à constater.

Cinq kilomètres à peu près au-dessous de Cangamba, je rencontrai une vingtaine de femmes se tenant au bord et occupées à pêcher du fretin avec de petits paniers.

A un tournant de la rivière, j'aperçus trois antilopes d'une espèce que je ne connaissais pas ; je m'apprêtais à les tirer quand elles sautèrent à l'eau où elles disparurent en plongeant au fond.

Cette circonstance m'étonna beaucoup, mais ma surprise ne fit que s'accroître par la suite, car j'eus occasion plus d'une fois de rencontrer ces animaux, nageant et plongeant avec rapidité, en maintenant leur tête sous l'eau de façon à ne laisser plus voir que le sommet de leurs cornes.

Cette bête étrange, que je chassai plus tard sur la Couchibi, et dont je connaissais un peu à cette époque les habitudes, offre assez d'intérêt pour que je m'arrête quelque temps afin d'en parler un peu.

Les Bihénos l'appellent *quichôbo* et les Ambouélas *bouzi*. En pleine croissance, sa taille est celle d'un taureau d'un an. Son pelage est cendré foncé, long de 5 à 6 centimètres et extrêmement moelleux ; sur la tête, il est plus court ; une bande blanche croise le haut des narines. Les cornes peuvent avoir soixante centimètres de longueur. Leur section à la base est demi-circulaire, avec une corde à peu près rectiligne. Les cornes maintiennent cette section jusqu'aux trois quarts de leur hauteur ; après quoi, elles deviennent presque circulaires jusqu'aux pointes. Leur axe moyen est droit et elles forment entre elles un petit angle. Elles se tordent autour de l'axe sans dévier de la ligne droite et les arêtes en présentent une spirale à pas fort large.

Les pieds comme ceux des moutons sont garnis de sabots, longs mais recourbés en pointe à l'extrémité.

Cette disposition des pieds et les habitudes sédentaires rendent ce remarquable ruminant très impropre à la course. Il passe donc en grande partie sa vie dans l'eau, dont il ne quitte pas les bords, et dont il ne sort guère que pour pâturer, surtout pendant la nuit. C'est dans l'eau qu'il se repose et qu'il dort.

Il a une faculté de plonger au moins égale à celle de l'hippopotame. En dormant, il se rapproche de la surface des eaux, ne laissant au dessus que la moitié de ses cornes.

Naturellement il est fort timide et plonge à la première alarme jusqu'au fond de la rivière.

Le prendre et le tuer n'est pas difficile ; aussi les indigènes le chassent-ils avec succès, et tirent profit de sa peau magnifique et de sa viande, qui cependant n'est guère bonne.

C'est quand il sort de l'eau pour pâturer que son peu d'habileté à la course permet aux indigènes de l'attraper en vie : il n'est pas dangereux, même aux abois, contrairement à la plupart des antilopes. La femelle est, ainsi que le mâle, pourvue de cornes.

Ce ruminant extraordinaire se rapproche, en beaucoup de points, de l'hippopotame, son plus proche voisin.

Les quichôbos, antilopes amphibies.

Des milliers de quichôbos trouvent leur asile dans les rivières Coubangui, Couchibi et haute Couando ; mais on n'en trouve ni dans la partie inférieure de cette dernière, ni dans le Zambési. Ce fait peut s'expliquer par la férocité plus grande dont sont doués les crocodiles de la basse Couando et du Zambési, qui auraient bientôt fait de détruire un animal tout dépourvu de défense s'il s'aventurait à se montrer dans leurs eaux.

J'ai eu à Prétoria une entrevue avec M. Selous, fameux pour ses chasses à l'antilope, et j'ai appris de lui qu'il avait entendu parler de mon animal par les naturels de la Cafoucoué supérieure. Il paraît que ce cours d'eau possède une bête semblable à celle que j'avais rencontrée.

Je regrette que les bornes restreintes de mes connaissances en zoologie ne m'aient pas permis d'étudier plus à fond un être qui me semble si bien mériter l'attention des hommes de science par l'étrangeté de ses habitudes.

En reprenant mon récit, il faut que je donne ici les plus grands éloges à mon bateau mackintosh qui m'a porté si bravement sur les eaux de la Coubangui. Je ne lui reconnais qu'un défaut : c'est sa petitesse. Elle me confinait dans un espace si resserré qu'à quatre heures du soir j'en avais mal dans tous les membres.

Depuis que j'avais quitté Cangamba, rien ne m'avait indiqué l'existence de ma caravane. A l'heure que je viens de dire, non seulement je souffrais des crampes que me causait ma posture, mais j'avais une faim de dogue et une vague inquiétude. Mes jeunes rameurs étaient épuisés de fatigue. Je les fis donc approcher de la rive gauche et j'ordonnai au jeune Sinjamba de grimper au haut d'un arbre pour voir, de là, s'il ne découvrirait rien, s'il n'apercevrait pas sur l'autre rive la fumée de mon campement.

Il crut voir au loin quelque fumée vers le nord-ouest, par conséquent plus haut que l'endroit de la rivière où nous nous trouvions.

Nous retournâmes donc en arrière. Après avoir surmonté quelques obstacles, je parvins à aborder sur le marais du côté droit, et je dirigeai mes pas vers l'endroit où l'on avait cru voir de la fumée.

J'avais déjà fait plus d'un kilomètre quand je tombai sur les traces de ma caravane marchant vers le sud. Il n'y avait pas à s'y tromper, car, outre les pas de mes hommes, je distinguais les pistes de ma chèvre et des chiens.

Je revins au bateau et repris le fil de l'eau. De temps à autre, nous abordions et le garçon grimpait sur un arbre de la rive gauche pour observer l'horizon ; mais la manœuvre se répétait en vain.

Avec le soir qui s'approchait, mon anxiété s'accroissait. Non seulement nous mourions de faim ; mais je ne voulais point passer la nuit hors du camp, où personne ne saurait remonter mes chronomètres.

Enfin le soleil se couchait. Vu l'excessive brièveté du crépuscule sous ces latitudes, je crus que le plus sage était de camper avec mes deux négrillons, sur la rive gauche. Nous n'avions pas encore abordé quand il me parut entendre, dans le lointain, au sud-ouest, un coup de fusil. Nous redoublons d'efforts, et, peu après, un autre coup ayant retenti, j'en tire un nouveau.

Mon signal eut pour réponse immédiate un coup de feu dont je vis l'éclair à la distance d'environ 200 mètres. Je dirigeai le bateau de ce côté, où je rencontrai mon brave Aogousto, enfoncé dans l'eau du marais jusqu'à la ceinture, ainsi qu'un Bihéno qui l'accompagnait. Enchanté de me voir, il ne perdit pas de temps pour me tirer du bateau, avec l'aide de son compagnon, et pour me porter sur son dos à travers tout le marais dont la largeur était grande.

La tâche fut malaisée et demanda bien une demi-heure, mais enfin nous arrivâmes à la terre ferme. Quant aux négrillons, ils eurent bientôt fait d'attacher le bateau à des roseaux et de nous rejoindre. J'appris d'Aogousto que le

Aogousto et son compagnon tirent le major du bateau

camp était encore assez éloigné et qu'il nous faudrait, avant d'y arriver, traverser une épaisse forêt.

Malheureusement on n'y voyait pas plus que dans un four : l'inégalité du terrain et la résistance du sous-bois contribuaient à augmenter les difficultés.

Chopper ici, tomber là, employer une douzaine de minutes à faire une douzaine de mètres, laisser aux épines et aux broussailles des lambeaux de vêtements ou de chair : tels sont les incidents qui accompagnent un voyage fait la nuit dans une forêt vierge.

Au bout d'une heure de violents efforts, nous entendîmes de près des coups de fusil et de grands cris.

C'étaient mes hommes qui me cherchaient. Je fis un signal et ils nous rencontrèrent.

Vérissimo Gonçalvès était venu à la tête d'une troupe de Bihénos. Ceux-ci voulurent absolument m'emporter au camp sur une litière qu'ils établirent rapidement avec de fortes perches coupées dans la forêt et des feuilles d'arbrisseaux.

Voilà comment je rentrai dans mon camp. A minuit, auprès d'un feu ronflant, j'y apaisais ma faim devenue dévorante à la suite d'un jeûne de trente-six heures.

Je demeurai en ce lieu toute une journée ; mais, au lendemain, je fis commencer de bon matin le passage de la rivière ; ce ne fut pas une petite affaire puisque mon bateau mackintosh était le seul objet flottant dont je pusse disposer.

Vers neuf heures, je suivais avec tout mon monde la gauche de la rivière ; à dix, je rencontrai un ruisseau et fis partir une quantité de gibier. Je passai outre et ne fis halte qu'à une heure, où je campai près d'un autre ruisseau, affluent comme le précédent de la Coubangui.

Là je reçus la visite de deux Ambouélas. Ils étaient, disaient-ils, des chasseurs de cire et ils annonçaient à mes guides qu'il y aurait une grave imprudence à se rendre maintenant à la Couchibi. Un sovéta voisin du chemin que nous devions suivre venait de mourir et nous courrions le risque d'être maltraités et pillés suivant la coutume qui prévaut en de telles circonstances.

Les guides ne manquèrent pas de me communiquer cette nouvelle inquiétante ; mais j'étais résolu à marcher en avant et je leur répondis que le décès de tous les sovétas du monde ne pouvait pas m'arrêter. Aussi, le lendemain, sans plus attendre, je décampais, et après une étape un peu forcée de six heures, j'arrivais à la rive droite de la Couchibi.

Il faut ajouter ici que plusieurs de mes hommes étaient malades, souffrant d'un mal qui, bien qu'assez douloureux, était quelque peu ridicule. Une vingtaine d'entre eux avaient attrapé un goitre.

CHAPITRE VIII

LES FILLES DU ROI DES AMBOUÉLAS.

La Couchibi. — Le sova Cahou-héo-oué. — Les Moucasséquérès. — Opoudo et Capéou. — Abondance. — Bienveillance des naturels. — Peuples et coutumes. — Un gué de la Couchibi. — La rivière Chicouloui. — Gibier. — Bêtes fauves. — La rivière Chalongo. — Jour cruel. — Les sources de la Ninda. — Tombe de Louis Albino. — Plaine de la Gnengo. — Fatigues et famine. — Le Zambési. — Enfin !

Le jour où je campai sur la droite de la Couchibi était le 25 juillet.

Cette rivière est séparée de la Coubangui par une forêt primitive dont la végétation est des plus opulentes.

Un botaniste trouverait là un vaste champ pour des études prolongées, tant est grande la variété des plantes qui poussent à l'ombre l'une de l'autre, dans ces halliers énormes.

Par places, il était fort difficile de s'y ouvrir un passage et, à chaque instant, il nous fallut retirer les hachettes de leurs fortes ceintures de cuir, pour agrandir un sentier qu'avaient ouvert les fauves.

Chemin faisant, je sentis une odeur aussi délicate que suave. Elle venait de la fleur d'un arbre qui poussait en abondance. On ne connaît peut-être aucune fleur qui exhale un parfum plus exquis que celui de la fleur de l'*ouco;* c'est ainsi que les indigènes nomment cette belle plante.

Le port de l'arbre, l'arrangement de ses feuilles, les grappes de ses fleurs et surtout mon ignorance en fait de botanique : tout m'a conduit à écrire dans mon journal que l'ouco est un acacia.

Mais, peu de temps après mon retour au Portugal, l'apothicaire de mon village, étant venu me faire une visite, se mit à feuilleter mon livre d'esquisses. Arrivé au dessin de cet arbre, il me dit avec la franchise d'un villageois: « Votre Honneur a fait ici une erreur grossière. Ceci ne peut pas être la fleur d'un acacia, car elle n'a que deux pétales et trois étamines, tandis que celle de l'acacia compte cinq pétales et dix étamines; elle doit donc appartenir à la famille des papilionacées et se ranger dans la classe des légumineuses. Je

Feuillage et fleur de l'ouco.

Fleur dix fois grande comme nature. Les fleurs forment des grappes de trois centimètres de long, sur quinze millimètres de diamètre. Pétales blancs, ovaire et étamines brun foncé; odeur suave.

m'en vais vous le faire voir d'après les écrits de de Candolle [1]... — N'en prenez pas la peine, » répondis-je, comme il courait chercher son auteur. « Je vous crois sur parole. La fleur est exactement représentée; mais je puis m'être trompé pour la classification. »

Cet arbre, dont bien des Européennes seraient heureuses

---

[1]. N'ayant aucun titre pour intervenir dans cette grave discussion, nous nous bornerons à rappeler que, botanistes et gens du monde, on nomme *acacia* deux genres très différents de la famille des légumineuses; et, de plus, que notre faux acacia des jardins, ou robinier, appartient à la section des papilionacées.

J. B.

de posséder les fleurs délicieuses, je ne l'avais jamais vu auparavant et je l'ai vainement recherché en approchant de la Ninda.

Il y avait encore dans la forêt un arbre qui avait éveillé mon attention, non plus, cette fois, pour le parfum de ses fleurs, mais à cause de l'excellent goût de ses fruits. C'est celui que les indigènes appellent *opoumbouloumé*. Par l'apparence, ce fruit ressemble fort à celui du mapolé ; mais il

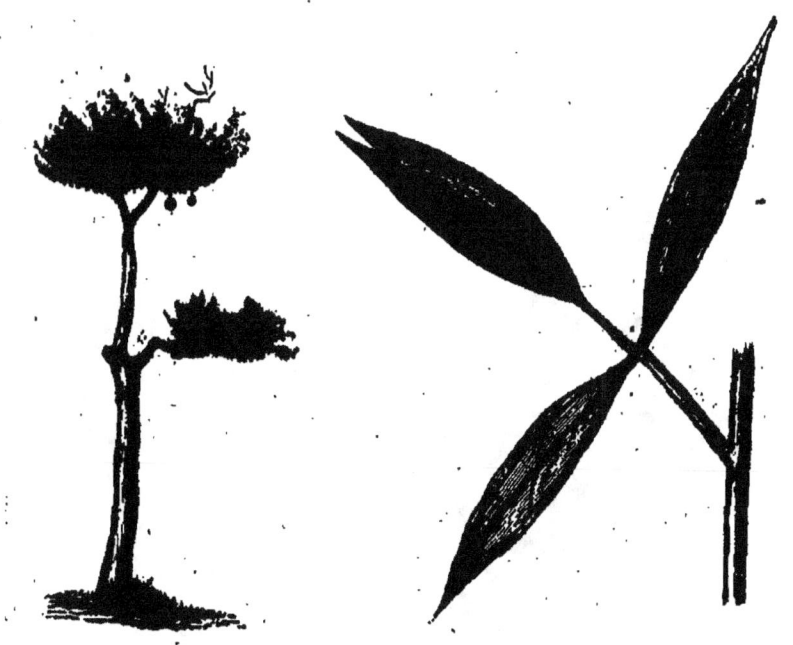

L'opoumbouloümé.

en diffère par le goût, et l'arbre qui le produit est tout autre.

L'aspect de la Couchibi n'est pas le même que celui des autres affluents de la Couando, au moins jusqu'au point où je les ai suivis. Elle coule au milieu d'une vallée longue et enfermée entre les pentes douces de montagnes couvertes de bois épais. La vallée est parfaitement sèche, nullement marécageuse comme le sont presque toutes celles qu'arrosent ses pareilles dans le sud-ouest de l'Afrique, et de temps à autre elle s'élargit jusqu'à huit kilomètres.

La rivière y décrit des méandres, non en courbes de petit rayon comme la Coubangui, mais en ondulations dont la longueur la font, à distance, paraître presque droite.

Des herbes vigoureuses couvrent en abondance ses rives, mais elles s'arrêtent aux berges escarpées qui bordent son lit, où l'eau coule pure comme du cristal en laissant voir le

Le songué.

sable blanc du fond. On n'y trouve absolument rien de la flore aquatique si riche dans la Coubangui, mais la faune y est égale en importance. J'en toucherai quelques mots tout à l'heure.

Le gibier n'y manque pas; et j'eus la chance d'abattre un *songué*, antilope assez commune dans les vallées de la Couando et de ses affluents.

Ce jour-là, plusieurs de mes porteurs vinrent se plaindre

à moi de tumeurs qui s'étaient rompues aux jointures des jambes et les empêchaient de marcher : heureusement la consommation de nos denrées avait rendu libres plusieurs hommes qui se trouvèrent ainsi en état de se charger des paquets de leurs camarades.

Beaucoup d'entre eux avaient aux chevilles, au cou-de-pied ou au tendon d'Achille, des blessures que je ne pouvais pas guérir. Moi, j'étais au bout de la science médicale que j'avais empruntée à Chernoviz, et, quant à mon docteur Chacaïombé, il ne réussissait pas mieux, bien que ses médecines eussent l'appui des charmes les plus irrésistibles et des plus étonnants mystères de la sorcellerie. Tous nos remèdes étaient sans effet.

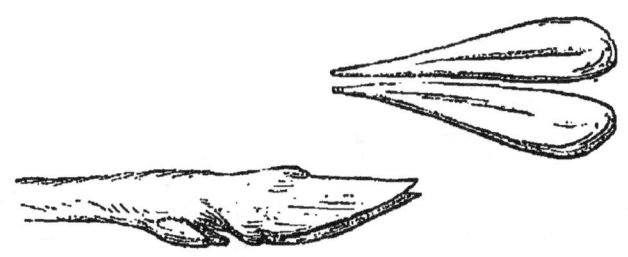

Pied du songué.

A tort ou à raison, j'attribuais ces maladies à deux causes : l'exercice constant de la marche et l'insuffisance ou la qualité malsaine de l'alimentation.

Que mes lecteurs ne s'imaginent pas que je vais me laisser aller à faire une tirade contre cet innocent massango. Non ! Je suis un adversaire trop loyal pour attaquer en son absence l'objet de mon aversion. Je laisse le massango à sa place, en observant de plus qu'il est inoffensif, et même une saine nourriture.

L'alimentation à laquelle je fais allusion et que j'accuse d'être en grande partie la cause de l'inutilité de mes traitements curatifs et de ceux du docteur Chacaïombé, est d'une nature bien différente.

J'ai déjà mentionné que les Bihénos mangent tout ce qui a vécu et qu'ils préfèrent leur viande, s'ils peuvent s'en procurer, à l'état de putréfaction.

La circonstance que je vais raconter parlera mieux que des volumes sur ce sujet et c'est justement ce qui me servira d'excuse pour faire un récit assez répugnant.

Ma chienne favorite, Traviata, avait mis bas huit petits, tous mort-nés. J'avais ordonné à Aogousto de les enfouir en secret dans un endroit aussi peu accessible que possible, de façon à les dérober aux mâchoires voraces de mes Bihénos;

Rat des abeilles.

cependant deux traînards découvrirent leur sépulture, déterrèrent les cadavres et s'en firent immédiatement un régal.

Ils mangent les termites crus, à pleines mains et apprécient beaucoup les rats.

Dans l'ordre des rongeurs, un petit rat, à queue bien fournie et soyeuse, qui vit dans les creux des abeilles sans que celles-ci l'attaquent, forme pour eux une friandise des plus recherchées.

Reprenons mon récit. La partie de la Couchibi où j'avais dressé mon camp était tout à fait dépourvue d'habitants et, d'après mes guides, nous avions encore quatre journées à marcher avant d'en rencontrer.

Le lendemain matin, nous nous remîmes en route, en longeant la rive droite.

Vers midi, je m'aperçus de l'absence d'un grand nombre de mes gens. Ayant fait faire halte, je revins sur mes pas pour voir ce qu'ils étaient devenus. Je trouvai plusieurs de ces vauriens dans le bois, occupés à troquer mes cartouches, qu'ils avaient volées, contre de la viande de quichôbo, que leur fournissaient des Ambouélas.

En se voyant découverts, ils prirent leurs jambes à leur cou, excepté deux, le pombeïro Chaquiçondé et le docteur Chacaïombé, qui moins agiles furent attrapés. Le dernier, tombant à genoux, me demandait pardon; mais le sécoulo Chaquiçondé, tirant sa hachette, fit mine de m'attaquer. Je la lui arrachai et, l'en frappant avec le manche sur la tête, je le jetai à bas où il resta sans bouger. Je croyais l'avoir tué. Ce malheur me faisait moins de chagrin que la cause même qui l'avait amené, car c'était la première fois que j'avais rencontré un cas positif d'insubordination. Je revins à ma caravane, lui donnai l'ordre de camper et fis apporter au camp, le sécoulo Chaquiçondé. Il arriva baigné dans le sang qui découlait de sa blessure.

Après l'avoir pansée, je restai convaincu qu'elle n'était pas mortelle. Effectivement, quand les blessures à la tête ne tuent pas de suite, elles guérissent bientôt. Ensuite, je réunis en conseil les autres pombeïros pour décider du châtiment que méritait le double crime de Chaquiçondé. La majorité des voix condamna le coupable à mort, les autres se déclarèrent pour les étrivières. L'homme ayant recouvré ses sens, je le fis comparaître, obtins de lui l'aveu de ses fautes, et lui pardonnai. Ma clémence produisit la plus grande surprise sur l'auditoire.

Le lendemain nous fîmes une étape de six heures, toujours en suivant la droite de la rivière.

On aperçut ce jour-là du gibier en quantité; mais il était très farouche et je ne pus tuer qu'un *songué*.

C'est une élégante antilope qui est bien différente de celle à laquelle les Bihénos donnent le même nom entre la côte de l'Atlantique et le Bihé.

Celle que je tuai mesurait 1^m,50 de hauteur jusqu'à l'épaule et 1^m,40 en longueur, depuis l'épaule jusqu'à la racine de la queue.

Son poil était court, de couleur rougeâtre et d'une teinte uniforme. D'un saut, elle pouvait parcourir 5 mètres et j'en ai vu plus d'une en l'air, franchissant les roseaux qui s'élevaient à 2 mètres au dessus du sol.

Quand elle est aux abois, elle combat avec beaucoup de courage et même avec férocité. Sa viande est d'assez bon goût, mais fort sèche comme celle de toutes les antilopes.

Elle paît en bandes et toujours hors du bois, posant des sentinelles pendant la pâture. Elle ne gagne la forêt que si elle est poursuivie de près, et, dans ces cas-là, elle n'hésite pas à traverser une rivière. Elle disparaît tout à fait après les portions supérieures de la rivière Ninda.

Le lendemain, je continuai ma route et remarquai qu'à mesure que nous descendions, la plaine des deux côtés de la rivière allait en s'élargissant, et le nombre des antilopes, surtout des songués, en augmentant.

Notre provision de vivres était redevenue bien mince, au point que, dans cette journée, nos dernières rations de massango furent consommées.

Mais, le 29 juillet, une étape de trois heures nous conduisit jusqu'en face des villages de Cahou-héo-oué, résidence du sova de la Couchibi. Nous y dressâmes notre camp.

Avant de parler des tribus ambouélas et de la riche contrée qu'elles occupent, j'ai quelques mots à dire sur ma façon de voyager ou plutôt de vivre en Afrique.

Je ne doute pas que mes devanciers n'y aient vécu chacun d'après son système personnel; ceux qui me suivront auront

Châtiment de Chaquiçondé.

le leur et chacun trouvait ou trouvera que le sien est le meilleur. En tout cas, voici quel a été le mien, à quelques exceptions près.

Je me levais à cinq heures. Je me déshabillais, m'étant toujours couché vêtu et armé, et je me baignais dans une eau chauffée à 33° centigrades.

L'eau froide est un excellent tonique. Les Anglais ont l'habitude de s'y baigner ; mais moi je ne fais pas d'hydrothérapie et ne me sers d'eau que pour la propreté. Je tenais toujours au feu un pot de fer rempli d'eau bouillante pour me procurer la température que je désirais. A ce propos, je dois mentionner plusieurs des objets qui s'y rapportent expressément. D'abord, après la bouilloire, ma baignoire en caoutchouc, que j'avais achetée à la maison Mackintosh de Londres. C'est un vrai trésor, qui est encore en parfait état après un emploi aussi long que peu ménagé. D'ailleurs il faut accorder un éloge semblable à tous les articles en caoutchouc que fabrique l'Angleterre.

Après le bain, la toilette. Une calebasse large de 50 centimètres me servait de cuvette, et mes serviettes étaient du linge le plus fin de Guimaraens.

Brosses, éponges, savonnettes et parfumeries (j'ai beaucoup usé de parfums en Afrique) étaient d'excellente qualité. Le tout m'avait été vendu par Carlos Godefroy, dont les marchandises sont très chères, mais parfaites en leur genre. Pendant ma toilette, j'avais Catraïo pour valet de chambre. Quand elle était finie, il rassemblait et resserrait avec soin tout ce dont je m'étais servi ; ensuite il m'apportait les chronomètres, les thermomètres et le baromètre.

Je remontais et comparais les premiers, puis j'enregistrais les indications que me fournissaient les autres instruments.

Pendant ce temps, le jeune Pépéca avait préparé le thé ; il me l'apportait.

On le versait dans des vases de porcelaine de Chine, auxquels j'attachais la plus grande valeur parce qu'ils m'avaient été donnés par la femme du lieutenant Rosa, de Quilenguès.

Ce service à thé, fin comme une feuille de papier, d'une pâte transparente et d'une forme élégante, était un de mes bonheurs. Jamais, à mon sens, l'infusion des feuilles de l'arbuste chinois n'avait la même saveur quand je la buvais dans un autre vase.

Après avoir avalé trois tasses de thé vert sans sucre, puisque je n'en avais plus, je fermais les malles et donnais le signal du départ. Il avait rarement lieu avant huit heures, à cause de la difficulté extrême qu'on avait à retirer les hommes d'auprès des feux, autour desquels l'intensité du froid les retenait.

Voici quel était l'ordre de notre marche. Cahinga, nègre de Silva Porto, s'avançait le premier, portant le drapeau; immédiatement après lui, venaient les caisses de cartouches; puis le bois et les cordes à l'usage du campement. Les autres porteurs confusément mêlés suivaient, en file indienne; enfin moi, Vérissimo et les pombeïros, nous fermions la marche.

Quand un porteur, pour un motif quelconque, avait besoin de s'arrêter ou de déposer son fardeau, le pombeïro auquel il était confié s'arrêtait pour l'assister et le ramener.

Pendant l'étape, je prenais note du chemin suivi et calculais la longueur de nos marches au moyen de la montre et du podomètre. Ordinairement nous faisions 15 à 18 kilomètres; excepté si les circonstances exigeaient qu'on poussât plus avant. Ensuite venait le moment de camper et, durant une heure, tout le monde s'employait à la construction des huttes.

A cette fin, quelques-uns allaient abattre les arbres, d'autres les ébranchaient, d'autres aussi allaient ramasser de l'herbe. Pendant ce temps, si je n'avais pas d'observations à faire, je m'étendais sur le gazon et dormais, jusqu'à ce qu'on vînt m'avertir que ma hutte était prête.

Ce travail généralement prenait une heure; mais, avant

de me retirer chez moi, j'avais l'habitude de prendre mes observations pour mon registre météorologique, qui était réglé à 0 h. 43 minutes de Greenwich.

Je savais l'heure en consultant une montre que Pereira de Mello m'avait envoyée de Benguêla au Bihé. Enfermée dans une boîte de bronze, elle était un pur cylindre, de manufacture suisse, avec 8 rubis, etc., et marchait admirablement.

Au temps fixé, j'appelais Catraïo, qui m'apportait mes instruments. Je me servais d'un thermomètre (*thermometro de funda*) qui avait appartenu à l'infortuné baron de Barth. Chaque fois que je faisais tourner l'instrument, tous mes porteurs du Bihé se tenaient debout à distance, examinant avec surprise une opération que je répétais chaque jour et qui toujours excitait chez eux le même étonnement.

Quand mes notes avaient été dûment enregistrées, mon négrillon, Moéro, servait les assiettes et ma ration ; je n'ose pas appeler dîner une poignée de massango bouillie dans de l'eau.

Après avoir mangé, si je me trouvais trop fatigué pour aller à la chasse ou parcourir les environs, j'employais mon temps à rédiger les notes du jour, à calculer mes observations ou à dessiner. L'encre que j'employais à tous mes travaux m'était fournie par une de ces petites bouteilles qu'on appelle encriers magiques, et dont chacune me durait de deux à trois mois.

Ce système de prendre des notes en marchant et durant le jour, puis de les transcrire ensuite au journal, me fournissait un double mémorandum de mes actes. J'avais ainsi la chance, en cas de perte de l'un, de conserver du moins l'autre. J'écrivais au crayon mes notes quotidiennes sur de petits calepins, que je scellais avec de la cire quand ils étaient remplis. Outre la relation des faits, j'inscrivais dans ces petits livrets les brouillons de toutes mes observations initiales, tant astronomiques que météorologiques. En pl tant de Durban, je les ai envoyés au Portugal par la voie de l'Angleterre, et ils sont tous arrivés à Lisbonne. Ils y sont encore, toujours scellés. Quant à la copie que j'en avais faite, elle est demeurée constamment en ma possession et constitue la base du récit que je compose à présent.

Avant d'entreprendre ce voyage, je ne m'étais pas fait une juste idée de la valeur du temps ni de tout le parti qu'on en peut tirer si on l'emploie judicieusement.

A la tombée de la nuit, un grand feu s'allumait dans ma hutte et me donnait à la fois chaleur et lumière. Quand je n'avais pas d'observations à faire durant les heures obscures, ou quand, ce qui arrivait souvent, la fatigue m'obligeait à chercher le repos, je m'étendais sur les peaux de léopard qui formaient ma couche et je prenais pour traversin la petite valise où je serrais mes papiers.

Je me réveillais régulièrement à 3 heures. Cette habitude acquise pendant le voyage avait sans doute pour première origine le froid qui précédait toujours l'aurore. Je me levais, je garnissais de nouveau mon feu expirant, j'allais à la porte de la hutte où pendait un thermomètre laissé dehors, et notais le degré qu'il indiquait, parce qu'à cette heure j'étais sûr d'obtenir un minimum à peu près exact. Malheureusement le thermomètre à minima et à maxima me manquait ; par conséquent les valeurs indiquées dans mes registres sous ces rubriques ne sont que des approximations. Le maximum est la température que je notais à 1 h. 30 m. de mon registre, ou à 0 h. 43 m. temps de Greenwich.

De 3 h. du matin à 5, je passais le temps à fumer près de mon feu. Il m'arrivait souvent de consumer ainsi une douzaine de cigares en rêvant à ma patrie et aux êtres chéris que j'y avais laissés.

Combien de fois, à cette heure de méditation et de tristesse, n'ai-je pas ruminé les difficultés du présent et les incertitudes de l'avenir que j'avais devant moi !

A l'époque que je rappelle, je me trouvais sur la Couchibi,

par 17°50' E. de Paris et 14°30' S. de l'équateur, perdu, sans possibilité de recevoir l'aide dont je pourrais avoir besoin, sans savoir où chercher les moyens et les ressources indispensables à la continuation de mon voyage.

Depuis le Bihé jusqu'à cet endroit, j'avais employé le peu de balles de cotonnades que je possédais ; j'en avais sous les yeux les dernières pièces qui composaient toute ma provision de monnaie.

Dans les villages que j'avais traversés, j'avais pu, plus ou moins facilement, échanger contre des vivres mes étoffes de coton ; celles qu'on avait préférées étaient la *zouarté* imprimée et le calicot blanc ordinaire.

Il avait été fort rare que des affaires pussent être faites avec de la toile du commerce ou rayée. Les caouris, dont la valeur était grande chez les Quimbandès, avaient été méprisés par les Louchasès ; mais ils recouvraient tout leur prix à la Couchibi, bien qu'ici l'on s'en servît différemment : au lieu de les employer à l'ornementation de la coiffure, on en faisait des ceintures auxquelles on donne un soin extraordinaire.

Les perles Maria II ont beaucoup de valeur partout ; mais, sur la Couchibi, on les préfère à tous les autres articles de troque, hormis la poudre.

Quand j'arrivai ici, on me demanda, pour la première fois durant mon voyage, des bracelets de cuivre et du laiton pour en fabriquer.

A peine mon campement était-il achevé qu'un étranger vint me trouver, affirmant qu'il était du Bihé et qu'il avait, depuis trois ans, été abandonné, pour cause de maladie, par une caravane.

Comme plusieurs de mes porteurs le reconnurent, je l'enrôlai à mon service.

Ainsi j'étais arrivé sur le chemin des caravanes du Bihé. Ayant résolu de m'arrêter là quelques jours, j'envoyai un petit cadeau au sova par un messager, chargé de lui faire part de mes projets.

Le Bihéno étranger m'apprit qu'on avait reçu des nouvelles d'une révolution dans le pays des Barozès. Le chef indigène Manaouino avait été expulsé et remplacé par un autre, dont on ne connaissait encore rien ou que peu de chose.

Une telle information était loin de me faire plaisir. En effet, j'avais entendu dire que, malgré sa férocité sanguinaire à l'égard de ses propres sujets, Manaouino se montrait fort hospitalier envers les étrangers.

Les Ambouélas parmi lesquels je faisais séjour étaient de race pure, tandis que ceux que j'avais vus près de la Coubangui étaient fort mélangés de Louchasès.

Ceux qui habitent les bords de la Couchibi sont en hostilité avec les Ambouélas occidentaux et les guerres entre eux sont fréquentes.

La race Ambouéla occupe tout le pays qu'arrose la Couando supérieure ; mais elle est rassemblée principalement dans la région où cette rivière reçoit ses affluents, nommés Queïmbo, Coubangui, Couchibi et Chicouloui.

Sur la Coubangui, les villages sont construits dans les îles dont la rivière est parsemée, ou sur des pilotis enfoncés dans l'eau courante. Les habitants de ces villages étant seuls à posséder des canots, peuvent reposer la nuit dans leurs demeures aquatiques, parfaitement sûrs de n'y pas être attaqués.

Le sova, sans perdre de temps, m'envoya des provisions et une bonne quantité de maïs. Ce fut un vrai régal que ce plat de grains bouilli. Je le saluai avec respect, en pensant que, du moins momentanément, le règne du massango avait pris fin.

En outre, le sova me faisait informer que son intention était de venir me voir le lendemain.

Le jour suivant, de bon matin, je voulus aller faire un tour aux environs; mais la promenade dans la forêt était difficile à cause de la nature emmêlée des buissons épineux. Cependant je réussis à aller à près de 5 kilomètres du camp.

Là je rencontrai un énorme piège à gibier. Il était formé par une haie haute, qui pouvait bien avoir plusieurs kilomètres de développement et qui entourait un espace presque circulaire. A chaque vingtaine de mètres, une entrée s'ouvrait dans l'énorme enceinte pour conduire à des enclos plus étroits, soigneusement pourvus d'un ourivi [1] ou piège dans lequel les lièvres et les petites antilopes sont écrasés sous le poids d'un tronc d'arbre. Une troupe d'hommes se rassemble et bat le bois tout à l'entour, effrayant par leurs cris le gibier, qui fuyant éperdu, sans pouvoir sauter par dessus la haie, s'élance dans les ouvertures et tombe victime des ourivis qu'on y a tendus.

En revenant au camp, j'ai trouvé dans le bois des huttes de Moucasséquérès, qui évidemment les avaient abandonnées depuis peu.

A l'heure dite, je reçus la visite du sova. C'était un homme un peu avancé en âge, doué d'une figure sympathique et d'un profil israélite. Son habillement était complet et consistait, outre un uniforme, en un surtout de toile blanche avec un grand et beau mouchoir autour du col. Sa tête était couverte d'un bonnet rouge orné de lisières noires et, à sa main, il tenait une concertina dont il tirait des sons peu harmonieux.

Il me fit un nouveau cadeau de maïs, de manioc, de haricots et de poules, que je lui rendis sous forme d'un petit nombre de charges de poudre, le présent qu'on estime le plus sur les bords de la Couchibi.

Le vieux chef se retira plein de satisfaction et promettant de revenir plus d'une fois.

En causant avec moi, il m'apprit que les souverains du Barozé avaient pris l'habitude de réclamer de lui un tribut, qu'il avait toujours payé afin d'éviter la guerre. Il avait ainsi laissé établir une sorte de vasselage à ses dépens. Du

---

1. Voir la figure à la page 339.

reste, il ne savait rien ou que fort peu de choses touchant la révolution qui venait d'avoir lieu près du Zambési, et moins encore sur le potentat qu'on y avait proclamé.

Cette après-midi, mes nègres firent prisonniers dans le bois deux Moucasséquérès, qu'ils m'amenèrent tout de suite.

Les pauvres sauvages tremblaient de frayeur et certainement se considéraient comme perdus.

Ils savaient un peu l'idiome des Ambouélas, ce qui nous

Le sova de Cahou-héo-oué.

permit de nous entendre par l'intermédiaire d'un interprète. Ils se figuraient qu'on allait les condamner à la mort ou, tout au moins, à un esclavage perpétuel.

J'ordonnai qu'on les déliât et qu'on leur rendît leurs armes; j'ajoutai qu'ils avaient toute liberté de retourner chez leurs compagnons et je leur fis présent de quelques fils de verroteries pour leurs femmes.

C'est à peine s'ils en pouvaient croire leurs oreilles et prendre au sérieux mes actes et mes paroles. Je leur fis ensuite donner quelque nourriture et je finis par leur demander s'ils voulaient me mener voir leur campement.

Ils eurent d'abord entre eux une discussion assez chaude, dans un langage parfaitement inconnu à tous les assistants et d'une intonation différente de celle qu'ont les idiomes dont j'avais entendu la prononciation en Afrique auparavant. Ils conclurent en assurant qu'ils me conduiraient à leur tribu, si je consentais à y aller seul avec eux. J'acceptai leur offre et je partis immédiatement en compagnie de ces deux hideux sauvages.

J'avais bien l'habitude de marcher dans la forêt ; cependant j'eus beaucoup de mal à suivre les pas de mes guides et plusieurs fois ils durent s'arrêter pour m'attendre.

Au bout d'une heure de chemin, nous arrivâmes dans une clairière au milieu de laquelle la tribu était campée.

Il y avait là trois hommes, sept femmes et cinq enfants.

Leur unique abri était formé de quelques branches d'arbre qu'ils avaient abaissées et auxquelles ils en avaient enlacé plusieurs autres par devant.

Rien ne rappelait ici les ustensiles culinaires. Ces sauvages se nourrissaient de racines et de morceaux de viande, rôtis sur des broches de bois. Ils n'ont aucune idée de ce qu'est le sel.

La nudité des hommes et des femmes y est à peine dissimulée par de petites peaux de singe. Ils ont pour armes des arcs et des flèches.

Mais après être parvenu jusqu'à eux, je ne savais plus que faire, car ni eux ni moi ne pouvions nous entendre.

Il me sembla que le mieux était de me concilier les femmes ; et je me mis à leur distribuer les quelques fils de verroteries que j'avais apportés dans cette intention. Elles les reçurent, il est vrai, mais sans en témoigner aucune satisfaction.

La misère abjecte de ces pauvres gens me touchait. Après un examen attentif, je leur trouvai une laideur repoussante :

yeux petits et hors de l'alignement; pommettes saillantes et fort éloignées l'une de l'autre; nez aplati ayant des narines d'une largeur exceptionnelle; cheveux rares, de laine frisée, poussant par touffes distinctes et assez épais sur le haut de la tête.

Des bandes de cuir, prises sur quelque bête, entouraient leurs poignets et leurs chevilles en guise d'ornements; peut-être étaient-elles portées plutôt comme amulettes.

Enfin, je parvins à faire comprendre à mes guides que je désirais m'en retourner; alors, ils se mirent à marcher devant moi et, avant que la nuit fût close, ils me laissèrent à la lisière du bois d'où je pouvais entendre les voix et les chansons joyeuses de ma caravane.

Pendant mon séjour près de la Couchibi, j'ai réussi à obtenir un peu plus d'informations concernant ces aborigènes si étranges.

Les Moucasséquérès occupent, avec les Ambouélas, le territoire qui va de la Coubango à la Couando; ceux-ci habitent sur les rivières et ceux-là dans les forêts. On peut dire que les Ambouélas sont des barbares et les Moucasséquérès de véritables sauvages.

Les deux races ont ensemble fort peu de rapports; mais elles ne sont pas ennemies.

Quand la faim les presse, les Moucasséquérès viennent trouver les Ambouélas pour troquer de quoi manger contre de l'ivoire et de la cire.

Les tribus des Moucasséquérès ont l'air de se tenir isolées et de ne pas reconnaître l'autorité d'un chef commun. Quoiqu'elles ne fassent pas la guerre à leurs voisins, elles se combattent l'une l'autre. Les prisonniers faits dans ces conflits sont vendus comme esclaves aux Ambouélas, qui les revendent aux caravanes du Bihé.

Les Moucasséquérès doivent être regardés comme les vrais sauvages de l'Afrique tropicale du sud. Ils ne construisent aucune demeure ni rien qui y ressemble. Nés à l'ombre d'un arbre de la forêt, ils vivront et mourront de même.

Ils ne s'inquiètent ni des pluies qui inondent la terre, ni du soleil qui la brûle ; et ils supportent avec le même stoïcisme que les bêtes sauvages les alternatives des saisons.

A de certains points de vue, on dirait même qu'ils sont inférieurs aux fauves habitants de la jungle : le lion et le tigre ont du moins un antre où se retirer ; les Moucasséquérès doivent recevoir les vents de la forêt sur leurs corps nus.

Ne cultivant pas la terre, ils n'ont aucun outil agricole. Leur alimentation ne se compose que de racines, de miel et d'animaux pris à la chasse ; aussi chaque tribu est-elle toujours en quête de racines, de miel et de gibier.

Il leur arrive rarement de dormir un jour dans l'endroit où ils étaient la veille. Leur arme unique est la flèche ; mais ils en usent avec une adresse telle que l'animal qu'ils ont aperçu peut être considéré comme atteint. L'éléphant lui-même tombe souvent sous les coups de ces chasseurs vigoureux.

Les deux races de la contrée se ressemblent aussi peu au physique qu'au moral.

L'Ambouéla est un noir dont le type appartient à la race caucasique ; le Moucasséquérè est un blanc qui a le type hideux de la race hottentote.

Bien des matelots portugais, brunis par le soleil et battus par les vents des tempêtes, ont le teint plus foncé que les Moucasséquérès. D'ailleurs la couleur blanche de ces derniers a une teinte de jaune terreux qui rend leur laideur effroyable.

J'ai eu bien des regrets de ne pouvoir pas obtenir de plus amples renseignements sur une race si curieuse et que je regarde comme tout à fait digne de l'attention spéciale des savants qui s'occupent d'anthropologie et d'ethnographie.

Je crois que cette branche de la race éthiopienne peut être rangée dans le groupe de la division hottentote. Au physique, elle a beaucoup des traits qui caractérisent un groupe où d'ailleurs on constate des diversités fort tranchées dans la couleur de la peau. Ainsi, dans le Calahari méridional, les Bochmans ont un teint très clair; j'en ai même remarqué qui étaient presque blancs. La petitesse de leur taille et la maigreur de leur corps ne les empêchent pas d'avoir les traits caractéristiques du type hottentot. D'autre part, au nord de cette même région déserte, surtout près des lacs salins, on trouve une autre race nomade, celle des Massarouas, qui possèdent aussi le type hottentot et sans conteste appartiennent au même groupe; mais ils sont fortement charpentés, hauts de taille et noirs comme le jais. Enfin on m'a dit, sur la Couchibi, qu'il existe entre la Coubango et la Couando, mais bien plus vers le midi, une race tout à fait semblable aux Moucasséquérès, quant au corps et aux coutumes, mais dont la peau est parfaitement noire.

C'est pourquoi, considérant combien les caractères de ces populations ont d'affinités, je n'hésite pas à admettre que le groupe hottentot de la race éthiopienne s'étend, au nord du Cap, jusqu'à la contrée située entre la Coubango et la Couando; tout en reconnaissant qu'il subit, dans cet espace, des modifications nombreuses de couleur et de stature, qu'elles soient dues aux milieux dans lesquels il vit, à l'altitude, aux latitudes fort différentes, ou à toute autre cause moins appréciable.

Les subdivisions de la race éthiopienne, dans l'Afrique tropicale, resteront longtemps mal connues en Europe, à cause des difficultés qu'on éprouve à rassembler des données suffisantes pour en compléter l'étude.

Où trouvera-t-on des membres de ces tribus barbares qui consentent à se laisser mouler le corps? Supposé qu'on en trouve, par quel moyen l'anthropologiste transportera-t-il sur place les matériaux de ses moulures; ou, s'il y parvenait, comment rapporterait-il ses moules à la côte? Comment pourra-t-il faire une collection de squelettes, ou même de crânes, dans des régions où la profanation d'une tombe aurait pour conséquence la ruine d'une expédition? Comment cacherait-il à sa propre caravane, aux porteurs mêmes qui sont à son service, ces dépouilles humaines que tout indigène regarderait comme des articles destinés aux maléfices?

Quant à la photographie, la plus incomplète des ressources pour servir de base à des études sérieuses, elle présente en elle-même des difficultés presque insurmontables.

D'abord il n'est pas aisé de faire de la photographie dans un voyage d'exploration où l'on n'obtient pas toujours les résultats qu'on espérait. Imaginez-vous donc le transport de cet apareil, avec son matériel et ses liquides contenus dans des bouteilles de verre, sur la tête d'un homme qui trébuche et qui tombe douze fois par jour ! Je le sais par mon expérience et par les paroles de Capello et d'Ivens.

Mais supposons cet obstacle vaincu, supposons que la photographie puisse être employée efficacement, y aura-t-il, dans l'intérieur, un indigène qui consente à laisser dresser l'appareil et à poser devant, une seule minute ?

Dans la suite de cet ouvrage, j'aurai l'occasion de raconter une aventure arrivée à moi et à un photographe suisse, M. Gross, où nous parvînmes à obtenir l'épreuve d'un groupe de Betjouanas, à demi civilisées, mais au prix d'une dépense de temps et de patience presque incalculable.

Quant aux Moucasséquérès, je n'ai même pas pu en faire, avec le crayon, un croquis présentable, sur du papier.

Reprenons mon récit.

Après que mes guides m'eurent conduit, à la nuit tombante, sur la lisière de la forêt, ils murmurèrent quelques paroles signifiant probablement un adieu et disparurent dans les ténèbres. L'état vermeil de l'atmosphère, causé par les nombreux feux du camp, et le son des chants joyeux guidèrent mes pas ; bientôt je pénétrai dans l'enceinte du campement, où mes gens cabriolaient comme des fous au son de la musique barbare des Ambouélas.

Beaucoup de jeunes filles dansaient avec mes porteurs. Elles faisaient résonner en cadence les anneaux de leurs bras.

Le type de quelques-unes d'entre elles me frappa comme

étant purement européen. Il y en avait dont les ondulations, en dansant, faisaient ressortir des formes qui auraient excité la jalousie de bien des dames européennes, qu'elles égalaient en beauté et qu'elles surpassaient en élégances naturelles.

Ce qui se passa ensuite devait augmenter mon étonnement.

Il paraît que la coutume de ces Ambouélas, quand une caravane arrive dans leur pays, est d'accourir au campement pour chanter et danser; puis, la nuit s'avançant, les hommes se retirent peu à peu, en laissant leurs femmes, leurs sœurs et leurs filles derrière eux.

C'est ainsi que, suivant leurs mœurs hospitalières, ils fournissent la société des femmes à leurs hôtes étrangers, pour quelques heures.

Le lendemain, au point du jour, les visiteuses s'en vont dans leurs villages, d'où elles reviennent promptement apporter des cadeaux à leurs maris d'une nuit.

Cette coutume fut cause pour moi d'une aventure extraordinaire.

Le vieux sova, Moéné Cahou-héo-oué, m'envoya ses deux filles, Opoudo et Capéou.

Opoudo pouvait avoir vingt ans, et Capéou seize.

L'aînée était assez laide et avait des façons hautaines; l'autre était une charmante petite créature, douée d'une mine candide et ingénue.

En débarquant en Afrique, je m'étais promis d'observer une vie de continence. J'avais tenu ma résolution, ce qui m'avait donné une grande autorité sur mes nègres, qui, ne me voyant boire que de l'eau et ne me connaissant aucune aventure galante, me considéraient comme un être supérieur aux faiblesses humaines.

Ce jour-là, quelque affermie que fût ma détermination, il me fallut user de toutes mes forces pour résister aux tentations de la jeune fille du sova Cahou-héo-oué.

Capéou ne parlait que le dialecte des Ganguélas, que je

n'entendais pas, mais Opoudo s'exprimait couramment dans celui des Hamboundos.

« Pourquoi nous méprises-tu ? » me demanda-t-elle d'un ton altier. « Les femmes de ton pays sont-elles donc par hasard plus jolies que ma sœur ? Quoi qu'il en soit, nous coucherons ici ; car je ne veux pas qu'on dise que les filles du chef des Ambouélas ont été jetées par un blanc hors de sa tente. »

Certes la position était ridicule ! Je m'en trouvai si stupéfait que je ne pouvais pas répondre un mot.

La seule réponse qu'il y eût à faire était justement celle que je ne voulais pas donner.

Les deux filles s'étaient assises sur mes peaux de léopard et moi je me tenais debout. Le grand feu qui nous séparait jetait dans l'intérieur de la hutte sa lueur rougeâtre, un peu adoucie par la sombre verdure du feuillage qui bordait les parois. L'éclat de la flamme colorait la tête candide et le sein nu d'une femme de seize ans, dont les yeux languissants se fixaient sur moi, humides de désirs et remplis de promesses.

Je voyais se gonfler cette poitrine nue et sculpturale, et rien n'en pouvait détourner mes regards.

Au dehors, les sons bruyants de la musique barbare et les chants s'abaissaient ; les danses plus calmes indiquaient la lassitude des danseurs.

Mes braves choisissaient leurs compagnes de nuit ; et moi, je restais là, enfermé avec ces jeunes filles, seul, éloigné de tous.

« Notre volonté est de rester ici, » reprit fièrement la princesse ambouéla. « Je n'entends pas exposer ma sœur aux railleries de toutes les vieilles femmes du village ; et, puis, laisse-moi te dire, homme blanc, que, si tu es un sécoulo du Mouéné Pouto, je suis, moi, la fille d'un sova. »

Le ridicule de ma situation allait en croissant. Je résistais de toutes mes forces aux séductions de la jeune sauvage ; je sentais que j'étais perdu si je laissais échapper un doux regard ou une douce parole, et je ne savais que faire.

Et cependant cette situation bouffonne ne pouvait pas durer; mais comment en sortir?

J'aurais bien mieux aimé, mille fois préféré me battre en

La petite Mariana.

combat singulier avec le guerrier, son père, à continuer un tel dialogue avec l'amoureuse jeune fille.

Soudain, la peau qui servait de porte à ma hutte fut levée et quelqu'un entra.

C'était la petite Mariana, qui, ayant entendu notre conversation, venait à mon secours.

Elle s'accroupit près du feu pour le ranimer ; puis, se tournant vers les filles ambouélas, elle battit des mains à plusieurs reprises, ce qui est la façon usitée pour saluer poliment dans le pays, en répétant les mots *cô-quétou* ; puis elle dit : « L'homme blanc ne vous méprise point ; mais, s'il ne désire pas que vous dormiez ici, c'est qu'il n'y a que moi qui le fasse. L'homme blanc est à moi. Ma hutte est voisine de celle-ci et vous pouvez y dormir. »

Les filles du sova Cahou-héo-oué se levèrent de suite et sortirent avec Mariana, qui m'obligeait infiniment en me tirant de ce mauvais pas. Cependant, au bout de quelques minutes, Opoudo revenait me dire tout bas : « Ce soir nous dormons ailleurs, mais il faut que tu sois l'amant de ma sœur. »

Je dois l'avouer : cette jeune femme me faisait plus peur que la plus sauvage des bêtes fauves.

Je m'étendis sur ma couche, réfléchissant à l'extraordinaire aventure qui venait de m'arriver et commençant à comprendre, mieux que je ne l'avais fait jusqu'ici, l'histoire d'un certain Joseph obligé, en Égypte, à abandonner son manteau.

Le lendemain, suivant l'usage, les filles du chef vinrent avec les autres me faire leurs cadeaux. Je leur donnai, pour ma part, quelques verroteries et elles partirent sans faire aucune allusion à la scène de la nuit précédente.

Peu après, leur père m'envoyait un message pour m'annoncer qu'il m'attendrait cette après-midi et qu'il m'enverrait un bateau afin de m'amener chez lui.

De nouveaux visiteurs s'étaient introduits dans notre camp : des cobras, que les nègres déclaraient venimeux, et de nombreux scorpions noirs, longs de 10 à 12 centimètres. Plusieurs des hommes furent piqués par ces arachnides dégoutants, mais leur poison n'eut pas d'autre suite que de les faire beaucoup souffrir aux endroits blessés, qui s'enflèrent momentanément.

Le peuple ambouéla est le premier que j'aie rencontré dont les plantations ne soient pas cachées dans la forêt.

Ses champs de culture sont en rase campagne, sur les bords de la rivière, dont l'arrosage produit l'abondance qui leur a valu la réputation d'être de bons agriculteurs.

Les inondations des pleines eaux couvrent la terre d'un dépôt très riche qui sert aux champs d'engrais naturel.

S'ils n'arrosent pas la terre, ce que je n'ai d'ailleurs vu pratiquer par aucune tribu en Afrique, ils font des irrigations et j'ai remarqué qu'ils drainent le terrain en y ouvrant des tranchées profondes le long des cultures.

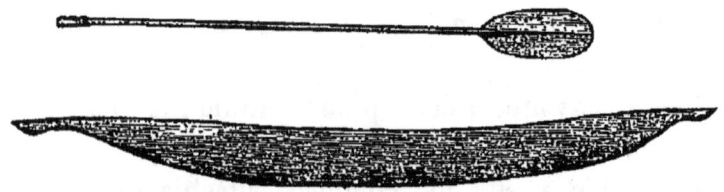

Canot et pagaie des Ambouélas de la Couchibi.

Mes occupations m'avaient absorbé tout le jour au point que, le soir seulement, je me rappelai que le sova m'avait averti qu'un bateau m'attendrait pour me porter à son village.

En arrivant à la berge, je fus très surpris de voir que le canot annoncé était monté par les deux filles du chef, Opoudo et Capéou! Sans me croire trop timide naturellement, je dois avouer que je l'ai toujours été à l'égard des femmes.

Mais ce n'était pas l'instant de me laisser aller à de telles impressions. J'entrai donc dans le canot, m'y assis et donnai le signal du départ. L'habileté des deux jeunes femmes égalait leur élégance et elles eurent bientôt fait de sortir de la petite crique ou du canal qui conduisait à la rivière.

Le soleil s'abaissait promptement à l'horizon. Le canot

Opoudo et Capéou.

rapide glissait dans les espaces laissés libres par l'opulente végétation aquatique qui jetait à la surface des eaux ses trésors de fleurs. Les bouquets de victoria-regias et une foule de nénuphars d'espèces différentes formaient des épaisseurs qui de temps en temps nous retenaient comme dans un filet. Je m'attendais à chavirer et je me voyais en imagination, ces brunes naïades et moi, au milieu des eaux, luttant contre les crocodiles.

Tout à coup une adroite manœuvre des pagaies arrêta l'esquif et Opoudo me dit : « Il est trop tard, aujourd'hui, pour aller chez mon père. Il t'a fort longtemps attendu. Nous allons retourner par terre ; et tu reviendras demain. »

Peu après, nous abordions et elles m'accompagnaient au camp.

La nuit tomba. Je retrouvai dans ma hutte les filles du sova, causant de choses et d'autres, tandis qu'au dehors retentissaient les chants et les danses.

Quand ces bruits de fête eurent cessé, les deux sœurs allèrent s'étendre à l'entrée de la hutte le long d'un feu qu'elles allumèrent.

Je voulus leur faire reprendre leurs quartiers dans la hutte de la petite Mariana. Opoudo s'y refusa tout net. Elle était une biche de la forêt, disait-elle, et s'inquiétait peu de l'endroit où elle reposait.

Durant cette journée, Aogousto avait battu le bois en quête de gibier. Il y avait trouvé une troupe de petits singes, les premiers que nous eussions rencontrés depuis l'Océan.

Le lendemain matin, je fis ma visite au sova ; mais, pour éviter de nouvelles aventures, je mis à l'eau mon bateau de caoutchouc et le montai pour me rendre au village.

Le canal que je pris communiquait avec un bras de la rivière. Il était large de 20 mètres, profond de 6, et son courant faisait plus 50 mètres à la minute.

La rivière se partage et forme des îlots bas et inondés d'où s'élèvent des masses de roseaux. Sur ces petites îles, que recoupent encore d'autres canaux, formant un vrai labyrinthe, sont construits les villages ambouélas ; ils sortent, au niveau de la rivière, du sol marécageux. Les maisons sont, pour ainsi dire, cachées par les touffes des roseaux. Les parois en sont construites de joncs et élevées sur des pilotis enfoncés dans la vase ; le chaume compose les toitures.

Comme on peut le concevoir, ces demeures sont misérables, mal bâties et n'offrent en réalité qu'un abri incertain. Au dehors, pendent à de longues perches d'immenses calebasses, où les habitants serrent la cire et d'autres objets.

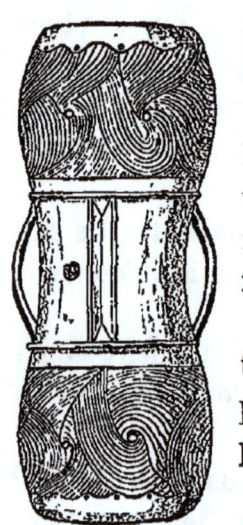

Tambour de fête des Ambouélas.

Les huttes mêmes sont pleines de calebasses. Du reste, ces utiles végétaux servent, chez les Ambouélas, de coffres, d'armoires et forment la plus grande partie du mobilier.

Les greniers ne diffèrent des habitations qu'en ce qu'ils sont perchés sur des pilotis de deux mètres de haut, afin de ne pas être atteints par les inondations.

C'est sur un des îlots qu'est situé le petit groupe de bâtiments où réside le sova Moéné Cahou-héo-oué. Une hutte est réservée à son usage personnel ; quatre sont assignées à ses quatre femmes ; le reste sert de greniers.

J'ai remarqué, près de l'habitation du chef, une espèce de trophée rustique, composé de crânes et de cornes d'animaux ainsi que d'autres dépouilles de chasse.

Le sova, ayant à ses côtés ses deux favorites, me fit une réception gracieuse.

A peine étais-je assis, que mon interprète et l'une des favorites se mirent à frapper vigoureusement les paumes de leurs mains l'une contre l'autre ; après quoi, ramassant un peu de terre, ils se la frottèrent sur la poitrine, en répétant à plusieurs reprises avec rapidité les mots *bamba* et *calounga*;

Villages ambouélas.

puis ils finirent par se battre encore les mains, très rapidement mais avec moins de force qu'auparavant. Ainsi fut complété le cérémonial d'introduction.

Le chef m'exprima le désir de voir mon bateau ; même il s'en servit pour faire un petit tour sur l'eau. La qualité flottante de ce canot portatif lui causa un étonnement sans bornes ; puis il me supplia plusieurs fois de n'en pas vendre de pareils aux Ambouélas de la Coubangui ; autrement, disait-il, lui et son peuple seraient perdus.

Je le calmai à cet égard, en lui assurant que les blancs ne désiraient pas la guerre entre les noirs et se garderaient bien de leur en fournir les moyens.

En rentrant dans son île, le chef envoya chercher une calebasse de *bingoundo*, une coupe de fer blanc et une boîte de marmelade de Lisbonne, qu'un commerçant du Bihé lui avait laissée en passant.

Après avoir rempli la coupe, le chef versa sur le sol quelques gouttes de la liqueur écumeuse, les recouvrit avec de la terre humide, et avala sans reprendre haleine tout le contenu.

Mon interprète lui ayant appris que je ne buvais que de l'eau, le sova tendit à la ronde la calebasse à ses favorites, qui la vidèrent en un instant.

A midi, je pris congé pour retourner au camp.

La fin de la journée se passa à causer avec un indigène, frère du sova ; il avait l'intention de se rendre au Zambési par la Couchibi et la Couando.

Il m'eut l'air d'un garçon fort intelligent. Il parlait le portugais couramment, ayant appris notre langue lorsqu'il était soldat à Loanda, où on l'avait acheté du temps que l'esclavage florissait. C'était un grand chasseur qui, durant ses expéditions, avait souvent battu les bords de la Couando jusqu'à Linianti.

Il me certifia que la Couando était complètement navigable, sans rapides, mais, de temps à autre, étendue sur un lit si large qu'il avait peu de profondeur. Alors la végétation aquatique y devenait trop puissante et parfois, elle barrait le passage aux bateaux et rendait la navigation difficile.

De plus il m'assura, et j'eus par la suite occasion de vérifier qu'il avait eu raison, que la Couando porte ce nom jusqu'à Linianti; on l'appelle plus bas Couando ou rivière de Linianti; mais, nulle part, on ne la nomme Chobé ou Tchobé, ainsi que les cartes l'indiquent.

Le frère du sova.

La race ambouéla continue sur la Couando le même mode d'existence que sur la Couchibi, et toujours elle établit ses villages dans les îles de la rivière.

Les coiffures déraisonnables, qui avaient disparu chez les Quimbandès, se retrouvent sur la Couchibi. De même, les caouris y reprennent toute leur valeur, non pour l'ornementation de la tête, mais afin d'enrichir les grandes ceintures qui en sont toutes parsemées.

Chasseurs et femmes ambouélas.

Au bout du canal où je m'étais embarqué lors de ma visite au sova, je remarquai deux faisceaux de gros bâtons, placés verticalement à quelques mètres l'un de l'autre. A ces bâtons, étaient suspendus des restes de nattes, à demi pourries par leur exposition aux intempéries. Je demandai ce qu'ils indiquaient et j'appris que c'étaient les endroits où l'on pratiquait le rite de la circoncision sur les garçons de 6 à 7 ans. Ceux-ci étaient ensuite dépouillés de leur vêtement habituel et on les envoyait errer jusqu'à complète guérison dans les bois, où la nourriture leur était portée par ceux qui avaient subi l'opération l'année précédente. Ils avaient tissu ces nattes dans le bois pour couvrir leur nudité, et, quand on les admettait de nouveau dans le village, ils les suspendaient aux pieux près desquels on les avait opérés.

Au même endroit, on me montra une autre invention qui paraît des plus curieuses.

Sur deux fourches grossières, s'élevant du sol à un demi-mètre, était couché un bâton cylindrique, long d'un mètre et ayant 3 centimètres de diamètre. Enveloppé et fortement lié avec de la paille, il avait tout à fait l'air fusiforme.

Cet appareil était l'œuvre d'un homme à médecine fort renommé, qui l'avait doué des vertus les plus extraordinaires. Si un mari avait des raisons pour soupçonner que sa femme fût stérile, il envoyait chercher le docteur, et celui-ci la conduisait à cette place pour la guérison.

Tout en marmottant des formules cabalistiques, il passait le rouleau enveloppé de paille sur la poitrine et les flancs de la femme. D'après le sova, l'effet était infaillible, et neuf mois se passaient à peine avant que le mari eût obtenu le résultat qu'il désirait.

Cependant, quelle que soit la confiance qu'ont les Ambouélas dans cette méthode de mettre fin à la stérilité, je ne me hasarde pas à en recommander l'essai en Europe.

Mes rapports avec les indigènes continuaient d'être pleins d'une agréable cordialité.

Les filles du sova ne se lassaient point de m'apporter des cadeaux. De fait, ma nourriture et celle des négrillons attachés à mon service étaient entièrement fournies par ces bonnes Samaritaines.

Quel que fût le désir que j'exprimasse, elles y satisfaisaient de suite. Je suppose qu'elles voulaient faire croire aux autres femmes qu'il y avait entre nous des relations plus intimes que celles d'une amitié platonique. Or maintenant que je savais qu'elles deviendraient des objets de risée si l'on venait à soupçonner qu'elles avaient été rebutées par l'étranger qu'elles s'étaient choisi, j'avais bien soin, par égard pour elles, de donner lieu de croire à ce qui n'existait réellement point.

Nous étions donc les meilleurs amis du monde. Je dois reconnaître que leur coopération me fut des plus utiles pour me procurer les porteurs et les denrées indispensables à la traversée d'un vaste désert, où il serait absolument impossible de me ravitailler.

C'est grâce à elles, surtout, que je pus amasser une bonne provision de maïs et une certaine quantité de haricots, dont elles me firent en grande partie cadeau.

D'ailleurs mes ressources pécuniaires étaient presque épuisées. Il ne me restait plus que la poudre de mes cartouches, un peu de perles et un peu de cuivre pour faire des anneaux. Deux de mes porteurs avaient la charge du présent que j'avais destiné au souverain du Barozé; il se composait surtout d'un petit orgue, orné de deux poupées automatiques, qui dansaient au son de la musique. Cet instrument était une source inépuisable d'amusement pour les indigènes. Aogousto sut en tirer profit en ma faveur : il exhibait les petits danseurs et se faisait donner des œufs en paiement par les spectateurs. Je m'amusais à le voir éprouver ses œufs en les plongeant dans l'eau avant que de les recevoir; il est vrai que, grâce à la popularité dont jouissait mon spectacle, il était arrivé plus d'une fois, surtout dans les commencements, que d'avides amateurs s'étaient efforcés de faire accepter par Aogousto des œufs furtivement enlevés à la poule qui les couvait.

Moéné Cahou-héo-oué, sans doute grâce à la recommandation de ses filles, résolvait toutes les difficultés qui s'élevaient et m'aidait activement dans mes préparatifs de départ.

Quant à ces pauvrettes, elles s'étaient décidées à m'accompagner en personnes jusqu'aux limites du territoire de leur père, et Opoudo se chargeait de prendre elle-même le commandement de mon escorte.

Il est bon, avant de continuer le récit de mon voyage, que j'insère ici quelques détails sur les Ambouélas, qui s'étaient montrés si notablement hospitaliers à mon égard, ainsi que sur leur pays.

Leur langue est celle des Ganguélas, qu'on commence à entendre à l'est de la Couqueïma.

Ainsi que le hamboundo, dont il est un dialecte, le ganguéla est d'une pauvreté excessive ; ses verbes sont fort irréguliers et il manque de tous les mots qui expriment des sentiments nobles et généreux.

Ces peuples ont-ils donc l'infortune de ne pas sentir le besoin d'énoncer de tels sentiments, parce qu'ils ne les éprouvent point ?

J'ai cherché vainement à découvrir s'il en est ainsi, mais il me paraît probable que la conjecture ne laisse pas que d'être fondée.

Dans ce pays où, reçu comme un ami, je ne sentais aucune influence qui pût me rendre hostile à la race africaine, j'ai voulu inutilement lire dans l'âme des nègres d'autres pensées que la cupidité sordide, les appétits sensuels, la lâcheté à l'égard de la force et la tyrannie envers la faiblesse.

De tous les peuples que j'avais visités jusqu'à eux, les Ambouélas sont les plus grands et les plus habiles agriculteurs. Leur sol, du reste, leur paye, avec une prodigalité merveilleuse, le travail et les soins qu'il en a reçus.

Haricots, citrouilles, patates douces, arachides, ricin et

cotonnier, ces plantes sont cultivées au milieu d'énormes champs de maïs d'une qualité excellente. Le manioc est également une culture du pays ; malheureusement, cette année, des inondations extraordinaires en avaient détruit la récolte et je n'en pus obtenir que fort peu.

Les Ambouélas n'ont point d'autre animal domestique que la volaille. Constamment troublés par la crainte des incursions de leurs voisins, ils mènent une vie qui les empêche d'élever du bétail gros ou petit ; par suite ils laissent à l'abandon de vastes terrains couverts d'admirables pâturages, qui suffiraient aisément à la nourriture des bêtes à cornes ou à laine en quantités immenses.

Le gros bétail disparaît à la sortie du pays des Quimbandès. Chez les Louchasès, on peut, de temps en temps, rencontrer quelques chèvres et quelques porcs, tandis que ceux-ci abondent chez les Bihénos et du Bihé à l'Atlantique.

Comment peut-il arriver que, dans des pays couverts des plus riches pâtures, où l'on ne voit pas la redoutable mouche tsé-tsé et qui réunissent toutes les conditions requises pour l'élevage du bétail, on n'en rencontre d'aucune espèce ?

Il ne faut peut-être pas chercher bien loin la réponse à cette question. Le bétail, constituant la principale richesse en Afrique, excite la cupidité des peuplades environnantes ; en fait, il devient la cause permanente des guerres que se livrent les tribus entre la côte occidentale et le Bihé.

On a peur de paraître riche et, partant, de devenir l'objet des attaques et des pilleries. Cette crainte influe sans doute sur la rareté du bétail entre le Couanza et le Zambési. Il y a, parmi ces barbares, plus de paradoxes qu'on ne le pense et des principes, qu'on ne comprendrait pas en Europe, sont enracinés là-bas.

Le chien, ami fidèle et dévoué de l'homme, ne dément pas son caractère sociable parmi les nègres ; c'est un gardien vigilant, qu'on trouve dans toutes les tribus de la race ganguéla. Cette partie de l'Afrique ne possède, il est vrai, qu'une variété de barbets et quelques chiens couchants dégénérés. Les Quimbandès et les Bihénos montrent peu d'estime pour le chien vivant, mais on ne peut guère s'en étonner puisqu'il n'est à leurs yeux qu'une viande de boucherie; lorsqu'il est mort, il est pour eux un vrai régal.

Les Ambouélas, je le répète, bien que possédant tout ce qui pourrait les mettre à même d'être les grands éleveurs de bétail dans le sud de l'Afrique centrale, n'ont ni bêtes à cornes ni bêtes à laine, et se contentent de nourrir de la volaille; encore est-elle d'une espèce très petite.

Les habitants des bords de la Couchibi n'ont pas d'endroit spécialement destiné au dépôt des morts. Les sovas sont enterrés dans un endroit distinct du bois; quant aux sujets, on les dépose dans la vase, au bord de l'eau, sans aucun indice d'une sépulture.

Les Ambouélas ont certainement des mœurs douces et sociales; ils poussent l'hospitalité jusqu'à ses dernières limites.

Ce sont d'assez bons chasseurs et ils ramassent dans la forêt une grande quantité de cire.

Ils accordent aux femmes beaucoup plus de considération qu'elles n'en ont dans les autres tribus que j'avais visitées auparavant, où, régulièrement, elles ne sont que les derniers esclaves de leurs maris.

L'habileté des Ambouélas à la pêche est grande, mais n'est que naturelle, puisqu'ils passent leur vie au milieu d'une rivière dont la faune aquatique est des plus variées.

Au fait, la Couchibi est, de toutes les rivières que j'ai traversées, la plus riche en poissons.

Les naturels m'en ont, durant mon séjour, fourni dix-huit variétés, et, d'après eux, la collection était loin d'être complète.

Je vais énumérer ceux que j'ai pu voir et examiner, avec les noms que leur ont donnés les indigènes.

Petits poissons, d'une longueur inférieure à 20 centimètres :

   1. Moussozi   poisson sans écailles.
   2. Mango   —
   3. Chinguêné   —
   4. Chibembé   —
   5. Limboumbo   —

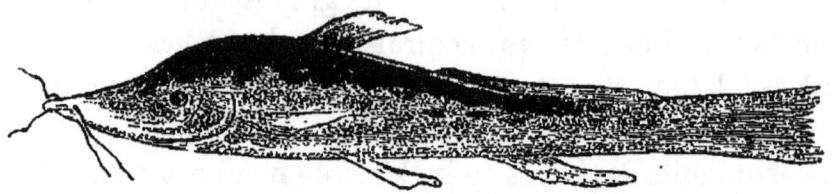

Chinguêné. — Un quart de la grandeur naturelle, peau douce sans écailles, le dos brun avec des places plus foncées, forme triangulaire où le sommet est le dos, trois nageoires au ventre, deux sous-dorsales et deux dorsales, sur la bouche deux barbillons, deux à la mâchoire inférieure. Ce poisson fait partie d'une famille très commune en Afrique et qui compte des espèces nombreuses.

   6. Dipa   poisson à écailles.
   7. Chitoungoulo   —
   8. Lincoumba   —
   9. Gnêlé   —
  10. Lingoumoéno   —

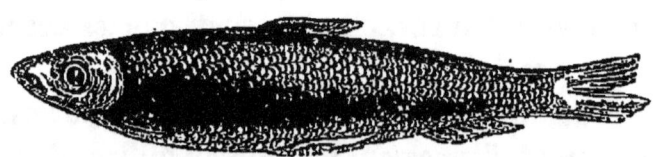

Lincoumba. — Grandeur naturelle, écailles larges et dures couleur gris noirâtre, ventre blanc argenté, cinq nageoires ventrales, une lombaire, toutes molles.

Grands poissons, de 20 à 50 centimètres.

  11. Cho   poisson sans écailles.
  12. Moucounga   poisson à écailles.
  13. Oundo   —
  14. Chinganja   —
  15. Nassi   —
  16. Boula

17. Ganzi   poisson à écailles.
18. Boéï-io   —

Six grands mammifères habitant la Couchibi.
1. Hippopotame.
2. Quichôbo ou bouzi (antilope).
3. Gnoundo (loutre commune).
4. Libao (loutre grande, tachetée de blanc).
5. Chitoto (loutre petite, tout à fait noire).
6. Dima (herbivore) ayant à peu près la taille d'une petite chèvre, sans cornes; vivant dans les mêmes conditions que le Quichôbo.

Cette rivière possède aussi un grand nombre de reptiles;

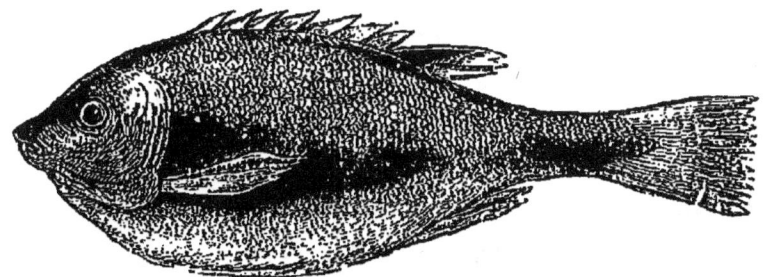

Gnélé ou chipoulo. — Grandeur naturelle, écailles dures et petites, dos gris et rougeâtre, ventre blanc rougeâtre, trois nageoires ventrales, deux sous-ventrales (pectorales), une lombaire (dorsale) courant tout le long du dos et épineuse.

mais les crocodiles sont petits et n'ont pas un naturel très vorace. Les cobras ne sont pas tous venimeux.

Les batraciens ont beaucoup de variétés; mais les Ambouélas ne les distinguent pas et leur donnent à tous, en général, le nom de *manjounda*.

Les sangsues existent par myriades dans les canaux et les mares, partout où l'eau est stagnante; d'ailleurs, comme cela se présente dans toutes les eaux de cette portion de l'Afrique.

Je m'étais bien approvisionné de maïs et j'avais réuni assez d'hommes pour les porter, sous les ordres des filles du sova.

En conséquence, le 4 août, j'effectuai mon départ, après des adieux pleins de cordialité, et je continuai à descendre le long de la Couchibi, sur sa rive droite.

Deux heures après avoir quitté Cahou-héo-oué, les guides me signalèrent un gué où l'on pouvait en sûreté traverser la rivière. Ils passèrent eux-mêmes pour me montrer la route, et je remarquai qu'un homme de taille moyenne pouvait marcher pendant une vingtaine de mètres en ayant de l'eau jusqu'à la poitrine.

A cet endroit, la rivière était large de 70 à 80 mètres. Je me déshabillai pour faire la reconnaissance de ce gué. C'était une barre étroite, longée de chaque côté par une profondeur de 3 à 4 mètres, mais ayant un fond de sable très dur. Au-dessus du gué, le courant était au moins de 60 mètres à la minute. Évidemment, une caravane chargée ne pouvait pas le traverser sans difficulté.

J'ordonnai de commencer le passage; il dura bien deux heures. Tout ce temps, je restai dans l'eau, ainsi que Vérissimo et Aogousto, les deux seuls de la bande qui sussent nager, nous tenant prêts à assister ceux des hommes qui perdraient pied. Cependant il n'arriva pas le plus léger accident; et même, tant on y mit de soins et de précautions, pas un seul paquet ne fut mouillé.

Cette opération nous avait beaucoup fatigués; aussi, je pris le parti de camper peu après avoir passé la rivière; c'est ce que nous fîmes en arrivant au village de Lionzi.

Les naturels accoururent bientôt en foule dans notre camp, apportant ou des présents ou des denrées à vendre et à échanger. Jamais encore, en Afrique, je n'avais vu une quantité de volailles pareille à celle que nous apportèrent ce jour-là les Ambouélas. Il n'y eut pas un porteur, pas même un négrillon, qui ne fût en mesure de manger son poulet rôti.

La modération et le bon naturel de ces indigènes me frappèrent vivement; c'était vraiment remarquable chez des Africains.

Passage à gué de la Couchibi.

Tous les hommes étaient armés d'arcs et de flèches; quelques-uns portaient des assagaies, et, outre ces armes du pays, il y en avait beaucoup qui avaient de longs fusils à pierre, fabriqués en Belgique.

Hommes ou femmes, ils avaient tous les deux incisives de devant limées en forme de triangle, dont l'angle était bien plus ouvert que celui que j'avais observé chez les Quimbandès.

Ils font eux-mêmes leurs armes, mais leur travail est des plus inférieurs; quant au fer, ils le tirent des mines situées au-dessous du confluent des rivières Couchibi et Couando.

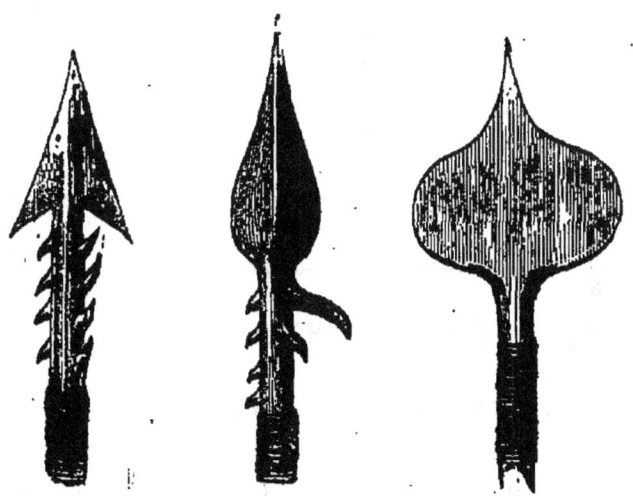

Têtes de flèches des Ambouélas.

Ceux des Ambouélas qui se servent d'armes à feu tiennent en grande estime ces *lazarinas* dont j'ai déjà parlé et qu'on fabrique à présent en Belgique. Autour du canon de chaque fusil, ils attachent une bande de la peau de la bête qu'il a frappée à la chasse; cette précaution permet à tout le monde, par une simple inspection de l'arme, de compter le nombre des victimes qu'il a abattues.

Mais elle n'a guère d'autre résultat que de gâter l'apparence du fusil et de le rendre moins utile en en annulant le point de mire; il est vrai que, ne se risquant à tirer qu'à une dizaine de pas, les Ambouélas réussissent quelquefois à jeter bas leur gibier.

Le chasseur le plus heureux n'avait pas plus de dix bandes de peau à son canon de fusil.

Il s'ensuit que, sans les pièges qu'ils tendent dans les bois, ces pauvres gens n'auraient pas beaucoup de peaux de bêtes pour couvrir leur nudité.

La poudre est fort rare chez eux. Ce n'est qu'à de longs intervalles et tout à fait par hasard, qu'un négociant du Bihé prend cette route et leur vend, à un taux énorme, la plus petite quantité de poudre.

Parmi ceux qui se présentèrent au camp, je trouvai un Ambouéla doué des manières les plus attrayantes. Il employa tous ses moyens de persuasion pour me convaincre

Assagaies des Ambouélas.

que je ferais une excellente affaire en échangeant contre une charge de poudre le beau coq qu'il tenait sous son bras. La grâce qu'il mit à me séduire m'amusa beaucoup et je finis par lui dire que j'accepterais l'échange s'il réussissait, à cinquante pas de distance, à tuer l'animal d'un coup de flèche.

L'engagement accepté, je me mis à mesurer la distance.

Le coq fut posé à la place désignée et l'homme tira huit flèches dont chacune passa fort loin du but.

Un groupe de spectateurs se piqua au jeu; enfin une nuée de flèches fut lancée dans la direction du pauvre coq; mais, bien que la distance eût été diminuée jusqu'à quarante pas, le meilleur coup frappa encore à 50 centimètres de la bête. Alors j'engageai mes Bihénos à tirer, promettant que le coq appartiendrait à quiconque le tuerait. Les meilleurs tireurs de flèche se présentèrent. Celui qui approcha le plus fut Jamba, un nègre de Silva Porto, qui planta une flèche à 5 centimètres de l'oiseau. Pourtant le coq aurait pu se débattre quelque temps encore, si je n'avais pas terminé sa vie en lui envoyant une balle de ma carabine winchester.

Dans le bois nous rencontrâmes un fort grand nombre d'araignées blanches, ayant des corps aussi gros qu'un pois. Elles mordent âprement et font un mal violent, mais momentané.

La présence des filles du sova avait probablement attiré dans le camp le nombre considérable de femmes qui s'y présentèrent. Elles portaient en quantité des anneaux de fer aux poignets; ces bracelets avaient les deux bords extérieurs dentelés et une épaisseur d'environ 3 millimètres de section quadrangulaire. En dansant (ces femmes aiment passionnément la danse), elles faisaient sonner leurs anneaux d'une façon assez musicale.

Pour se complimenter mutuellement, elles se frappent à coups réitérés de leurs paumes la poitrine nue.

Chez tous les Ganguélas, existe une coutume remarquable, qui est plus rigoureusement observée qu'ailleurs sur les bords de la Couchibi : c'est la façon de converser avec un sova ou un sovéta.

La personne désireuse de parler au grand homme ne s'adresse pas à lui directement, mais à un des nègres qui se tiennent aux côtés du chef. L'intermédiaire répète à un second l'observation ou la demande, et celui-ci la transmet au sova. La réponse fait retour de la même manière.

On m'expliqua ce cérémonial en me disant que la personne qui a parlé la première, trouve l'occasion, en entendant ses paroles deux fois répétées, de corriger l'interprétation de sa pensée si elle lui paraît erronée; et qu'il en est de même pour celle qui fait la réponse [1].

---

1. Il est curieux de trouver, à la cour impériale d'Annam, l'exacte reproduction du cérémonial usité chez les sovas et les sovótas de la Couchibi. Le 14 avril

Quant à moi, je crois que les sovas ont établi cette coutume afin de se donner, durant la triple répétition d'une phrase, le temps de préparer la réponse qui leur convient.

Je fis une tournée de chasse aux environs de Lionzi, en descendant la Couchibi jusqu'à son confluent dans la Couando. J'en ai marqué l'endroit par à peu près, attendu que je n'avais rien là pour faire des observations; cependant il doit être assez exactement indiqué parce que j'avais soigneusement déterminé la position de Lionzi.

Près de ce confluent, j'ai vu deux grands villages d'Ambouélas, Lignonzi et Maramo; entre eux et Lionzi, il y en a un autre considérable, appelé Chimbambo.

Le village de Catiba, gouverné par un noir de Cahouhéo-oué, sujet du sova de la Couchibi, est au confluent de la rivière Queïmbo.

Quand je revins au camp, je trouvai mes gens si abandonnés aux délices de Capoue que je dus renoncer à les retirer des bras des belles filles de cette nouvelle Ninive africaine.

Sous l'influence de la double ivresse du *bingoundo* et de l'amour, ces hommes restaient également sourds aux sollicitations et aux menaces.

Le sovéta de Lionzi, accompagné d'un Moucasséquère, son hôte, vint me faire une visite. J'eus le plaisir d'enrôler ce dernier pour me guider jusqu'aux sources de la Ninda, que je désirais examiner; et, comme j'étais ce jour-là dans d'excellentes dispositions, je convoquai mes pombeïros et leur annonçai que je partais sous l'escorte des Ambouélas avec mes jeunes serviteurs, leur laissant la liberté de rester

1875, l'empereur Thu-duc, recevant le grand cordon de la Légion d'honneur avec les présents remis comme marques de satisfaction pour l'échange opéré la veille de la ratification des traités conclus entre l'Annam et la France, s'est fait redire, par deux répétiteurs successifs, les paroles de l'ambassadeur, qu'il avait parfaitement entendues quand l'interprète de la mission les avait traduites. Les remerciements de l'Empereur et les nouvelles qu'il demande du Président de la République ont été également transmis à l'envoyé de la France, par les mêmes intermédiaires. Voir *Tour du Monde*, 1878, t. I, p. 60. — J. B.

en arrière s'il leur plaisait de le faire, mais, en tout cas, en emportant toutes les rations avec moi.

Cette communication une fois faite, je m'en allai, sous la conduite du Moucasséquérè et l'escorte des filles du sova qu'accompagnaient les gens de leur suite.

Mes quimbarès, à la vue de mon empressement, quittèrent de suite le camp pour me suivre; mais les quimboundos et les nègres de Vérissimo restèrent en arrière.

Une pénible étape de six heures à travers les enchevêtrements de la forêt, où nous ne trouvâmes pas une goutte d'eau, nous mena, moitié morts de soif, sur la rive droite de la Chicouloui.

Cette rivière court à travers une plaine déserte et marécageuse, dont la largeur varie de 1,600 à 2,000 mètres; la forêt, qui reste toujours épaisse, n'y expire qu'aux bords des marais.

Toute la nuit, les lions et les léopards, assemblés autour du campement, poussèrent sans relâche leurs épouvantables clameurs.

Le lendemain, au point du jour, je me décidai à passer sur la rive opposée.

Je traversai l'eau à un endroit où jadis un pont avait été jeté sur le courant, sans doute par les caravanes de Bihénos. Je le reconstruisis et le passage eut lieu assez aisément; mais nous trouvâmes moins facile d'arriver à la forêt de la rive gauche, parce que nous étions forcés de franchir la plaine marécageuse, où, de temps en temps, on enfonçait jusqu'au delà de la ceinture.

Plus d'une fois, mon négrillon Pépéca y disparut tout entier, à la tête près, et nous eûmes bien de la peine à l'en retirer. Or, l'étendue de ce terrain si fatigant et si inquiétant à passer était de 1,500 mètres.

Quant à la Chicouloui, je lui trouvai 15 mètres de largeur, 4 ou 5 de profondeur et un courant de 40 à 45 par minute. Les poissons, grands et petits, y étaient nombreux; j'y vis aussi quelques crocodiles, mais de taille médiocre.

Quand la traversée fut achevée, j'aperçus, à un kilomètre en aval, une bande considérable de songués. Je réussis à leur dérober une marche rapide dans le sousbois et en tuai trois.

Cora, ma chèvre favorite, ne m'avait pas quitté d'un pas, et, depuis qu'elle avait entendu le rugissement des lions, n'avait pas cessé d'être dans un état d'excitation nerveuse.

Mes nègres attrapèrent une quantité d'oiseaux; entre autres, une variété de caille à huppe et à jambes blanches.

Vers une heure de l'après-midi, arrivèrent mes quimboundos. Leurs pombeïros vinrent me demander, l'oreille basse, pardon de n'être pas partis, la veille, en même temps que moi.

Je n'étais pas alors disposé à leur tenir rigueur et je pardonnai tout. Peu après j'allai pêcher et, grâce à un très grand filet, je pris beaucoup de poissons, fort semblables aux mulets ou aux tanches des rivières du Portugal.

Ce filet, trémail que les pêcheurs du Douro ont nommé *barbal*, était un cadeau de mon père; il fut plusieurs fois notre unique ressource contre les angoisses de la faim.

Un de mes noirs était tombé sérieusement malade. En conséquence, je me décidai à demeurer ici une couple de journées. Ce projet me gênait pourtant à l'excès; parce que mon escorte d'Ambouélas était si nombreuse que les provisions apportées de la Couchibi disparaissaient très vite; or, j'apercevais devant moi une énorme région à traverser avant d'arriver au Zambési, et je n'avais d'autre espérance de m'y ravitailler que la chasse, ressource qui, en Afrique, est toujours des plus incertaines.

Pendant une de ces journées les Ambouélas pénétrèrent dans la forêt pour chercher du miel et, guidés par les *indicateurs*, ils eurent la bonne fortune d'en trouver une assez bonne provision.

Plusieurs naturalistes bien connus, depuis l'époque de

Sparmann et de Levaillant, les premiers qui ont étudié les habitudes curieuses de cet oiseau, jusqu'aux explorateurs les plus récents, ont pris l'*indicateur* pour sujet de descriptions prolongées. Néanmoins on m'excusera, sans doute, de dire aussi, sur cet être intéressant, quelques mots qui résumeront mes observations personnelles à son égard.

Je ne m'exposerai pas à chercher si l'indicateur est ou non un coucou ; voilà une discussion que j'abandonne à la science des Bocage et des Günther. Qu'on l'appelle *cuculus albirostris*, avec Temminck, ou simplement *indicator* avec d'autres, peu m'importe. Il y aurait présomption, vu mes connaissances limitées en ornithologie, à essayer de le décrire ; aussi vais-je me borner à raconter ce que je l'ai vu faire et à tirer, de mes observations, des conclusions qui m'appartiennent.

Dès qu'un homme pénètre dans une des forêts étendues du sud de l'Afrique centrale, l'indicateur vient au-devant de lui, voletant à ses côtés de branche en branche et s'efforçant d'éveiller son attention par sa note monotone. Quand il y a réussi, il s'élève d'un vol lourd, et va se percher à quelque distance d'où il examine si on le suit.

Il revient près de vous, voletant et piaillant comme auparavant, si on n'a pas fait attention à lui, et il invite fort clairement l'homme à le suivre. Parfois, on obéit à l'insistance de cet oiseau qui, la majeure partie des fois, vous mène, à travers la forêt, jusqu'à un nid d'abeilles.

Voilà ce qui se passe le plus ordinairement. Les indigènes, en faisant la quête de cire, se laissent invariablement guider par l'indicateur.

Cependant quelques voyageurs et, parmi eux, le Portugais Gamito, affirment que l'indicateur attire aussi l'homme dans les repaires des bêtes féroces. Mon expérience, bien que j'aie suivi une dizaine d'indicateurs, ne me permet pas de soutenir cette opinion, et d'ailleurs je ne l'ai jamais entendue dans la bouche des indigènes.

Je ne nierai point que cet oiseau infatigable ne m'ait, moi comme d'autres, conduit à la carcasse de quelque animal tombant en putréfaction, à un campement qui venait d'être abandonné, vers un lac ou vers d'autres voyageurs. Maintenant pourquoi agit-il ainsi puisqu'il n'en peut tirer aucun profit? C'est ce que j'ignore. Le fait est qu'il mène l'homme presque invariablement vers le miel; et je crois qu'il en a l'intention formelle. Si les autres rencontres indiquées ont eu lieu en route, cela ne devrait guère étonner ceux qui connaissent les forêts africaines, malgré la mauvaise impression qu'en ont conservée quelques voyageurs.

Il est très concevable que, si un lion se tient à l'affût sur le passage, ce n'a pas été l'intention de l'oiseau d'amener l'homme sous la dent de l'animal féroce.

Toutefois, admettant que l'indication du chemin qui conduit au miel, règle générale des actions de cet oiseau, eût ses exceptions, les exemples conformes à la règle sont si nombreux et attestés par tant de personnes que je n'hésite pas à affirmer que l'indicateur est un ami de l'homme.

J'ai trouvé, près de la rivière Chicouloui, une peau de cobra mesurant 7 mètres en longueur et en largeur 40 centimètres. Les naturels m'ont assuré qu'il y en a de plus grandes dans les environs.

Le 9 août, je fus en mesure de continuer mon voyage. La diminution trop visible de l'approvisionnement et l'extrême inquiétude que j'éprouvais en envisageant mon avenir me faisaient désirer ardemment de voir les filles du sova de la Couchibi retourner chez elles avec toute leur suite.

Une étape de trois heures nous fit atteindre un ruisseau allant au S.-S.-E.; quand nous l'eûmes franchi à gué, nous nous trouvâmes devant un étang large d'environ 200 mètres; il fallut encore le passer en ayant de l'eau jusqu'à la ceinture.

Le ruisseau, qui tombe dans la Chicouloui près de son confluent, s'appelle Chalongo; il est vraisemblablement le même que le Longo de nos cartes, où les dessinateurs, par suite d'informations erronées, en ont fait un affluent du Zambési.

Tout en traversant l'étang, nous vîmes plusieurs vautours tournoyer, puis descendre tous à un endroit qui pouvait être à 800 mètres de nous. La curiosité me prit d'aller voir quel était l'objet qui attirait ces rapaces dégoûtants. J'en trouvai une véritable troupe tourbillonnant au-dessus d'une grande charogne, entourée de hyènes. Je ne pus pas arriver à portée

Malanca.

d'un coup de fusil avant leur fuite. Le cadavre était celui d'une énorme malanca (*hippotragus equinus*), qu'un lion avait tuée.

Les griffes du lion avaient déchiré par bandes la peau de cette antilope superbe et, ce qui me semblait aussi étonnant qu'inexplicable, les sabots de la bête étaient rongés complètement. Les rapaces lui avaient arraché les yeux de leurs orbites.

Mes quimboundos m'avaient suivi. Ils n'eurent pas plus tôt vu la malanca qu'ils se jetèrent dessus, à la lettre, se disputant l'un l'autre avec les ongles et les dents les morceaux tenant à cette carcasse, toute déchiquetée déjà par les carnassiers de la terre et des airs. Ce spectacle me sembla plus horrible encore que celui que m'avaient donné quelques minutes auparavant les bêtes féroces. Le titre me paraissait à présent mieux convenir aux hommes.

Et puis on peut remarquer qu'à ce moment même, rien absolument ne les obligeait à agir ainsi, puisque je venais

Direction des cornes de la malanca.

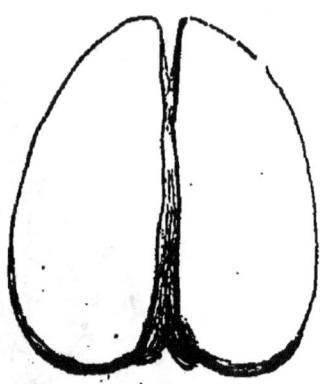

Empreintes de malanca.

d'abattre du gibier et que les vivres apportés de la Couchibi n'étaient pas épuisés.

Mes quimbarès eux-mêmes ne surent pas résister à la tentation et prirent bientôt leur part de l'odieux festin des quimboundos.

Quand j'eus réussi à remettre quelque ordre dans la caravane, nous continuâmes notre chemin. Et moi, tout en marchant, je me demandais : « Quelle est donc l'influence exercée sur le nègre par la vie sauvage ? »

Voici des quimbarès, venus de Benguéla, à demi civilisés ; en quoi valaient-ils mieux que les quimboundos restés dans toute la brutalité de leur sauvagerie ?

Je ne peux pas quelquefois m'empêcher de croire qu'il n'y a que chimère dans ce que bien des gens en Europe considèrent comme une chose possible : la civilisation du nègre en Afrique.

Il est vrai qu'aujourd'hui l'élément civilisateur comparé à l'élément sauvage s'y trouve en quantité si infinitésimale que le second doit inévitablement l'emporter sur l'autre, tant que le premier ne se sera pas considérablement augmenté.

Pour réaliser ce rêve, où se complaisent tant d'esprits élevés de l'ancien monde, il faudrait qu'il y eût sur le sol de l'Afrique un blanc à côté de chaque noir. Établir l'équilibre, c'est le seul moyen qu'un jour la civilisation l'emporte sur la sauvagerie.

Les Boers du Transvaal peuvent nous servir d'exemple à cet égard. Européens d'origine, ils ont, en moins d'un siècle, perdu toute la civilisation qu'ils avaient apportée d'Europe ; ils se sont laissé conquérir par l'élément sauvage au milieu duquel ils ont vécu, et maintenant, quoique Européens par la couleur et par la foi chrétienne qu'ils professent, ils sont devenus des barbares par les mœurs qu'ils ont reçues de leur nouveau pays.

Il faut se rappeler que, dans mon voyage jusqu'ici, j'ai eu à visiter un grand nombre de populations sauvages qui n'avaient jamais été pénétrées, au moindre degré, par l'élément civilisateur ; je n'en ai rencontré aucune qui fût pire que les Bihénos, les seuls qui eussent eu des rapports avec la civilisation de la côte occidentale.

Chemin faisant, je songeais souvent à toutes ces choses et je retournais dans ma pensée une phrase que m'avait souvent répétée mon ami Silva Porto : « Faites-y bien attention : le meilleur des Bihénos est incorrigible ; souvenez-vous de cette vérité, dans vos relations avec eux. »

Ce ne fut qu'après m'être rendu maître de la langue des Hamboundos que je pus les apprécier à leur juste valeur.

Parfois la nuit, me tenant tranquille dans ma hutte, j'écoutais les causeries qu'on tenait à l'entour ; personne ne croirait à ce que j'entendais.

Une nuit, en particulier, la conversation roulait sur de certains épisodes d'une guerre qui avait éclaté dans le Bihé une année auparavant contre des gens qui se refusaient à reconnaître l'autorité du sova Quilémo. Alors, au milieu des éclats de rire et d'autres marques d'approbation données par l'auditoire, un de ces bandits raconta ce qui suit :

Il avait, paraît-il, fait un couple de prisonniers, un garçon et une fillette. Celle-ci l'ennuyant de ses pleurs et de ses cris, il lui lia fortement les bras, puis lui abattit une oreille avec sa hachette. La malheureuse ne s'étant pas tu davantage, il lui lança sa hachette dans la poitrine, mais de façon à ne pas la tuer tout de suite. Alors ce misérable se mit à reproduire, aux grands applaudissements de ses auditeurs, les contorsions et les gémissements de la pauvre enfant; puis il raconta comment il l'avait fait mourir. J'eus ensuite quelque plaisir à l'entendre dire qu'il s'était fort repenti de cet acte; parce que la famille de l'enfant, ignorante de ce qui s'était passé, était venue trop tard lui offrir pour sa rançon trois esclaves, avec lesquels il aurait pu commencer des affaires.

Je ne tiens pas à multiplier les récits de faits atroces comme le précédent; mais ce qu'on peut garantir, c'est qu'aucun chef de bandits en Europe n'a besoin, pour maintenir la discipline dans sa troupe, de plus d'énergie, qu'il n'en faut à l'Européen qui veut, en Afrique, diriger une caravane de sauvages.

J'avais posé mon camp à la source d'un petit ruisseau appelé Comboulé; celui-ci n'a guère qu'un cours de 1,600 mètres, dirigé à l'O.; il tombe dans la Chicouloui. Ses eaux n'auraient jamais la force de faire tourner un moulin.

C'est là que je réussis à persuader aux filles du sova de revenir au toit paternel. Après m'avoir fait des adieux affectueux, elles s'éloignèrent enfin. Opoudo se hasarda timidement à me demander de revenir par la Couchibi et à passer dans leur tribu le reste de mes jours. Quant à Capéou, ses yeux me supplièrent d'une façon plus éloquente encore ; les yeux ont tant de puissance quand ils parlent spontanément sans avoir été instruits à la coquetterie !

J'avoue que j'éprouvai du regret à voir s'éloigner ces deux bonnes jeunes filles. Elles m'avaient donné le seul exemple que j'eusse rencontré en Afrique d'indigènes capables d'une amitié véritable.

Après leur départ, mon guide moucasséquérè vint me parler ainsi : « J'ai passé ma vie sur la route que tu vas suivre d'ici au Limbaïe, ainsi je connais bien ce pays. Tiens toujours prête à la main ta meilleure carabine ; sois toujours sur le qui-vive en traversant la jungle, car tu vas être longtemps parmi les bêtes féroces. Surtout méfie-toi des buffles de la Ninda. Tu rencontreras bien des tombes, dont quelques-unes même recouvrent des blancs, où sont couchées les victimes de leur fureur. Je suis ton ami, car tu ne m'as jamais fait de mal ; au contraire, tu m'as donné de la poudre et des perles ; c'est pourquoi je te mets sur tes gardes. »

Resté seul avec mes gens, après le départ des Ambouélas, je constatai, non sans alarmes, une énorme diminution dans notre approvisionnement.

Le lendemain nous pénétrions dans une forêt épineuse très étendue, où il nous fallut tailler, à la lettre, un chemin. Nous y fîmes cinq heures de la marche la plus difficile et la plus douloureuse ; nous avions laissé une grande partie de nos vêtements aux épines de la route. Nous campâmes à la source de la Ninda. Une demi-heure plus tard, j'aurais eu l'air, partout, d'une vraie caricature, parce que je m'étais collé des emplâtres de taffetas d'Angleterre sur tous les endroits où les épines avaient arraché des morceaux de ma chair.

J'avais donc fini par atteindre l'endroit où prend naissance cette Ninda qu'a rendue fameuse la férocité des êtres qui vivent sur ses bords. Ses lions ne m'avaient pas encore dévoré ; mais je disais que, s'ils le désiraient, ils feraient bien de se hâter, car ils risquaient autrement de ne plus trouver de ma personne que les misérables restes qu'en auraient laissés les milliers d'insectes dont j'étais la proie.

Dans la soirée, des nuées de moucherons, si petits qu'on ne pouvait pas les mesurer, s'abattirent sur le camp. Tourbillonnant dans leur danse insensée, ils s'introduisaient dans les narines, la bouche, les oreilles et les yeux, et finissaient par nous affoler à force de souffrances et d'irritation.

Nous avions entouré le camp de fortes palissades et d'abattis énormes, et nous ne négligeâmes rien pour nous mettre à l'abri de quelque attaque de la part des fauves.

Mais j'eus à subir une autre attaque, celle d'un violent accès de fièvre. Pourtant il ne m'empêcha pas de me lever plus d'une fois la nuit pour aller examiner la cause des aboiements de nos chiens.

Tant qu'il fit noir, les lions rugirent à l'entour; vers l'aurore, un chœur de hyènes se joignit à eux, pour compléter leur symphonie infernale.

Il faut bien le dire, quand ce ne serait que dans l'intérêt des hommes au cœur enthousiaste, qui s'élèvent au-dessus de la peur et se figurent la vie des bois comme pleine de charmes : cette vie, si elle est à chaque pas émaillée de bêtes féroces, est des moins agréables.

Je me tins où nous étions jusqu'à l'après-midi du lendemain, afin de déterminer la position; ensuite je transférai le campement un kilomètre et demi plus vers l'E.

Tout à côté de cet endroit, je vis la tombe d'un compatriote, du négociant Louis Albino, qui avait été tué par un buffle. J'avais justement dans ma caravane le nègre favori de Louis Albino, le vieux Antonio de Poungo-Andongo, celui-là même dont j'avais fait un tailleur pour le sova Mavanda.

Louis Albino était parti du Bihé emmenant une grande quantité de marchandises avec lesquelles il voulait commercer près du Zambési, et avait campé juste à l'endroit où je me trouvais à présent. Il sortit pour donner la chasse à un buffle, qu'il blessa à la jambe. Cela prouve qu'il n'était qu'un médiocre chasseur, car on ne tire pas un buffle aux jambes.

Puis, il revint au camp, appela le vieil Antonio, qui était jeune alors, et lui donna l'ordre de réunir des hommes pour aller chercher le buffle qu'il croyait avoir blessé mortellement.

Les Bihénos, prudents jusqu'à la lâcheté, refusèrent d'y aller. Albino les appela « un tas de poltrons » et partit accompagné seulement d'Antonio. En arrivant au bois, il vit se dresser en pied et s'élancer sur lui son buffle qui, comme tous ses congénères blessés, ne cherchait qu'à se venger du mal qu'il avait reçu. Rapidement Louis Albino tira, mais sans viser, les deux coups de son fusil ; l'animal n'en fut pas arrêté et enfonça ses cornes dans le bas ventre du malheureux homme.

Antonio fit feu avec plus de succès, mais trop tard pour sauver son maître, et le cadavre de la brute roula sur celui du blanc.

Une forte palissade renferme une pièce de terre d'environ 5 mètres carrés de superficie et protège une grossière croix de bois qui rappelle au voyageur la nécessité d'avoir la carabine prête et de bien viser lorsqu'il traverse ces régions.

J'étais arrivé à la limite de celles qu'habitent encore les éléphants. J'envoyai donc quelques chasseurs faire une reconnaissance dans les environs ; mais ils revinrent après n'avoir trouvé que de vieilles traces. Ensuite j'allai moi-même faire un tour en forêt, mais je n'eus pas un coup à tirer.

Je continuai le lendemain à descendre sur la droite de la Ninda ; rien de notable n'eut lieu dans cette étape.

Le 13 août, je posai mon camp à 16 kilomètres vers l'E. du lieu où j'étais arrivé la veille. Je commençais à me sentir inquiet. Les provisions s'épuisaient rapidement et nous étions encore bien loin du pays où je pourrais les renouveler. Je battis donc la forêt en tous les sens ; mais inutilement, quoiqu'à n'en pas douter, j'eusse vu des traces récentes de gibier; il me sembla même apercevoir quelque bête au loin, mais elle était hors de portée.

Dans la matinée du 14, je marchais en avant de ma caravane sans autre compagnie que celle du jeune Pépéca, et j'arrivais à l'endroit fixé pour la halte du jour, quand j'aperçus un buffle énorme qui tranquillement paissait. Caché par le bois, je me glissai vers lui et, à une trentaine de mètres, comme il se tenait droit par mon travers, je visai à l'omoplate et lui envoyai mon coup. L'animal tomba comme une masse. J'en fus d'autant plus surpris que, si j'avais touché l'endroit où je visais, la bête serait morte sans doute, mais pas d'une manière aussi subite que cela venait d'avoir lieu. Mon étonnement redoubla lorsque, en l'examinant, je reconnus que ma balle, au lieu de frapper à l'endroit que je m'étais proposé, avait atteint le buffle juste 20 centimètres plus haut. Elle avait brisé les vertèbres et causé une mort instantanée en coupant la moelle épinière.

Cet événement me donna beaucoup à réfléchir, car une semblable déviation de la balle pouvait un autre jour m'être des plus funestes. Aussi je n'eus rien de plus pressé, quand j'eus établi le camp, que de vérifier le tir de ma carabine à 25 mètres.

La déviation verticale qui s'était manifestée dans le tir au buffle se montra de nouveau.

C'était ma carabine Lepage, à gros calibre et à balle d'acier.

Comme elle avait une trajectoire très courte, l'armurier avait calculé la dernière entaille de la hausse à 80 mètres; et moi, ne m'étant jamais encore servi de cette arme à une distance plus courte, je n'avais pas reconnu le danger que je courais en visant à 20 ou à 30. Ainsi, à ces distances, et comme, à cause de la rayure du canon, je ne pouvais pas bien distinguer le sommet de la mire, il arrivait que la déviation verticale était constante.

Un buffle tué par le major.

Je pris immédiatement mes mesures pour corriger ce défaut et peu à peu je réussis à rendre plus profonde l'entaille de la hausse, jusqu'à ce que j'eusse obtenu à courte distance la précision nécessaire.

Cet accident, que j'enregistrai dans mon journal et que je décris ici, peut n'être pas intéressant pour la majorité de mes lecteurs, mais aussi il peut donner à ceux qui me succéderont en Afrique un avertissement salutaire, un avis qui les sauvera le cas échéant.

La rivière Ninda arrose une plaine qui s'élève légèrement vers l'E. et qui, m'a-t-on assuré, va regagner dans le S. la jonction de la Couando et du Zambési.

Jusqu'à mon campement actuel, l'épaisse forêt était descendue au point de toucher la rivière ; mais, à partir d'ici, elle ne se montre plus que par des groupes d'arbres dispersés çà et là sur l'énorme plaine.

L'ouco, dont j'ai déjà parlé, est ici un grand arbre ; il abonde et sa floraison est telle que, pendant plusieurs heures de suite, le voyageur respire dans une atmosphère de parfums presque accablante.

Le lendemain nous fîmes une marche de six heures en nous éloignant un peu de la rivière, parce que les joncs et les roseaux qui la bordaient obstruaient le passage. Ensuite nous campâmes sur les rives d'un étang d'eau douce, peu éloigné du petit village de Calombéo, poste avancé du souverain des Barozés.

Le peuple y refusa de nous rien vendre, et nos vivres devenaient rares.

Je ne pus pas me remettre en route le lendemain, parce que plusieurs de mes hommes étaient malades. Je transportai donc mon camp que je trouvais mal placé à 1,600 mètres plus loin vers l'E., en continuant à tirer de l'eau à l'étang ou plutôt au marais, car ce mot en exprime plus fidèlement la nature.

Je me trouvais alors dans la vaste plaine de la Gnengo.

Elle est à 1,012 mètres d'altitude, s'étend à l'E. jusqu'au Zambési et au S. jusqu'au confluent du fleuve avec la Couando.

Le sol, bien qu'il semble sec, n'y est guère qu'une éponge[1]. Il cède lentement, mais certainement au poids du corps ; et, dans le trou ainsi produit, l'eau suinte et finit par remplir le vide.

Pendant les nuits qu'il m'a fallu passer dans ce pays, je me faisais une couche sèche, avec des feuilles mortes recouvertes de fourrures ; mais je me réveillais toujours dans une mare.

Ma vie, à cette époque, redevenait fort tourmentée, parce que je ne pouvais pas dans la nuit jouir de ce sommeil réparateur qui adoucit les fatigues du corps et endort les appréhensions de l'esprit.

La famine s'avançait à grands pas ; les obstacles dont était semé le pays, l'état de ma santé que je trouvais fort ébranlée et la condition peu satisfaisante de mes gens, chez lesquels j'apercevais dès lors des symptômes d'insubordination : tout m'affectait au point que je me sentais toujours de mauvaise humeur.

Le 16 août, je fus pris de désespoir. J'étais isolé, complètement seul : dans toute ma compagnie, je ne comptais pas un homme qui eût conservé une dose d'énergie.

Outre les difficultés matérielles qui s'élevaient devant moi, il semblait que chacun m'en créât d'imaginaires. Il me fallait intervenir dans les plus minimes questions, décider de simples matières de détail, dont je n'aurais même pas dû entendre jamais parler.

J'avais autour de moi quelques gens dévoués, je n'en doutais point ; mais c'étaient des dévoués sans énergie ; ils obéis-

---

1. L'expression d'éponge et les caractères de ce terrain, tel qu'il est décrit ici, rappellent le terrain spongieux où le Dr Livingstone a signalé ce qu'il nomme des « éponges de terre », dans les bassins des lacs Moéro et Bangouéolo à environ 4 ou 5 degrés au N. de l'endroit où, dans ce passage, est parvenu le major Serpa Pinto. — J. B.

saient à un ordre, mais ne pouvaient pas faire exécuter par autrui ceux qu'ils recevaient.

Vérissimo, sans être lâche, était timide, manquait de force dans la volonté et dans la résolution ; de fait, il ne pouvait en aucune façon obtenir qu'on obéît à son commandement. D'ailleurs, il avait trop de liens de famille avec quelques-uns des pombeïros pour exercer sur eux la moindre influence. Non seulement je devais donner des ordres, mais veiller moi-même à ce qu'ils fussent exécutés.

Je vais transcrire ici quelques lignes de mon journal ; elles montreront dans quelle situation d'esprit je me trouvais alors.

« Je suis abattu ! d'une humeur exécrable ! Grand Dieu ! De quelle volonté, de quelle opiniâtreté, de quelle énergie doit être doué l'homme qui, comme moi, dans l'isolement, entouré de difficultés, dues autant à ses gens qu'à des causes naturelles, s'est donné une mission à remplir ! Me voici seul, au milieu de l'Afrique, ayant à accomplir un grand devoir et à soutenir l'honneur du drapeau de ma patrie. Combien j'en souffre ! Réussirai-je à m'en tirer sans honte ? Dans des situations pareilles, il faut qu'on soit un ange ou un démon et, parfois, je me demande si je ne suis pas l'un et l'autre ! »

Le jour où j'écrivais ces lignes, nous n'avions plus que du maïs et nous nous étions rationnés.

Assis à la porte de ma hutte, la nuit tombante, je finissais mon maigre repas et je surveillais négligemment mes porteurs, qui mangeaient en silence leur ration. Une profonde tristesse semblait avoir envahi le campement et être tombée sur ceux qu'il renfermait.

Tout à coup mes chiens se mirent sur pied et s'élancèrent vers la forêt en aboyant avec fureur.

Un étranger, suivi d'une femme et de deux garçons, sortit du bois. Sans faire attention aux chiens, il entra dans le camp, jeta un rapide coup d'œil autour de lui et vint s'asseoir à mes pieds. C'était un nègre, dont la nudité était à peine couverte par des morceaux de guenilles. Ce qui avait jadis été un manteau pendait à ses épaules nues. Sur la tête, il avait ce qu'on ne pouvait guère appeler un bonnet sans effort d'imagination, et, à la main, il portait un gros bâton.

Les garçons le suivaient en portant ses armes. Sa physionomie énergique, la vivacité de son regard et la décision de ses manières appelèrent de suite mon attention.

« Qui êtes-vous? demandai-je, et que voulez-vous de moi? »

Il me répondit en hamboundo : « Je suis Caïoumbouca et je viens vous chercher. »

En entendant le nom de Caïoumbouca, je ne fus pas maître de mon émotion. Ainsi j'avais sous les yeux le plus hardi des négociants du Bihé. Le nom de Caïoumbouca, ce vieux pombeïro de Silva Porto, est connu du Nyangoué au lac Ngami. A Benguéla, Silva Porto m'avait dit : « Cherchez Caïoumbouca ; engagez-le à votre service et vous aurez l'aide le meilleur que vous puissiez rencontrer dans tout le sud de l'Afrique centrale. »

Je l'avais donc cherché partout, quand j'étais arrivé au Bihé ; personne n'avait pu me donner de ses nouvelles.

« Il est parti pour l'intérieur et l'on ne sait pas où il est maintenant, » répondait-on à toutes mes demandes.

Or Caïoumbouca, se trouvant sur la Couando au dessous du confluent de la Couchibi, avait entendu parler de mon passage. Il était parti à travers le pays pour me rejoindre avec sa femme et deux jeunes nègres.

Nous eûmes une conversation d'une heure ; je lui lus une lettre que Silva Porto m'avait remise à Benguéla pour lui ; il accepta mes propositions et, avant la nuit close, tout était conclu. Je réunis mes hommes et leur présentai Caïoumbouca en qualité de mon second pour le commandement.

Le 17 août, je fis une marche forcée de six heures ; nos

vivres touchaient à leur fin et il fallait absolument atteindre des villages peuplés.

Le camp fut dressé à la droite de la Gnengo, qui est de fait la Ninda, après qu'elle a reçu du nord un affluent considérable, la Loati.

La Gnengo est large de 80 à 100 mètres, profonde au moins de 4 et n'a qu'un courant presque imperceptible. Parfois elle a l'air d'un large lac où poussent des multitudes de plantes aquatiques[1]. Les deux rives sont couvertes d'arbres si épais que parfois leurs branches vigoureuses peuvent se rencontrer par dessus les eaux, d'une rive à l'autre, et s'y donner un embrassement fraternel.

Cet affluent considérable du Zambési parcourt la plaine immense dont j'ai déjà parlé, cette plaine si humide et si spongieuse qu'on la prendrait vraiment pour un marécage et qui porte le nom de plaine de la Gnengo. Là vivent des myriades d'escargots, traînant leurs maisons spirales à travers et sur un gazon court et rachitique.

On y trouve aussi en grand nombre des tortues d'eau douce (émydés). Quelques palmiers, les seuls que j'eusse rencontrés depuis Benguéla, inclinaient leurs têtes empanachées sous le souffle des vents.

Mes nègres ramassèrent une grande quantité de ces tortues et les mangèrent avec l'avidité que leur faim expliquait, malgré l'odeur répugnante que répandent ces chélonées carnivores.

Caïoumbouca m'avertit qu'il y avait, à peu de distance du campement, plusieurs villages; cette nouvelle me décida à rester où je me trouvais un jour de plus, afin de renouveler mes provisions.

Le lendemain donc, de bonne heure, j'envoyai dans ce dessein quelques-uns de mes hommes; mais les indigènes se montrèrent si peureux qu'ils s'enfuirent à leur approche

---

1. C'est donc une des rivières lacustres qui sont fréquentes dans l'Afrique au sud de l'équateur. — J. B.

sans vouloir même écouter leurs offres. Notre situation devenait des plus difficiles : nous n'avions plus rien à manger et nos essais de chasse ou de pêche ne donnaient qu'un mince résultat. Un groupe de nos compagnons que conduisait Aogousto rentra en courant chercher un refuge. Ils étaient poursuivis par des lions qui ne se retirèrent qu'en entendant le bruit du camp.

Après une nouvelle conférence avec Caïoumbouca, il fut convenu qu'on ferait le lendemain une longue étape jusqu'à de certains villages qu'il appelait Cacapa, et où, il n'en doutait pas, nous pourrions nous procurer des vivres.

Nous partîmes donc encore le 19, n'ayant rien eu à manger depuis le 17 au matin ! La marche fut prolongée durant huit heures. A la fin, nous campâmes près d'un lac : voulant être plus près des villages, nous avions quitté les bords de la rivière.

Malgré les fatigues du voyage et l'affaiblissement que produisait la faim, j'envoyai une députation chercher des vivres, et Caïoumbouca lui-même partit avec elle. Le soir, elle rentra, les mains vides, n'ayant rien pu obtenir ; et non seulement les indigènes avaient refusé toute espèce de vivres, mais encore ils s'étaient montrés disposés à combattre.

Que restait-il à faire ? Essayer encore une étape ? Mais, affaiblis comme nous l'étions, c'était nous exposer à nous évanouir et à mourir tous en route. Je convoquai les pombeïros et leur exposai les circonstances besogneuses où se trouvait la caravane ; ils étaient si découragés qu'aucun d'eux ne put me donner un avis.

J'appelai encore quelques-uns des nègres qui avaient été aux villages et les questionnai pour savoir si réellement les habitants avaient des provisions de vivres. Ils me l'affirmèrent. Alors je pris mon parti et j'ordonnai aux pombeïros de relever le courage de leurs hommes en leur assurant que, le lendemain matin, on aurait de quoi bien manger.

Quand je fus seul avec Caïoumbouca, je lui appris que

Nègres ramassant des tortues sur les bords de la Guengo.

j'avais résolu de marcher sur les villages et de me procurer des vivres, même par la force.

Au point du jour, le 20, je renvoyai donc Aogousto avec quelques hommes prier les villageois de me vendre du maïs ou du manioc, et leur expliquer la situation où nous nous trouvions.

On ne leur répondit que par une attaque imprévue.

Là-dessus, je réunis mon monde : environ quatre-vingts hommes que la disette n'avait pas encore épuisés et qui étaient à peu près valides.

Je me mis à leur tête et j'attaquai de suite l'habitation du chef. Ce ne fut qu'une escarmouche, sans blessure ; la place s'étant rendue à discrétion.

Sans perdre mon temps, je me transportai aux greniers. Je les trouvai pleins de patates douces ; j'en pris ce qu'il fallait pour apaiser la faim de mes gens et je ramenai prisonniers à mon camp le chef et quelques-uns de ses sujets. Je leur remis en perles et en poudre la valeur de ce que je leur avais emprunté et les renvoyai en liberté, après leur avoir remontré qu'à l'avenir ils feraient bien mieux d'agir avec plus d'hospitalité. Tout étonnés de ma générosité, ils me promirent de me fournir désormais ce dont j'aurais besoin, à la première réquisition.

A 1 heure 30 de l'après-midi de ce jour, avec un ciel clair, sauf une barre noire à l'horizon, nous reçûmes un ouragan qui, venu du nord, tourna ensuite au sud-ouest. Heureusement la trombe passa à un kilomètre de nous, à l'ouest, déracinant les arbres et ravageant tout sur son passage.

Du reste, dans le camp même, le vent avait une telle violence que, pour en éviter les effets, nous fûmes obligés à nous coucher par terre jusqu'à ce qu'elle fût diminuée.

Le thermomètre s'éleva de 20 à 32 degrés et le baromètre tomba de 667 millim. à 663. Je n'ai pas observé dans l'Afrique tropicale d'oscillation barométrique plus rapide que celle-là.

A 2 heures 30, le vent s'apaisa aussi subitement qu'il s'était élevé, laissant l'atmosphère toute couverte d'un brouillard intense.

Les villages, situés à un kilomètre vers le sud de notre campement, s'appellent Loutoué ; mais Caïoumbouca m'apprit que les Bihénos les ont nommés Cacapa à cause de leur richesse en patates douces, que le dialecte hamboundo exprime par le mot *écapa*.

Les habitants appartiennent, comme tous les indigènes de la plaine de la Gnengo, à la race des Ganguélas. Les Louinas ou Barozés se les sont soumis par la force et ils forment une population dont la misère égale l'indocilité.

Dans la soirée, une troupe de Louinas arriva au camp. Comme elle faisait une ronde dans les environs, elle avait entendu parler de mon arrivée et était venue me donner un coup d'œil.

Trois chefs, dont le principal se nommait Cicota, la commandaient.

Les chefs montrèrent une civilité merveilleuse et m'offrirent leurs services. Je les priai de me faire obtenir des vivres ; mais ils répliquèrent qu'ils en manquaient eux-mêmes ; cependant, dès le lendemain, ils m'accompagneraient jusqu'à d'autres villages où l'on en trouverait certainement. Ensuite ils me conduiraient auprès du roi du Loui, et, ajoutaient-ils, je ne manquerais absolument de rien, chemin faisant, dès que je serais parvenu aux villages louinas, situés maintenant à peu de distance.

Ces Louinas avaient bonne tournure ; ils étaient grands et robustes. Une peau d'antilope, parfaitement préparée, leur passait entre les jambes et s'attachait à la ceinture de cuir par devant et aux côtés. Un ample manteau de peau complétait leur costume. Les trois chefs avaient des carabines rayées, de gros calibre, fabriquées en Angleterre. Leurs hommes portaient de grands boucliers de forme ovale, mesurant 1^m,40 de haut et 60 centimètres de largeur ; comme armes de jet, ils avaient un faisceau d'assagaies. Leur poitrine et leurs bras étaient cou-

Louinas. Le chef Cicota et ses guerriers.

verts de talismans. Des bracelets en cuivre, laiton ou ivoire, ornaient leurs poignets; au dessous des genoux, ils avaient de trois à cinq fort beaux anneaux de laiton. Leurs têtes se faisaient remarquer beaucoup, non par la chevelure qui était coupée ras, mais par la façon dont elles étaient ornées.

Cicota, par exemple, le chef de la bande, portait sur la tête une énorme perruque faite de la crinière d'un lion. Les autres avaient des panaches de plumes multicolores, qui couvraient d'ombre leurs figures.

La nuit, une foule de scorpions vint nous envahir, quelques-uns de mes hommes en furent mordus.

Termitière.

Le sol restait toujours humide et spongieux; c'est une vraie torture que de vivre en un pays semblable.

Les palmiers devenaient plus nombreux et des arbres s'élevaient dans la campagne. Les industrieux termites avaient donné à leurs constructions une nouvelle forme et un autre aspect.

Le 22 août, je levai le camp, pour le rétablir, cinq heures plus tard, près du village de Cagnété, le premier qu'occupent les Louinas. Il faisait beaucoup de brouillard ce matin-là.

Les bois que nous avions traversés se composaient d'arbres énormes, sans ronces ni arbustes; de sorte que l'étape avait été aussi facile qu'agréable.

Dès que nos huttes furent assises, Cicota invita un grand nombre de filles à venir au camp ; elles y apportèrent de la volaille, du manioc, du massambala et des arachides.

Pendant toute l'après-midi, les présents continuèrent d'affluer et, comme je les rétribuais de mon mieux, nous eûmes des vivres en abondance avant la fin du jour.

Je demandai du tabac, bien que j'en eusse encore une bonne quantité, et du sel. Du sel ! dont je n'avais pas goûté depuis plusieurs mois.

On me répondit qu'on était désolé de ne pouvoir pas satisfaire à mes désirs, attendu que personne n'avait le droit de vendre ni sel ni tabac sans une permission spéciale du roi.

Ainsi, voilà, au cœur de l'Afrique, une région où il y a deux articles de contrebande. Heureusement on n'y trouve pas encore de douanier.

J'allai me promener jusqu'au village de Cagnété. Dans les champs, le tabac et la canne à sucre avaient pris des développements énormes.

Les cases, bâties en roseaux, étaient revêtues de chaume. La forme en était ovale ou presque cylindrique, avec un rayon de $1^m,5$; mais, dans tous les cas, ces demeures avaient peu d'élévation.

Les greniers rappellent ceux des villages ambouélas, mais sont plus petits.

Les Louinas me rendirent ma visite au camp et me donnèrent la représentation d'une danse de guerre, fort pittoresque et où un masque joua un rôle de bouffon.

A la nuit, mon nègre Caïnga rentra sans accident ; je l'avais, deux jours avant, dépêché au roi pour l'avertir de mon arrivée dans son pays.

Caïnga conduisait plusieurs chefs qui m'amenaient des cadeaux de la part de Sa Majesté et, entre autres, six bœufs.

J'en pouvais à peine croire mes yeux et j'allais répétant : « Du bœuf ! Nous aurons du bœuf à manger ! »

Caïnga m'apprit que le roi avait l'air enorgueilli de me

voir lui faire une visite par l'ordre du Mouéné Pouto, et qu'il me réservait une réception splendide.

Cette nouvelle ne me satisfit pas tout à fait, car je connaissais assez les nègres pour savoir quelles trahisons ils cachent sous leurs révérences et leurs courbettes; pourtant, je ne pouvais pas en être trop fâché.

Afin de déployer sa puissance, le roi avait donné l'ordre de rassembler beaucoup de bateaux, pour que ma caravane pût passer l'eau tout d'une fois.

Caïnga ajouta que le roi était un jeune homme, d'une vingtaine d'années, et qu'en apprenant que j'étais jeune aussi, il s'était écrié: « Nous serons des amis. »

Je mangeai tant de viande et tant de patates, assaisonnées même avec du sel (acquis en contrebande), que je m'en rendis fort malade et que je passai une nuit très mauvaise.

Les chefs louinas, envoyés directement par Sa Majesté, avaient apporté l'ordre aux populations de subvenir gratis à tous mes besoins. C'était me rendre un bien grand service, car il ne me restait presque plus rien pour payer mes dépenses.

Comme je levais mon camp, je reçus de nouveaux envoyés royaux, m'apportant un cadeau de sel et de tabac, plus un message où l'on m'invitait à ne pas suivre la route directe jusqu'au confluent de la Gnengo, attendu que le roi désirait punir les habitants des villages situés sur ce chemin en les privant du plaisir de me recevoir.

J'envoyai, en réponse, dire au roi que je n'entendais point prendre une autre route, parce que celle-ci me convenait le mieux : je ne voulais pas être un objet de châtiment pour les fautes de ses sujets, et, s'il ne m'envoyait pas les bateaux à l'endroit du Zambési que j'avais indiqué, je n'en passerais pas moins le fleuve sans son assistance.

A peine avions-nous quitté Cagnété que nous rencontrâmes un horrible marais. Bien qu'il eût à peine 500 mètres de large, nous mîmes une heure à le franchir. Je marchai ensuite vers l'est et, au bout de trois heures, j'arrivai aux villages de la Tapa. J'y acceptai une case que m'offrit le chef, parce qu'il était impossible de camper hors du hameau, sur un sol trop marécageux.

Ici les cases ont la forme d'une pyramide tronquée; elles sont bâties de roseaux, plâtrées d'argile en dedans et en dehors. La porte a 60 centimètres de haut sur 50 de large. La demeure que j'habitais était entourée par une autre faite de cannes et de torchis, ayant une forme concentrique

Maisons et grenier; instruments aratoires des Louinas.

et un rayon d'un mètre de plus. Un toit couvrait les deux maisons; il était aussi fait en roseaux recouverts de chaume.

Le chef me fit cadeau d'une paire de poulets et de quelques patates douces.

Je remarquai, à 3 ou 4 kilomètres vers le sud, le grand village d'Arouchico.

Le 24 août, nous étions en marche à 8 heures du matin. Après un marais semblable à celui de la veille, nous arrivions à la rive droite de la Gnengo vers 9 heures; nous la suivîmes jusqu'à 10 heures 1/2, où nous nous trouvâmes au bord du Zambési. Je saluai le fleuve avec enthousiasme.

A une trentaine de mètres de distance un groupe d'hippopotames respiraient à fleur d'eau. C'était une imprudence qui coûta la vie à deux d'entre eux. Un énorme crocodile se chauffait au soleil sur une île, un peu plus bas ; il eut le sort des deux hippopotames.

J'avais donc salué le Liambaïe en toute convenance : je l'avais salué en lui donnant la pourpre fournie par le sang des bêtes féroces.

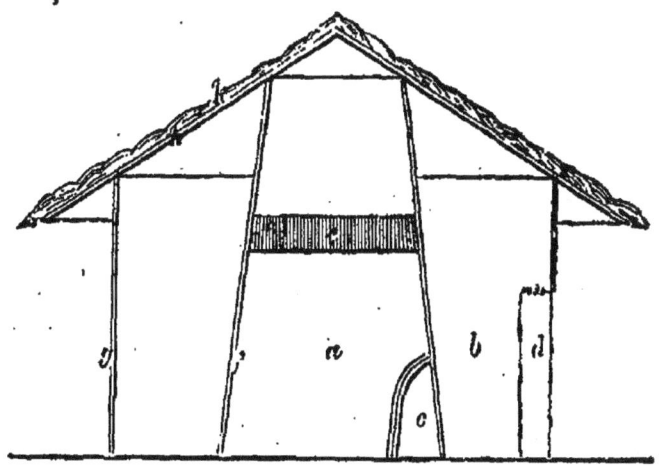

Section verticale d'une maison des Louinas dans le village de Tapa.

a. Maison intérieure. — *b*. Espace entre deux murailles. — *c*. Porte intérieure, 0m,50 sur 0m,40. — *d*. Porte extérieure, 1 m. sur 0m,50. — *e*. Ventilateur. — *f*. Muraille en canne et en torchis. — *g*. Muraille en canne. — *h*. Charpente en canne. — *k*. Toit couvert de chaume.

L'enthousiasme de mes gens et des nombreux Louinas qui m'accompagnaient était porté au plus haut degré, lorsqu'arrivèrent les canots du roi. A midi, nous étions passés sur le côté gauche de la rivière.

Continuant d'aller à l'est, nous rencontrâmes à 2 heures un second bras du Liambaïe qui s'en sépare près de Nariéré. Nous passâmes dans une grande île où s'élèvent plusieurs hameaux, dont le principal est Liondo.

Le bras de la rivière que j'ai indiqué a 150 mètres de large, mais il est si peu profond que nous le franchîmes à gué. Sur l'autre bord, était un assez grand nombre de naturels, envoyés par le roi.

Avançant toujours, j'arrivai, à 3 heures, près du village de Liara, à une lagune, qui fut traversée en bateau. On l'appelle Norôco, et elle est dûe au débordement du Zambési pendant la saison pluvieuse.

Je continuai à aller vers l'est, conduit à travers un véritable labyrinthe de petits étangs, qu'il fallait éviter. Enfin, à 5 heures du soir, j'arrivais à Lialoui, la grande cité, capitale du Barozé ou royaume du Loui.

Je découvris alors que le roi avait rédigé un programme !

Voilà donc deux grandes surprises que j'éprouvais dans l'espace de peu de jours. N'en était-ce pas en effet, pour un homme déjà à moitié métamorphosé en sauvage et chez qui s'effaçait de plus en plus le souvenir des coutumes de l'Europe, que de voir, au centre de l'Afrique, le tabac et le sel devenus des articles de contrebande et un roi rédigeant des programmes !

Il y avait bien douze cents guerriers formant la haie jusqu'à la demeure que je devais occuper provisoirement, et j'étais escorté par un des grands de la cour, accompagné de trente serviteurs.

En arrivant à la maison, qui avait un grand *pateo* ou une espèce de vestibule entouré par une haie de roseaux, je trouvai une estrade où je devais m'asseoir pour recevoir les salutations de la cour.

Alors je vis s'avancer les quatre conseillers du roi, parmi lesquels était le président nommé Gambêla. Ils étaient suivis de tous les grands appartenant à la cour du roi Lobossi.

Ils s'assirent ; puis nous commençâmes de part et d'autre une série de compliments et de saluts qu'entremêlaient des milliers de protestations amicales.

Quand ils furent partis avec gravité, d'autres envoyés

prirent leur place et ne s'en allèrent qu'après la fin de la journée.

Enfin je pus me retirer dans la case qu'on m'avait attribuée ; elle était, comme celle que j'ai déjà décrite, à moitié cylindrique. J'y dormis peu ou fort mal, tant j'étais tourmenté par des prévisions sur l'avenir de mon expédition.

On le sait, mes ressources étaient épuisées. A moins que le roi ne protégeât énergiquement mon voyage, comment le continuerais-je ? Sans sa générosité, je n'aurais pas eu, à ce moment même, de quoi apaiser ma faim.

Il m'avait fait prévenir que nous nous verrions le lendemain et que nous causerions. Quelle issue aurait cette conférence? J'avais entendu dire, de tous les côtés, que le roi de fait était le président du conseil, ce Gambêla qui venait de me quitter! Comment en agirait-il à mon égard ?

Le chapitre suivant montrera que mes pressentiments, mal définis et qui me causèrent une nuit sans sommeil, le 24 août 1878, avaient bien leur raison d'être.

FIN DU TOME PREMIER.

TABLE DES GRAVURES

Lisbonne, place du Commerce et statue de José Ier.	9
Saint-Paul de Loanda	21
Environs d'Ambriz.	25
Les singes dans le jardin de Jacinth d'Ambriz	29
Porto da Lenha.	33
La douane à Benguéla	45
Le marimba	56
Les trois *sovas* du Dombé	57
Hommes du Dombé	60
Cases de Moundombés (des habitants du Dombé)	61
Femmes du Dombé	62
Femmes du Dombé, vendeuses de charbon	63
Départ de la caravane.	67
Coup double	75
Forteresse de Quilenguès	79
La balle explosible	83
Départ du roi Chimbarandongo.	91
Intérieur de la demeure d'Anchieta.	97
Caconda	105
Cobra.	111
Quingolo.	113
Sur un bœuf.	116
Jeunes filles du Houambo.	119
Un kiosque de conversation.	126
Homme et femme du Houambo.	127
Termitières sur les bords de la Calaé.	131
Termitière haute de 4 mètres et couverte de végétation, sur les bords de la Calaé des Ganguélas.	133
Le major fait feu sur le sovéta Doumbo.	139
Mon campement près du village de Bouroundoa.	144
Femme du Sambo.	146
Femmes ganguélas, sur les bords de la Coubango.	147
Le major désarme Palanca.	149
Pont de Cassagna sur la rivière Coubango.	151
Le sécoulo de Chindonga.	153
Tombe de sécoulos.	157

Forgerons de Caquingué. 161
Objets manufacturés. 162
    1. Soufflet. 162
    2. Embouchure d'argile. 162
    3. Enclume. 162
    4. Marteau. 162
Articles forgés par les naturels entre l'Atlantique et le Bihé . . . 163
    1. Hache de travail. 163
    2. Tête de flèche pour la guerre. 163
    3. Flèches. 163
    4. Tête de flèche pour la chasse. 163
    5. Gros bouts de flèche. 163
    6. Hache de guerre. 163
    7. Houe. 163
    8. Assagaies. 163
Le devin. 169
Dans le marécage. 177
Le naufrage. 181
Maison à Belmonté. 187
Cora. 191
Plan de Belmonté. 193
Enclos de Belmonté. 195
Hommes et femmes du Bihé. 205
Ustensiles de Bihénos. 217
    Grand crible à faire sécher le riz ou la farine de maïs. . . 217
    Grande cuiller pour arroser la capata. 217
    Tamis. 217
    Corbeille de paille qui tient l'eau. 217
Palissade simple. 220
Poteau élevé devant la porte des villages. 220
Trophée de chasse dans la plupart des villages fortifiés. 220
Palissade reliée par de l'osier. 221
Palissade maintenue par des barres entrées dans des fourches. 221
Plan d'une *libata* ou village fortifié du Bihé. 222
Objets fabriqués chez les Bihénos. 225
    1. Soufflet. 225
    2. Soufflet prêt à servir. 225
    3. Bout en poterie. 225
    4. Pincettes. 225
    5. Grand marteau. 225
    6. Morceau de fusil avec un manche de bois et servant à retirer du fourneau les petites pièces. 225
    7. Petit marteau. 225
    8. Marmites de cuisine. 225
    9. Pot pour la capata. 225
    10. Tambours. 224
Aogousto aux genoux du major Serpa Pinto. 233
Veríssimo. 237
Le talisman brisé. 243
Coiffure d'une élégante au Bihé. 257

Femmes ganguélas, louimbas et loénas ; mode des incisives limées. 259
Passage du Couanza... 275
Jeunes filles quimbandès... 277
Hommes et femmes quimbandès... 279
Bihénos construisant une hutte... 284
Squelette d'une hutte... 285
Hutte construite en une heure... 285
Carte du pays des Quimbandès... 287
La danse du sova Mavanda... 289
Ustensiles des Quimbandès... 293
    1. Pipe... 293
    2. Couteaux... 293
    3. Masses d'armes... 293
Ditassoa, poisson de la rivière Onda... 297
Fougères arborescentes... 298
Coiffure d'homme à Cabango, avec le fer pour se gratter la tête. 300
Coiffure de femme à Cabango... 301
Coiffure de femme à Cabango... 302
Constructions des termites, de l'Atlantique au Bihé... 304
Le lac Ligouri... 307
Boîte à amadou, silex et briquet des Louchasès... 309
Homme et femme Louchasès avec leurs ustensiles... 311
Panique des nègres du major Serpa Pinto... 317
Atoundo, plante et fruit... 325
Le village de Cambouta... 331
Homme de Cambouta... 334
Femme de Cambouta... 335
Articles fabriqués par les Louchasès... 337
    1. Gaine de couteau... 337
    2. Oreiller de bois... 337
    3. Panier... 337
    4. Ruche pour les abeilles... 337
Poulailler... 338
Pipe des Louchasès... 338
L'ourivi (trappe à petit gibier)... 339
Homme louchasé de la Coutangjo... 340
Femme louchasée de la Coutangjo... 341
Le couchibi... 344
Feuilles et fruits du couchibi... 345
Le mapolé : arbre et fruits... 346
Fruits et branche de mapolé... 347
Moéné Cahenga, sova de Cangamba et son chasse-mouches... 351
Chimbenzengué (hachette des Ambouélas de Cangamba)... 352
Pipe ambouéla... 352
Les quichôbos, antilopes amphibies... 357
Aogousto et son compagnon tirent le major du bateau... 361
Feuillage et fleur de l'ouco... 366
L'opoumbouloumé... 367
Le songué... 368
Pied du songué... 369

Rat des abeilles. 370
Châtiment de Chaquiçondé. 373
Le sova de Cahou-héo-oué. 382
La petite Mariana. 390
Canot et pagaie des Ambouélas de la Couchibi. 392
Opoudo et Capéou. 393
Tambour de fête des Ambouélas. 396
Villages ambouélas. 397
Le frère du sova. 400
Chasseurs et femmes ambouélas. 401
Chinguêné, poisson. 408
Lincoumba, poisson. 408
Gnêlé ou chipoulo, poisson. 409
Passage à gué de la Couchibi. 411
Têtes de flèches des Ambouélas. 413
Assagaies des Ambouélas. 414
Malanca 421
Direction des cornes de la malanca. 422
Empreintes de malanca. 422
Un buffle tué par le major. 429
Nègres ramassant des tortues sur les bords de la Gnengo. . . . 437
Louinas. Le chef Cicota et ses guerriers. 441
Termitière. 443
Maisons et grenier; instruments aratoires des Louinas. 446
Section verticale d'une maison des Louinas dans le village de Tapa. 447

FIN DE LA TABLE DES GRAVURES DU PREMIER VOLUME.

TABLE DES CARTES

Carte nº 1. Itinéraire général (de l'Atlantique à l'océan Indien). 19
— nº 2. Itinéraire de Benguéla au Bihé. 85
— nº 3. Carte de pays situés entre les rivières Coubango et Couanza. 185
— nº 4. Carte du pays des Quimbandès. 287
— nº 5. Pays des Quimbandès. 297
— nº 6. Partage des eaux à Cangala. 329
— nº 7. De Camboula à la Coubangui. 337
— nº 8. Marais d'où sort la Couando. 343
— nº 9. De Cangamba à la Couchibi. 353

TABLE DES MATIÈRES

Avant-propos 1

CHAPITRE PREMIER

EN QUÊTE DE PORTEFAIX.

Arrivée à Loanda. — Le gouverneur Albuquerque. — Pas de portefaix. — Je vais au Zaïre. — Ambriz. — Porto da Lenha. — Esclaves rachetés. — J'apprends l'arrivée de Stanley. — Cabinda. — Je prends Stanley à bord de la *Tamega*. — Officiers de la canonnière. — Stanley est mon hôte. — Notre itinéraire. — Ivens nous rejoint.. 19

CHAPITRE II

TOUJOURS EN QUÊTE DE PORTEURS.

Le gouverneur Alfredo Pereira de Mello. — Sa demeure. — Ce dont n'est pas responsable le gouvernement de la métropole. — Esquisse de Benguéla. — Son commerce. — On me vole. — Second larcin. — La Catoumbéla. — Je trouve des portefaix. — Arrivée de Capello et d'Ivens. — Nouveau changement de route et autre difficulté. — Silva Porto, le vieux négociant à l'intérieur. — Encore des obstacles. — Capello va au Dombé. — Départ. — Le Dombé. — Nouvelles difficultés. — Départ définitif........ 40

CHAPITRE III

HISTOIRE D'UN MOUTON.

Neuf journées au désert. — Manque d'eau. — L'ex-chéfé de Quilenguès. — Je me perds dans la lande. — D'une pierre deux coups. — Un négrillon et une négresse s'égarent. — Un âne aussi. — Arrivée à Quilenguès. — Mort du mouton.......... 65

CHAPITRE IV

DANS LA RÉGION SOUMISE.

Nous allons à Ngola. — Le sova Chimbarandongo. — Beauté du pays. — Arrivée à Caconda. — José d'Anchiéta. — Correspondance. — Arrivée du *chéfé*. — En quête de porteurs. — Nous allons au Counéné, Ivens vers le nord et moi vers le sud. — Retour à la demeure de Bandeira. — Les porteurs rompent leur engagement. — Mon opinion.......................... 85

CHAPITRE V.

VINGT JOURS D'AGONIE.

Départ de Caconda. — Le sova Quipembé. — Quingolo et le sova Caïmbo. — Quarante porteurs. — Fièvres. — Le Houambo. — Le sova Bilombo et son fils Capôco. — Lettres et nouvelles. — Tout est-il perdu ? — J'irai en avant. — Difficultés à Chacaquimbamba. — Les rivières Calaé, Cagnoungamoua et Counéné. — Nouvel et sérieux embarras dans le pays de Sambo. — La Coubango. — Pluies et tempêtes. — Maladie grave. — Aventure terrible. — Enfin, le Bihé !.................................... 108

CHAPITRE VI

PEREIRA DE MELLO ET SILVA PORTO.

Au Bihé. — Maladie sérieuse. — Convalescence. — La maison de Belmonté. — Je me résous à partir pour le haut Zambési. — Lettres au gouvernement. — Organisation d'une expédition dans le Bihé. — Difficultés. — Comment je les surmonte. — Notes historiques et sociales sur le Bihé. — Mes travaux. — Nouvelles difficultés. — Je pars de Belmonté. — Route jusqu'au Couanza. — L'esclavage... 185

CHAPITRE VII

PARMI LES GANGUÉLAS.

Passage du Couanza. — Les Quimbandès. — Le sova Mavanda. — Les rivières Varéa et Onda. — Fougères arborescentes. — Embarras. — Esclaves. — La rivière Couito. — Les Louchazès. — Émigration des Quibocos. — Cambouta. — La Couando. — Léopards. — Les Ambouélas. — Le sova Moéna Cahenda. — Descente de la rivière Coubangui. — Les Quichobos. — Changements soudains. — Je pars pour la Couchibi................... 274

CHAPITRE VIII

LES FILLES DU ROI DES AMBOUÉLAS.

La Couchibi. — Le sova Cahou-héo-oué. — Les Moucasséquérès. — Opoudo et Capéou. — Abondance. — Bienveillance des naturels. — Peuples et coutumes. — Un gué de la Couchibi. — La rivière Chicouloui. — Gibier. — Bêtes fauves. — La rivière Chalongo. — Jour cruel. — Les sources de la Ninda. — Tombe de Louis Albino. — Plaine de la Gnengo. — Fatigues et famine. — Le Zambési. — Enfin !.................................... 365

FIN DE LA TABLE DES MATIÈRES DU PREMIER VOLUME.

3296-81. — Corbeil, typ. et stér. Crété.

www.ingramcontent.com/pod-product-compliance
Lightning Source LLC
Chambersburg PA
CBHW060228230426
43664CB00011B/1584